UMA SOCIOLOGIA DO AMOR ROMÂNTICO NO CINEMA

Hollywood, anos 1990 e 2000

Túlio Cunha Rossi

UMA SOCIOLOGIA DO AMOR ROMÂNTICO NO CINEMA

Hollywood, anos 1990 e 2000

Copyright © 2014 Túlio Cunha Rossi

Grafia atualizada segundo o Acordo Ortográfico da Língua Portuguesa de 1990, que entrou em vigor no Brasil em 2009.

Edição: Joana Monteleone/Haroldo Ceravolo Sereza
Editor assistente: João Paulo Putini
Assistente acadêmica: Danuza Vallim
Projeto gráfico, capa e diagramação: Gabriel Patez Silva
Revisão: João Paulo Putini

Este livro foi publicado com o apoio da Fapesp.

CIP-BRASIL. CATALOGAÇÃO NA PUBLICAÇÃO
SINDICATO NACIONAL DOS EDITORES DE LIVROS, RJ

R742u

Rossi, Túlio Cunha
UMA SOCIOLOGIA DO AMOR ROMÂNTICO NO CINEMA :
HOLLYWOOD, ANOS 1990 E 2000
Túlio Cunha Rossi - 1. ed.
São Paulo : Alameda, 2014
374p. ; 23 cm

Inclui bibliografia
ISBN 978-85-7939-294-8

1. Cinema - Los Angeles (Estados Unidos) - História.
2. Indústria cinematográfica - Los Angeles (Estados Unidos) - História. 3. Estúdios de cinema - Los Angeles (Estados Unidos) - História. 4. Hollywood (Califórnia, Estados Unidos) - História. 5. Los Angeles (Estados Unidos) - História. I. Título.

14-16454   CDD: 384.80979494
                 CDU: 791.6(739.462.5)

ALAMEDA CASA EDITORIAL
Rua Conselheiro Ramalho, 694 – Bela Vista
CEP 01325-000 – São Paulo – SP
Tel. (11) 3012-2400
www.alamedaeditorial.com.br

Aos meus pais, Eni Cunha Rossi e Francisco de Assis Rossi.

> *"Hoje sou moço moderno,*
> *remo, pulo, danço, boxo,*
> *tenho dinheiro no banco.*
> *Você é uma loura notável,*
> *boxa, dança, pula, rema.*
> *Seu pai é que não faz gosto.*
> *Mas depois de mil peripécias,*
> *eu, herói da Paramount, te abraço, beijo e casamos."*
> *(Carlos Drummond de Andrade – Balada do Amor Através das Idades)*

SUMÁRIO

Prefácio	11
Introdução	15
Capítulo I. Construindo o amor romântico enquanto discurso	27
Capítulo II. O amor como conto de fadas hollywoodiano – *Uma Linda Mulher*	69
Capítulo III. O cinema como referência em questões do amor – *Sintonia de Amor*	117
Capítulo IV. Amor contingente no espetáculo visual da tragédia – *Titanic*	167
Capítulo V. Olhando o amor mais de perto – *Closer: Perto Demais*	229
Capítulo VI. A descoberta de si como protagonista – *O Amor Não Tira Férias*	275
Conclusão	333
Bibliografia	359
Filmografia principal	365
Filmografia de apoio	367
Websites consultados	369
Agradecimentos	371

PREFÁCIO

Amor, cinema, sociologia

Impossível pensar a relação entre amor e sociologia sem lembrar imediatamente do clássico de Simmel, *Filosofia do amor*. Ao mesmo tempo, este tema está longe de ser um tema explorado pela sociologia e, em especial, pela sociologia brasileira. A relação deste tema com o cinema se torna ainda menos frequente em nossa produção investigativa.

Nessa direção, o livro *Uma sociologia do amor romântico no cinema* é inovador nessa dupla chave: no tocante aos estudos de sociologia bem como dentro da área de sociologia do cinema. No que toca à primeira, por se distinguir não só temática mas, sobretudo, metodologicamente do que se produz em geral na área no Brasil. Vale lembrar que, diferentemente do que ocorreu na Europa, onde desde sua criação, pelas mãos de Pierre Francastel, a Sociologia da Arte é área de conhecimento matriz do pensamento sociológico, no caso brasileiro, a trajetória se fez de forma mais complexa e não linear. Após um surgimento tímido na década de 1960, e da publicação ímpar de *Arte e sociedade: ensaios de sociologia da arte*, organizado por Gilberto Velho, esta área de conhecimento entrou como que em compasso de espera durante os anos 1980. Quando ressurge no final de década de 1990, já surge em clivagem com a Sociologia da Cultura, subárea da Sociologia da Arte na Europa, mas que aqui entre nós tentou se constituir como área predominante aproveitando este interregno da Sociologia da Arte. Desde então, a separação de uma área da outra acabou por se constituir por caminhos mais metodológicos do que de tema ou objeto de estudo.

A separação fundamental diz respeito a uma primeira clivagem metodológica: a importância da análise de obras. Expressa, nessa acepção, o que Francastel assinalava quando afirmou já ter tido "a ocasião de formular as mais expressas reservas em colocar um certo esquema de história – necessariamente emprestado de manuais – em paralelo com um outro esquema de história da arte que não se ligue, estritamente, ao estudo direto das obras".[1] Nesta direção, as obras se tornam meio fundamental da análise sociológica, enquanto objetos de civilização, nos termos de Francastel, "que dão testemunho de aspectos, de outra forma inacessíveis, da vida das sociedades presentes e passadas".[2] Nessa direção, um estudo com esta perspectiva colocará em lugar central de sua análise as obras de arte em si, neste caso os filmes, vistas aqui como o elemento primordial de construção de sentido de uma sociedade sobre si mesma. Isso não quer dizer, como equivocadamente propõem alguns, que isso significaria não levar em consideração o contexto social de surgimento das obras. Adeptos desta perspectiva em geral acabam por ignorar ou subsumir a análise das obras privilegiando o contexto de sua criação, entendido aqui como contexto exterior a elas, de posicionamento social do autor e de suas disputas. Na acepção teórica aqui adotada, ao contrário, o contexto vai surgir por dentro da análise das obras, que expressam por meio de sua história e narrativa os embates sociais que povoam o imaginário de seu tempo.

Assim, como aponta Pierre Sorlin

> Um filme não é nem uma história, nem uma duplicação do real fixado sobre celulóide: é uma *mise en scène* social, e isto tem um duplo recorte. O filme constitui-se, primeiro, como uma seleção (certos objetos e não outros) e, depois, uma redistribuição; ele reorganiza, com os elementos tomados, no essencial, do universo ambiente, um agrupamento social que, por certos aspectos, evoca o meio de onde saiu, mas que, no essencial, é dele uma *retradução imaginária*.[3]

São os caminhos de constituição desta *retradução imaginária*, seus valores de referência, as hierarquias que constrói, as avaliações que promulga, o mundo social que constitui enquanto projeção imaginária por meio do filme, que se tornam aqui o objeto fundamental do olhar analítico e investigativo. Nessa acepção, a obra conquista seu lugar primordial como elemento

---

[1] FRANCASTEL, Pierre. "Introduction. Pour une Sociologie de l'Art: Méthode ou Problématique?". In: *Études de Sociologie de l'Art*. Paris: Denoël, 1970, p. 7.
[2] *Idem*. "Arte e história: dimensão e medida das civilizações". In: *A realidade figurativa*. São Paulo: Perspectiva, 1982, p. 68.
[3] SORLIN, Pirre. *Sociologie du Cinéma*. Paris: Aubier Montaigne, 1977, p. 200 (grifo meu).

fundamental de constituição simbólica do imaginário social. Esse olhar que busca o contexto por meio das obras, e não fora delas, busca dissolver a dicotomia analítica entre interno e externo, entre forma e conteúdo, entre texto e contexto, recuperando a dialética que as faz dimensões indissociáveis de um *mesmo* processo social, que se expressa pelas *encenações sociais* nos filmes.

Dois últimos aportes metodológicos que fundamentam esta perspectiva devem ser lembrados. Primeiro, se um filme é uma *encenação social*, nos termos de Sorlin, deve-se evitar um equívoco comum da relação entre filme e espectador, que se ressalta nos filmes pelo seu *coeficiente de ilusão*, pela confusão que se institui entre filme e realidade, entre imagem e real, lembrando-se sempre que a única realidade de um filme é *o próprio filme*. Aqui ecoam as palavras de Francastel quando ele afirma que a imagem "existe em si, ela existe essencialmente no espírito, ela é um ponto de referência na cultura e não um ponto de referência na realidade".[4] Com isso Francastel acentua que o diálogo primeiro de qualquer imagem não é, como se poderia supor, um "diálogo" com a "realidade" física que a fez "nascer", mas, ao contrário, com determinadas opções valorativas culturais que as fazem aparecer na forma como estão. Segundo, aqui lembrando Foucault, em *O que é um autor*,[5] Autor e Obra devem ser entendidos como um momento peculiar de individuação dos discursos que, pela explicação de um texto pelos outros que sugere, referidos a uma *pretensa* coerência e sentido que o nome de Autor impõe para os "seus" discursos, suas Obras. Por consequência, nesta acepção, não devem ser vistos como elementos "iluminadores" do sentido último de suas "obras", mas, ao contrário, devem ser pensados como elementos que *impedem* a proliferação das interpretações dos discursos, e, portanto, devem ser deixados de lado enquanto unidade de coerência e sentido, ou seja, como referência interpretativa.

Nesta acepção, abandonam-se perspectivas empobrecedoras que parecem reduzir as obras a meros elementos circunstanciados de lutas quaisquer que se fazem apesar delas, para encarar os filmes a partir de toda a sua riqueza simbólica e, portanto, como parte da constituição visual das

---

4 FRANCASTEL, Pierre. "Les mécanismes de l'illusion filmique" In: *L'image, La Vision et L'imagination – de la peinture au cinéma*. Paris: Denöel/Gonthier, 1983, p. 193.

5 In: MOTA, M. Barros (org.). *Estética: Literatura e Pintura, Música e Cinema*. Rio de Janeiro: Forense, 2006.

sociedades, como momento crucial para se compreender como as sociedades se concebem visualmente e, em consequência, simbolicamente.

Nessa direção, o estudo de Túlio Rossi constitui-se como um trabalho inovador dentro da área de sociologia do cinema no Brasil, por investigar um elemento fundamental de constituição do simbólico das sociedades, o amor, por meio da análise de um cinema em geral visto como "secundário" analiticamente, o cinema de *mainstream* norte-americano, costumeiramente classificado como "comédia romântica". Aqui, neste recorte, novamente a abordagem sociológica se faz sentir, pois muitas vezes um filme significativo sociologicamente é justamente aquele que leva filas de pessoas ao cinema, mais do que propor decisivas inovações estéticas ou de narrativa. São estes que, pelas imagens que disseminam, fornecerão momentos de constituição do imaginário e do simbólico pelos quais os grupos sociais constituem-se enquanto tal.

O leitor passeará, por meio destas páginas, pela análise de *Uma Linda Mulher, Sintonia de Amor, Titanic, Closer – Perto Demais* e *O Amor Não Tira Férias*, depois de passar pelo sugestivo capítulo *Construindo o amor romântico enquanto discurso*. Essas análises, realizadas com fineza e precisão, com sensibilidade e criatividade, com esmero e sólida fundamentação teórica, transportarão o leitor, como se fosse ele também um espectador, para as impensadas dimensões que o amor pode desdobrar no imaginário, por meio de uma refinada análise de imagens que o leitor poderá saborear com vagar como se estivesse novamente imerso nas imagens dos filmes, levado pela escrita fluente e criativa de Túlio.

Paulo Menezes
Departamento de Sociologia – FFLCH
Universidade de São Paulo

INTRODUÇÃO

Este livro é resultado da tese de doutorado em Sociologia *Projetando a subjetividade: a construção social do amor a partir do cinema*, defendida em 22 de março de 2013, na Faculdade de Filosofia, Letras e Ciências Humanas – FFLCH – da Universidade de São Paulo – USP. A tese foi desenvolvida da seguinte maneira: primeiramente, foi realizada uma extensa pesquisa bibliográfica a respeito da constituição de concepções de amor na modernidade, no que se percebeu uma particular relevância do amor romântico como modelo de referência ideal para a vida afetiva. A partir disso, estabeleceu-se como objeto de análise e discussão o conjunto de prescrições, modelos e ideais de amor difundidos e reproduzidos na contemporaneidade, enquanto construção social e histórica em constante transformação, conforme os contextos de sua manifestação. Uma vez desenvolvido esse objeto e situando-o num contexto recente marcado pela ampla presença de mídias de comunicação de massa, elegeu-se o cinema como mídia a partir da qual os discursos e modelos de amor contemporâneos são analisados e discutidos.

Buscou-se então destrinchar as construções do amor em filmes que atingiram grande público ao redor do mundo entre os anos 1990 e 2000, entendendo que tais produções cinematográficas tomariam parte na construção cultural e histórica das concepções amorosas, ora fazendo referências a outras obras e contextos, ora estabelecendo novas referências. Foram selecionadas então cinco produções desse período que foram analisadas em profundidade.

Preferiu-se analisar produções estadunidenses não apenas em função de sua distribuição consideravelmente extensa ao redor do globo, mas pela possibilidade que estas oferecem de discutir e problematizar um caráter de universalidade que é comumente atribuído tanto às formas ideais de experiência do amor romântico quanto aos modos de produção e construção de narrativas no cinema hollywoodiano. De tal maneira que, por meio dessa estratégia, busca-se desconstruir ao longo do livro uma série de perspectivas consideradas "naturais" da experiência amorosa, bem como de sua expressão cinematográfica especificamente hollywoodiana.

Foram selecionados filmes que tenham como tema principal a busca, a conquista e o estabelecimento de relações amorosas, orientando o percurso dos protagonistas no sentido de formar e/ou manter pares românticos. Ao se praticar tal clivagem no processo de definição da amostra, percebeu-se a recorrência de filmes percebidos tanto pelo senso comum quanto pela crítica e por *sites* especializados[1] como "comédias românticas". Embora essa amostra não seja limitada por tal classificação, reconhece-se sua importância tanto para o público quanto para a crítica ao direcionar expectativas e interpretações mais ou menos determinadas em relação aos filmes. Tendo isso em vista, embora para esta pesquisa a questão dos gêneros cinematográficos por si não seja crucial, reconhece-se sua relevância sociológica tanto para a indústria cinematográfica quanto para a imprensa especializada em cinema, ao recorrerem às classificações de gênero para definir parâmetros e atrair os espectadores de formas diferenciadas, atuando relevantemente como parte de sua estratégia de distribuição e direcionamento de seus produtos.

De acordo com Capuzzo, "a produção do cinema industrial organizou-se a partir de uma estratégica classificação em gêneros, ou seja, modalidades dramáticas que permitiram o estabelecimento das principais características comuns de cada ciclo de filmes".[2] Certamente, tal classificação não é rígida, sendo que "os gêneros só têm existência se forem reconhecidos como tais pela crítica e pelo público; eles são, portanto, plenamente históricos".[3] Além de reforçar o caráter industrial das produções hollywoodianas, determinando diretrizes gerais para cada produto, a existência e o reconhecimento de gêneros contribuem fortemente para o estabelecimento de expectativas mais ou menos específicas por parte do público, sendo mais um elemento que orienta o olhar do espectador ao ver o filme.

---

1 Internet Movie Database (www.imdb.com), Box office Mojo (http://boxofficemojo.com), entre outros.

2 CAPUZZO, Heitor. *Lágrimas de luz: drama romântico no cinema*. Belo Horizonte: Editora UFMG, 1999.

3 AUMONT, Jacques & MARIE, Michel. *Dicionário teórico e crítico de cinema*. São Paulo: Papirus, 2009, p. 142.

> Cada modalidade dramática obedeceu a especificidades, variando de acordo com cada projeto e seu realizador. Hollywood apontou diretrizes dramatúrgicas, mas não conseguiu uma padronização a ponto de sugerir a existência de "receitas" de sucesso. Por mais específicas que fossem essas diretrizes, as variáveis de cada projeto e sua realização indicaram resultados heterogêneos.[4]

Nesse sentido, ao perceber e referir a alguns filmes desta amostra como "comédias românticas", não se trata de tentar empreender uma categorização ou discutir os parâmetros empregados por críticos e produtores, mas do reconhecimento de como tais filmes são lançados e recebidos no mercado cinematográfico, manifestando especificidades que levam público, distribuidores e críticos a tratá-lo como algo diverso de um filme de ação, de ficção científica, drama ou terror.

De maneira geral – mas não obrigatoriamente – entende-se nesta pesquisa que a comédia romântica se caracteriza pela presença de dois protagonistas – na maioria dos casos um homem e uma mulher – que se encontram por alguma obra do acaso e, de início, consideram-se muito diferentes e às vezes até se repelem. Ao longo da narrativa, porém, entre várias situações mais ou menos cômicas, descobrem um no outro uma crescente e inesperada admiração que se revela em óbvia e irresistível atração, às vezes rechaçada, às vezes assumida. As situações ao longo desses filmes tendem a conduzir à consciência de que, a despeito das diferenças – sejam elas sociais, morais, ou de personalidade –, os dois personagens foram feitas um para o outro e, ao final, devem superar ou enfrentar algum último empecilho contra sua união para enfim serem recompensadas pelo *happy end*.

Além de buscar filmes que tratassem diretamente de relações amorosas, sendo ou não comédias românticas, foram utilizados critérios propostos por Pierre Sorlin em sua sociologia do cinema, buscando agrupar, dentro de um período específico, filmes que tenham atraído o maior número de espectadores ou que tenham provocado debates relevantes.[5] Sorlin argumenta, para fins de composição de uma amostragem, que

---

4   CAPUZZO, Heitor. *Op. cit.*, p. 71.
5   Cf. SORLIN, Pierre. *Sociologie du cinèma*. Paris: Aubier, 1982, p. 204.

uma produção que tenha conhecido uma grande audiência, da qual se falou muito, tem mais chances de ter marcado mais profundamente o público que um filme que pessoa alguma viu; ao menos é uma presunção que obriga a trabalhar sobre filmes conhecidos.[6]

Portanto, elementos como cifras de bilheteria, indicação a prêmios e avalições de críticos foram importantes na configuração da amostra, buscando-se também, na medida do possível, manter um espaço de alguns anos entre uma produção e outra. Foram selecionados, então, os seguintes filmes para compor a amostra: *Uma Linda Mulher* (*Pretty Woman*, Gary Marshall, 1990), *Sintonia de Amor* (*Sleepless in Seattle,* Nora Ephron, 1993), *Titanic,* (James Cameron, 1997), *Closer – Perto Demais* (*Closer*, Mike Nichols, 2004) e *O Amor Não Tira Férias* (*The Holiday,* Nancy Meyers, 2006).

Uma Linda Mulher é o primeiro grande sucesso de bilheteria protagonizado por Julia Roberts, a partir do qual ela se consagrou como ícone de comédias românticas na década de 1990, tendo atuado em outros sucessos de público como *O Casamento do Meu Melhor Amigo* (*My Best Friend's Wedding*, P. J Hogan, 1997), *Noiva em Fuga (Runaway Bride,* Garry Marshall, 1999) e *Um Lugar Chamado Notting Hill* (*Notting Hill*, Roger Michell, 1999). A atuação da atriz em *Uma Linda Mulher* rendeu-lhe uma indicação ao Oscar de melhor atriz e o Globo de Ouro de melhor atriz em musical/comédia em 1991. Somado a isso, o sucesso de bilheteria do filme – quarta maior arrecadação no ano de 1990[7] – contribuiu para o reconhecimento tanto do filme quanto da atriz como referências importantes em histórias de amor cinematográficas.

Já *Sintonia de Amor* foi o oitavo colocado no *ranking* de bilheteria ao redor do mundo em 1993, tendo arrecadado um total de 227,8 milhões de dólares. Além disso, o filme recebeu duas indicações ao Oscar: uma na categoria Melhor Roteiro Original e outra na categoria Melhor Canção Original, para a música "A Wink and a Smile". Essa foi a segunda indicação da diretora e roteirista Nora Ephron ao Oscar, tendo sido a primeira pelo roteiro do filme *Harry e Sally – Feitos Um para o Outro* (*When Harry met Sally*, Rob Reiner, 1989), outra comédia romântica bem recebida pela crítica e pelo

---

6 *Ibidem*, p. 202.

7 Disponível em: <http://boxofficemojo.com>. Acesso em: 19 jan. 2010

público, também protagonizada por Meg Ryan. A atriz, durante os anos 1990, protagonizara diversos filmes românticos, alguns de sucesso, como *Cidade dos Anjos* (*City of Angels*, Bred Silberling, 1998), e outros nem tanto. Embora não tão carismática quanto Julia Roberts, Meg Ryan pode ser reconhecida, sem dificuldades, como um ícone de comédias românticas. A parceria entre a diretora, a atriz e seu par romântico neste filme, Tom Hanks, viria a se repetir em 1998 no filme *Mensagem para Você* (*You Got Mail*, 1998), que também atingira boa recepção, arrecadando 250. 8 milhões de dólares naquele ano. Pode-se entender que, seguindo o sucesso de *Harry e Sally* em 1989, *Sintonia de Amor* é um marco de ascensão nas carreiras tanto de Nora Ephron como diretora e roteirista quanto de Meg Ryan como atriz, sendo que seus nomes se tornaram referência em comédias românticas, ainda que muitas das produções nas quais tenham trabalhado posteriormente não tenham atingido semelhante sucesso.

Enquanto fenômeno de bilheteria e premiações, *Titanic* é uma obra de destaque e particularmente relevante dentro da proposta desta pesquisa. Até o ano de 2010, o filme havia atingido a maior arrecadação (em dólares) em bilheteria da história do cinema, tendo sido superado apenas pela mais recente produção do mesmo diretor, *Avatar* (2009).[8] O filme também foi recordista em indicações para o Oscar (14), conquistando-o em 11 categorias, igualando-se ao recorde de estatuetas antes atingido apenas por *Ben-Hur* (William Wyler, 1959).

Escolhido para essa amostra como contraponto, *Closer – Perto Demais*, em contraste com os demais filmes, não figurou entre os primeiros lugares no *ranking* de bilheteria do ano de seu lançamento. No entanto, seja por sua distribuição, seja pelo orçamento "baixo" de 27 milhões de dólares ou por sua construção narrativa, *Closer* não deve ser considerado um filme lançado com o ímpeto de disputar no mercado em bilheteria com superproduções daquele ano. Coprodução inglesa e estadunidense, o filme estreara em apenas 476 salas de cinema, enquanto filmes como *Shrek 2* e *Homem Aranha 2* (*Spiderman 2*) estrearam em mais de 4 mil salas naquele mesmo ano.

---

8   No entanto, ajustando-se o preço dos ingressos conforme a inflação, o filme que teria atingido o maior público nos cinemas seria *E o Vento Levou* (*Gone with the Wind*, 1939). Na lista das maiores arrecadações, corrigido o preço do ingresso, *Titanic* aparece apenas em 6º e *Avatar* em 13º (www.boxofficemojo.com), o que expõe um detalhe que facilmente passa despercebido: maior arrecadação não significa necessariamente que o filme tenha sido o mais visto nos cinemas.

Proporcionalmente, o retorno de bilheteria – 115 milhões de dólares – revela que a produção foi lucrativa, especialmente ao se considerar sua distribuição relativamente discreta. Há que se considerar também que o filme recebeu premiações importantes, como o Globo de Ouro de Melhor Ator para Clive Owen e de Melhor Atriz Coadjuvante (drama) para Natalie Portman, além de ter sido indicado nas mesmas categorias para o Oscar daquele ano. Aparentemente, seja por sua forma de distribuição, por seu enredo, pelo estilo da narrativa ou pela maneira como tematiza as relações amorosas, sua produção foi direcionada mais para concorrer a prêmios de festivais, visando mais diretamente a críticos e a um público mais restrito do que necessariamente para atingir grandes marcas de bilheteria.

Embora outras produções de caráter romântico tenham atingido cifras mais notáveis de bilheteria naquele ano,[9] a escolha por *Closer* na composição dessa amostra justifica-se pelas possibilidades de contraposição que o filme oferece em relação aos demais por sua abordagem diferenciada dos relacionamentos amorosos e da constituição de ideais de amor na contemporaneidade e, principalmente, em relação aos discursos e às construções do amor tipicamente difundidos pelo cinema de grande público. A isso, soma-se que tal abordagem diferenciada é particularmente relevante para a discussão mais ampla do tema, uma vez que ela tenha atingido considerável visibilidade na mídia e na crítica, seja em função dos prêmios a que concorreu, seja em função dos valores que atingira em bilheteria, tendo sido um filme do qual muito se falou a respeito.

Por último, *O Amor Não Tira Férias* está relativamente longe do sucesso de bilheteria atingido pelos demais filmes dessa amostra em seus respectivos anos de lançamento. Contudo, observa-se a partir dos anos 2000 a maior prevalência de produções que empregam tecnologias de computação gráfica e efeitos especiais, com orçamentos consideravelmente mais elevados, entre os filmes de maior bilheteria. No *ranking* de arrecadação de bilheteria do ano de 2006 em cinemas de todo o mundo, *O Amor Não Tira Férias* ocupa apenas a 18ª posição. Estão à frente dele animações como *Happy Feet, O Pinguim* (*Happy Feet,* George Miller) e continuações de franquias de ação e aventura, como o segundo *Piratas do Caribe* (*The Pirates of Caribean: Dead Man's Chest,*

---

9 É o caso de *Como Se Fosse a Primeira Vez* (*50 First Dates,* Peter Seagal, 2004), que atingira o total de 196,5 milhões de dólares em bilheteria pelo mundo, conforme: http://boxofficemojo.com/yearly/chart/?view2=worldwide&yr=2004&p=.htm. Acesso em: 20 out. 2012.

Gore Verbinski) e o terceiro *X-Men* (*X-Men 3: The Last Stand,* Brett Ratner). Isso aponta para um caráter diferenciado do cinema enquanto entretenimento a partir dos anos 2000, no que se nota a presença maior de filmes que empregam recursos de animação e efeitos visuais em computação gráfica, franquias – às vezes extensas – com diferentes aventuras das mesmas personagens, como *Harry Potter* e *Crepúsculo* (*Twilight*), e super-heróis originários de histórias em quadrinhos. Contudo, ao se analisar relativamente, muitas comédias românticas ainda se mostram lucrativas, como é o caso do presente filme, orçado em 85 milhões de dólares, tendo arrecadado 205 milhões em bilheteria ao redor do mundo. Nessa nova configuração que se observa do cinema hollywoodiano, as comédias românticas mostram-se, cada vez mais, como produções relativamente baratas e com grande potencial de retorno proporcional em bilheteria, apontando a persistência de um público consumidor relevante desse tipo de filme.

Ao se propor analisar filmes bem conhecidos pelos espectadores e resgatar as estratégias de sua construção narrativa, possibilita-se ao leitor confrontar e colocar em questão suas próprias memórias e impressões sobre esses filmes. Isso é importante justamente para pensar o filme no tecido social, enquanto signos que se estabelecem para os espectadores como referências que se mantêm vivas e lembradas às vezes por extensos períodos de tempo, sem que o espectador necessite rever o filme. A associação é reconhecida e lembrada fora do contexto do filme, sendo incorporada no cotidiano por outras mídias, sem a necessidade de recorrer ao filme para ser compreendida. Nesse sentido, ao reconstruir e problematizar cenas de filmes conhecidos, vistos e revistos por muitos espectadores, destrincha-se, muitas vezes, cenas e construções marcantes, lembradas e incorporadas no cotidiano em função de sua expressividade e do valor simbólico que adquiriram, constituindo, muitas vezes, "referências clássicas", como a sequência de *Titanic* em que Rose, nos braços de Jack, na proa do navio, exclama: "Estou voando, Jack!". No entanto, embora essas cenas sejam lembradas "com clareza" por muitos espectadores, a maneira como elas foram construídas, o momento em que aparecem dentro do filme e toda uma série de detalhes que contribuíram para torná-las marcantes não vêm à tona. Além disso, os filmes não são percebidos e lembrados da mesma maneira por cada espectador, de forma que, por razões subjetivas, uma cena pode ser igualmente marcante para um espectador e facilmente esquecida por outro. Portanto, para a análise dos filmes, é importante que o pesquisador vá além de alusões vagas a filmes e cenas que pressuponha conhecidos, tendo em mente que, por mais que um filme seja famoso e presente no imaginário coletivo, ele não será lembrado da mesma maneira por seus espectadores. Conforme Sorlin:

> Consultando as obras especializadas, sobretudo as monografias consagradas a um país, um período, um gênero, somos atingidos pelo recurso sistemático à alusão: os autores que viram os filmes não se resignam a abstrair suas lembranças; eles citam títulos, nomes, que evocam para eles dados precisos, mas que, para a maior parte dos leitores, não passam de formas vazias. É necessário portanto renunciar a este hábito, evocar senão um pequeno número de filmes, estudar apenas realizações extremamente conhecidas [...] ou, melhor, filmes sobre os quais damos informações precisas suficientes para que o leitor perceba o que está em questão.[10]

Por essa razão, neste trabalho, há a preocupação em resgatar sistematicamente no texto das análises o máximo possível de detalhes relevantes para discutir a construção dos discursos e histórias de amor dos filmes da amostra. Entende-se que apenas por essa recuperação e problematização das sequências e de sua articulação nos filmes é que se torna possível sublinhar o discurso amoroso nos filmes enquanto *construção*, reiterando que, no caso dos filmes aqui analisados, essa construção é feita para não ser percebida, dando a impressão de que aquilo que o espectador vê é a fluência "natural" e lógica dos eventos. Isso reforça impressões de que o amor simplesmente acontece, em grande parte, independentemente da vontade ou das intenções dos amantes, havendo, de acordo com Xavier,

> o estabelecimento da ilusão de que a plateia está em contato direto com o mundo representado, sem mediações, como se todos os aparatos de linguagem utilizados constituíssem um dispositivo transparente (o discurso como natureza).[11]

---

10 SORLIN, Pierre. *Op. cit.*, p. 203.
11 XAVIER, Ismail. *O discurso cinematográfico*. São Paulo: Paz e Terra, 2008, p. 42.

Nesse sentido, é particularmente relevante na análise que se emprega aqui colocar em evidência, além do emprego de recursos técnicos como jogos de luz e sombra, edição de som e uso de trilha sonora, as estratégias de montagem, entendida como a articulação que se constrói das sequências do filme.

Segundo Eisenstein, o processo de montagem pode ser compreendido da seguinte maneira: "o fragmento A, derivado dos elementos do tema em desenvolvimento e o fragmento B, derivado da mesma fonte, ao serem justapostos, fazem surgir a imagem na qual o conteúdo do tema é personificado de forma mais clara".[12] A busca dessa clareza é perceptível nas produções da indústria cinematográfica estadunidense, que, durante quase todo o século XX, desenvolveu e aquilatou estratégias e técnicas para reforçar a expressividade e o estímulo de interpretações e impressões específicas para plateias difusas e extensas, de origens socioculturais diversas. Nessas circunstâncias, ao longo de tantas décadas, não é surpresa que diferentes espectadores, compartilhando entendimentos semelhantes dessas produções, entreguem-se a naturalizações das estratégias narrativas no cinema estadunidense de grande público, podendo percebê-las como universais, bem como as expectativas e sensações que elas estimulam.

Concordando com Ismail Xavier no que se refere à produção da indústria cinematográfica estadunidense, os filmes desta amostra apresentam predominantemente características que o autor aponta como próprias de cinema clássico:

> Grosso modo, o cinema clássico é o lugar dos efeitos de profundidade, da cena submetida aos efeitos da montagem e do enquadramento, tendo em vista percursos do olhar balizados pela superação dos obstáculos rumo a uma revelação final: o desejo que o sustenta é o de sempre se ver mais, alcançar "o segredo atrás da porta", como diz o título original do filme de Fritz Lang (*The secret beyond the door*, Fritz Lang, 1948). Ou seja, viver o tempo como uma sucessão de fragmentos a serviço de uma teleologia que supõe uma verdade escondida e o caminho tortuoso de sua adiada descoberta.[13]

---

12 EISENSTEIN, Sergei. *O sentido do filme*. Rio de Janeiro: Zahar, 2002, p. 18.
13 XAVIER, Ismail. *Op. cit.*, p. 190.

No entanto, nos filmes desta amostra, como em muitos outros que se utilizam de estratégias semelhantes, a "verdade escondida" a que o autor se refere está presente e é evidente para os espectadores desde o início, sendo que mais parece que são suas personagens que devem descobrir essa verdade latente entre encontros e desencontros, mal entendidos e desafios, que, devidamente articulados, revelam uma trajetória de provações e contratempos a serem superados para que, finalmente, o casal desfrute abertamente do amor. Essa verdade latente em geral é a expectativa implícita em filmes de amor: a descoberta de que os personagens principais, a despeito de qualquer contrariedade, foram feitos um para o outro e devem se unir ao final. O espectador que procura tal tipo de filme geralmente sabe isso de antemão, tendo sua curiosidade despertada mais pela maneira como os caminhos tortuosos serão percorridos e seus desafios vencidos, apenas confirmando preceitos já inculcados de que o amor dos protagonistas deve superar tudo e prevalecer no final.

Predominantemente, nos filmes aqui analisados, a montagem encadeia diversos planos breves, alternando constantemente ângulos dentro da mesma cena, criando condições para a impressão no espectador de que ele tem uma percepção geral e detalhada dos acontecimentos, podendo visualizar as transformações nas expressões faciais dos envolvidos na cena e os componentes considerados relevantes naquele momento, usando constantemente de recursos como campo/contracampo[14] e planos mais próximos das personagens, como o americano[15] e o primeiro plano.[16] Em conjunto, isso reforça para o espectador a ideia de que ele sabe melhor sobre as personagens do que elas mesmas, como um observador com ponto de vista privilegiado. Essa forma de montagem, conforme Xavier aponta, é bem característica do cinema hollywoodiano desde a sua consolidação na década de 1910,[17] constituindo uma estratégia narrativa de fácil apreensão, na qual se retém as informações consideradas essenciais para a legibilidade do filme. No entanto, como se ob-

---

14 Mais utilizado na filmagem de diálogos, "ora a câmera assume o ponto de vista de um, ora de outro dos interlocutores, fornecendo uma imagem da cena através da alternância de pontos de vista diametralmente opostos" (XAVIER, Ismail. *Op. cit.*, p. 34-35).

15 "corresponde ao ponto de vista em que as figuras humanas são mostradas até a cintura aproximadamente" (*Ibidem*, p. 27).

16 "a câmera, próxima da figura humana, apresenta apenas um rosto ou outro detalhe qualquer que ocupa a quase totalidade da tela" (*Ibidem*, p. 27-28).

17 Cf. *Ibidem*, p. 41.

serva ao longo deste trabalho, a capacidade de apreensão e reconhecimento dessas estratégias narrativas, bem como sua naturalização, resultam de construções históricas e sociais, sendo que a legibilidade do filme, como entendida aqui, é também uma construção social; algo que, embora muitas vezes não seja percebido, é aprendido e reproduzido pelos espectadores.

Ao longo da análise em profundidade de cada filme da amostra, procurou-se identificar ligações e relações entre os mesmos, bem como elementos recorrentes e/ou discrepantes. O primeiro capítulo é de caráter mais conceitual, no qual o amor romântico é elaborado como objeto de análise sob uma perspectiva de construção social e histórica, sendo apontadas relações relevantes com a literatura e seus desdobramentos para compor, posteriormente, modelos cinematográficos de amor. Em seguida, cada capítulo corresponde à análise em profundidade de um filme da amostra, de acordo com a ordem cronológica de seus lançamentos. Já na conclusão, retomam-se as discussões mais significativas ao longo dos capítulos anteriores, relacionando os filmes entre si, suas construções mais ou menos recorrentes e como, em conjunto, essas expressam crenças e princípios morais referentes ao amor romântico e às relações afetivo-sexuais na contemporaneidade.

CAPÍTULO I

Construindo o amor romântico enquanto discurso

> *O uso que fazemos da palavra "amor" hoje nos faz esquecer com frequência que, no caso do ideal amoroso, considerado na tradição europeia sempre como modelo de todos os relacionamentos amorosos reais, trata-se de uma forma de vínculo afetivo entre o homem e a mulher determinado em grande medida por normas sociais e pessoais.*[1]

Abordar sociologicamente o amor esbarra constantemente em problemas conceituais atribuídos ao termo, não apenas pela amplitude de situações contrastantes em que ele é aplicado, mas, sobretudo, por um entendimento culturalmente estabelecido de que, ao sacralizá-lo como algo distante e oposto à razão, deve-se rechaçar toda tentativa de conceituação ou interpretação mais teórica ou racional. Nisso, há a tendência comum a tratar o termo como referente a uma espécie de entidade inefável, cujo conceito preciso é incógnito, mas a experiência é reconhecida e universal, independente das crenças e sistemas de pensamento de quem a vivencia:

> Mesmo povos que negam ter conceitos de "amor" ou de "estar apaixonado" agem de maneira contrária. *Mangaians* da Polinésia são casuais em seus relacionamentos sexuais, mas ocasionalmente um jovem desesperado a quem não é permitido casar com sua namorada se mata. Histórias de amor, mitos, lendas, poemas, canções, instruções, manuais, poções, amuletos, querelas amorosas, escapadelas, fugas e suicídios fazem parte da vida em sociedades tradicionais.[2]

---

1 ELIAS, Norbert. *A sociedade de corte*. Rio de Janeiro: Zahar, 2001, p. 257.
2 FISHER, 1992, p. 50 *apud* ALBERONI, Francesco. *I love you*. Milan: Coopli, 1996, p. 16.

Contudo, do ponto de vista metodológico, parece demasiadamente ingênuo e simplista aceitar e buscar legitimar a transposição de um conceito construído de maneira específica em uma cultura para outras nos quais ele não existe e sequer teve condições de se desenvolver da mesma maneira. Mais do que palavra, o conceito é uma referência para a interpretação de determinadas situações ou sensações e, doravante, para ações específicas conforme sua interpretação. De modo que a universalidade do amor é discutível quando as formas de avaliar o que é ou não manifestação de amor variam tanto do ponto de vista de quem o expressa como do ponto de vista de quem interpreta e, principalmente, do contexto cultural onde essas expressões são comutadas.

A palavra amor, como utilizada no dia a dia, porta grande amplitude de sentidos e valores, que variam desde o religioso, em que se prega solidariedade e compaixão, ao afetivo e sexual, que enfatiza o desejo e a sensualidade. Para cada um desses, há um conjunto de condutas e orientações que os caracteriza, sendo que o conteúdo de um conjunto muitas vezes não é congruente com o de outro. Se, por exemplo, no relacionamento amoroso entre um homem e uma mulher, a prática sexual é considerada por muitos um componente essencial, no caso do amor entre irmãos, esse tipo de prática é repudiada, embora o mesmo termo seja empregado nas duas relações.

Em *O banquete* de Platão,[3] essas variações do termo não se fazem presentes, apresentando uma discussão entre Sócrates e seus companheiros do que seria seu conceito e sua origem. Enquanto figura principal do banquete, Sócrates apresenta o amor associado ao desejo e à necessidade, em que se deseja o que não se tem ou se deseja no futuro continuar tendo o que se tem no presente. Sua relação com o belo é explorada, tendo tanto na beleza quanto na sabedoria elementos da divindade e da perfeição a serem buscados e atingidos, atribuindo ao amor a condição de aproximação desses ideais, enquanto possibilidade de aproximação entre homens e deuses. De acordo com Foucault, o amor debatido em *O banquete* seria não aquele entre um homem e uma mulher, mas entre homens e rapazes, especialmente filósofos e aprendizes, numa profunda relação com o saber:

> Nos gregos, a reflexão sobre os vínculos recíprocos entre o acesso à verdade e a austeridade sexual parece

---

[3] PLATÃO. *O Banquete.* Coleção Os Pensadores. São Paulo: Abril Cultural, 1972.

ter sido desenvolvida, sobretudo, a propósito do amor pelos rapazes. Evidentemente, é preciso levar em conta o fato de que poucas coisas permaneceram daquilo que, nos meios pitagóricos da época, foi dito e prescrito sobre as relações entre a pureza e o conhecimento; é preciso ter em conta, também, o fato de que não conhecemos os tratados sobre o amor escritos por Antístenes, Diógenes, o Cínico, Aristóteles ou Teofrasto. Portanto, seria imprudente generalizar as características próprias à doutrina socrático-platônica, supondo que ela resume por si só todas as formas que a filosofia do Eros tomou na Grécia clássica.[4]

A discussão de Foucault sobre o amor nos três volumes de a *História da Sexualidade*, como é de se esperar pelo título da obra, é subordinada a questões sobre a moralidade em relação às práticas sexuais, seja no questionamento da moral vitoriana e da hipótese repressiva,[5] seja na revisão de discursos filosóficos e prescrições sobre práticas sexuais na Grécia clássica e sua relação com uma busca pela verdade e o cuidado de si.

Já no início do século XIX, embora Stendhal defina quatro tipos de amor diferentes – amor-paixão, amor-gosto, amor de vaidade e amor físico[6] –, ele apresenta todos como modalidades de comportamentos de homens em relação a mulheres, não baseadas em laços sanguíneos, fraternos, de amizade ou religiosos. Segundo o autor, "enquanto o amor-paixão arrebata-nos contra todos os nossos interesses, o amor-gosto sabe sempre se adaptar a eles",[7] sendo esse último marcado pela negação de tudo que seja desagradável, devendo prevalecer a beleza, a delicadeza e o bom tom, de maneira controlada e conformista, de acordo com os costumes. Diferentemente, é o amor físico que pode ser entendido como mais sexual pelas palavras do autor: "Todos conhecem o amor baseado nesse gênero de prazer; por mais

---

4 FOUCAULT, Michel. *História da sexualidade 3: O cuidado de si*. Rio de Janeiro: Graal, 1985, p. 202.

5 Cf. FOUCAULT, Michel. *História da sexualidade 1: A vontade de saber*. Rio de Janeiro: Graal, 1988.

6 STENDHAL. *Do amor*. São Paulo: Martins Fontes, 1999, p. 3-4.

7 *Ibidem*, p. 4

seco e infeliz que seja o caráter, começa-se por aí aos dezesseis anos".[8] Por último, o chamado amor-vaidade refere-se a uma relação mais exibicionista, em que o homem "deseja e tem uma mulher da moda, assim como se tem um belo cavalo, como algo necessário ao luxo de um rapaz".[9] Embora desponte em Stendhal uma variedade de classificações para o amor, há ainda um aspecto implícito de desejo ou significação sexual, nas quais não se incluem questões sobre relações fraternais de amizade ou parentesco.

Certamente, as variadas classificações do amor empregadas hoje em dia não eram presentes no contexto do debate filosófico de *O banquete*, bem como em outras épocas da história. Philippe Ariès, por exemplo, propõe que uma relação moral e afetiva diferenciada com as crianças foi desenvolvida a partir de um período avançado da Idade Média, em que melhorias de condições de saneamento e saúde ocasionaram uma queda expressiva na mortalidade infantil. Se antes daquele período, a mortalidade infantil, abortos espontâneos e óbitos no parto eram comuns e não geravam comoção,[10] o apego das mães por seus rebentos, que posteriormente assumiu o nome de amor materno – tratado no senso comum como expressão de um instinto de preservação da espécie –, possivelmente não existiria.

A amplitude de modalidades que se criou e se emprega para o termo amor reafirma um caráter universal e abstrato pelo qual o termo foi revestido, dificultando explorar suas especificidades quando ele é atribuído a qualquer relação em que seja identificada alguma afeição, seja por um animal de estimação, um clube esportivo ou uma obra literária. "Somos um povo vulgar quando se trata do termo 'amar', usando-o exaustivamente para expressar nosso entusiasmo por grupos musicais, pelas batatas fritas do Mcdonalds e para a pessoa com quem desejamos passar o resto de nossas vidas."[11] No entanto, ainda se percebe na literatura, nas canções populares, no cinema e na televisão que o termo é mais frequentemente utilizado no sentido que se refere a relacionamentos de caráter afetivo-sexual. Quando a personagem de uma novela ou de um filme suspira e confessa o desejo de encontrar um grande amor, geralmente se entende que ela não está se refe-

---

8   *Ibidem*. p. 4.
9   *Ibidem*, p. 4.
10 Cf. ARIÈS, Philippe. *História social da criança e da família*. Rio de Janeiro: LTC, 1981, p. 57.
11 SOLOMON, Robert. *About love: reinventing romance for our times*. Lanham: Rowman & Littlefield, 1994, p. 38.

rindo à vontade de adquirir um cachorro. Sabe-se que seu suspiro exprime o desejo de encontro de um companheiro ou companheira por quem sinta desejo, afeto, atração, por quem se considere disposta aos sacrifícios mais diversos, com quem se sinta segura para entregar-se completamente numa profunda e íntima conjunção, da qual o prazer sexual compartilhado é um dos principais símbolos. Conforme Simmel:

> [...] para a maioria das pessoas, o amor sexual abre as portas da personalidade total mais amplamente do que qualquer outra coisa. Para muitos, de fato, o amor é a única forma na qual eles podem entregar seu ego em sua totalidade, assim como para o artista a forma de sua arte oferece a única possibilidade de revelar toda sua vida interior.[12]

Seria tão arriscado quanto desnecessário buscar um conceito unificador de amor quando o que se percebe é muito mais plural: múltiplas construções de conceitos e (re) significações que ultrapassam o âmbito da sexualidade. A amplitude de significados atribuídos ao termo amor é aqui reconhecida. Entretanto, este trabalho não versa sobre todas essas variedades, uma vez que não é proposto estabelecer qualquer definição última e total desse objeto ampla e diversamente (re) significado. Contudo, esse mosaico de significações não nega nem exclui construções históricas e sociais, sendo as últimas fundamentais para que haja compartilhamento do código e a decorrente comunicação de suas mensagens. Segundo Solomon:

> O que chamamos de "amor" é uma invenção social, uma construção de conceitos que serve a uma função bem especial em nossa sociedade. O que chamamos de "amor" não é um fenômeno universal, mas uma interpretação cultural específica da atração sexual e suas complicações. O amor pode começar na biologia, mas é essencialmente um *conjunto de ideias* que podem inclusive opor-se aos impulsos biológicos que estão em sua fonte.[13]

---

12 SIMMER, Georg. "Sociability". In: WOLFF, Kurt H. (org.). *The sociology of Georg Simmel*. Glencoe: Free Press, 1964, p. 325.
13 SOLOMON, Robert. *About love, op. cit.*, p. 35 (grifo nosso).

O amor não será então abordado aqui enquanto sentimento, priorizando uma discussão sobre as condições sociais, culturais e históricas de sua construção simbólica e valorativa enquanto "conjunto de ideias". Para Luhmann, trata-se da configuração de um código, enquanto forma específica de comunicação da subjetividade.[14] Nesse sentido, os romances europeus do século XVII em diante revelam-se importantes enquanto meios de reprodução e desenvolvimento desse código, a partir dos quais ele se tornaria conhecido e compartilhado por vários indivíduos, estabelecendo-se enquanto forma de comunicação. Conforme o autor:

> [...] o amor não será aqui tratado como um sentimento nem mesmo apenas como um seu reflexo, mas antes como um código simbólico, que informa sobre o modo como se pode comunicar com êxito, mesmo nos casos em que tal poderia parecer impossível. O código encoraja a formação de sentimentos correspondentes. Sem eles, a maioria, segundo La Rochefoucauld, jamais poderia ter acesso a tais sentimentos.[15]

Tal perspectiva tem valor sociológico ao deslocar-se de discussões filosóficas sobre a essência e conceitos do amor enquanto experiência emocional e subjetiva, e focar em discursos, prescrições e definições do amor construídas e reformuladas conforme contextos sociais e históricos específicos. De maneira que não se busca nenhuma definição ou conceito totalizante do que seria o amor, mas explorar os discursos e prescrições que constituem o amor enquanto ideal orientador de condutas específicas em relação à sexualidade, à intimidade e à vida afetiva. Entende-se que a abordagem do amor como código apresentada por Luhmann não visa a uma definição universal de sua experiência emocional, mas antes um estudo do que era difundido em obras literárias e filosóficas como sendo o amor ou a expressão dele. Sob outro aspecto, Eraly apresenta uma reflexão interessante a propósito do amor que também não o reduz a *um* sentimento específico:

---

14 Cf. LUHMANN, Niklas. *O amor como paixão para a codificação da intimidade.* Rio de Janeiro: Bertrand Brasil, 1991, *passim.*

15 *Ibidem*, p. 7.

> Mais do que um sentimento definido, o amor é uma forma de vida: uma constelação de *percepções, posturas, tendências, sentimentos suscitados por uma pessoa em diferentes situações que abordamos*. Essa forma de vida pode ser estável ou efêmera, violenta ou pacífica, dispersa ou ritualizada, englobante (influenciando toda a existência) ou específica (estreitamente circunscrita a certas ocasiões).[16]

Ao reconhecer nessa constelação percepções e posturas, infere-se tanto um aspecto interpretativo de como determinadas percepções – e não outras – vão compor o entendimento de algo como sendo amor, quanto um aspecto de ação consciente (posturas) orientada por esse entendimento.

Deve-se sublinhar também que o autor se refere a sentimentos no plural, como *parte* da constelação, o que contraria a percepção comum do amor como sentimento único; algo profundamente problemático para seu entendimento, já que, na interpretação desse sentimento "único", incluem-se incontáveis experiências não raramente contraditórias, podendo variar do ódio desencadeado em uma crise de ciúmes a uma afeição aparentemente gratuita. Nos discursos mais correntes, o amor tende a ser descrito como composto de um sem-número de posturas, pressupostos morais e sentimentos diferentes: medo de perda, afeto, desejo, condolência, solidariedade, saudade, entre tantos. Contudo, dificilmente o conjunto completo emerge ao mesmo tempo, o que reforça a ideia de reinterpretação das sensações e das situações: quem saberá dizer quando uma demonstração de ciúmes deve ser entendida como prova de amor ou pura mesquinhez? Considerando então essa variedade no conjunto de sentimentos que tomam parte na constelação entendida como amor, podendo se manifestar de incontáveis maneiras conforme a interpretação e situação dos envolvidos, não cabe aqui explorar seus aspectos mais subjetivos. Por isso, têm-se como foco principal deste texto as prescrições e representações socialmente construídas e difundidas de ideais da experiência amorosa, definindo tanto condutas específicas para sua conquista e manutenção quanto expectativas sobre as sensações proporcionadas por essa experiência. De maneira que se percebe, no que se refere ao amor, a importância de aprendizados e

---

16   ERALY, Alain. "L'amour éprouvé, l'amour ennoncé". In: ERALY, Alain & MOULIN, Madeleine (org.). *Sociologie de L'amour*. Université de Bruxelles, 1995, p. 42 (grifo nosso).

cuidados específicos na gestão das emoções e o controle consciente de sua expressividade.

Em seu estudo sobre a sociedade de corte francesa, com ênfase nas transformações constatadas durante o reinado de Luís XIV, Elias aponta tensões relacionadas ao autocontrole e à observação rigorosa dos comportamentos dos indivíduos com posições de maior ou menor importância naquele âmbito, enquanto parte das disputas por posições de poder e prestígio.[17] O autor observa, dentro da figuração específica da sociedade de corte francesa, uma racionalidade mais voltada para o cálculo das chances de prestígio a partir das relações com a nobreza e manutenção das aparências do que por uma racionalidade econômica caracteristicamente burguesa. Neste cálculo das chances de prestígio, os cuidados com as feições, os modos de vestir, apresentar-se e a etiqueta eram fundamentais. Além de o indivíduo, através do consumo de bens específicos e de suas posturas, dever demonstrar uma distinção característica da sua posição hierárquica – como um conde, que deve vestir-se, portar-se e gastar como um conde –, o controle dos afetos e a etiqueta eram essenciais para conquistar a simpatia e aprovação do rei e de outros membros influentes da corte, podendo com isso vislumbrar posições de maior prestígio entre eles e, consequentemente, de maior poder e reconhecimento.

> Uma figuração social em cujo seio tem lugar uma frequente transformação das coerções externas em coerções internas constitui uma condição para produzir formas de comportamento cujos traços distintivos são indicados pelo conceito de racionalidade. Os conceitos complementares de "racionalidade" e "irracionalidade" referem-se, então, à parcela que diz respeito a emoções efêmeras e aos modelos conceituais duradouros da realidade observável nos comportamentos individuais. Quanto maior o peso desses últimos no equilíbrio instável entre as emoções efêmeras e as orientadas pela realidade objetiva, mais "racional" é o comportamento – sob a condição de que o controle das reações afetivas não vá longe

---

17   Cf. ELIAS, Norbert. *A sociedade de corte*, op. cit., p. -105-109.

demais, pois sua pressão e saturação constituem um componente da realidade humana.[18]

Essa racionalidade característica da sociedade de corte implicava uma relação intensa com as emoções que não se limitava a suprimi-las ou relegá-las a um âmbito considerado mais privado ou secreto. Havia a administração cuidadosa das demonstrações de afeto e emoções, por meio de gestos e olhares, nas mais diversas ocasiões, desde os bailes nos grandes salões à participação na *toillete* do rei.[19] Nesse sentido, a etiqueta pode ser entendida pela forma de se portar nessas ocasiões e gerir o próprio comportamento e emoções de maneira racionalmente calculada, com vistas a atingir fins específicos. Contudo, Elias observa: "A ordem hierárquica na sociedade de corte oscilava constantemente".[20] Assim, as referências de comportamentos também poderiam sofrer variações, conferindo um caráter que Elias compara a uma bolsa de valores, em que os membros da corte observavam o valor de um indivíduo e suas posturas para avaliar os riscos e possíveis benefícios de se associarem ou se afastarem dele. Diferentemente do que acontece no âmbito burguês, a racionalidade da corte estaria bem mais ocupada com as formas e situações de expressões de emoções e afetos do que com perdas e ganhos de ordem financeira.

As condições que Elias observa na sociedade de corte durante o reinado de Luís XIV são então favoráveis para o desenvolvimento de códigos e modos de expressão específicos de emoções e sentimentos. Ao mesmo tempo, o autocontrole determinado pelas relações hierárquicas gerava, muitas vezes, um incômodo sentimento de constrição. Tal sentimento é tema recorrente na obra de Elias, sendo um dos elementos centrais de seu argumento, não restrito à corte de Luís XIV. Contudo, em cada caso, o sentimento de constrição é experimentado de maneira diferente, em relação a condicionantes sociais e históricos diversos. A tensão que o autor observa entre "estabelecidos e *outsiders*" em uma cidade norte-americana do início do século XX aponta para isso.[21] No caso da corte de Luís XIV, uma centralização da nobreza em Versalhes teria acarretado o deslocamento de nobres do campo para aquele

---

18 *Ibidem*, p. 109.
19 *Ibidem*, p. 105.
20 *Ibidem*, p. 108.
21 Idem. *Os estabelecidos e os outsiders*. Rio de Janeiro: Zahar, 2000.

local, longe de onde constituíram sua família, patrimônio e hábitos, colocando-os numa situação inédita de proximidade com o rei e em contato com exigências de comportamento jamais experimentadas antes:

> Na fase de transição, nobres que haviam crescido nas propriedades de seus pais precisavam se acostumar à vida de corte, mais refinada, diversificada, rica em relações, todavia exigindo com isso um autocontrole maior. Para essa geração, já instalada na corte, a vida no campo e a paisagem campestre da juventude já são objeto de uma nostalgia melancólica [...]. A vida no campo se torna um símbolo da inocência perdida, da simplicidade e naturalidade espontâneas; torna-se o contraponto da vida urbana e de corte, com todos os seus vínculos, suas complicadas coerções hierárquicas e suas exigências de autocontrole de cada um.[22]

Tal deslocamento favorece a emergência de um sentimento romântico, mais perceptível na literatura, que remetia não tanto à nostalgia da vida rústica no campo, mas ao desejo de liberdade perante as novas constrições que se apresentavam. Sob outra perspectiva, saindo da contextualização histórica trabalhada por Elias, a questão da nostalgia pode ser aprofundada. A palavra, de origem grega, viria da junção das palavras *nostos*, que significa retorno, e *algia*, que remete a dor, sofrimento, aflição. A expressão indica então o sofrimento principalmente do viajante, que distante de seu lar, sofre o desejo de retorno.[23] Isso é explícito na acepção em que Elias aborda a relação da nostalgia com o romantismo ao expressar o distanciamento de figuras que, num momento de transição, viram-se afastadas do lugar onde estabeleceram suas raízes, às vezes de maneira análoga à experiência emocional do exílio. De acordo com Jankélévitch: "O exilado sonha com o seu humilde vilarejo: não por ser ele um vilarejo memorável, mas porque este vilarejo é seu, porque este vilarejo é o lugar de seu nascimento e de sua infância".[24]

---

22 Idem. *A sociedade de corte*, op. cit., p. 220.
23 Cf. http://www.dicionarioetimologico.com.br/. Acesso em: 13 dez. 2012
24 JANKÉLÉVITCH, Vladimir, 1974, apud MENEZES, Paulo. *À meia-luz: cinema e sexualidade nos anos 70*. São Paulo: Ed. 34, 2001, p. 91.

Contudo, tanto na perspectiva de Elias quanto de Jankélévitch, ainda que o retorno ao lugar seja possível, trata-se de uma condição irrecuperável, tornando-se, de acordo com Menezes, "um desejo indeterminado, pois, carregado com as categorias do tempo, seu lugar transmutou-se em *situação*".[25] De tal forma que se trata, principalmente, de uma ressignificação do passado, em face de condições do presente. Elias sugere:

> faz parte dos traços essenciais das mentalidades e ideais românticos o fato de que seus representantes veem o presente como uma degradação à luz do passado, e o futuro – se chegam a ter em vista um futuro – apenas como uma restauração do passado idealizado, melhor e mais puro.[26]

O que se nota nessa perspectiva do romantismo que Elias constrói é um importante trabalho mental de distanciamento do agora, no que a nostalgia se torna uma construção moralizada do presente, marcando seus aspectos mais negativos, geralmente associados às constrições e limitações atribuídas à figuração das relações de poder, percebidas como forças externas. Isso contribui para a construção de percepções moralizadas orientadas por dicotomias como indivíduo *versus* sociedade, interno *versus* externo, no que o mundo presente é percebido negativamente não apenas em termos de sua localização temporal, mas enquanto mundo de relações hierarquizadas, coerções e forças incontroláveis. De forma que o passado se torna o tempo e lugar idealizado onde essas coerções, em sua imagem mental romântica, não existiriam.

Contudo, diferentemente de Elias, Jankélévitch aborda a nostalgia sob uma perspectiva que necessariamente a colocaria em oposição à melancolia, tornando a expressão "nostalgia melancólica" utilizada por Elias uma contradição em termos. Embora também se refira a uma relação de sofrimento com o passado, na melancolia, de acordo com Jankélévitch, não haveria a percepção definida do que teria ficado no passado e se tornado o objeto de idealização e causa do sofrimento. Se ao idealizar o passado, o nostálgico sabe a que passado está se referindo, o melancólico, por outro

---

25 MENEZES, Paulo. *À meia-luz, op. cit.*, p. 91
26 ELIAS, Norbert. *A sociedade de corte, op. cit.*, p. 226.

lado, experimenta uma indeterminação: "Na aproximação melancólica a perda é desconhecida ou não se pode ver claramente o que foi perdido. [...] Algumas vezes, até, existe a consciência que sabe *quem* perdeu, mas não o *que* perdeu nesse alguém".[27] De tal forma que há uma clareza relativamente maior do objeto do sofrimento do nostálgico em relação ao do melancólico.

No entanto, nem por isso a melancolia é menos presente na caracterização das correntes românticas, sendo que essa também não necessariamente se desliga do incômodo gerado pela nostalgia. Pode-se interpretar, mesmo pensando sob a perspectiva de Elias, que se uma geração que vivera sua infância no campo, mas crescera num contexto mais urbanizado, nutre uma idealização de seu passado e transmite para as gerações seguintes o desconforto e o sentido de desajuste dentro de uma determinada figuração social, essas gerações mais novas podem compartilhar desse sofrimento, inclusive *aprendê-lo* como emoções culturalmente incentivadas, mas às vezes desconhecendo o objeto a que aquele sofrimento se refere. Constitui-se, então, para muitos românticos, o sentimento melancólico de um desajuste em sua condição presente, em relação às coerções nela percebidas como externas, mas sem necessariamente a construção idealizada conscientemente de um estado "melhor" situado no passado, o que contribui, principalmente para as gerações já formadas e crescidas nos centros urbanos, para um sentimento de inexplicável inadequação. E tal sentimento dissociado de deslocamentos conscientemente percebidos no tempo e no espaço contribui para o surgimento de uma percepção daquele sofrimento como condição existencial, intrínseca ao indivíduo.

Elias diferencia o romantismo da corte do romantismo burguês, embora as duas correntes se relacionem com a ampliação dos Estados e, consequentemente, da integração mais ou menos sistematizada entre pessoas ou grupos, que culminava na ampliação das cadeias de interdependências, colocando indivíduos cada vez mais inseridos em uma ordem social na qual a exigência pelo autocontrole e a submissão a autoridades se tornam mais frequentes:

> As correntes românticas de corte fazem parte das primeiras tendências da progressiva integração do Estado e da crescente urbanização, que constitui um de seus aspectos centrais. É claro que essas correntes

---

27 JANKÉLÉVITCH, Vladimir, 1974, *apud* MENEZES, Paulo. *À meia-luz, op. cit.*, p. 95.

têm particularidades pelas quais se diferenciam das correntes românticas posteriores, mais burguesas. No entanto, não faltam propriedades em comum, que as apontam como manifestações de um redirecionamento da figuração dos indivíduos em seu conjunto, redirecionamento que se dá num sentido determinado, com padrões fundamentais similares ou recorrentes em diversos níveis.[28]

Ao apontar tendências românticas no contexto da sociedade de corte francesa, Elias suscita também o problema conceitual do termo romântico, chamando a atenção para a existência de muitas variedades de movimentos românticos e ausência de uma teoria central a respeito.[29] O entendimento do que é ou não romântico é ainda mais problemático frente às utilizações mais comuns do termo "romântico" na vida cotidiana hoje: a palavra pode remeter tanto a gestos associados a cavalheirismo e refinamento – como o ato de um homem puxar a cadeira para acomodar sua parceira à mesa antes de um jantar – quanto aos tipos de presentes e agrados que um parceiro pode conceder a outro – como um buquê de rosas vermelhas, por exemplo. O problema conceitual e a ampla utilização do termo também são apontados por Campbell, revelando grande dificuldade em definir o que seria ou não "romântico":

> Há três boas razões por que definir o romantismo devia mostrar-se particularmente problemático. Em primeiro lugar, o fenômeno compreende desenvolvimentos em quase todos os campos da vida intelectual e cultural, juntamente com mudanças correlatas da vida nas atitudes e comportamentos sociais que ocorreram em toda a Europa, no período de quase um século. Em segundo [...], porque as mais influentes definições oferecidas nas primeiras décadas deste século foram formuladas por antagonistas [...], tendo por consequência que muitos debates subsequentes estiveram tão preocupados em defender o romantismo quanto em defini-lo. Em terceiro lugar, o romantismo, justificadamente, pode ser

---

28 ELIAS, Norbert. *A sociedade de corte*, op. cit., p. 220.
29 Cf. *Ibidem*, p. 221.

apresentado melhor como um impulso para o caos. Logicamente, portanto, não apenas "uma definição fechada de romantismo... não é muito romântica", como "se um importante aspecto do romantismo é a rebelião, então rebelar-se contra o romantismo também podia ser romântico".[30]

Outros aspectos do adjetivo "romântico" são explorados por autores como Giddens e Luhmann. Entre essas abordagens, o que se percebe comum e é retido e utilizado no presente estudo é a intrínseca relação do adjetivo "romântico" com a imaginação e a ficção, afastando intencionalmente percepções objetivadas de "realidade" na direção de projeções idealizadas, quer sejam elas da sociedade, de relacionamentos ou da própria biografia do indivíduo, estimulando e valorizando as possibilidades de experimentar sentimentos e emoções sempre mais intensas do que aquelas conhecidas e vivenciadas pelo ator em seu momento presente. Trata-se, então, de um foco em estados emocionais estimulados por idealizações e pela imaginação, como forma de contraposição e fuga a restrições aos desejos e impulsos individuais, percebidas como externamente determinadas.

Elias observa que é recorrente nos movimentos românticos uma relação entre sua manifestação e movimentos migratórios intensos para as cidades e subsequente urbanização, exigindo uma administração muito mais cuidadosa do próprio comportamento e das próprias pulsões no trato e na convivência diária com muitos indivíduos sem qualquer vínculo pessoal. Se no caso da corte francesa, isso foi observado com a transição de uma nobreza que habitava o campo para a corte centralizada no palácio de Versalhes, no contexto da Revolução Industrial seria o movimento de vários trabalhadores que deixavam o campo para trabalhar nas cidades industrializadas. Convém observar que isso se relaciona diretamente com uma proximidade – no sentido espacial – não só de outros seres humanos, mas também de autoridades e figuras hierarquicamente superiores, com poder de repreender e punir comportamentos que fossem considerados inadequados. Nesse sentido, entende-se que as primeiras gerações desses movimentos experimentavam o contato com um controle externo mais sistematizado, em que

---

30 CAMPBELL, Collin. *A ética romântica e o espírito do consumismo moderno*. Rio de Janeiro: Rocco, 2001, p. 252.

a exposição – ou sua possibilidade – a figuras com potencial para punir ou invocar quem o fizesse era um importante meio de coerção.

As gerações seguintes internalizaram muitas dessas coerções, vigiando a si mesmas de maneira praticamente autônoma. Isso reforça a idealização de um passado não conhecido em que, supostamente, tais coerções não eram percebidas e que os indivíduos poderiam se entregar a seus impulsos contidos sem culpa ou medo de repreensão. Essa situação de constrição associada ao sentimento nostálgico colaborou para o desenvolvimento de um gosto por romances entre os aristocratas, sendo que na época os conceitos de romance e romantismo ainda eram bem próximos e associados, tendo se distanciado gradativamente depois.[31]

A perspectiva oferecida por Elias de desenvolvimento do controle de afetos e pulsões a partir da crescente complexidade das interdependências decorrentes de transformações sociais sugere o rompimento com perspectivas dicotômicas tendentes a opor indivíduo e sociedade ao tratar de emoções. Como se pode concluir a partir de seus textos, o próprio autodistanciamento do indivíduo em relação à sociedade, no qual é construída essa oposição, resulta de processos sociais e históricos. O autodistanciamento decorre de uma forma de o indivíduo se ver em relação ao mundo que considera externo, enquanto criatura distinta do que seria a sociedade ou a natureza, com uma consciência de si em contraposição ao resto, por meio da qual ele exerce o autocontrole, analisando seu comportamento e formulando estratégias de ação.[32] Conforme o mesmo autor observa, essa relação de diferenciação entre internalidade e exterioridade sobre a qual se constrói essa noção de homem como ser distinto do mundo à sua volta também se transformara no curso da história:

> O que se pode efetivamente observar é o seguinte: com a crescente mudança nas relações entre os seres humanos e as forças naturais extra-humanas, estas últimas vão aos poucos perdendo terreno como elemento da noção de um "mundo externo" oposto ao "mundo interno" humano. Em lugar delas, o abismo entre a parte "interna" do indivíduo e as outras pessoas, entre

---

31 Cf. ELIAS, Norbert. *A sociedade de corte*, op. cit., p. 220.
32 Cf. *Ibidem*, p. 245.

> o verdadeiro eu interior e a sociedade "externa", desloca-se para o primeiro plano. À medida que os processos naturais se tornam mais fáceis de controlar, parece que nossa relativa falta de controle sobre as relações entre as pessoas e, em particular, entre os grupos, bem como os insuperáveis obstáculos erguidos contra as inclinações pessoais pelas exigências sociais, se torna muito mais perceptível.[33]

Isso contribui para uma crescente identificação da subjetividade e das emoções – a serem devidamente agenciadas na vida em sociedade – como elementos de uma "natureza" reprimida pelos processos sociais, contribuindo para idealização de estados de natureza como possibilidade de vazão espontânea das emoções.

Pode-se entender que um dos principais temas em *A sociedade de corte* de Norbert Elias é a maneira como transformações de caráter social mais amplo se manifestam em comportamentos e âmbitos considerados de caráter mais individual e subjetivo. A experiência e percepção das emoções mudam conforme o ambiente, bem como as maneiras e as emoções consideradas mais ou menos legítimas de serem demonstradas. A relação entre o processo de curialização e o romantismo ou as maneiras de se portar perante os demais membros da corte são casos em que isso é bastante notável. O que se pode perceber nessas circunstâncias é que a maneira de comunicar e administrar as próprias emoções se transforma. E essas transformações interessam na medida em que sustentam novas elaborações e interpretações de modelos para a experiência e expressão de emoções e sentimentos, que logo passam a ser entendidas como manifestações de uma individualidade idiossincrática, embora marcadas por formas socialmente viáveis e legitimadas de comunicação da subjetividade.

Ao abordar o amor enquanto "código simbólico", Luhmann discute aspectos de sua expressão enquanto formas de agir e interagir conscientemente, as quais podem ser aprendidas a partir de modelos difundidos em meios diversos, como a literatura:

> o meio de comunicação amor não é um sentimento em si mesmo, mas antes um código de comunicação cujas

---

33 Idem. *A sociedade dos indivíduos*. Rio de Janeiro: Zahar, 1994, p. 106.

> regras determinarão a expressão, a formação, a simulação, a atribuição indevida aos outros e a negação de sentimentos, bem como a assunção de consequências inerentes, sempre que tiver lugar uma comunicação desse gênero. [...] já no século XVII, e apesar de toda ênfase posta no amor como paixão, *tem-se plena consciência de que se trata de um modelo de comportamento simulável* e que nos depara antes de embarcarmos na demanda do amor, modelo de comportamento que está disponível enquanto orientação e como consciência do respectivo alcance, antes de acontecer o encontro com o outro, tornando também notória a falta deste, o que por sua vez se pode transformar mesmo num destino.[34]

Esse caráter simulável apontado por Luhmann não se refere a alguma medida moralizada de sinceridade na expressão do sentimento, mas à possibilidade de se adotar gestos e posturas calculados e autocontrolados para comunicá-lo. Enquanto modelo compartilhado, sua utilização para a comunicação de sentimentos pressupõe em alguma medida uma simulação, um controle reflexivo do comportamento a fim de provocar as impressões desejadas no interlocutor. Mesmo na expressão dos sentimentos considerados mais puros e sinceros, há, em algum nível, uma encenação no próprio comportamento para a ocorrência da interação.

Embora não se pretenda aqui esmiuçar a complexa teoria dos sistemas de Luhmann e nem explorar seus aspectos mais generalizantes, há que se reconhecer a instrumentalidade de seu método ao abster-se de início de reflexões sobre a essência do amor e tomá-lo enquanto código que orienta condutas conscientes, difundido e transformado conforme condições sociais e históricas. Não obstante Luhmann focalize sua análise na literatura, o código do amor encontra outros meios para sua manifestação e reprodução. O que convém destacar é que, mais do que difundir idealizações mais ou menos compartilhadas, os romances apresentavam modelos coerentes com os meios onde seriam lidos. Dessa maneira, nos séculos XVII e XVIII, é razoável pensar que esses modelos pouco se distanciariam daqueles da etiqueta

---

[34] LUHMANN, Niklas. *O amor como paixão para a codificação da intimidade*, op. cit., p. 21 (grifo nosso).

aristocrática, na qual formas de comunicação sutil, através de gestos comedidos e jogos de olhares, se mostram importantes:

> [o amor] serve-se amplamente de uma comunicação indireta, assentando na antecipação e na compreensão prévia; através de uma comunicação explícita utilizando pergunta e resposta, ele pode ser aflorado de um modo francamente negativo, pois deste modo adquire expressão que por si só não é compreensível. Portanto, pertence também ao código clássico a "linguagem do olhar" bem como a comprovação: os amantes conseguem manter entre si um diálogo interminável, sem ter de proferir qualquer palavra.[35]

O uso consciente dessa complexa linguagem implica um autodistanciamento no qual o indivíduo avalia seus gestos e estratégias de comunicação. Embora no senso comum creia-se que se tratam de acontecimentos espontâneos, o uso dos códigos e o autocontrole implicam aprendizagem e socialização, no que os romances teriam exercido importante papel.

Compreende-se então que o potencial amante deve conhecer o código para comunicar suas intenções e tentar conduzir e interpretar reações mais ou menos esperadas da parte de seu interlocutor. E por se tratar de um código de acesso restrito, especialmente num contexto de estratificação social marcante como o da aristocracia de corte, seus modelos e as diretrizes para sua manifestação cresciam em complexidade, enquanto instrumento de distinção de determinados grupos. Passadas algumas gerações, não obstante as transformações da retórica do amor, muitos de seus aspectos se mantiveram, sendo confundidos com os próprios sentimentos interpretados como amor. Nesse sentido, o jogo de impressões e provocações que se opera durante a sedução, seja no coquetismo[36] ou na galanteria,[37] mais do que expressões ou reflexos de sentimentos, são a demonstração de domínio

---

35 *Ibidem*, p. 28.
36 Comportamento caracterizado por "alternância ou concomitância de atenções ou ausências de atenções, sugerindo simbolicamente o dizer sim e o dizer não" (SIMMEL, Georg. *Filosofia do amor*, São Paulo: Martins Fontes, 2006, p. 95).
37 Embora Luhmann aponte que essa forma de agradar se distinga do amor (117), não deixa de se relacionar ao processo de sua comunicação, ou ser aplicada para o amor.

de códigos reconhecidamente valorizados, nos quais apenas alguns eram iniciados. E fazem parte dessa retórica as referências ao excesso e ao descontrole, que aparecem mais como fuga idealizada das constrições sociais do que enquanto prática estimulada.

Conforme Rougemont, o tema do rompimento ou superação das hierarquias e constrições de ordem social era central em trovas e romances de cavalaria, nos quais o amor emergia com um caráter divino que sobrepujaria toda forma de determinação vista como humanamente construída. A partir da lenda de Tristão e Isolda, na qual um cavaleiro conquista a mulher que estaria destinada a casar-se com o rei que lhe havia ordenado buscá-la, Rougemont constrói seu argumento sobre a retórica do amor cortês na Europa, da qual, segundo ele, derivam os discursos de amor subsequentes no Ocidente.[38] A valorização de temas de superação ou confronto de hierarquias tradicionalmente estabelecidas também faz sentido num contexto de burguesia em ascensão – onde emerge o romantismo enquanto movimento – que, em muitos aspectos éticos e morais, se opunha à decadente nobreza que, no entanto, ainda gozava de reconhecimento, poder e influência.

É importante assinalar que a identificação e o gosto por romances na aristocracia não se dá apenas por um desejo de liberdade das constrições e regras de comportamento hierarquicamente impostas naquele contexto. A ociosidade característica dos membros da corte – num grupo em que o trabalho era considerado algo vergonhoso e que atentaria contra seu caráter nobre – também exercia importante papel na apreciação dessa literatura e em sua disseminação enquanto tema nas rodas que se formavam nos encontros em bailes e salões. Para um grupo cujos valores e possibilidades de ascensão se concentravam numa vida social intensa de interações perante outros nobres, em reuniões e cerimônias diversas, certamente seria importante demonstrar algum conhecimento de obras que não apenas remetiam ao próprio contexto de corte, mas que também se tornavam tema de conversas nos diversos eventos sociais de que participavam. Esse conhecimento não se restringe ao conteúdo das obras, mas aos códigos e posturas nelas propagados que, em alguma medida, incorporavam valores, interesses e regras de comportamento característicos do âmbito de seus leitores. De maneira que a paixão e o amor romântico encontravam espaço profícuo entre pessoas cujo tempo livre podia ser dedicado à leitura de

---

38   Cf. ROUGEMONT, Denis de. *O amor e o Ocidente*. Rio de Janeiro: Guanabara, 1988, *passim*.

romances e à prática de seu conteúdo didático nos eventos sociais e interações de que participavam, além de terem seu caráter de idealização reforçado pelas próprias constrições impostas a suas pulsões naquele meio.

A ideia de amor defendida por Luhmann enquanto código simbólico se sustenta num contexto em que os romances remetem a ideais de libertação das constrições sociais, sem, no entanto, desvencilhar-se de regras e estratégias para sua manifestação mais ou menos sutil. Luhmann chama atenção para um "fator didático e orientador nas questões do amor"[39] presente nos romances, por meio dos quais os códigos do amor se difundiam, de acordo com os códigos de comportamento próprios da aristocracia:

> Importante era: conseguir distanciar-se da satisfação trivial, vulgar, imediata das necessidades sensuais no seio de uma aristocratização crescente da estrutura estratificada, existente na Idade Média. Em tudo isto é determinante a referência à estratificação social e só excepcionalmente a referência à individualidade – para isso bastando que o amor se transferisse para o campo do ideal, do inverossímil, do atingível apenas através dos méritos especiais (e não através do casamento!).[40]

A questão da individualidade é tematizada também por Giddens,[41] sendo de grande relevância para as transformações do código do amor, mas sem perder um sentido de "mérito especial". No entanto, esse mérito passa a se relacionar cada vez menos com a estratificação social, tornando-se parte do processo de autodistanciamento do indivíduo em relação ao mundo social e instrumento de afirmação da própria identidade.

Elias atenta para que, embora os romances da época da corte expressassem uma nostalgia do campo e de um estado mais próximo da natureza em que não haveria necessidade de um autocontrole tão forte, os pastores e camponeses neles retratados pouco tinham de rústicos, mostrando em seu comportamento características que os aproximavam de seus leitores aristocratas. Estes não desejavam um retorno ao que seria uma suposta "vida real" no campo, sem os luxos característicos de seu meio. Tratava-se, portanto, de

---

39 LUHMANN, Niklas. *O amor como paixão para a codificação da intimidade,* op. cit, p. 10.
40 Ibidem, p. 49.
41 Cf. GIDDENS, Anthony. *A transformação da intimidade.* São Paulo: Editora Unesp, 1992.

uma projeção conscientemente idealizada, que reforçava o caráter romântico ao reconhecer a impossibilidade da experiência daquela idealização, na medida em que deseja ao mesmo tempo a simplicidade do campo e o caráter distinto e refinado da corte. Ao tratar do romance *Astréia*, de Honoré d'Urfé,[42] Elias aponta nas personagens e na própria história aspectos característicos do contexto de sua publicação, no qual essa idealização do campo é presente, mas onde as personagens principais – enquanto representações de membros de uma camada intermediária da nobreza – mantêm sua distinção aristocrática e se mostram também autocontrolados:

> a capacidade de auto-distanciamento e de reflexão alcançou um estágio no qual não é possível ocultar que os pastores e as pastoras, embora sendo símbolos de uma nostalgia autêntica, não passam de pastores dissimulados, símbolos de uma utopia e não pastores reais.[43]

Ao abordar a história de amor entre os protagonistas de *Astréia*, Elias aponta seu vínculo amoroso como um ideal que apresenta "um amálgama complexo de impulsos de desejo e de consciência",[44] em que as personagens se deleitam às vezes mais com o adiamento dos prazeres e com seu desejo insatisfeito do que com sua realização. Isso sugere uma diferenciação consciente de uma camada média da nobreza em relação à camada dominante, que em *Astréia* é construída como habituada à infidelidade e à entrega a prazeres sexuais mais imediatos, demonstrando desprezo pela ética amorosa encarnada pelos pastores daquele romance.[45] Percebe-se aqui um interessante paradoxo presente na retórica do amor: ao mesmo tempo em que se valoriza – de maneira idealizada – o descontrole e a entrega às paixões imediatas, um autocontrole ascético emerge como importante símbolo de manifestação do ideal amoroso, por meio do qual o indivíduo se demonstra insubmisso às coerções e tentações que o meio lhe impõe, diferenciando-se por agir conforme determinações que partem de seus valores considerados

---

42 Segundo Elias, esse romance foi publicado nas duas primeiras décadas do século XVII e atingiu grande repercussão na França (Cf. ELIAS, Norbert. *A sociedade de corte*, op. cit., p. 247.)
43 *Ibidem*, p. 260.
44 *Ibidem*, p. 258.
45 Cf *Ibidem*, p. 259.

mais individuais e elevados, e não de seu posicionamento hierárquico e nem das pulsões mais imediatas e irracionais de seu corpo.

Rougemont defende que a linguagem utilizada na retórica do amor cortês na Europa, presente em trovas e lendas estudadas que datam desde o século XII, teria originalmente um caráter de discurso religioso considerado herege, herdado dos cátaros, codificado sob a forma de contemplação da mulher amada. O autor observa nos textos do amor cortês uma ascese e uma relação com a mulher amada que remete ao desejo religioso de encontro com uma divindade suprema, o que explica a submissão, a valorização da castidade e a ênfase na fatalidade do amor, cuja experiência máxima seria possível apenas após a morte. É perceptível também em Rougemont uma ideia de distinção na retórica do amor, embora se referindo a um contexto histórico anterior àquele em que Elias e Luhmann observam sua relação com a estratificação social.

Rougemont sugere que haveria, entre os trovadores que percorriam a França no século XII, remanescentes dos cátaros, alguns talvez até sacerdotes, difundindo de maneira codificada o seu discurso religioso, mantendo em segredo seus conhecimentos sobre aquela linguagem. De qualquer maneira, o domínio que estes apresentavam da retórica do amor estaria associado a um conhecimento superior e restrito, graças à posição que ocupavam em sua comunidade de origem. E sua distinção é mantida, mesmo após a sua dissolução, pelo conhecimento secreto do que seria o real significado dessa retórica, em que difundiam conteúdos que seriam considerados hereges, mas numa linguagem dúbia que, nas cortes de orientação cristã, eram interpretados como histórias de amor gentil de um homem por uma mulher. "O amor-paixão glorificado pelo mito foi realmente, no século XII, data de sua aparição, uma religião na mais plena acepção do termo e especialmente uma heresia cristã historicamente determinada."[46]

Há que se considerar que o amor-paixão, conforme os autores citados, assume o caráter já apresentado por Stendhal de força arrebatadora, que vai contra o interesse dos indivíduos. Isso não necessariamente implica na vazão da pulsão sexual, o que é mais evidente ao se notar a maneira como Rougemont se refere ao termo, como uma força de caráter sobrenatural que, justamente por sua potência divina, não deve se concretizar num ato carnal. Essa força arrebatadora, independente de sua origem, se é mágica ou

---

46 ROUGEMONT, Denis de. *O amor e o Ocidente*, op. cit., p. 102.

biológica, é percebida como algo que escusa de responsabilidade aqueles tomados por ela. A história de amor entre Tristão e Isolda se inicia depois que eles bebem, acidentalmente, um filtro[47] que deveria ser consumido apenas pelos noivos no momento de seu casamento. O efeito desse filtro sobre quem o bebesse seria o de uma paixão imediata e eterna para com a primeira pessoa que visse. De maneira que a paixão de Tristão e Isolda é fruto de uma fatalidade do destino, na qual os envolvidos, arrebatados por essa força mágica, têm seu poder de escolha e discernimento praticamente implodidos:

> Encontram-se, portanto, numa situação apaixonadamente contraditória: Amam, mas não se amam; pecaram, mas não podem arrepender-se, pois não são os responsáveis; confessam-se, mas não desejam curar-se, nem mesmo implorar perdão. [...] Tudo leva a crer que, *livremente* jamais teriam escolhido um ao outro. Mas eles beberam o filtro do amor e eis a paixão.[48]

Rougemont indica também que a consumação do amor através da relação carnal subtrairia seu caráter místico e transcendental, daí a valorização de um amor que não pode e não deve se concretizar. Segundo o autor, nos séculos seguintes, essa retórica será incorporada aos romances, mas perdendo completamente seu caráter religioso e tornando-se uma linguagem de senso comum.[49] Campbell também observa um caráter de distinção no que ele chama de ética romântica, na qual os portadores de uma sensibilidade e expressividade características conclamariam para si algum status superior ao do senso comum:

> No entanto, havia outra forma de retiro, praticada pelos românticos, na relação com um mundo incompatível: nesta, eles procuravam aquela mútua reafirmação e apoio que não podiam ser achados no isolamento. Essa resposta coletiva e "transcendente" era a do boemismo, que oferecia um ambiente em que os círculos sociais dos virtuosos do espírito podiam desenvolver

---

47 Termo utilizado na tradução aqui consultada, referindo-se a uma espécie de poção mágica.
48 ROUGEMONT, Denis de. *O amor e o Ocidente, op. cit.*, p. 33 (grifo do autor).
49 Cf. *Ibidem*, p. 121.

> seus dons artísticos longe das influências corruptoras da sociedade mais ampla, enquanto conquistavam também a reafirmação de seu status como membros de um "grupo de eleitos".[50]

Pode-se inferir que os discursos referentes ao amor, em grande medida, expressam uma tentativa de distinção mais ou menos individualizada, seja ela relacionada a um conhecimento religioso, conforme aponta Rougemont, ou a uma posição insatisfatória dentro das relações de poder, conforme Elias. Não se trata de mera expressão socialmente aceitável de pulsões sexuais – muito pelo contrário, pelo que se nota na valorização da castidade em muitos de seus discursos –, mas da construção de um código moral no qual o locutor do seu discurso se eleva em relação aos demais. É característica em romances como *Astréia* a construção de seus protagonistas como distintamente bondosos, bravos, leais e honestos, mostrando-se assim honrosos e, portanto, dignos do raro privilégio de usufruírem do amor. Assim, o amor não era construído naqueles romances como algo de acesso universal, reservando-se a alguns poucos afortunados, suficientemente iniciados para poderem conhecer e dominar seu código. É importante ressaltar que se mantém tanto nas trovas do amor cortês quanto nos romances aristocráticos ou no romantismo burguês uma enfática contraposição do amor na sua forma ideal a restrições e determinações vigentes no próprio contexto em que essa forma se manifesta:

> Uma das formas pelas quais os sentimentos podem se expressar simbolicamente é a projeção dos próprios ideais num sonho de uma vida melhor, mais livre e mais natural, situada no passado. A luz romântica que caracteriza essa evocação do passado traduz uma nostalgia irrecuperável, um ideal inatingível, um amor irrealizável. Trata-se do conflito de homens que não podem destruir as coerções sob as quais vivem – sejam elas de poder, civilizadoras, ou uma junção dos dois tipos – sem destruir os fundamentos e as marcas distintivas de sua posição social elevada, aquilo que dá

---

50 CAMPBELL, Collin. *A ética romântica e o espírito do consumismo moderno*, op. cit., p. 273.

sentido e valor às suas vidas do próprio ponto de vista
– sem destruir a si próprios.⁵¹

O caráter inatingível do ideal amoroso, tanto em Elias quanto em Rougemont, é um traço fundamental na retórica pela qual ele é propagado. Esses modelos de relacionamentos amorosos, desde sua gênese, sugerem a possibilidade de transcendência de coerções externas e internas. Isso se torna um paradoxo quando essa forma ideal que aparece, em grande medida, como sintoma de insatisfação e protesto à ordem vigente, é transformada em "modelo dos relacionamentos amorosos reais".⁵² De tal maneira que os discursos de amor não eram construídos valorizando suas condições de incorporação à vida cotidiana naqueles contextos específicos de coerções. Ao contrário, eles exaltavam o que o distinguisse das limitações percebidas como próprias daquele contexto social percebido como "realidade".

A linguagem do amor romântico então revela um caráter de projeção que, embora a princípio apareça limitada à imaginação, posteriormente adquire um aspecto de projeção para o futuro individual, como argumenta Giddens.⁵³ Não haveria nesses discursos, a princípio, a ideia de incorporação de seus conteúdos à vida em sociedade, mas justamente a expressão de refúgio dessa vida em algo completamente distinto dela, mantendo, contudo, o incentivo à reprodução de certos valores enquanto forma de elevação do espírito. Nisso, convém lembrar que a ideia de casamento por amor é recente, caracteristicamente moderna e burguesa, embora seus discursos recalquem seu viés utilitário de administração de propriedades e organização da distribuição de bens nas famílias burguesas.

Rougemont aponta o romance cortês como crítico à instituição do casamento,⁵⁴ que, por muitos séculos, não era associada ao amor, agindo apenas para fins de organização econômica e aquisição de propriedades. Nisso, um tema frequente nos romances era o relacionamento amoroso fora do casamento. Isso funcionava como forma de protesto contra um tipo de união institucionalizada constituída conforme valores e interesses considerados terrenos, enquanto distantes de uma orientação espiritual elevada na

---
51 ELIAS, Norbert. A sociedade de corte, op. cit., p. 227.
52 Ibidem, p. 158.
53 GIDDENS, Anthony. A transformação da intimidade, op. cit., p. 50.
54 Cf. ROUGEMONT, Denis de. O amor e o Ocidente, op. cit., p. 103.

qual o amor era deificado. Segundo o autor, a ideia de casamento por amor vem com a crescente valorização de ideologias individualistas características da burguesia e a decadência da aristocracia, que promovia suas uniões baseada em razões econômicas e políticas, o que confere ao casamento um caráter de projeção da felicidade individual:

> Ao perder as garantias de um sistema de coerções sociais, o casamento só pode basear-se a partir de agora, em decisões individuais. Ou seja, o casamento tem realmente por base uma ideia individual de felicidade, ideia que se supõe, na melhor das hipóteses, comum aos dois cônjuges.[55]

Deve-se destacar, no entanto, que a perda de garantias de um sistema de coerções não significa a ausência de coerções, mas mudanças no sistema, sendo expressivo nesse caso um sistema internalizado, em que o autocontrole e a capacidade de autodistanciamento do indivíduo já são tão arraigados que suas decisões exprimem, de maneira quase inconsciente, o sistema de coerções e interdependências no qual ele está inserido. Percebe-se, então, uma mudança no tipo de coerções externas que se tornam internalizadas, com um discurso que valoriza mais as ações individuais, fazendo a ideia de coerções externas parecer ultrapassada. Afinal, a própria ideia de individualização dos projetos de vida e conquista da felicidade através da capacidade de autocontrole e esforço particular é também resultado de um sistema de coerções internalizado.

Tratando-se da retórica do amor enquanto base de relacionamentos afetivo-sexuais, a paixão aparece como componente fundamental. De acordo com Luhmann:

> O símbolo dominante que organiza a estrutura temática do meio de comunicação amor designa-se sobretudo por "paixão" e paixão significa que se sofre de alguma coisa que não se consegue modificar em nada e da qual não se pode dar contas. Outras imagens, com uma tradição antiquíssima, possuem o mesmo valor simbólico – assim quando dizemos que o amor é espécie de

---

55 *Ibidem*, p. 103.

doença *folie à deux*; o amor cativa. Em outras expressões, dir-se-á: o amor é um mistério, um milagre, não se deixa esclarecer nem fundamentar etc... Tudo isso remete para uma fuga ao controlo social normal, fuga essa que tem, todavia, de ser tolerada pela sociedade como se fosse doença.[56]

A paixão aparece sempre associada ao descontrole, a uma força maior "que arrebata-nos contra todos os nossos interesses",[57] o que reforça o caráter de doença que lhe é atribuído. Nesse sentido, é sintomático que a idealização do amor em sociedades num estágio desenvolvido de autocontrole trate a paixão como pré-requisito, mas, ao mesmo tempo, considere-a inviável na vida cotidiana. Como apontara Chaumier: "É interessante remarcar que esse estado amoroso com que todo mundo sonha, mais ou menos secretamente, é desacreditado em benefício de um modelo 'adulto' de amor que saiba renunciar às ilusões de seu estado nascente".[58] Embora desejada como fuga, é também doença, colocando em risco a existência do próprio indivíduo, trazendo à tona a incongruência entre seu descontrole idealizado e a condição de ser social autocontrolado. O amor-paixão, associado à vazão de pulsões sexuais mais imediatas, é também um estado idealizado de natureza perdida. O que virá a diferenciar o amor-paixão do amor romântico é que o último assume um caráter narrativo, de projeção da própria história de vida para o futuro. Isso confere um caráter paradoxal ao amor romântico, observado tanto por Rougemont quanto por Luhmann e também por Solomon, ao tentar conferir à paixão uma durabilidade elevada que não corresponde a seu caráter passageiro.

> O amor romântico, que começou a marcar a sua presença a partir do final do século XVIII, utilizou tais ideais e incorporou elementos do *amour-passion*, embora tenha se tornado distinto deste. O amor romântico introduziu a ideia de uma narrativa para uma vida individual – fórmula que estendeu radicalmente a reflexividade do amor sublime. Contar uma história é um

---

56 LUHMANN, Niklas. *O amor como paixão para a codificação da intimidade, op. cit.*, p. 29.
57 STENDHAL. *Do amor, op. cit.*, p. 4.
58 CHAUMIER, Serge. *La déliaison amoureuse.* Paris: Armand Colin, 1999, p. 51.

dos sentidos do "romance", mas esta história tornava-se agora individualizada, inserindo o eu e o outro em uma narrativa pessoal, sem ligação particular com os processos sociais mais amplos. O início do amor romântico coincidiu mais ou menos com a emergência do romance literário: a conexão era a forma de narrativa recém-descoberta.[59]

O amor romântico, então, se aproxima da literatura não apenas por seu caráter de idealização e desejo de fuga, mas também pela ideia de o indivíduo conceber seu próprio romance, converter a própria vida em uma "narrativa do eu".[60] Sobre o aspecto narrativo do amor, Solomon afirma:

> O amor não é apenas uma paixão momentânea, mas um desenvolvimento emocional, uma estrutura narrativa tão familiar e aparentemente tão "natural" para nós que raramente pensamos nela como uma história, um roteiro que somos ensinados a seguir, com todas suas progressões, conflitos e soluções previsíveis.[61]

Pode-se entender que a ideia de narrativa pessoal pressupõe um intenso exercício da imaginação na tentativa de atribuir sentido aos eventos e interpretá-los, visando seu encadeamento lógico em prol de uma conclusão que, na prática, é desconhecida, embora na projeção mental seja designada como meta. Com isso, confirmam-se, entre os valores românticos, o imaginário e o ideal, não como simples distinção da "realidade", mas como referenciais de interpretação e ação frente a ela, definindo práticas e condutas.

É importante observar que a elaboração dessa narrativa individualizada, embora baseada em um conjunto de sentimentos pressupostos como espontâneos, implica um planejamento da vida para o futuro. Nesse sentido a diferenciação do amor-paixão – percebido como imediatista e passageiro – é mais evidente: trata-se, como em um romance literário, de inserir um

---

59 GIDDENS, Anthony. *A transformação da intimidade*, op. cit., p. 50.
60 Por "narrativa do eu", entende-se: "a estória (ou estórias) por meio da qual a auto-identidade é entendida reflexivamente, tanto pelo indivíduo de que se trata quanto pelos outros" (GIDDENS, Anthony. *Modernidade e identidade*. Rio de Janeiro: Zahar, 2002, p. 222).
61 SOLOMON, Robert. *About love*, op. cit., p. 97.

acontecimento a princípio entendido como fortuito numa estrutura narrativa que lhe confere sentido específico, associando causas e consequências, desencadeando ou obstruindo outros eventos. Enquanto romance, a narrativa concatena acontecimentos que conduzirão a um fim específico – não necessariamente previsível. Atribui-se então àquela experiência momentânea do desejo e da atração mútua um sentido que deverá orientar o futuro dos indivíduos, o que confere então um senso de planejamento. No entanto, ainda é muito corrente o pressuposto moral de que, daquela experiência de atração mútua, deva logicamente resultar uma forma de associação legitimada e reconhecida socialmente: a família. Nesse sentido, permanece forte a crença de que "o sentimento amoroso só encontra sua justificativa na medida em que dá nascença a um casal e uma família, o qual somente a morte pode encerrar".[62]

Chaumier aponta no que viera a se tornar o amor romântico um ideal de fusão, em que os amantes se uniriam em uma nova unidade, espécie de amálgama de suas identidades. Segundo ele, "o amor consistiria em um desejo irrepreensível de se fundir, seja de se apropriar do outro a ponto de querer lhe devorar para tornar-se uma só carne, seja de desaparecer nele, para, ao fim, não existir mais separadamente".[63] Contudo, o autor destaca que esse ideal, especialmente no que se refere ao sacrifício de si e a "desaparecer" no outro, era direcionado especialmente às mulheres, principais leitoras de romances no século XIX, a quem, segundo Giddens, foi atribuído um papel de gestão da vida emocional do lar, em contraponto ao mundo externo e "masculino" do trabalho.[64] Por trás dos discursos de sacrifício por amor, encontrava-se o sacrifício da individualidade feminina, que se fundia ao homem, enquanto o contrário não ocorreria.

Autores como Christopher Lasch,[65] Ulrich e Elisabeth Beck[66] – entre outros – relacionam a liberação feminina, a partir dos anos 1960, a mudanças profundas nas percepções de sexo e afetividade nas sociedades modernas. De certa maneira, afirmou-se mais profundamente a valorização da individualidade que, embora já presente nos discursos da modernidade,

---

62 CHAUMIER, Serge. *La déliaison amoureuse*, op. cit., p. 118.
63 *Ibidem*, p. 39.
64 Cf. GIDDENS, Anthony. *A transformação da intimidade*, op. cit., p. 53.
65 LASCH, Christopher. *A cultura do narcisismo*. Rio de Janeiro: Imago, 1983.
66 BECK, Ulrich & Elisabeth. *The normal chaos of love*. Cambridge: Polity, 2002.

parecia ainda muito restrita ao universo masculino. No entanto, raramente mudanças de caráter social constituem rompimento completo com as tradições precedentes ou seu abandono, uma vez que essas fazem parte dos referenciais socializadores mesmo daqueles que promovem as mudanças. O que se tem notado, ao menos no tocante aos relacionamentos afetivos e ao amor, são ressignificações dos termos e das práticas aprendidas como ideais no sentido de tentar conciliá-las com outros valores e demandas do presente, embora, muitas vezes, trate-se de um esforço em fazer convergir polos que se opõem.

Em sociedades altamente complexas, onde vários mecanismos de autocontrole já se consolidaram há muitas gerações e adquiriram aparência de naturalidade, o reconhecimento da própria individualidade só é possível em relação aos demais. Sobretudo porque a noção de autoidentidade, em algum momento, requer aprovação e reconhecimento de terceiros. Ao projetar uma história de amor com um parceiro, o indivíduo acredita encontrar a possibilidade de comunicar sua totalidade, de dar vazão a suas pulsões reprimidas de maneira socialmente reconhecida e para uma pessoa que ele acredita perfeitamente capaz de interpretar e retribuir positivamente as mensagens complexas de sua individualidade. Trata-se, portanto, de mais do que simplesmente libertar pulsões sexuais, pois há um enorme conjunto de significados atribuídos inclusive ao seu controle, que podem ser percebidos como mais ou menos individualizados, embora socialmente compartilhados. Paradoxalmente, o amor passa a ser percebido como o meio socialmente prescrito mais legítimo de comunicação e afirmação da individualidade e, ao mesmo tempo, de tudo que nela anseia justamente negar e superar o que é socialmente determinado.

Tem-se percebido o reconhecimento de uma importância considerável de obras literárias em diferentes períodos para a construção e transformação dos discursos prescritivos sobre o amor e suas formas ideais. Conjuntamente, todos os autores aqui citados até agora que abordam o tema reconhecem na literatura uma produção histórica e socialmente localizada, que expressa, de alguma maneira, valores, sentimentos e anseios característicos de seu tempo e dos grupos sociais aos quais as obras seriam direcionadas. Considerando o caráter a princípio fictício das obras pelas quais essas retóricas do amor se difundiram, parece reforçada a ideia de que "para tudo o que faltava na vida diária, um substituto foi criado nos sonhos, nos livros, na pintura",[67] tendo se tornado o amor um representante dessa falta na vida diária, que encontra, ainda hoje, em meios como as artes e a literatura, alguns de seus principais canais de expressão e reprodução enquanto código socialmente compartilhado de comunicação da subjetividade. E, à medida que esses meios se propagam e se tornam reconhecidos por diferentes públicos consumidores, sua expressividade tende a se transformar.

Considerando o aspecto do consumo e a emergência de um mercado literário, Campbell sugere uma reflexão complementar à obra de Weber e outras perspectivas sociológicas que, ao tratarem das relações entre o comportamento moderno, trabalho e produção, careceriam de explicar melhor por que teria se dado um lógico aumento no consumo, permitindo a demanda pela crescente produção de novos bens, que por sua vez colaboraria para a ascensão da burguesia e a Revolução Industrial. Para tanto, o autor busca analisar e compreender o que ele chama de uma "revolução do consumidor na Inglaterra do Século XVIII",[68] defendendo a relação entre a emergência de um hedonismo diferente do tradicional da nobreza e a natureza do consumismo moderno. Essa nova forma de hedonismo diferir-se-ia por focar mais uma espécie de prazer autoilusivo e imaginado do que experiências mais diretas de prazer sensual:

> A chave para o desenvolvimento do hedonismo moderno está no deslocamento da preocupação primordial das sensações para as emoções, pois é apenas através do veículo destas últimas que a estimulação poderosa e prolongada se pode combinar com qualquer grau significativo de controle autônomo, algo que provém diretamente do fato de que uma emoção une imagens mentais a estímulos físicos.[69]

Segundo o autor, o romantismo teria exercido papel fundamental na difusão dessa nova modalidade de hedonismo. No exercício desse hedonismo moderno, percebe-se que a imaginação tem papel fundamental, sendo que Campbell destaca duas variedades de práticas imaginativas

---

67 ELIAS, Norbert. *O processo civilizador*, vol. II. Rio de Janeiro: Zahar, 1994, p. 203.
68 CAMPBELL, Collin. *A ética romântica e o espírito do consumismo moderno*, op. cit., p. 31.
69 *Ibidem*, p. 103.

particularmente importantes para seu argumento: o devaneio e a fantasia. O autor diferencia essas duas modalidades, sendo que a primeira ocupa-se mais com a projeção de cenas consideradas possíveis, diferentemente da fantasia, que subverte a realidade pela extravagância e pelo impossível.[70] Dessa maneira, o devaneio, conforme abordado pelo autor, tem uma relação muito mais profunda com a maneira como o indivíduo percebe o mundo ao seu redor e suas possibilidades de ação, podendo, em maior ou menor grau, tomar parte em seus projetos e anseios.

No ímpeto de rastrear condições sociais que propiciaram a emergência de um sentimentalismo e a "revolução do consumidor", o autor se debruça sobre o declínio do calvinismo na Inglaterra e discussões que lá se manifestaram em oposição à sua doutrina considerada excessivamente rígida. Campbell argumenta que o desenvolvimento de um sentimentalismo na Inglaterra, embora aparentemente contraditório a uma ética protestante conforme apresentada por Weber, incorpora elementos que teriam sido indiretamente estimulados por ela. O autor destaca então uma ênfase em sentimentos de tristeza, melancolia e resignação, percebidos como sinais de predestinação. Segundo ele, embora nos ensinamentos originais de Calvino não houvesse como o indivíduo saber se era ou não um escolhido de Deus, correntes subsequentes, desesperadas por algum alívio a essa dúvida, promoveram a valorização desse tipo de sentimento:

> se a emoção acentuada era a autocomiseração, a autodepreciação ou a morbidez, o ponto a ser enfatizado é o de que a expressão não era meramente permitida, mas realmente apoiada pela mais poderosa sanção religiosa. A verdadeira fé, a santidade, a venerabilidade, a marca de um "santo" podia não apenas ser manifesta ao indivíduo dentro de seu próprio coração como também ele podia manifestá-la a outrem, não por qualquer ação particular, mas através de uma forma característica de profunda sensibilidade emocional, e não justamente quando à procura de se integrar à Igreja, mas ao longo de toda vida. Desse modo, um elo se forjou entre as demonstrações e as suposições acerca do estado espiritual básico de um indivíduo, que devia sobreviver por muito

---

70 Cf. *Ibidem*, p. 124.

tempo ao declínio do calvinismo e influenciar profundamente os movimentos de sensibilidade e romantismo do século XVIII.[71]

Campbell ocupa-se então em traçar as variações e posições mais ou menos críticas que emergiram do próprio protestantismo e culminaram no surgimento de uma ética sentimentalista, em circunstâncias nas quais, embora a doutrina calvinista já se encontrasse enfraquecida, os sentimentos por ela estimulados e pelas doutrinas e filosofias religiosas que se seguiram ainda tinham forte presença. Outras correntes posteriores estimulariam a piedade e a manifestação de compaixão – enquanto capacidade de projetar-se no sofrimento alheio –, levando o indivíduo a exercitar intensamente sua imaginação, seja ao colocar-se mentalmente no lugar do outro, seja imaginando a confirmação de seu destino como eleito. Segundo o autor, essas duas práticas colaborariam involuntariamente para uma sensação de prazer a partir do estímulo de emoções associadas à melancolia, devido à autocongratulação pela suposta confirmação representada por esses sentimentos de serem "eleitos" de Deus:

> mostrou-se possível rastrear o aparecimento de uma nova ética religiosa, a da benevolência, em que a virtude foi associada aos sentimentos caritativos da piedade e simpatia, e a presença destes era ligada ao ensinamento calvinista de que uma sensibilidade melancólica constituía um sinal de graça divina. Isso foi a base para uma ética deísta em que o homem ou a mulher bons revelavam sua virtude – na forma de uma profunda sensibilidade com a situação dos outros – mediante uma demonstração de frequentes e profundas emoções, especialmente as da piedade e da melancolia. Com o deslocamento que se seguiu da significação espiritual das emoções para seus prazeres intrínsecos (este mesmo um produto do declínio das crenças escatológicas), nasceu o sentimentalismo propriamente dito.[72]

---

71 *Ibidem*, p. 187-8.
72 *Ibidem*, p. 286.

Percebe-se por essa configuração sociocultural que o perfil que se formará do homem de espírito capitalista não é puramente racionalista, tendo sua sensibilidade e emoções estimuladas não apenas enquanto indicadores éticos, mas também, em seu caráter imaginativo, enquanto motivadores de projeções para o futuro – até mesmo pós-morte, no sentido de salvação. Nisso, de acordo com Campbell, o recurso a adiar sensações e experiências de prazer, idealizando sua potencialização como premiação por mérito de uma vida ascética, torna-se um elemento importante na educação de crianças e jovens ao estimular o retardamento da satisfação e supressão das emoções, colaborando para criar uma "rica, poderosa e imaginativa vida interior dentro do indivíduo".[73]

A relação – ainda presente – que Campbell sugere entre o consumismo moderno e o romantismo é que este teria estimulado um hedonismo no qual a experiência emocional por meio da imaginação e da projeção de satisfação é muitas vezes considerada mais agradável do que a satisfação em si, o que, indiretamente, motiva o consumo de novos bens e a constante impressão de insatisfação e desejo de experimentar novas sensações. A questão da imaginação, em seu argumento, ainda é reforçada pela constatação de que, no período por ele analisado, os romances eram um dos principais objetos procurados no mercado consumidor em ascensão, juntamente com peças de vestuário da moda:

> Outra faceta da revolução do consumo no século XVIII a que se referem McKendrick & outros, foi o desenvolvimento do romance moderno e o aparecimento de um público ledor de ficção. Ocorreu então uma tremenda expansão do mercado de livros, especialmente de ficção, com a publicação anual de novas obras, quadruplicando, ao longo do século.[74]

Esse caráter imaginativo de projeção de satisfações nunca atingidas se manifesta também nos relacionamentos afetivos, colaborando para a constante busca de vivências do amor romântico. No caso do amor nas sociedades modernas, o exercício do imaginário é culturalmente incentivado,

---

73 *Ibidem*, p. 310.
74 *Ibidem*, p. 43-44.

como algo que acarreta fins práticos, a exemplo do casamento, passando pela organização da vida privada e a divisão de papéis sociais facilitados pela instituição da família nuclear burguesa ao estímulo ao consumo, seja para a conquista e/ou manutenção de estados idealizados de felicidade:

> Eu diria voluntariosamente que o amor é certamente uma idealização, uma utopia, mas uma idealização que não deveria, em todo caso, ser identificada como pura abstração. Um tipo de *idealização concreta*, à qual somos capazes de associar movimentos, estremecimentos afetivos, paixões que nos marcaram e que nos marcam profundamente. Uma idealização constantemente reativada através do trabalho do imaginário, do sonho e da fantasia. Uma idealização então que trabalha, que move nosso imaginário, suscitando esperanças, modestas ou insensatas, bem como nossas frustrações, banais ou irreparáveis.[75]

Mais que conjunto de sentimentos particulares, o amor enquanto idealização mobiliza mercados, instituições e transformações sociais. Diferentemente de outras construções do imaginário encerradas no campo do abstrato, tratadas simplesmente como entretenimento, loucura ou escapismo, há uma demanda socialmente motivada para uma suposta realização universal do amor e, para muitos, sua celebração perante a comunidade por meio do matrimônio.

Considerando a relação que Campbell aponta entre a ética protestante e a ética romântica – ambas características de camadas burguesas em ascensão – parece mais pertinente a observação de Rougemont de que a ideia de casamento por amor tenha se consolidado nas sociedades ocidentais a partir da ascendência da burguesia. A constituição da família nuclear burguesa não se fundamentaria simplesmente no utilitarismo, mas em perspectivas românticas de projeção do futuro e da acreditada preponderância do amor em relação a qualquer motivação utilitária ou de conformidade social que se apresentasse. Contudo, o ideal amoroso, enquanto fundamento moral dos

---

[75] GENARD, Jean Louis. "Reciprocité, sexe, passion: les trois modalités de l'amour". In ERALY, Alain & MOULIN, Madeleine (org.). *Sociologie de L'amour*. Université de Bruxelles, 1995, p. 60-61 (grifo nosso).

relacionamentos afetivos e do casamento burguês, passara a representar também uma espécie de conformidade com a ordem social, considerando os aspectos legais do matrimônio enquanto contrato social com fins de regulação da propriedade, revelando sua face mais racional e calculista.

Como Campbell ocupa-se prioritariamente em interpretar o fenômeno do consumismo moderno, buscando suas raízes de caráter mais sentimental estimuladas involuntariamente por uma ética romântica, ele não explora tanto o caráter dos relacionamentos afetivos a partir dessa ética, de maneira que, por outro lado, é difícil compreender como essa ética foi sido incorporada como motivação para o matrimônio enquanto vínculo duradouro, uma vez que ela motivaria a constante busca por novas experiências, ao invés da acomodação em um único relacionamento. Possivelmente, num desenvolvimento dessa ética romântica, o matrimônio tenha adquirido também um aspecto simbólico, sinalizando que o indivíduo capaz de se comprometer totalmente numa relação desse tipo, inspirado mais pelo amor do que pelas possibilidades de retorno pecuniário da mesma, seria também um eleito. Assim, seu relacionamento amoroso, reconhecido social e religiosamente na instituição do casamento seria um sinal de sua superioridade moral e espiritual ainda mais valioso do que o capital acumulado a partir do trabalho.

Isso faz sentido considerando as observações já levantadas do amor enquanto forma de distinção e autoelevação. De maneira que, com algum tempo, não apenas o domínio do código é valorizado, mas também a capacidade de convertê-lo em projeto exequível e, assim, concretizá-lo e celebrá-lo perante a comunidade. Aqui se percebe, então, que o distanciamento entre sentimento e razão comumente atribuído à vida moderna tem um aspecto mais discursivo do que prático, uma vez que a racionalidade é incorporada ao projeto de vida fundado sobre uma relação considerada legítima com base em seus aspectos supostamente emocionais e afetivos.

A questão do planejamento e da projeção da biografia de cada indivíduo é de especial importância ao se considerar, conforme Bauman, que a modernidade, embora tenha se caracterizado por romper com as instituições consideradas sólidas, foi marcada por muitos anos pela tentativa de estabelecer como sólidos novos valores e princípios orientadores da vida em sociedade, como o liberalismo e a democracia.[76] A modernidade, amparada pelo valor da racionalidade e por subsequentes conquistas científicas

---

76 Cf. BAUMAN, Zygmunt. *Modernidade líquida.* Rio de Janeiro: Zahar, 2001, p. 10.

que permitiam o aumento da qualidade e da expectativa de vida, teve no planejamento do futuro – intrinsecamente relacionado à capacidade de imaginar – uma de suas práticas mais valorizadas, sendo, por muito tempo, um projeto de solidificação de seus principais valores. E o consumo colaborava para isso ao mesmo tempo em que servia de expressão mais ou menos individualizada desse valor, com a busca cíclica de satisfação e novos prazeres a serem satisfeitos, no sentido de sempre idealizar uma condição de plenitude futura a ser constantemente procurada, ao invés de acomodar-se nas condições do presente.

A partir dessa relação projetiva e imaginativa com o consumo – especialmente de romances – apontada por Campbell, torna-se perceptível na modernidade um importante papel de obras de ficção no desenvolvimento de uma reflexividade e no estímulo mental das emoções, ao oferecer referências para abordagem e elaboração da própria subjetividade. Mais do que fuga das constrições socialmente percebidas, os romances ofereciam também linguagens, signos e códigos de descoberta, estímulo e comunicação da própria subjetividade, permitindo a elaboração consciente de conceitos e interpretações dos sentimentos, como se esses, numa literatura compartilhada, fossem traduzidos para uma linguagem comum. Segundo Chaumier:

> Os artistas e, sobretudo, os escritores e cineastas, fizeram do amor seu terreno privilegiado, pois exploram seus meandros, conservando seu caráter enigmático e, uma vez que sabem deixar espaço para os mecanismos de projeção e fantasias, eles administram um espaço de liberdade no qual cada um pode extrair sua parte de verdade e sua parte de imaginário.[77]

O que será diferencial a partir do estabelecimento do cinema enquanto mídia de comunicação de massa é que a relação entre amor e imaginação rompe a barreira mais evidente na literatura entre o que seria a vida cotidiana do indivíduo, a ficção escrita e sua construção mental e particular das imagens dos episódios narrados no livro. Na literatura, embora em contato com prescrições e descrições que poderiam ser claramente fundamentados em aspectos da vida cotidiana, a separação entre a palavra escrita, sua imagem e

---

77 CHAUMIER, Serge. *La déliaison amoureuse, op. cit.*, p. 7.

a percepção de realidade do leitor era clara: cada palavra, seguida de sua articulação em frases, parágrafos e capítulos, deve ser lida, reconhecida e convertida numa imagem mental que é, mesmo nas melhores descrições, particular. Como já observara Jarvie:

> ler um romance implica participação imaginativa do leitor ao ter que reconstruir em sua mente as cenas e personagens descritos em forma de esboço. Tanto é que ver o filme derivado de um livro antes de lê-lo produz um curto-circuito no ato da leitura imaginativa, que interfere em qualquer intenção presumível que tivera o autor de ativar a imaginação do leitor por certos procedimentos.[78]

No livro, a cena não está pronta quando no formato de palavra, devendo ser construída pelo próprio leitor em sua imaginação. No caso do filme, esse tipo de reconstrução da mensagem – a princípio de caráter predominantemente subjetivo – tende a ser, em grande parte, transferido para os realizadores de filmes, ao converter a mensagem em imagens a serem percebidas como autoevidentes. De maneira que a relação já observada entre o amor, a ficção e a imaginação é relevantemente transformada com o advento do cinema, ao colocar o espectador diante de um enredo como se ele se desenrolasse à sua frente em tempo real, independentemente dele. As manifestações do amor, os suspiros, beijos e discursos proferidos pelos amantes não serão mais imaginados com base num código escrito que é passado ao leitor, mas serão percebidos pelo espectador como imagens prontas; fenômenos completos cuja ocorrência aparenta naturalidade, embora também se manifestem por uma linguagem que precisou ser aprendida.

Simplesmente atribuir ao cinema o mesmo papel prescritivo de códigos do amor que os romances literários e textos filosóficos a respeito exerceriam não seria adequado, uma vez que constituem linguagens diferentes, operando de formas e com recursos diferentes. A imagem em movimento solapa o discurso escrito ao exibir as coisas acontecendo dentro de construções que concedem impressão de autonomia à fruição dos eventos encenados perante as câmeras. A não ser quando é de intenção dos realizadores de um filme, os acontecimentos nele retratados dificilmente oferecem tempo

---

78 JARVIE, Ian Charles. *Sociología del cine*. Madri: Guadarrama, 1974, p. 144.

para a reflexão do espectador sobre o que ele está vendo. A história apresentada perante ele não será interrompida se ele desviar seu olhar, a sucessão das cenas não dependerá do ritmo com que ele particularmente as acompanha ou interpreta. No entanto, isso não exclui o papel interpretativo do espectador. Embora a ilusão cinematográfica ofereça a impressão de transparência e de naturalidade, produzida como mercadoria para espectadores diversos ao redor do mundo, esse mecanismo só funciona ao olhar treinado àquele tipo de linguagem. Carrière expressa bem esse caráter às vezes despercebido da linguagem cinematográfica ao narrar o estranhamento de um grupo de aldeões na Argélia depois de assistir a um documentário sobre o tracoma, doença causada por uma mosca que era mostrada em *close* repetidas vezes. Embora quase todos tivessem tracoma, sua reação foi como se o filme não lhes dissesse respeito, afinal, como disseram: "não temos moscas desse tamanho". Segundo o autor, em relação a este caso:

> A linguagem cinematográfica não foi apreendida como uma linguagem, como um vocabulário convencional, e o povo das montanhas argelinas simplesmente viu uma mosca enorme. Sua inteligência e seu senso comum rejeitaram aquilo tudo. Não, eles não conheciam moscas daquele tamanho. Estavam mais ou menos na mesma posição que nós, quando olhamos para o céu. Se não soubéssemos a verdade, se ela não nos tivesse sido ensinada, *veríamos*, de maneira clara e indiscutível, que o sol se move em volta da Terra e é sensivelmente menor.[79]

O surgimento do cinema num contexto moderno favorece a reprodução de algumas fórmulas narrativas e enredos característicos de romances literários, bem como do teatro. E, depois, com a industrialização em Hollywood e o desenvolvimento crescente de recursos e técnicas, para, nos termos de Xavier, criar a ilusão de transparência do dispositivo,[80] aprendeu-se a linguagem do cinema como expressão que, não raramente, emularia convincentemente a própria "realidade". E, embora um filme nunca possa ser efetivamente visto da mesma maneira por dois espectadores diferentes,

---

[79] CARRIÈRE, Jean-Claude. *A linguagem secreta do cinema*. Rio de Janeiro: Nova Fronteira, 1995, p. 54-5.
[80] Cf. XAVIER, Ismail. *O discurso cinematográfico*. São Paulo: Paz e terra, 2008, p. 42.

o domínio e o conhecimento compartilhados de sua linguagem permitem a espectadores diversos que compreendam de maneira geral aquilo que foi visto. Muitos espectadores podem discordar sobre detalhes das imagens e sua potencial fidedignidade. Contudo, aquela linguagem tende a ser cada vez mais percebida como senso comum, especialmente dentro de linhas de construção narrativas já estabelecidas e consolidadas ao longo de décadas num contexto atual de mídias de comunicação audiovisual constantemente presentes na vida cotidiana de milhões de pessoas.

Se num livro, o amor é primeiramente descrito, esmiuçado em considerações, retóricas e reflexões para depois ser lido, imaginado e interpretado pelo leitor, em um filme – devidamente montado e articulado para esse fim – ele simplesmente acontece: o amor deixa de ser imaginado para ser visto, deixa de ser mentalmente refletido para ser percebido. Diferentemente de um romance, "um filme não é pensado e, sim, percebido".[81] E essa maneira de *perceber* o amor, ao invés de simplesmente pensá-lo, terá grande impacto em como ele é vivido e percebido enquanto experiência subjetiva e, por vezes, idealizada, mas visualizada de maneira aparentemente objetiva:

> Eis porque a expressão humana pode ser tão arrebatadora no cinema: este não nos proporciona os pensamentos do homem, como o fez o romance durante muito tempo; dá-nos a sua conduta ou seu comportamento, e nos oferece diretamente esse modo peculiar de estar no mundo, de lidar com as coisas e com os seus semelhantes, que permanece, para nós, visível nos gestos, no olhar, na mímica, definindo com clareza cada pessoa que conhecemos.[82]

A impressão de verossimilhança que o cinema promove, quando empregada em narrativas que têm por tema central a conquista e/ou estabelecimento de uma relação amorosa, confere grande expressividade ao código do amor – enquanto conjunto de prescrições e idealizações de estados emotivos – ao tornar visíveis elementos a princípio abstratos e idealizados. Diferentemente da literatura, o cinema propicia imagens do amor

---

81 MERLEAU-PONTY, Maurice. "O cinema e a nova psicologia". In: XAVIER, Ismail (org.). *A experiência do cinema*. Rio de Janeiro: Graal, 1983, p. 115.
82 *Ibidem*, p. 115-16.

"realizado", convertendo o abstrato em fenômeno visível. Essas visões do amor impactarão na vida de muitos espectadores, servindo de referência – e às vezes até de estímulo – para a busca particular dessa experiência, que deixa de ser simplesmente idealizada como anseio íntimo para se tornar algo visivelmente possível e acessível a todos.

Ao longo do século XX, com a popularização do cinema e, posteriormente, outras mídias audiovisuais como a televisão e aparelhos que permitiram a reprodução de filmes em casa, seja por VHS, DVD e computadores pessoais, as maneiras de ver e encenar o amor se transformam não apenas em função de inovações conquistadas por essas mídias, mas também por fenômenos sociais diversos, de caráter amplo, que se tornam ingredientes mais ou menos presentes em novas produções. De maneira que as histórias e ideais de amor se adequam ao contexto da produção, assumindo aspectos socialmente partilhados da vida cotidiana.

Como parte importante do contexto atual está o grande volume de estímulos visuais a que cada indivíduo é exposto em seu cotidiano por meios eletrônicos e fotográficos desde os primeiros anos de vida. Em vários aspectos da vida, seu conhecimento e seus aprendizados são mediados por imagens sucessivas em movimento, dentro de várias telas. E cada vez mais, é o mundo construído e reproduzido dentro dessas telas que é reconhecido e compartilhado, fornecendo referências, modelos e percepções a serem incorporados nas ações e relações entre indivíduos. Como observara Mills:

> As imagens que temos deste mundo e de nós mesmos nos são dadas por multidões de testemunhas que nunca conhecemos e nunca iremos conhecer. No entanto, para cada um de nós, essas imagens – fornecidas por estranhos e mortos – são a própria base de nossa vida como ser humano. Nenhum de nós se encontra sozinho confrontando diretamente um mundo de fatos concretos. Nenhum mundo desse tipo é acessível: é quando somos bebês ou quando ficamos loucos que chegamos mais perto dele. Então, numa cena aterrorizante de eventos sem sentido e confusão disparatada, somos muitas vezes tomados pelo pânico da insegurança quase total. Em nossa vida cotidiana, porém, não experimentamos fatos sólidos e imediatos, mas estereótipos de significados. Temos conhecimento de muito mais do que nós

mesmos experimentamos, e nossa experiência é ela própria sempre indireta e guiada.[83]

Isso contribui para transformações relevantes em como a própria vida é percebida individual e socialmente, bem como os sentimentos nela experimentados, os processos de interação e os códigos e prerrogativas que orientam as relações e as expectativas nelas depositadas. As percepções e retóricas sobre o amor também se transformam quando visualizadas nessas telas, embora preservando muitas características de outras épocas aqui já apontadas. Daí a importância de se desvendar que discursos e prerrogativas do amor vêm se reproduzindo hoje em dia com a ajuda desses meios de comunicação e como os filmes, ao mesmo tempo, manifestam elementos do seu contexto de produção e o influenciam, contribuindo para a constituição de prescrições socialmente compartilhadas para os relacionamentos íntimos. Como já observara Jarvie: "O cinema é ao mesmo tempo social e estético e esses dois aspectos se entrelaçam, posto que seu caráter social pode afetar a arte e seus efeitos artísticos podem afetar a sociedade".[84] À luz de tal perspectiva é que se pretende sublinhar e interpretar neste trabalho, através dos filmes e de suas relações com a vida em sociedade, elementos constitutivos e transformadores de crenças, discursos e prescrições sobre o amor que orientam não apenas os relacionamentos, mas expectativas, julgamentos e, no caso de muitos indivíduos, toda sua existência.

---

83   MILLS, Charles Wright. "O homem no centro: o designer". In. *Sobre o artesanato intelectual e outros ensaios*. Rio de Janeiro: Zahar, 2009, p. 66.
84   JARVIE, Ian Charles. *Sociología del cine*. Madri: Punto Omega, 1974, p. 21.

CAPÍTULO II

O amor como conto de fadas hollywoodiano – *Uma Linda Mulher*

O filme se inicia com créditos em letras brancas sobre um fundo preto. Ouve-se um burburinho: pessoas conversando, risadas, notas de piano... A construção sonora que antecede à primeira imagem sugere um evento social descontraído, mas sem muita agitação. A primeira frase que se ouve, sonoramente focalizada e ainda em *off*, diz: "Não importa o que digam, o dinheiro é o que importa". A imagem seguinte é um *close-up* em quatro mãos: à esquerda, uma mão espalmada, aparentemente feminina, cujo pulso, envolto por uma pulseira dourada e prateada, desponta da manga de um casaco vermelho. No lado direito, simetricamente, há outra mão feminina espalmada e a manga do casaco é amarela. Ao centro, veem-se as mãos de um homem que traja um paletó preto e uma camisa social branca, usando um anel dourado no dedo médio de sua mão esquerda. Seu rosto não está visível, mas a construção sugere que a voz que fala é sua. Este homem opera com as mulheres um truque de mágica com algumas moedas douradas, enquanto pede que imaginem uma situação de empréstimo, em que uma representa o banco e a outra a cliente. Com esse artifício, ele brinca de fazer moedas desaparecerem de uma mão para aparecerem em outra e até converter três pequenas moedas numa única grande, enquanto vai dizendo: "Ela fica com tudo e nós ficamos com nada".

Esta primeira cena, em função de seu conteúdo e do momento em que é proferida, introduz a chave a partir da qual se delineará a trama. Somente em função das relações dos protagonistas com o dinheiro – ela prostituta e ele homem de negócios – é que eles se encontrarão e se conhecerão, sendo suas interações com os demais sempre mediadas por alguma questão econômica, seja essa a possibilidade de fechar uma grande negociação ou de pagar o aluguel. Dessa forma, ao mesmo tempo, as relações com o dinheiro engatilham o encontro do par central, bem como são determinantes em conflitos e desafios que se apresentarão para eles.

Conforme Pierre Sorlin, "relacionando indivíduos e grupos, cada filme constitui, no interior do mundo fictício do ecrã, hierarquias e redes de influências".[1] Assim se estabelecem o que o autor chama de sistemas relacionais, sendo que a narrativa em *Uma Linda Mulher* se organiza a partir de dois grupos principais e antagônicos: empresários e executivos de grande poder aquisitivo, representados por Edward (Richard Gere), e a classe baixa habitante do centro da cidade, representada por Vivian (Julia Roberts). De seu encontro casual emerge o desafio, ao mesmo tempo social e sentimental, de lidar com as dificuldades implicadas na sua relação inicialmente profissional e que, ao longo do filme, converte-se em relacionamento íntimo. De início, tais dificuldades são atribuídas às diferenças socioeconômicas existentes entre as personagens, mas, pouco a pouco, elas se revelam também pessoais. Isso se manifesta não somente na insegurança perante a possibilidade de envolvimento emocional numa relação a princípio profissional e com data marcada para terminar, mas também nos momentos em que as personagens contam uma para outra de experiências pregressas: desde Edward falando de sua relação atribulada com seu pai a Vivian contando como chegou a Los Angeles. Ambos serão confrontados por situações que exigirão a revisão de seus valores e hábitos para se entregar ao relacionamento que parece inviável.

Durante a festa em que acontece o truque de mágica, a personagem Edward começa a ser construída pela sua ausência: vê-se Phillip Stuckey cumprimentando convidados e perguntando por ele. A câmera segue Stuckey de perto nessa procura e, a cada cumprimento, há uma informação sobre Edward: um homem diz ter ficado sabendo que ele está comprando as Indústrias Morse e mostra interesse em entrar no negócio, enquanto Stuckey confirma que Edward "não está na cidade para tomar sol"; a outro senhor, ele se apresenta como "advogado de Edward", e esse senhor lhe pergunta: "Onde está o convidado de honra?". Stuckey responde que ele deve estar em algum canto seduzindo alguma bela mulher. Em cerca de um minuto, sem que Edward apareça, já se sabe muito a seu respeito. A construção do ambiente, com pessoas em roupas elegantes, garçons em trajes impecáveis, convidados que bebericam champanhe ou vinho, uma banda com instrumentos clássicos e músicos vestidos a rigor e uma varanda com uma bela vista de copas de árvores sugere um evento restrito a pessoas de grande

---

1 SORLIN, Pierre. *Sociologie du cinéma*, op. cit, p. 237.

poder aquisitivo. Pelas curtas conversas de Stuckey, sabe-se que Edward é um homem rico e poderoso negociando a compra de uma indústria e que aquela festa está acontecendo em função dele. Além disso, há a dica de que é um homem sedutor pelo comentário sobre seu possível paradeiro.

Em seguida, na primeira cena de Edward, ele está em uma sala, sozinho, conversando ao telefone com uma mulher, que se subentende ser sua namorada. Eles discutem porque Edward desejava que ela estivesse lá, mas não a teria avisado com a devida antecedência e atenção, tendo apenas mandado sua secretária dar o recado. A moça se queixa que fala mais com a secretária do que com Edward e que não está sempre à disposição dele. A conversa se encerra em clima tenso, dando a entender que aquele relacionamento acabou. Enquanto conversam, a câmera gira em volta de Edward em primeiro plano e pode-se ver que a festa acontece no andar de baixo, sendo que ele ainda deixa escapar um suspiro no último plano que o mostra de frente para a janela olhando a festa, claramente sem interesse por ela.

A articulação das sequências da procura por Edward e de sua conversa ao telefone, sozinho, num plano em destaque, não apenas ao centro, mas numa posição elevada e separada dos demais, realça sua importância na trama enquanto protagonista e também como figura central daquele meio de negócios. E nesse sentido, Edward já aparece, desde o início, em contraposição ao meio: ele não está na festa que é para ele e passa brevemente entre alguns convidados, visando sua saída. A festa acontece, literalmente, abaixo dele, enquanto ele é mostrado mais preocupado com a ausência de sua acompanhante do que com os contatos de negócios presentes na festa. Descendo as escadas, Edward conversa rapidamente com o que parece ser um assessor, com perguntas objetivas sobre seus negócios, cobrando informações sobre a cotação das indústrias Morse na bolsa de valores de Tóquio que mal acabara de abrir. Isso mostra um profissional rigoroso, que não se desconecta de seu trabalho e mantém uma relação objetiva com ele, sem esboçar interesse em sociabilizar com os presentes naquele evento.

Edward, visivelmente chateado após a discussão ao telefone, sai da festa com o carro de seu advogado – uma vez que sua limusine está bloqueada por outros carros – e se perde pelo caminho, saindo da área das mansões de Beverly Hills e adentrando o perímetro urbano. Alternando tomadas do carro visto de cima, a paisagem vai mudando, até que se tenha um plano aberto de uma grande avenida, com prédios à sua volta, viadutos e tráfego intenso de veículos. A primeira tomada ainda é diurna, mas logo seguida de uma imagem noturna do mesmo lugar, indicando a passagem do tempo. A câmera se aproxima e há um corte para um plano aberto em que um homem, portando uma placa em seu corpo, anuncia vender mapas. Vê-se, de noite, uma esquina movimentada da Hollywood Boulevard, onde passam muitas pessoas encarnando estereótipos visualmente construídos como marginais no imaginário norte-americano: prostitutas de rua, imigrantes latinos, traficantes e usuários de drogas. Juntamente ao cenário de ruas sujas e lanchonetes baratas, essas figuras compõem a imagem de um centro urbano decadente.

A construção do universo de Vivian, diferentemente do de Edward, não é feita em função da personagem. Se ele é apresentado como figura central em seu meio, em torno da qual os outros se reúnem e com quem querem estar, Vivian é apresentada de maneira oposta: não há uma festa para Vivian e não procuram nem perguntam por ela. Vê-se primeiramente a construção do universo das ruas de Los Angeles, ressaltando o antagonismo ao universo de Edward, a começar por contrastes na iluminação: mundo dele é apresentado de dia, com farta luminosidade, enquanto a câmera só adentra o de Vivian à noite. Há uma cena muito semelhante à primeira do filme: *close-up* em duas mãos que também mexem com dinheiro, como que realizando uma troca. Mas as semelhanças param por aí. Não há o caráter lúdico do truque de mágica, mas uma transação em que rapidamente uma mão pega algumas notas de dinheiro amassadas e entrega um pequeno pacote contendo algum pó branco, sugerindo a venda de drogas. A caracterização dessas mãos também é diferente. Aparentemente são mãos masculinas – uma branca e outra negra. Na mão branca, uma luva surrada cobre quase somente a palma das mãos, enquanto no pulso são vistos adornos que mais parecem barbantes desgastados. Já no pulso negro, vê-se usa uma pulseira dourada de aparência barata. Tal construção caracteriza o meio de Vivian por atividades associadas ao crime e à marginalidade no senso comum – da prostituição ao tráfico de drogas. Intercalam-se imagens de prostitutas, um breve *close* em uma estrela da calçada da fama, seguida da imagem de uma ambulância passando com a sirene ligada. Essa constituição do ambiente de Vivian remete à maneira como Margareth Rago descreve o baixo meretrício:

> a prostituição está muito próxima do mundo do crime, abrigando marginais: vagabundos, gigolôs, delinquentes, ex-presidiários, alcoólatras, viciados. A violência permeia o cotidiano das meretrizes, manifestando-se tanto em sua reterritorialização perversa, quanto nos códigos internos que regem a vida do meretrício – especialmente do baixo meretrício.[2]

A câmera focaliza o letreiro de um hotel em neon vermelho, apenas com as duas primeiras letras acesas. Há uma aproximação desse local e um corte para os quadris de Vivian, virando-se preguiçosamente sobre a cama ao som do despertador, permitindo um relance de parte de seu corpo sensual. Seu busto é coberto por uma camiseta vermelha desbotada. A câmera segue seu corpo, sem mostrar seu rosto. Seu braço se estende em direção a uma cômoda, com a mão procurando o despertador para desligá-lo. Em seguida, um breve *close* em um mural de fotos, sobre o qual a câmera se desloca permitindo que se vejam três fotos com uma jovem mulher abraçada a um homem. Em nenhuma das fotos, o rosto do homem está visível: na primeira, a parte do rosto está rasgada, na segunda, o rosto está riscado e na terceira, o rosto e o corpo do homem ao lado da moça foram recortados, podendo-se ver apenas a mão que enlaça sua cintura. É curioso e significativo o emprego dessas imagens na construção de Vivian. Embora num plano muito breve, já nessa introdução da personagem sua construção é deslocada das imagens externas que remetem à decadência daquele centro urbano para a intimidade de seu quarto, onde são mostrados sinais de uma vida afetiva problemática, da qual ela guarda lembranças visivelmente presentes pelas fotografias, mas que expressam o desejo de apagar os homens que fizeram parte delas.

A tentativa de excluir os companheiros dessa maneira dá ao restante da fotografia um caráter de incompletude, onde o que mais chama atenção não é a parte preservada da fotografia, mas o espaço estragado, transmitindo uma forte sensação de falta: falta de uma metade digna de compor a imagem ao lado da moça e de ser lembrada. A opção por preservar as fotografias com rostos cortados, rasgados ou riscados, contraditoriamente, parece reforçar a presença daqueles homens na memória da personagem, uma vez que ela não

---

2 RAGO, Margareth. *Os prazeres da noite*. São Paulo: Paz e Terra, 1991, p. 229.

preserva simplesmente a imagem dela nas fotografias, mas todo um momento, um cenário no qual se encontrava acompanhada. Certamente, se ela houvesse superado o que vivenciou com aquelas companhias, não preservaria as fotografias. Essa presença sutilmente denunciada no início do filme será depois mencionada pela personagem quando, mais próximo do final do filme, ela conta para Edward de seus relacionamentos anteriores.

A cena no quarto continua, alternando *closes* da personagem se vestindo e se maquiando, mas sem mostrá-la completamente: ora vê-se um olho, ora uma mão que tenta disfarçar o desgaste da bota passando uma caneta preta sobre o calcanhar esfolado, depois a bota sendo calçada, podendo-se ver seu longo cano que cobre parte da coxa. As roupas de Vivian são peça chave na construção da personagem e de sua transformação, remetendo ainda mais ao conto de fadas *Cinderela*, no qual a personagem, inicialmente, veste apenas trapos, mas, depois, é presenteada por sua fada madrinha com um elegante vestido e sapatos de cristal.

O filme acompanha o trajeto de Vivian até o clube Blue Banana, onde encontrará sua amiga com quem divide o apartamento antes de irem para o trabalho. Durante esse trajeto, a imagem de Vivian é intercalada com acontecimentos que de alguma maneira a afetam, levando-a, algumas vezes, a desviar seu caminho. Primeiramente, há a cena de um homem que cobra o aluguel de outro inquilino do prédio onde ela mora e ameaça expulsá-lo. Vendo isso, ela dá meia volta, procura algum dinheiro em seu apartamento e, achando apenas um dólar, muda seu caminho: sai pela janela, desce a escada de incêndio e sai por um buraco na cerca.

Em seguida há uma panorâmica de um cruzamento, no qual se pode ver a placa "Hollywood Boulevard" e certo movimento de pessoas. Ouve-se a voz de um homem – a princípio em *off* – dizendo: "Bem vindo a Hollywood! Todo mundo que vem à Hollywood tem um sonho. Qual o seu sonho?". Além do tom de voz a princípio debochado, a construção da cena à medida que a câmera se aproxima da esquina passa a evidente impressão de ironia: vê-se uma mulher sendo puxada violentamente pelo braço por um homem moreno, entre pessoas que se esbarram atravessando a rua, enquanto um homem negro, usando roupas desgastadas e um chapéu característico de rastafáris, interpela os pedestres que tentam ignorá-lo, proferindo as boas-vindas a Hollywood que abrem a cena. Enquanto isso, Vivian passa praticamente despercebida, pelo canto esquerdo da tela, misturada ao ambiente.

Há um corte para três rapazes: dois deles acendem um pequeno cigarro e o terceiro, de cabelos longos, sai rapidamente, dizendo: "Aproveitem". Logo que ele passa, o olhar de Vivian, tenso, acompanha-o enquanto cruza seu caminho. Depois, ouvem-se vozes perguntando o que aconteceu e o olhar de Vivian cresce em preocupação. Um policial interroga um homem negro, turistas tiram fotos do ocorrido e mais uma vez a câmera chama mais atenção ao acontecimento independente da personagem principal: a descoberta do corpo de uma prostituta em uma lata de lixo.

A maneira como o filme apresenta esse ambiente evidencia a proposta de construção de "realidade" focada em aspectos de decadência, numa contraposição intencional com o glamour atribuído a Hollywood, em geral centrado na figura de atores e atrizes. Nesse sentido, as boas-vindas assumem tom irônico, especialmente vindo de uma personagem que, pelos trajes, trejeitos e aparência geral, parece pertencer mais a esse meio decadente do que à terra de sonhos a que se refere. Ao mesmo tempo, sua mensagem sinaliza a valorização do ato de sonhar, principalmente dentro daquele contexto específico. A importância do sonho em *Uma Linda Mulher* é mais do que composição do cenário hollywoodiano, tendendo a reforçar as observações de Adorno em relação à indústria cinematográfica, motivando um contentamento resignado e passivo com sonhos que se realizam somente dentro das telas:

> A *starlet* deve simbolizar a empregada de escritório, mas de tal sorte que, diferentemente da verdadeira, o grande vestido de noite já parece talhado para ela. Assim ela fixa para a espectadora, não apenas a possibilidade de também vir a se mostrar na tela, mas ainda mais enfaticamente a distância entre elas. Só uma pode tirar a sorte grande, só um pode se tornar célebre, e mesmo se todos têm a mesma probabilidade, esta é para cada um tão mínima que é melhor riscá-la de vez e regozijar-se com a felicidade do outro, que poderia ser ele próprio e que, no entanto, jamais é.[3]

---

3   ADORNO, Theodor. W. "A indústria cultural". In: ADORNO, Theodor & HORKHEIMER, Max. *Dialética do esclarecimento*. Rio de Janeiro: Zahar, 1985, p. 136.

Os acontecimentos que Vivian presencia em seu trajeto, embora externos, afetam relevantemente seus sentimentos – apreensão, medo, insegurança –, suas ações – desviar-se, evitar policiais – e pensamentos a respeito da sua condição e do local onde vive – mais evidente quando ela discute com sua amiga Kitty e pergunta se ela não pensa em sair dali. Num encadeamento de cenas quase tão breve quanto as que apresentam Edward, é evidenciada a construção de Vivian como uma espécie de vítima do meio, sendo esse engrandecido pela ênfase nos eventos ao redor dela, perante os quais ela é mostrada como uma espectadora impotente. A personagem não exerce qualquer poder em seu meio, restando-lhe desviar-se do que pode e submeter-se relutante ou apaticamente ao que não pode.

No entanto, a construção de Vivian em momento algum mostra conformismo, o que é apontado quando ela encontra Kitty. Embora também seja uma prostituta, pertença ao mesmo ambiente e esteja exposta às mesmas calamidades, a relação de Kitty com o meio é completamente diferente: ela se droga com cafetões e outras prostitutas, parece se divertir no Blue Banana e, quando perguntada se não quer sair de lá, responde irritadamente: "E ir para onde?". Tanto Edward quanto Vivian têm como contraponto uma personagem mais próxima que, a princípio, encarna características mais gerais do meio do qual serão distinguidos. No caso de Vivian, esse contraponto é Kitty. e no de Edward. é Stuckey, que tem mais presença em cena e na trama, enquanto que Vivian, apenas ocasionalmente, faz referências à sua colega de quarto para falar de sua própria vida.

Perdido nas ruas de Los Angeles, Edward para o carro e perguntar, a um homem maltrapilho, que revira uma lixeira, como chegar a Beverly Hills. O homem responde ironicamente: "Você está em Beverly Hills! Essa é a casa do Stallone!". Essa cena parece muito improvável ao se considerar o sentimento de medo geralmente instigado nos grandes centros urbanos, especialmente no caso de um homem rico, perdido, dirigindo um automóvel que chama atenção. Isso talvez colabore para uma construção ingênua de Edward ou, simplesmente, o mostre como alguém diferente do estereótipo dos demais do grupo a que pertenceria no filme, que não se permitiriam – por medo, asco ou discriminação – pedir informações a um mendigo, à noite, num lugar que, como o filme indicou até o momento, não parece oferecer muita segurança.

Há um corte para Vivian e Kitty conversando na calçada da fama, seu ponto de trabalho. Há uma terceira prostituta, recostada em uma árvore, com quem Kitty discute por estar no ponto que seria dela e de Vivian. Por um comentário dela, sabe-se que Vivian é novata, sendo que usufrui daquele ponto no momento apenas por estar em companhia de uma veterana. Vivian pergunta sobre seu cabelo – curto e loiro – mostrando-se insegura com aquela aparência, mas Kitty responde que gostou e que ela está glamorosa. Entra em cena, aos trancos, o carro dirigido por Edward e, enquanto Vivian admira o carro, exclamando: "É um *Lotus Esprit*", Kitty, retruca: "Não, isso é o aluguel", marcando sua relação objetivada com o dinheiro na possibilidade de retorno pecuniário que o carro representa, em oposição à Vivian, que expressa seu gosto e conhecimento daquela máquina como se fosse uma peça artística.

Edward para alguns metros à frente das duas e elas interpretam que ele procura um programa e Kitty incita Vivian a pegar esse cliente. As mensagens de incentivo e instruções de Kitty reforçam a ideia de inexperiência de Vivian. Em seguida, vê-se que Edward está tentando descobrir como passar as marchas do carro, aparentemente sem se dar conta do ambiente à sua volta. Vivian, então, chega à janela do carro e oferece seus serviços. Sem mostrar interesse, ele pergunta se ela pode informá-lo como chegar a Beverly Hills. Ela responde que pode dar a informação por cinco dólares. Ele reclama, ela sobe o preço para 10 dólares, então ele diz: "Você não pode cobrar para dar informações". Astutamente, ela responde: "Eu posso fazer o que eu quiser, eu não estou perdida". Então ela se vira de costas para a janela do carro, deixando à vista a sua cintura e parte do quadril, como que esperando uma resposta. Ele aceita e pergunta se ela tem troco para $20. Ela entra no carro e diz que por $20 o leva pessoalmente.

Convém notar que o primeiro encontro dos dois, além de ser construído como acaso, não é orientado por uma relação entre prostituta e cliente: Vivian oferece o serviço, mas Edward recusa. A entrada dela no carro, para um observador de fora, seria percebida como a confirmação imediata do programa, mas o filme mostra, dentro do carro, no diálogo dos dois, que não se trata de um programa, que só virá a acontecer depois que chegam ao hotel onde Edward está hospedado, numa situação em que mais parece que ele sentiu pena ao vê-la esperando o ônibus para voltar para seu ponto de trabalho.

A chegada de Vivian ao hotel é caracterizada pelo choque, tanto dela perante o luxuoso ambiente quanto dos hóspedes que mostram surpresa perante aquela figura totalmente diversa de seu meio, com trajes que expõem sensualmente seu corpo jovem, enquanto quase todos os hóspedes em cena são senhores e senhoras aparentando 50 anos ou mais e se vestem com trajes mais formais. Embora Edward tente cobrir Vivian com seu casaco para evitar que chame muita atenção, isso não funciona, não apenas devido aos trajes que a moça deixa aparecer, mas também por sua postura e seus trejeitos, mastigando chiclete, escorando-se em pilastras e balançando ostensivamente seus quadris ao andar. O estranhamento provocado pela presença de Vivian expressa uma quebra de expectativa de uma coerência entre aquele ambiente luxuoso, reservado a um grupo que se distingue não apenas por seu capital econômico, mas também pelas maneiras de vestir e se portar perante os demais, especialmente naquele espaço. Conforme Goffman:

> Além da esperada compatibilidade entre aparência e maneira, esperamos naturalmente certa coerência entre ambiente, aparência e maneira. Tal coerência representa um tipo ideal que nos fornece o meio de estimular nossa atenção e nosso interesse nas exceções.[4]

Enquanto exceção, Vivian chama atenção em outros momentos do filme pela não correspondência de sua aparência e de seus modos aos cenários refinados do mundo de Edward. O que se perceberá ao longo do filme e será um importante sinal da transformação de Vivian de prostituta em mulher elegante é a maneira como os olhares para ela parecem mudar quando seus trajes mudam, num primeiro momento mostrando estupefação, mas depois admiração. No entanto, as expressões faciais em si não parecem diferir muito de um momento para o outro, a não ser pelo contexto em que são mostradas, primeiramente perante uma figura estranha àquele meio e por ele rechaçada, mas que depois se destaca em charme e exuberância. De maneira que, se num primeiro momento Vivian é construída como exceção por sua falta de elegância e seus trajes baratos e considerados vulgares, após a mudança de seu vestuário ela é mostrada como excepcionalmente bela.

---

4 GOFFMAN, Erving. *A representação do Eu na vida cotidiana*. Petrópolis: Vozes, 2005, p. 35.

A suíte onde Edward está hospedado chama atenção para aspectos importantes da caracterização do personagem: espaçosa, com mobília e decoração de aparência antiquada, mas luxuosa. Há candelabros com velas nas paredes, detalhes dourados e rococós em móveis, cortinas, abajur... Considerando a informação de que o carro utilizado por Edward é uma limusine, vendo a caracterização dos hóspedes do hotel – todos senhores e senhoras de idade aparentemente avançada – e sua dificuldade com o cartão magnético quando entra no quarto, têm-se a construção de um milionário de estirpe, com aspecto conservador. Diferentemente de Stuckey, seu advogado, que nutre grande apego por seu carro esportivo – modelo bem novo na época do filme[5] – e aparentemente possui uma grande casa num local de luxo, Edward parece construído ligado a símbolos de classe que o aproximam de um nobre, de origem rica e ar refinado, mas sem necessariamente parecer ostensivo. Seu advogado, ao contrário, remete mais a um "*nouveau riche*" ou um *yuppie*, sendo construído numa relação totalmente diferente com o dinheiro: Stuckey parece valorizar o dinheiro pelo dinheiro em si e procurar símbolos chamativos de status que confirmem sua posição, como o carro esportivo último modelo, a residência cara na Califórnia e uma bela esposa que, como Vivian observará mais adiante, parece não manter relações com o marido, funcionando mais como uma peça de exibição.

Uma vez na cobertura do hotel, nota-se constrangimento entre Edward e Vivian. Ele parece não saber o que fazer, uma vez que não havia planejado aquilo, e então ela sugere que ele pague para tentar quebrar o gelo. A partir do momento em que Vivian começa a atuar profissionalmente para o seu cliente, seu comportamento, além de demasiadamente objetivado, parece caricato e desajeitado: Ela senta-se sobre a escrivaninha dele, aproximando seu corpo, mas ele a interrompe: "Você está sentada sobre meu fax". Num gesto visivelmente forçado, ela levanta um pouco sua lombar, como que oferecendo suas nádegas para ele. Em seguida, ela lhe mostra várias camisinhas de cores diferentes enquanto ele ironiza: "Um *buffet* de segurança!". A moça logo sugere colocar uma camisinha nele, mas Edward recusa, pedindo que conversem. Isso gera certo estranhamento em Vivian, que tenta desajeitadamente satisfazer esse pedido de seu cliente com perguntas banais como: "Está na cidade a prazer ou a negócios?"

---

5   Lotus Esprit SE, 1989.

A objetividade de Vivian em relação a seu trabalho, coerente com sua condição de prostituta de rua, choca-se com os hábitos de etiqueta e sociabilidade de Edward, gerando desconforto num primeiro momento. Vivian demonstra-se exclusivamente uma profissional do sexo, desconsiderando jogos de sedução a que, aparentemente, Edward está habituado: "Eu aprecio toda essa sedução, mas eu já estou garantida, ok? Meu preço é por hora, então podemos agilizar?". Dentro do contexto de sua profissão, em que deve exibir rapidamente o máximo de seu corpo nas ruas para potenciais clientes que passam por ela de carro e contratam seus serviços em breves conversas, entende-se que ela não costume engajar com seus clientes conversações e jogos de sedução, partindo diretamente para o ato sexual. Em sua descrição do baixo meretrício, Margareth Rago complementa:

> No baixo meretrício, a rotatividade muito mais acelerada dos corpos implicava encontros sexuais mais rápidos e diretos. As meretrizes deviam atender a uma quantidade maior de fregueses e, como recordam os contemporâneos, não havia muito tempo para música, jogos ou conversa.[6]

A preocupação com o tempo do programa e em agilizar a relação incomoda Edward, o que faz com que ele proponha lhe pagar pela noite inteira para que possam relaxar. A objetividade com que Vivian lida com seu trabalho é parte relevante de sua construção específica como prostituta de rua, com a função explícita de vender seu corpo em troca de sustento, servindo de "mecanismo ejaculatório ao primeiro que aparecer".[7] Trata-se de uma relação objetivada com o próprio corpo, exposto na rua e oferecido no quarto como mercadoria, numa aparente separação entre a identidade da prostituta e seu produto. Mais que oferecer um serviço – satisfação sexual –, Vivian oferece seu corpo como objeto de consumo, e não uma companhia. Essa relação com o corpo enquanto objeto é apontada em outros estudos sobre prostituição:

---

6   RAGO, Margareth. *Os prazeres da noite*, op. cit., p. 230. Embora se refira ao baixo meretrício na cidade de São Paulo no início do século XX, a descrição da autora ainda funciona aqui, reforçando a ideia de um imaginário da prostituição que ainda vigora fortemente.

7   SIMMEL, G. "Algumas reflexões sobre a prostituição no presente e no futuro". In: *Filosofia do Amor*. São Paulo: Martins Fontes, 2006, p. 2.

> Através da análise do discurso das prostitutas, Bruns e Gomes Jr. (1996) constataram que elas se relacionam com seu próprio corpo coisificando-o, estabelecendo-o como uma mercadoria, um ISSO, apenas como um objeto de troca. Há, dessa forma, uma dicotomia entre mente e corpo, o que provoca uma "...ruptura de grandes proporções, fazendo com que ela se torne alheia a si própria..." (Bruns & Gomes Jr., p. 12). Ao se dividir, a prostituta evita o confronto com seu próprio SER para preservá-lo de qualquer tentativa de se envolver numa relação EU-TU consigo mesma e com o outro.[8]

O choque de posturas inicial entre Edward e Vivian, com ela encarnando seu papel de profissional do sexo enquanto ele age como se estivesse num encontro romântico, tem mais do que a função cômica esperada em uma comédia. Passada essa situação, não havendo mais a pressa em exercer seu trabalho, receber e ir embora, a personagem começa a ser construída na chave da espontaneidade que, em alguns momentos, beira o lúdico. Isso é evidenciado algumas cenas depois, ainda na suíte, em que é mostrada assistindo a um episódio de *I Love Lucy* na televisão, enquanto Edward fala de negócios ao telefone. A construção aproxima Vivian de uma criança, deitada no chão, descalça, com os pés para cima, gargalhando deliciosamente enquanto "faz um pequeno piquenique no carpete".

O uso da imagem do show televisivo de Lucille Ball não é aleatório. Trata-se de um show consagrado da década de 1950, em que a personagem do título encarna o estereótipo de uma esposa norte-americana de classe média perfeita, dona de casa amorosa, que cuida do lar e do marido. A imagem da espevitada Lucy, fazendo caretas em uma situação cômica, contribui neste momento do filme para a construção da espevitada Vivian, cômica, mas que também cumprirá um papel submisso – embora em circunstâncias completamente diferentes – de acolher aquele homem cansado do trabalho, oferecendo conforto e descontração. A cena em que ela se diverte assistindo a esse show, em alguma medida, remete a um ideal de vida conjugal

---

[8] LOPES, Concimar da Silva; RABELO, Ionara Vieira; PIMENTA, Rosely. "A Bela Adormecida: estudo com profissionais do sexo que atendem à classe média alta e alta na cidade de Goiânia". *Psicologia & Sociedade*, Porto Alegre, vol. 19, nº 1, jan./abr. 2007, p. 70.

difundido na mídia norte-americana e que habita o imaginário de muitos espectadores, entre os quais Vivian pode ser incluída.

Após desligar o telefone, Edward aprecia Vivian no tapete com um olhar que sugere ternura. Ela percebe que ele lhe sorri e então demonstra embaraço, olhando ora para a televisão e ora para ele, dando-se conta de que precisa voltar ao trabalho e abrir mão daquele momento lúdico. Ela começa a se despir e engatinha em direção a ele apenas de lingerie. Em seguida, desliga o som da televisão, mas ainda desvia alguns olhares para a tela, mostrando-se dividida entre o show e o seu trabalho. Edward parece tímido enquanto ela desabotoa sua roupa e abre seu zíper. Ele pergunta o que ela faz e ela responde que tudo, menos beijar na boca, dizendo ser pessoal demais. Edward ainda toca a cabeleira loira de Vivian e sua expressão facial sugere estranhamento com a textura daquela madeixa.

Essa composição – mulher engatinhando no chão em direção ao homem sentado numa cadeira acima dela – parece apenas reforçar o papel submisso de Vivian nesse momento que, embora apareça no contexto atribuído à sua condição de prostituta, em alguma medida encontra analogia com a esposa tradicional que Lucy representa. Vivian parece encarnar uma fantasia de esposa, seja quando ela recebe Edward com um jantar íntimo, perguntando: "Como foi seu dia, querido?", seja no final do filme, quando recebe Stuckey no quarto, dizendo que Edward deverá "estar em casa logo" e ele retruca que aquilo não é casa, é um quarto de hotel e que ela não é a mulherzinha de Edward.

Na cena seguinte, Edward está no chuveiro e o ambiente está mais iluminado, indicando que é dia. Ele sai do banho e vê entre as coisas de Vivian sobre o sofá uma peruca loira. Inicia-se uma melodia de piano com notas docemente agudas e a câmera permite vislumbrar Vivian adormecida, com sua bela cabeleira ruiva esparramada, deixando à vista seu pescoço e parte de suas costas. Essa construção destaca a beleza da atriz e provoca a inescapável impressão de que ela – personagem ou atriz – é muito mais bela ao natural. A peruca possui grande valor simbólico na caracterização de Vivian como prostituta, remetendo à artificialidade e a o distanciamento da personagem de seu papel profissional. Ao mostrá-la sem a peruca, adormecida e nua – parcialmente coberta por um edredom –, o filme exibe um poderoso contraponto entre o que seria a "verdadeira" Vivian e a prostituta Vivian, sobrevalorizando sua beleza mais espontânea. Aliás, Vivian será construída na chave da espontaneidade, como oposição ao excesso de etiqueta do meio em que se encontra com Edward, o que remete às observações de Norbert Elias sobre a idealização romântica das possibilidades de escapar das constrições sociais e exigências de autocontrole para um estado de natureza perdida.[9]

A valorização da espontaneidade de Vivian se inicia de forma marcante e como objeto de interesse de Edward já na cena em que ela assiste à televisão. Mais adiante, a cena que destaca seus cabelos ruivos ao natural e Edward dizendo que ela fica melhor daquele jeito marca o início da construção romântica do filme: uma mulher espontânea, de grande beleza, construída como símbolo de uma inocência perdida que, uma vez descoberta, torna-se irresistivelmente cativante. Afinal, essa descoberta remete à possibilidade de encontro de um amor puro idealizado, igualmente espontâneo e resistente às coerções externas. Essa pureza será ressaltada outras vezes, em construções que beiram a infantilização da personagem: Depois de ser contratada por Edward para passar a semana com ele, sua primeira ação assim que ele sai do quarto é saltar sobre a cama gritando euforicamente com o acordo que fizeram, pelo qual ela ganharia três mil dólares e mais roupas refinadas para acompanhá-lo durante a semana.

Em sua primeira ida às compras, ao som de uma canção empolgante de Diane Warwick, o que se vê é praticamente um videoclipe intercalando imagens de vitrines de nomes consagrados da moda – como Gucci, Chanel e Louis Vuiton – e olhares deslumbrados e sorridentes de Vivian. Entretanto, sua empolgação será interrompida já na primeira loja em que entra, onde os olhares das vendedoras – elegantemente vestidas e maquiadas – expressam surpresa e repulsa ao vê-la. Vivian pergunta o preço de um vestido e a vendedora se recusa a responder, dizendo apenas que não lhe servirá e que ela obviamente está no lugar errado. Ela pede que Vivian saia e o filme mostra os olhares de aparente indignação das vendedoras, enquanto Vivian sai cabisbaixa, ao som de uma música triste de piano. Em seguida, ela é mostrada com o cenho perturbado, andando entre os pedestres e ajeitando seu casaco vermelho de maneira a cobrir seu corpo, mostrando-se pela primeira vez envergonhada com seus trajes.

De volta ao hotel, Vivian é interpelada pelo gerente – Sr. Thompson – que a vê pela primeira vez e se mostra também chocado com aquela presença estranha em seu hotel. O gerente provavelmente experimenta a mesma

---
9   Cf. ELIAS, Norbert. *A sociedade de corte, op. cit.*, p. 257-261.

sensação de estranhamento que os demais hóspedes que viram Vivian na noite anterior. Contudo, possivelmente em função de seu cargo, ele tenta tratá-la com o máximo de discrição e etiqueta, referindo-se a ela por senhorita e perguntando educadamente se ela está hospedada lá e com quem. Com a ajuda e confirmação de um funcionário que estava presente no momento de sua chegada, Vivian conta que está junto com o Sr. Edward Lewis. O gerente então a chama para seu escritório para uma conversa. Suas falas são repletas de eufemismos, expressando que consideram o Sr. Lewis um hóspede muito especial e que apenas por isso permitem que ele fique com uma hóspede não registrada. Embora saiba claramente o que Vivian faz lá, ele induz a conversa como que a ajudando a criar uma explicação alternativa para sua presença: "Presumo que você seja parente do Sr. Lewis... Você deve ser... sua sobrinha... e naturalmente, quando o Sr. Lewis for embora, eu não a verei neste hotel novamente". Ela apenas concorda com ele. Em seguida ele emenda que ela deveria vestir-se apropriadamente naquele lugar, então ela começa a chorar e conta sobre sua tentativa frustrada de comprar um vestido para jantar naquela noite. Ele oferece a ela seu lenço para que enxugue suas lágrimas e pega o telefone. Vivian pensa que ele vai ligar para a polícia, mas na verdade ele liga para uma loja de roupas, para onde envia Vivian como cliente especial.

 Ela se surpreende com a gentileza e, ao voltar, interrompe o Sr. Thompson enquanto ele atende dois hóspedes estrangeiros para agradecê-lo e elogiá-lo. Se o filme é uma referência clara ao conto de fadas Cinderela, o Sr. Thompson pode ser considerado a própria fada madrinha. Apesar do primeiro encontro tenso, percebe-se que ele é extremamente solícito, seja ajudando Vivian com o vestido ou lições de etiqueta, seja oferecendo a limusine para levá-la para casa ou tentando interceder sutilmente a seu favor quando Edward está indo embora do hotel. Além disso, seu olhar de admiração seguido de satisfação ao vê-la passar vestida como uma elegante dama revela uma figura bondosa, que se compraz com a alegria da moça e, ao final, mostra-se afetuosa, despedindo-se de maneira contraditória ao seu primeiro discurso, dizendo que espera revê-la no hotel.

 À noite, usando um vestido preto muito elegante, ela acompanha Edward em um jantar de negócios com o Sr. Morse – cuja empresa passa por dificuldades – e seu neto David, aparentemente sendo preparado para sucedê-lo nos negócios. Embora o jantar seja tenso, com o Sr. Morse adotando uma postura defensiva, a cena é também de conteúdo cômico, explorando as gafes de Vivian, como sua dificuldade em escolher os talheres ou pegar um *escargot*, que escorrega e voa de seu prato. Vivian parece totalmente alheia aos negócios, envolvida com os pratos e a etiqueta que deve tentar demonstrar. Nesse momento, um pequeno gesto do Sr. Morse é expressivo para sua construção num sentido de promover empatia com a personagem: ele percebe a dificuldade de Vivian com os talheres e confessa também ter dificuldades sobre qual usar em qual prato. Nisso, ele pega uma espécie de canapé com as mãos e o saboreia com um sorriso, olhando para Vivian como se a estimulasse a fazer o mesmo. Morse é mostrado como simpático e espontâneo, aproximando-se da construção de Vivian. Embora agressivo com Edward, do jeito que é apresentado, sua agressividade é justificada como a de um bom senhor lutando para preservar o patrimônio ao qual dedicou toda sua vida.

O jantar aponta um posicionamento crítico ao tipo de negócio que Edward opera, o que o mostra como alguém à beira de cometer um ato censurável. Desde o primeiro momento em que Edward fala para Vivian de seu trabalho, ele é colocado como algo moralmente errado, com a comparação que ela faz com roubar carros e vender as peças separadamente. A construção do mundo de negócios de Edward é tendenciosamente negativa, sendo reforçada por Stuckey que, em quase todas as suas falas sobre os negócios com Morse, usa metáforas que remetem a algo brutal: "A jugular dele está exposta, é hora de matar. Vamos por um fim nisso". Ou ainda, quando estão a um passo de comprar a empresa: "Sua cabeça está na mesa.[10] Ele está entregando os pontos". Não se trata de uma construção negativa de milionários em geral, mas de um grupo que opera um tipo específico de negócio que valoriza mais a compra/venda e especulação do que a "construção" de bens, configurando não uma crítica ao capitalismo em si, mas a uma modalidade, mais neoliberal, que desponta na década de 1980, sob as gestões de Margareth Tatcher na Inglaterra e Ronald Reagan nos EUA e se torna foco de protestos e críticas no final daquela década. Em conjunto com crises econômicas em todo o mundo nos anos 1980, aparentemente muitas indústrias apresentaram dificuldades,

---

10 A frase original é: "His nuts are on the block", expressão que também indica vulnerabilidade do sujeito, mas sem um equivalente literal tão próximo do português, de maneira que se aceitou a solução adotada na legenda do filme.

fecharam fábricas e buscaram alternativas mais baratas de produção, muitas vezes caracterizadas por sua fragmentação e internacionalização.

Nesse sentido, um caso emblemático tornou-se objeto do documentário que alçou Michael Moore à fama como diretor de cinema: *Roger e Eu* (*Roger and Me*, 1989). No filme, o cineasta aborda a degradação da cidade de Flint após o fechamento da fábrica da General Motors, em razão da qual vivia a maior parte de sua população. O papel de Edward como empresário e sua construção como moralmente censurável mostra-se então perfeitamente contextualizada num momento específico da economia norte-americana, em que essas transformações se chocam com uma tradição industrial nacionalista que mostrava sinais mais evidentes de cansaço e estagnação:

> Essa parte da história, que agora chega ao fim, poderia ser chamada, na falta de nome melhor, de era do *hardware*, ou modernidade pesada – a modernidade obcecada pelo volume, uma modernidade do tipo: "quanto maior, melhor", "tamanho é poder, volume é sucesso". Essa foi a era do hardware, a época das máquinas pesadas e cada vez mais desajeitadas, dos muros de fábricas cada vez mais longos guardando fábricas cada vez maiores que ingerem equipes cada vez maiores, das poderosas locomotivas e dos gigantescos transatlânticos.[11]

Em um país cuja economia cresceu e se consolidou, em grande parte, em função do capitalismo industrial e se encontra caminhando para uma economia mais baseada na especulação financeira e em serviços, aparecerão figuras que defenderão o jeito "antigo" de administrar e se mostrarão desconfiadas perante as mudanças do mercado. Morse é construído nesse sentido, mostrando uma mentalidade característica dessa modernidade pesada, incrementada pela atividade principal de suas indústrias: a construção de navios. Já Edward é apresentado como alguém mais alinhado à lógica de uma modernidade fluida ou leve, que Bauman caracteriza pela instantaneidade, pela velocidade com que os bens se fragmentam e se espalham, sendo vendidos e repassados rapidamente, conforme as oscilações de mercado.[12] Essa construção coloca Edward e Morse em posições

---

11 BAUMAN, Zygmunt. *Modernidade líquida*, op. cit., p. 132.
12 *Ibidem, passim.*

antagônicas, não simplesmente enquanto negociantes com interesses conflitantes, mas como representantes de dois momentos diferentes do capitalismo norte-americano:

> Rockefeller pode ter desejado construir suas fábricas, estradas de ferro e torres de petróleo altas e volumosas e ser dono delas por um longo tempo (pela eternidade, se medirmos o tempo pela duração da própria vida ou pela da família). Bill Gates, no entanto, não sente remorsos quando abandona posses de que se orgulhava ontem; é a velocidade atordoante da circulação, da reciclagem, do envelhecimento, do entulho e da substituição que traz lucro hoje.[13]

O que parece um tema marginal no enredo adquire importante valor na construção de uma contradição moral entre uma racionalidade técnica, cujo principal fim é a conquista e o aumento de capital, e um sentimentalismo romântico, apresentado como o que deve prevalecer: durante o jantar, o Sr. Morse menciona que já possui todo dinheiro que poderia querer; ao longo do filme, é revelado que ele se dispôs a endividar-se para manter seu negócio e, quando ele expressa preocupação com o futuro de seus empregados após a transação, é perceptível não está se orientando pelo dinheiro, mas por um apego sentimental ao patrimônio que constituiu e por seus princípios morais. A compra ou não dessa empresa é adotada no filme como marco da transformação de Edward em função do convívio com Vivian e do sentimento emergente entre os dois, sendo que o tipo de negócio realizado por Edward é colocado como algo negativo pelo fato de ele não construir nada, enquanto Morse é mostrado numa chave oposta. Ao final do filme, a escolha de Edward por ajudar a empresa de Morse sinaliza que, num último momento, ele escapou de ser mais um milionário ganancioso e sem coração, que destrói grandes patrimônios, sendo salvo do que é construído no filme como uma perdição graças a seu convívio com Vivian.

Após o jantar, Edward e Vivian conversam próximos à sacada da suíte, estando ele visivelmente chateado com o encontro de negócios tenso e improdutivo. Ela menciona pensar que Edward gosta do Sr. Morse e ele responde que isso não importa, pois não se permitirá envolver emocionalmente

---
13 *Ibidem*, p. 21.

nos negócios. Ela compara a situação a seu trabalho, dizendo ser como um robô quando está com um cliente e depois, vendo a expressão de Edward após essa confidência profissional, emenda de maneira nada convincente de que com ele é diferente. Edward retruca mostrando que não acredita nisso e faz uma comparação amarga entre eles: "Nós dois fodemos as pessoas por dinheiro". Essa frase, recebida com constrangimento por Vivian, reforça o sentido de desaprovação com que o filme constrói a profissão de Edward, ainda mais ao se pensar que o sentido em que o verbo foder é empregado para o caso dele é de prejudicar conscientemente outra pessoa, de maneira agressiva, o que não se aplica para o sentido mais literal que se referiria à Vivian, restrito à prática sexual.

Vivian sugere que os dois "vegetem" na frente da televisão, mas ele recusa o convite polidamente e diz que vai ficar um pouco lá embaixo no andar térreo do hotel. Sozinha no quarto, ela assiste ao final feliz do filme *Charada* (*Charade*, Stanley Doney, 1963), estrelado por Audrey Hepburn. A imagem dessa atriz, especialmente em uma cena de final feliz em que se entende haver um pedido de casamento, embora breve, é significativa, não apenas por sugerir um instante de identificação de Vivian com o desejo de um final feliz, mas por tudo que a própria figura de Audrey Hepburn representa na história do cinema norte-americano. O filme parece aludir, muito sutilmente – com uma breve tomada da fachada da loja Tiffany em outro momento e essa breve tomada de Audrey –, uma aproximação com personagens consagradas interpretadas pela atriz, com destaque para Holly Golightly, em *Bonequinha de Luxo* (*Breakfast at Tiffany's*, Blake Edwards, 1961) e Eliza Doolittle em *Minha Bela Dama* (*My Fair Lady*, George Cukor, 1964). No primeiro, a personagem – que no romance de Truman Capote seria uma prostituta, embora não apareça tão claramente dessa maneira na adaptação cinematográfica – tem em comum com Vivian uma origem pobre, saída de algum interior dos Estados Unidos para uma grande cidade, onde vive com dificuldades financeiras, temporariamente aliviadas com o dinheiro que recebe de homens que, mais ou menos diretamente, pagam por sua companhia. Além disso, há nas duas um ar sonhador e, ao mesmo tempo, resignado, desejando uma saída de sua condição de vida para uma mais confortável, o que, no caso de Holly, é declarado em seu desejo de conseguir um marido rico.

Uma série de diferenças entre essas atrizes e suas personagens poderia ser apontada, afinal, não se trata de uma tentativa de imitação. Contudo, as referências estão presentes e não são gratuitas. Há também uma evidente proximidade com *Minha Bela Dama*, musical em que um homem aposta com outro que, num curto período de tempo, transformará uma mendiga que vende flores nas ruas de Londres (Eliza Doolittle) em uma elegante dama da alta sociedade. Além disso, há características físicas de Audrey e Julia que as aproximam: corpos esguios e delicados, aparentemente altas, além de um rosto jovial que sugere mais uma "inocência perversa."[14] do que a lascívia de seios e quadris volumosos de outras atrizes famosas como Rita Hayworth e Angelina Jolie. De maneira que a construção de Vivian em *Uma Linda Mulher* evoca uma sensualidade específica, da qual Audrey Hepburn fora um símbolo no cinema norte-americano. Morin cita Audrey entre um grupo de atrizes de final dos anos 1950 que encarnavam esse tipo de sensualidade, sendo que o autor coloca Brigitte Bardot como precursora desse estilo naquela década, a que ele chama de "brigidismo":

> De fato, seu rosto de gatinha remete simultaneamente à infância e à felinidade: os cabelos compridos caindo pelas costas são o exato símbolo do nu lascivo, da nudez oferecida, mas uma franja supostamente indisciplinada na testa a faz lembrar uma colegial. O nariz pequeno e obstinado acentua ao mesmo tempo sua peraltice e sua animalidade: o lábio inferior particularmente carnudo lhe dá um jeitinho de bebê, mas também é um convite ao beijo.[15]

As referências a Audrey Hepburn e a caracterização de Vivian tal como é feita colaboram para uma construção familiar da personagem para grande parte do público, embora revestida de aparente novidade. O reconhecimento das referências pelo espectador pode não ser imediato ou sequer acontecer, mas elas reproduzem uma sensação confortante, mobilizando signos presentes em sua cultura visual, de maneira quase subliminar, fazendo com que, mesmo que o espectador não perceba traços comuns entre Julia Roberts

---

14 MORIN, Edgar. *As estrelas: mito e sedução no Cinema*. Rio de Janeiro: José Olympio, 1972, p. 17.

15 *Ibidem*, p. 18.

e Audrey Hepburn, ele seja cativado por uma fórmula específica de construção da sensualidade que não é nova e, muito provavelmente, habita seu inventário de signos visuais. Isso indica, embora não seja sempre evidente, uma poderosa reprodução de signos e estilos no cinema hollywoodiano que apenas reforçam para seus espectadores uma sensação de naturalidade nas reconstruções que empregam do real, quando na verdade, muitas vezes, são reconstruções do próprio meio cinematográfico, de outros filmes, outras estratégias e ícones que não provêm do universo fora do ecrã, mas do próprio mundo criado dentro dele.

Notando que já é de madrugada e Edward ainda não retornou ao quarto, ela vai procurá-lo. Ao sair do elevador, é conduzida pelo ascensorista até o restaurante do hotel, onde Edward está tocando uma música melancólica no piano para alguns poucos espectadores, parecendo ser a maioria deles de funcionários do hotel, como carregadores e garçons no fim do expediente. Vivian mostra-se admirada com o talento musical de Edward, que pede para os demais que se retirem. Nessa cena, construída como prévia para uma relação sexual, Edward começa a beijar a barriga de Vivian, que, deitada sobre o piano, parece mais à vontade do que na noite anterior, talvez até sentindo prazer, pela maneira como sua cabeça e corpo se movem mais fluidamente. A cena é muito mais sensual do que a da noite anterior, com uma aparente espontaneidade e fruição que nublam os limites entre relacionamento pessoal e profissional, a começar pela maneira como a boca de Edward aqui parece procurar a de Vivian. Embora ela não permita o beijo, ela não reage de maneira restritiva, mas procura seu pescoço e beija-o gentilmente. Esse comportamento bem mais sedutor do que aquele do início do filme remete ao coquetismo, enquanto provocativo jogo de alternância de entrega e recusa:

> o próprio desta última [a coquete] é despertar o prazer e o desejo por meio de uma antítese/síntese original, através da alternância ou da concomitância de atenções ou ausências de atenções, sugerindo simbolicamente o dizer-sim e o dizer-não, que atuam como que "à distância", pela entrega ou a recusa – ou, para falar em termos platônicos – pelo ter e o não-ter – que

ela opõe uma à outra, ao mesmo tempo em que as faz experimentar como que a uma só vez.[16]

Na manhã seguinte, Edward acorda Vivian alegremente e oferece-lhe seu cartão de crédito para que faça mais compras. Ele se diz surpreso por ela ter comprado apenas um vestido e ela responde que as compras não foram tão empolgantes quanto ela esperava porque haviam sido cruéis com ela. Há um corte para os dois em Rodeo Drive; Vivian está relutante, dizendo que os vendedores não são gentis com as pessoas, a que Edward retruca: "Eles nunca são gentis com pessoas, mas com cartões de crédito". Logo em seguida, entram em uma loja, Edward chama o gerente e diz a ele que pretende gastar uma quantia obscena de dinheiro lá e, por isso, solicita abertamente "que lhes puxem o saco".

Apesar de ser recebido com muitas mordomias pelo gerente, Edward ainda se mostra esnobe e insatisfeito e então solicita que puxem mais ainda o saco. O gerente logo inicia uma série de elogios a Edward, que o interrompe bruscamente: "O meu não, o dela [Vivian]". Esse momento apenas reforça a frase de Edward antes de entrar na loja, uma vez que ele, possuidor do cartão de crédito, é quem recebe os elogios e a atenção do gerente que ele deseja que sejam direcionados para Vivian. Sucede-se então uma espécie de videoclipe com a música "Pretty Woman" e cenas de Vivian experimentando diversas peças de roupas e se divertindo durante as compras. Em seguida, ela é mostrada andando na rua elegantemente e os olhares se viram para ela, admirados, dessa vez por sua beleza e elegância em um traje extremamente comportado.

Depois das compras, já no quarto de hotel, Vivian parece preparar o ambiente para um jantar sensual, ligando um aparelho de som com uma música melosa de saxofone, sentando-se, seminua, com o cabelo preso, perante a mesa arrumada com velas e uma rosa vermelha. Ouve-se Edward chegando e ela posiciona suas pernas cruzadas sensualmente sobre a mesa, usando apenas uma gravata e sapatos de salto alto. Ela pergunta: "Como foi seu dia, querido?", o que soa como se estivesse brincando de esposa dele. A brincadeira parece um pouco mais séria quando a cena seguinte mostra os dois na banheira, Edward contando sobre sua relação com seus pais, o quanto gastou em terapia para ser capaz de dizer a seu pai que o odiava,

---

16   SIMMEL, Georg. *Filosofia do Amor, op. cit.*, p. 95.

enquanto Vivian calmamente passa uma esponja em seu corpo, ouvindo atenciosamente e enlaçando Edward com suas pernas, dizendo: "Eu já mencionei que minha perna tem 111 cm do quadril até o dedão? Então estamos falando basicamente de 222 cm de terapia embrulhados em você pela pechincha de 3000 dólares". O filme conduz para um crescente ganho de afeição e intimidade entre os dois, distanciando tanto ele da figura fria de homem de negócios quanto ela da figura de prostituta.

Nessas circunstâncias, o problema de Vivian como prostituta de rua hostilizada por sua condição, trajes e trejeitos entre milionários parece se resolver facilmente com a compra de roupas. Seus trejeitos parecem desaparecer, e nas cenas que se desenrolam durante um jogo de polo, seus trajes remetem mais aos de uma dama madura do que aos da jovem prostituta do início. Em sua primeira aparição nesse evento, ela conversa com Edward, de início em primeiro plano e em seguida em plano médio, permitindo que se veja o traje completo dos dois: Edward usa a gravata que ela lhe deu na noite anterior e um terno cinza. Ela está com um vestido marrom com bolinhas creme, muito comportado, que cobre suas pernas até abaixo dos joelhos e combina com um chapéu creme que tem um laço com a mesma estampa do vestido, além de sapatos de salto médio e luvinhas também na cor creme. Ela teme ser reconhecida por algum possível cliente lá, mas Edward lhe assegura que aquelas pessoas não frequentam a área onde Vivian trabalha, provavelmente requisitando prostitutas de luxo.

Naquele evento, Vivian desperta comentários invejosos de outras mulheres, que a veem como "o sabor do momento" de Edward, aludido como solteiro cobiçado que não permanece com mulher alguma. Já Stuckey mostra-se tremendamente desconfiado, tendo notado que Edward parece estar mudado por influência dela e principalmente após vê-la numa conversa descontraída com o neto do Sr. Morse. Stuckey diz pensar que ela é uma espiã industrial seduzindo Edward e passando informações para o Sr. Morse, e Edward, para tranquilizá-lo, revela que ela é uma prostituta de rua. Stuckey ri disso e logo depois vai conversar com Vivian, pleiteando a possibilidade de um programa depois que Edward fosse embora. Ela se mostra surpresa e deveras constrangida. Stuckey revela que Edward lhe contou e garante que o segredo dela está seguro com ele. Ele chega a tocar-lhe o ombro de maneira delicada e provocativa, o que gera na moça uma expressão facial de profundo asco.

Essa revelação desencadeia uma grande discussão entre Edward e Vivian quando chegam ao hotel. Ela pergunta por que ele a fez se vestir com aquelas roupas de luxo, uma vez que, se era para dizer a todos que ela era uma prostituta, ela poderia ter ido com suas próprias roupas, e emenda um comentário interessante: "Quando estou com minhas roupas e um cara como Stuckey vem falar comigo, eu sei lidar, eu estou preparada". Isso chama atenção para a questão do figurino não apenas na caracterização das personagens dentro do filme, mas do ponto de vista sociológico, ao destacar o papel do vestuário como referência de identidade e de comportamento, remetendo às observações de Goffman:

> podemos tomar o termo "fachada pessoal" como relativo aos outros itens de equipamento expressivo, aqueles que de modo mais íntimo identificamos com o próprio ator e que naturalmente esperamos que o sigam onde quer que vá. Entre as partes da fachada pessoal podemos incluir os distintivos de função ou da categoria, vestuário, sexo, idade e características raciais, altura e aparência, atitude, padrões de linguagem, expressões faciais, gestos corporais e coisas semelhantes.[17]

A roupa serve como uma sinalização de classe, de papéis, e colabora para a orientação do processo de interação, bem como a composição do cenário. Nesse sentido, embora tenha sido Stuckey que agira de maneira impolida, inapropriada dentro daquele cenário e ainda mais perante uma mulher devidamente vestida como uma dama, o embaraço fora sentido apenas por Vivian que, naquele momento, foi forçosamente relegada a um papel que não correspondia ao que ela interpretava no momento, e o qual é visto desde o início do filme sendo executado relutantemente.

Vivian se mostra extremamente ofendida, parecendo não ouvir a explicação de Edward. Ela junta suas roupas e pega sua bolsa velha escondida embaixo de um sofá. Ele pergunta aonde ela vai e, abraçada a algumas roupas amontoadas junto a seu corpo, com expressão irritada, ela responde que quer seu dinheiro e está indo embora. Ele pega seu casaco, abre a carteira e atira várias notas de 100 sobre a cama, sem olhar para Vivian, num gesto que denota profundo desprezo. Ela olha para as notas e sai sem

---

17 GOFFMAN, Erving. *A representação do Eu na vida cotidiana*, op. cit., p. 31.

pegar o dinheiro. Ele se vira, olha para a cama e um *close* nas notas indica que ele viu que ela não pegou o dinheiro. No plano seguinte, Vivian aguarda o elevador impacientemente e Edward vem para perto dela, desculpando-se, dizendo que não estava preparado para responder questões sobre os dois e que não gostara de vê-la conversar com David, indicando que sentira ciúmes. Ele pede que ela fique o resto da semana. Ainda zangada, ela aceita e diz: "Você me magoou. Não faça mais isso". A cena seguinte já mostra os dois conversando deitados na cama, parcialmente cobertos por um lençol.

Dessa vez é ela quem faz confidências, falando de seus relacionamentos anteriores e como se iniciou na profissão de prostituta. Ela conta que os homens por quem se apaixonou eram todos vagabundos e que chegou a Los Angeles depois de seguir o terceiro deles. Nisso, pode-se lembrar das três fotos em seu quarto, no início do filme. A maneira como a cena é construída reforça a sensação de contato com a intimidade da personagem e a atenção à história dela, com a câmera se aproximando lentamente dos dois, com uma música delicada de piano ao fundo, até um corte para um *close* em seu rosto entristecido.

Ela conta que chegou a Los Angeles sem dinheiro, sem amigos, que tinha vergonha de voltar para sua cidade e então começou trabalhando em lanchonetes e estacionando carros. Vivian conta que quando fez o seu primeiro programa, chorou a noite inteira, mas depois foi ganhando clientes. Ressalta que não é nada planejado, que não é o tipo de vida com que alguém sonha. Não bastasse toda a construção que o filme faz de Vivian desde o início até esse momento, ele reitera ainda mais a pureza e a vitimização da moça, ao colocá-la narrando sua história. A construção de Vivian enquanto prostituta vitimada encaixa-se perfeitamente num dos estereótipos da prostituição observados por Margareth Rago, fazendo parte de uma construção idealizada da prostituta em contraposição às agruras do meio urbano:

> *as prostitutas vitimizadas* pelo destino são efeitos da inexperiência e da ingenuidade frente ao mundo urbano. Falar de sua vitimização pelo destino cruel supõe situá-las, como fazem os autores, no espaço urbano moderno: mundo corrompido pela degeneração dos costumes, pelo relaxamento dos laços familiares e pela indiferença entre os indivíduos atomizados, aí o ser humano perdeu toda capacidade de autocontrole. A

> prostituição, nesse caso, decorre de um fenômeno de violenta desterritorialização sofrida pela mulher.[18]

A narrativa de Vivian parece apenas reiterar o que o filme sinaliza o tempo todo, que ela é uma vítima do meio, que caiu naquela situação por alguma fatalidade ou injustiça da vida. É muito comum no cinema hollywoodiano direcionado para o grande público empregar esse tipo de repetição e reafirmação de suas mensagens. Da maneira como a cena é construída, ainda reforçada pela delicada música de piano lenta com notas agudas, ela conduz à comoção, a uma condolência com a personagem, ao focar em seu olhar e sua voz a tristeza, a baixa autoestima e a ausência de perspectiva que a levou àquela profissão. Não que isso não esteja presente na trajetória de outras prostitutas, como Kitty, mas ela não é construída dessa forma, é apresentada como alguém que gosta da profissão, que está imersa no mundo marginalizado que o filme constrói.

No dia seguinte, Edward sai do escritório dizendo que tem um encontro. O uso desse termo para se referir a uma saída com Vivian marca que ele já não a percebe como prostituta, uma vez que essa expressão geralmente se refere a algo mais lúdico, sem relação com trabalho, claramente entendido como momento de lazer e intimidade entre duas pessoas. A palavra encontro, nesse contexto, denota um jogo de sedução orientado mais pela possibilidade de partilha de intimidade e conquista amorosa do que uma simples relação profissional. Esse é o primeiro momento em que Edward a leva para um evento que não seja de negócios, mas de entretenimento, dando a entender que a finalidade é usufruir de sua companhia para si, e não de sua imagem de bela acompanhante.

Edward a leva em um avião particular para assistir à ópera *La Traviatta*[19] em São Francisco. Antes do espetáculo, ele explica: "A primeira reação das pessoas quando veem ópera é dramática. Ou amam ou odeiam. Se elas amam, sempre amarão. Se não, elas podem aprender a apreciá-la, mas nunca será parte de sua alma". Iniciada a apresentação, o filme constrói a cena alternando imagens do espetáculo e expressões faciais de Vivian,

---

18 RAGO, Margareth. *Os prazeres da noite*, op. cit., p. 212 (grifo da autora).
19 A ópera de Giuseppe Verdi e libreto de Francesco Maria Piave é baseada na peça *A Dama das Camélias*, de Dumas Filho, que se inspirou na conhecida prostituta francesa Marie Duplessis, de quem fora amante.

visivelmente comovida e com olhos mareados, enquanto ao seu lado o rosto de Edward permanece praticamente inalterado, acompanhando o espetáculo com atenção, mas sem expressar emoções. Esse contraste faz parte da construção de Vivian como alma sensível e espontânea, enquanto Edward, por outro lado, representante de uma classe econômica e social elevada, mostra-se contido.

Nas construções idealizadas do amor presentes a partir do romantismo,[20] a capacidade de manifestação espontânea dos sentimentos em relação ao autocontrole das pulsões é valorizada como atributo de uma superioridade moral. Nesse sentido, Vivian desponta nessa cena como heroína romântica, e a espontaneidade dela, da maneira com que o filme a constrói em oposição ao comportamento artificial da classe alta, reforça uma imagem que a aproxima de um estado de natureza idealizado, remetendo à construção idealizada da vida pastoril apontada por Elias no romance *Astréia*.[21] Isso reitera a preservação de elementos constitutivos das idealizações do amor que não são novos, mas assumem novas leituras e manifestações conforme o contexto social, no que se destaca a negação – ao menos nos discursos – de relações de hierarquia entre classes, sobrevalorizando elementos das classes menos favorecidas e adotando uma postura crítica em relação aos membros de classes dominantes, sejam eles nobres, aristocratas ou empresários milionários.

Praticamente todas as pessoas do meio de Edward no filme são construídas como corrompidas pelo dinheiro, gananciosas e artificiais. Já Vivian é apresentada de maneira oposta e como alguém que salvará Edward, segundo suas próprias palavras no fim do filme. Contudo, embora seja valorizada a postura de Vivian como moça simples, ela tira a sorte grande e usufrui dos confortos da riqueza como se fosse premiada por sua autenticidade. Ela também deve transformar suas posturas e sua mudança é valorizada com a elegância por ela adquirida, o que mostra que não há uma negação completa de valores e comportamentos de um meio economicamente privilegiado. É exigido e esperado dela que assuma toda uma etiqueta corrente naquele meio, não apenas para ser aceita por ele, mas para ser capaz também de despertar o interesse de Edward, que elogia e admira sua elegância, percebendo-a de

---

20 Ver capítulo I.
21 Cf. ELIAS, Norbert. *A sociedade de corte, op. cit.*, p. 227.

maneira diferente de como a via enquanto prostituta de rua com trajes curtos e baratos, mexendo demasiadamente seus quadris ao andar.

A preservação desses valores e a ênfase numa conjunção improvável do que o próprio filme apresenta como contraditório apenas reitera a dificuldade e o desejo de desvencilhar-se de constrições sociais e demandas do próprio cotidiano num contexto moderno, intensificando a idealização do amor romântico como possibilidade concreta conciliável com a vida prática moderna. E como *Uma Linda Mulher* e vários outros filmes constroem essa possibilidade, sua realização depende, sobretudo, da preservação e perseverança de valores marcados como individuais, o que torna tão importante a construção distintiva tanto de Edward quanto de Vivian em relação às demais personagens de seus respectivos meios, especialmente no caso de Vivian, que repete seu discurso de prostituta independente, que se recusa a trabalhar para cafetões dizendo: "Eu digo quando e digo com quem".

Após a ópera, no quarto de hotel, Edward tenta ensinar xadrez a Vivian, num jogo bem descontraído. Ele pede que continuem o jogo depois, uma vez que deve trabalhar no dia seguinte. Vivian então sugere que ele tire o dia de folga e ele acaba aceitando. Nesse dia de folga, é Vivian quem conduz Edward no que mais parece uma exaltação de pequenos e simples prazeres no meio urbano: a começar pela primeira tomada, em plano aberto, onde se vê uma grande fonte e Edward e Vivian caminhando e conversando próximos a ela. Em seguida, Vivian sugere que comam um lanche de rua, o que Edward demonstra desconhecer. Fazem um pequeno piquenique sob a árvore de um parque. Vivian tira os sapatos de Edward, permitindo que ele sinta a grama sob seus pés, e desliga seu celular enquanto ele está em uma ligação de negócios, para que ele aproveite melhor aquele momento de folga.

No final desse passeio, os dois conversam no que parece ser uma lanchonete barata de centro de cidade. Há um corte para ela de camisola, na suíte do hotel, preparando-se para se deitar. Saindo do banheiro, ela caminha em direção à cama, solta seu cabelo, olha para Edward e exclama ternamente: "Ele dorme". Ela se aproxima vagarosamente, com um sorriso, a trilha sonora cresce, com uma música doce em piano, ela se reclina, aproxima seu rosto do dele, beija sua face esquerda, para um pouco em aparente receio, olha-o mais uma vez e beija-lhe suavemente os lábios. Ele desperta e ela se assusta um pouco, afastando os lábios e olhando para ele com um sorriso. Eles então começam a se beijar delicadamente e depois mais intensamente, deitando-se sobre a cama. A câmera se move atrás da grade da cabeceira da cama, seguindo a cena de maneira a preservar a intimidade do casal. Essa construção e sua localização entre os eventos do filme criam a visão de uma relação sexual apaixonada, especialmente ao se lembrar de que, no início do filme, os dois concordam em não se beijar na boca por ser pessoal demais.

É chegado o último dia do acordo e o assunto é levantado no café da manhã com incômodo. Edward diz que gostaria de vê-la de novo, que já providenciou para ela uma casa, um carro e várias lojas para "puxarem seu saco". Vivian se mostra triste, pergunta se ele deixará um dinheiro do lado da cama sempre que for lá, como se ela fosse sua prostituta particular. Ele diz que irá tirá-la das ruas, mas ela replica: "Isso é apenas geografia". Vivian se levanta e se dirige para a sacada e ele a acompanha somente até a porta, limite que não ultrapassa devido ao seu medo de altura. Ele pergunta o que ela quer e ela conta seu sonho de infância, que quando era colocada de castigo por sua mãe, imaginava-se uma princesa aprisionada numa torre e que chegaria um cavaleiro num cavalo branco e a salvaria. A conversa é interrompida por uma ligação de Stuckey anunciando que é o momento de concluir as negociações com Morse. Vivian deixa claro que o que quer é "o conto de fadas". Edward diz que ouviu com atenção, mas que é um passo muito grande para ele. Ele finaliza, de saída, dizendo que nunca a tratou como prostituta e, depois que ele sai, há um *close* no rosto de Vivian com os olhos mareados falando: "Você acaba de fazê-lo".

O medo que Edward tem de altura é também metáfora para o seu medo de um relacionamento quando a cena é construída com Vivian na sacada enquanto ele se limita a ficar na porta, estando ela posicionada em um local onde ele só poderia alcançá-la após superar seu temor. Há ainda um desafio final para o amor: a superação dos limites individuais para o encontro com o outro. O enfrentamento dos próprios medos sinaliza também o confronto de situações novas, a ousadia de correr riscos perante o desconhecido. Nesse sentido, a questão para Edward não é circunscrita à sua relação com Vivian, mas também aos negócios: na derradeira reunião com o Sr. Morse, quando está tudo acertado para a compra da empresa, ele pede que todos se retirem da sala, ficando apenas ele e o Sr. Morse. Ele comunica então que quer ajudá-lo e que está num terreno novo para ele. Mais do que satisfeito por salvar sua empresa, o Sr. Morse ainda expressa estar orgulhoso de Edward, demonstrando, conforme a construção dessas personagens, que

Edward fez o que, dentro do filme, é considerado moralmente certo: investir em uma empresa que constrói, ao invés de desmantelá-la, ainda que isso custe mais caro.

Enquanto isso, Vivian recebe Kitty no hotel, que só aparece depois de quase uma semana para buscar o dinheiro que sua amiga lhe deixara na recepção para o aluguel. Esse encontro expõe grande contraste entre elas, visível na composição de seu figurino. Vivian veste um conjunto comportado, cor-de-rosa, que nada expõe de seu corpo, com uma espécie de bermuda até os joelhos, vestindo-a com folga, sem decote e sem que se vejam as curvas de sua silhueta. Já Kitty veste uma saia justíssima e curta, um top decotado e uma jaqueta jeans surrada, além da maquiagem carregada. Se no início do filme Vivian é mostrada se maquiando para o serviço e ainda usando uma peruca, na construção que temos de Kitty é como se ela se vestisse assim habitualmente, mesmo fora do contexto de serviço, o que reforça a sua identificação como prostituta. As duas conversam próximo à piscina e Kitty elogia Vivian, dizendo que ela está mais bonita daquele jeito e que nunca combinou com Hollywood Boulevard. Kitty percebe que Vivian se apaixonou e a repreende por não ter seguido seus conselhos profissionais e ter se envolvido emocionalmente. Mas, logo depois, ela pondera as vantagens de Edward, motivando Vivian a ficar com ele, dizendo que pode dar certo. Vivian se mostra cética, lembrando-se da prostituta morta no início do filme e de outra que fora presa; pede exemplos de algum caso em que uma prostituta encontrou um homem rico, ficou com ele e foi feliz. Kitty responde espirituosamente: "A porra da Cinderela!",[22] expressando verbal e ainda mais abertamente a referência ao conto de fadas presente em todo o filme.

Depois que Edward sai do escritório, ouve-se, com as portas fechadas, Stuckey tendo um acesso de ira ao ver que os contratos da compra das indústrias Morse não foram assinados. Na porta do prédio, Edward se dá algum tempo antes de voltar para o hotel, andando descalço em um gramado, como que usufruindo dos pequenos prazeres que experimentara com Vivian no dia anterior. Há um *close* em seus pés descalços e um corte para os pés descalços de Vivian no tapete do quarto, quando a campainha toca e ela corre para atender. É Stuckey, que pergunta por Edward. Ele entra sem ser convidado, queixando-se sobre o negócio que não foi fechado e servindo-se de uma bebida, dizendo que esperará. Vivian senta-se no sofá longe dele e

---

22 "Cind-fucking-rella".

diz que Edward deverá "estar em casa logo". Stuckey retruca que aquilo não é casa, é um quarto de hotel, e que Vivian não é a mulherzinha de Edward. Ele então se senta perto dela, começa a assediá-la, dizendo: "Talvez seja uma ótima prostituta. Talvez se a gente transasse, eu não me importaria de perder milhões. Pois preciso te dizer. Nesse momento, eu me importo. Eu me importo muito. E neste momento estou puto da vida, sabia?"

Ela tenta se afastar, mas ele insiste brutalmente, até lhe dar um tapa e se jogar sobre ela. Nesse momento Edward chega, puxa Stuckey pela aba de seu paletó e o conduz à força em direção da porta. Stuckey começa a soltar xingamentos para Vivian, mas, antes que termine sua frase, Edward lhe desfere um soco no rosto e o expulsa do quarto. Após o soco, pelo gesto de Edward, percebe-se que ele machucou sua mão com aquele golpe, o que é confirmado por sua mão enfaixada por um lenço na cena seguinte, enquanto coloca gelo no rosto ainda dolorido de Vivian. Com isso, o filme mantém a construção de Edward como cavalheiro distinto, não afeito a demonstrações de violência.

Vivian diz que soube de sua decisão em relação a Morse e também demonstra aprovação. Edward responde que se sentiu bem com isso, o que evidencia a mensagem de que vale a pena sacrificar alguns milhões de dólares se for para ajudar alguém a construir algo. Logo Vivian se levanta, dizendo que vai embora, que alguns meses antes ela aceitaria a proposta dele, mas não naquele momento, em que se subentende que ela não quer mais ser considerada uma prostituta: "Eu quero o conto de fadas" – diz ela. Ele ainda pede para que ela fique mais uma noite: "Não porque estou pagando, mas porque você quer". Mas ela diz que não pode e vai embora. Ela se encontra mais uma vez com o Sr. Thompson, que se mostra extremamente gentil e lhe oferece a limusine para levá-la para casa. A partir desse momento, as cenas têm como fundo a música "It must have been love" (Roxette)[23], cujo refrão diz: "Deve ter sido amor, mas agora acabou. Deve ter sido bom, mas eu o perdi de alguma forma". Vê-se primeiramente Vivian sozinha na limusine voltando para casa, depois Edward na sacada onde tinha medo de ir, num último instante no quarto, quando o mensageiro do hotel lhe pergunta se aquela é toda a bagagem. Há um corte para a janela do apartamento de Vivian e Kitty. Vê-se que está chovendo, o que, aliado à trilha sonora,

---

23 It must have been love but it's over now. It must have been good but i lost it somehow (It must have been love, Roxette).

funciona como metáfora para a tristeza das personagens, que remete ao próprio ato de chorar.

Agora o foco é na despedida de Vivian e Kitty. Vivian está decidida a ir para São Francisco começar uma nova vida e retomar os estudos. Nessa cena, embora ainda haja um contraste nos trajes de Vivian e Kitty, o corpo de Kitty já não aparece tanto, usando calça e jaqueta jeans surradas, abraçada a um ursinho de pelúcia, numa imagem que a aproxima mais de uma simples adolescente. Já Vivian veste calça jeans e um elegante paletó preto com ombreiras, que lhe confere um ar de maturidade, especialmente em comparação aos trajes e ao penteado de Kitty. A cena em que as duas se abraçam, depois que Vivian lhe dá algum dinheiro e diz que acredita no potencial dela, remete a algo maternal: uma mulher mais alta, com trajes de "adulta", abraça e dá um beijo carinhoso na cabeça da outra, pequena, com roupas e penteados descolados que remetem a um estereótipo juvenil.

É a primeira vez em que Kitty é mostrada de maneira que a distancia da construção como prostituta feliz em sua profissão, que faz aquilo "parecer tão legal", usuária ocasional de drogas, que se diverte com cafetões, outras prostitutas ou, ainda, zombando dos olhares que recebe de hóspedes do hotel em que Edward estava. Essa breve cena extrapola a transformação de Vivian de prostituta em dama, enfatizando seu amadurecimento, ainda mais ao se considerar que, na maior parte do filme, ela foi mostrada como uma criança, ora pela ingenuidade, ora pelo ar sonhador com que descreve seu conto de fadas ou pelo deslumbramento espontâneo que demonstra repetidas vezes, como diante do luxo do hotel ou das vitrines de Rodeo Drive.

Antes de deixar o hotel, Edward entrega ao gerente a joia que pegara emprestada para Vivian no dia da ópera e pede que ele providencie sua devolução. O gerente comenta, com duplo sentido explícito: "Deve ser difícil abrir mão de algo tão lindo". Num corte para dentro da limusine que leva Edward, notam-se gotas de chuva em suas janelas, enquanto o *chauffer* diz que o avião para Nova York deverá sair no horário previsto. Há um corte para Vivian olhando pela janela do apartamento uma última vez antes de partir – agora sem chuva, com uma luminosidade que indica um clima já ensolarado, o que pode sugerir a superação do momento melancólico simbolizado pela chuva anteriormente. Na rua, Kitty conversa com outra personagem sobre aluguel e Edward surge em cena, comprando rosas de uma ambulante do lado.

Quando Vivian está quase saindo do apartamento, ouve-se o som de uma buzina, seguido da música de *La Traviatta*. Ela se vira, vai até a janela e vê Edward chegando numa limusine branca[24] – referência ao cavalo branco da fantasia que Vivian narra – com as rosas em uma mão e o guarda-chuva empunhado em outra como se fosse uma espada, clamando: "Princesa Vivian! Desça!". Ela sai até a escada de incêndio. Ele ainda deve enfrentar mais uma vez seu medo de altura, subindo ao encontro de Vivian, a que ele vai segurando as rosas entre os dentes até o último lance de escadas antes do andar em que ela está. Edward para frente às escadas de braços abertos como que pedindo para que ela desça ao seu encontro. Eles se encontram no meio da escada, abraçam-se e ele pergunta: "O que acontece depois que ele sobe e salva a princesa?". "Ela o salva de volta", responde a moça. Há o derradeiro beijo, apaixonado e triunfante. A câmera se afasta e ouve-se novamente o homem que fala de Hollywood como terra dos sonhos e incentiva que se continue sonhando:

> Bem vindo à Hollywood. Qual é o seu sonho? Todo mundo vem para cá. Isso é Hollywood, a terra dos sonhos. Alguns se realizam, outros não. Mas continue sonhando. Isso é Hollywood. Há sempre tempo para sonhar, então continue sonhando.

A reiteração de Hollywood como terra de sonhos não se refere tanto a experiências oníricas individualizadas, mas a construções do próprio meio cinematográfico. Não se trata aqui também de Hollywood enquanto localização geográfica, mas um mundo imaginário mais amplo, de ficção e entretenimento, reafirmando e clamando por uma legitimação da indústria cinematográfica estadunidense enquanto reconhecida construtora de sonhos. Nisso, destaca-se a propriedade dessa indústria no sentido mais técnico, desenvolvendo, por muitas décadas, por meio de uma ampla e rigorosa divisão do trabalho, parâmetros de excelência profissional que contribuem para que mesmo filmes que não se destaquem para a crítica e para o público, percebidos como medianos, gozem de certa qualidade técnica no ato de narrar de forma convincente e atraente histórias de fantasia. De acordo com Jarvie:

---

24 É interessante observar que, durante todo o filme, Edward foi transportado em uma limusine prateada, sendo que apenas neste momento ela é branca, encaixando-se na fantasia de Vivian.

> O triunfo de Hollywood é o triunfo da elevação do padrão geral dos filmes pela concorrência e do esforço em aperfeiçoar a qualidade do produto médio. Desde a segunda metade deste século [XX], Hollywood produziu ampla safra de filmes médios de alto nível profissional quanto ao roteiro, interpretação, direção, fotografia, som, cenários etc... Este é o segredo de Hollywood.[25]

A composição do ambiente no qual o filme se passa como dentro de uma "terra de sonhos", com referências frequentes em diálogos a uma distinção entre sonho e realidade – sendo o "real" apresentado numa chave predominantemente negativa –, reforça a crença em modelos idealizados de encontro do amor enquanto superação das agruras do mundo cotidiano e contato com um mundo de fantasia. Modelos que são encenados com propriedade por uma indústria consolidada, com amplo domínio técnico de estratégias para a construção tanto de imagens de sonhos quanto de olhares da realidade. Nessas circunstâncias, o que parece mais evidente em *Uma Linda Mulher* é que o mundo considerado "real" é construído prioritariamente por uma relação objetivada com o dinheiro – tanto no grupo dos que o têm de sobra quanto no grupo dos que convivem com sua falta –, enquanto o amor parece pertencer a outro mundo, mais fantástico.

Embora a construção do filme, à medida que ele caminha para sua conclusão, sugira que o dinheiro não é o mais importante – tanto que Edward abre mão de uma transação bilionária para ajudar uma empresa em dificuldades –, o que se percebe é que a história de amor só nasce em função de uma primeira relação com o dinheiro, sendo Vivian seduzida, em grande parte, pelas regalias bancadas pela fortuna de Edward. Eles não se apaixonam imediatamente – o filme constrói em sua sequência, primeiramente, o deslumbramento de Vivian com uma condição de classe totalmente diversa à dela, o que é evidenciado desde o momento em que entra no saguão do hotel onde Edward está hospedado e fica boquiaberta, bem como na sua primeira ida às compras em Rodeo Drive, reduto de lojas de grifes famosas em Beverly Hills. Além disso, a paixão entre os dois não teria emergido se Edward não se dispusesse a pagar pela companhia de Vivian durante uma

---

25 JARVIE, Ian Charles. *Sociología del cine*. Madri: Guadarrama, 1974, p. 63.

semana inteira e permitir que ela gastasse quantias exorbitantes de dinheiro comprando roupas. Aliás, segundo Bidaud:

> Essa constante valorização do amor parece ser uma proposição ideológica na medida em que ela coloca em relevo modelos de comportamento bons para a ordem social e solidários ao consumo. O mercado da felicidade e o mercado da sedução são indissociáveis, uma vez que compramos suas armas (roupas, cosméticos, perfumes...).[26]

O que se vê em *Uma Linda Mulher* reforça essa proposição, ainda que seu discurso negue ou minimize o valor do dinheiro: uma das primeiras coisas que Vivian faz é "comprar as armas" e o que se nota é que essas são extremamente eficazes, não simplesmente por sua conquista amorosa, mas por todo o caráter que o filme parece reforçar de que todo aquele luxo e roupas elegantes alinham-se à personalidade de Vivian, conferindo-lhe um caráter de charme "natural".

Os vínculos e situações complementares no filme também são estabelecidos tendo o dinheiro por referência, marcando como oposição básica entre os universos das personagens a fartura e a míngua. O que diferencia as personagens principais das outras à sua volta e legitima sua conquista amorosa é que, embora a sua relação tenha se dado primeiramente em função de motivações econômicas, nenhuma das duas é construída como tendo o dinheiro apenas como um fim em si ou um grande apego por ele: Edward gasta grandes somas em função de seu conforto, chegando inclusive a preferir uma cobertura de hotel apesar de seu medo de altura apenas por ser o melhor aposento do local. Já Vivian é construída como prostituta relutante, que entrara nessa condição por falta de opção e não se conforma com ela, em oposição à sua amiga e colega de quarto Kitty, mostrada não apenas bem adaptada, como também gostando dessa profissão, o que se entende quando Vivian fala a seu respeito: "Ela era uma prostituta e fez parecer tão legal". De qualquer maneira, desde o início, as personagens, embora apresentadas em meios mobilizados por uma profunda relação com o dinheiro, são

---

26 BIDAUD, Anne-Marie. *Hollywood et le rêve américain*. Paris: Masson, 1994, p. 157.

construídas como distintas dos demais daquele meio e, de alguma maneira, pouco adaptadas a ele.

O desafio que o filme sugere é, sobretudo, de superação e transformação de valores em grande medida pessoais, capaz de converter uma relação a princípio orientada por razões profissionais e econômicas em uma relação baseada em sentimentos e convicções morais. Mais do que isso, essa transformação sugere como possível a realização de um sonho, ao mesmo tempo reforçando o caráter romântico do amor enquanto algo distante dessa "realidade", mas com poder de penetrá-la e transformá-la, convertendo uma prostituta de rua em uma dama de alta classe em apenas sete dias. Essa integração de elementos construídos como díspares remete ao que Edgar Morin chama de "amor sintético", enquanto conjunção de universos a princípio contraditórios em uma espécie de amor completo: espiritual e carnal, sagrado e profano, imaginário e real.[27] Embora o termo "sintético" refira-se à ideia de síntese intrínseca a toda construção fílmica, também é possível pensá-lo como remetendo à artificialidade própria de produtos industrializados, especialmente dentro de uma produção da indústria cinematográfica estadunidense. Nesse sentido, o amor apresentado em *Uma Linda Mulher* não é apenas sintético, como porta características próprias de um produto específico dentro do cinema estadunidense que reitera crenças e discursos aparentemente consolidados nesse meio.

Além disso, a ênfase no filme na valorização de construir algo, sinalizada na relação entre Edward e Morse, em alguma medida converge numa perspectiva de amor fundamentada num ideal de uma união produtiva e duradoura simbolizada pelo casamento. Esse ideal de relação duradoura, assim como no próprio filme, vai contra os discursos e práticas que parecem ganhar mais espaço e legitimidade naquele contexto, como a fragmentação de grandes empresas ou relacionamentos que parecem não durar, como os de Edward e os de Vivian até se conhecerem. Nesse sentido, o ideal de união amorosa expresso por Vivian e Edward parece chocar-se, num primeiro momento, com o a tendência aos relacionamentos puros que Giddens, também nos anos 1990, aponta:

---

27 Cf. MORIN, Edgar. *Cultura de massas no século XX*. Rio de Janeiro: Forense Universitária, 1975, p. 141.

> Um relacionamento puro não tem nada a ver com pureza sexual, sendo um conceito mais restritivo do que apenas descritivo. Refere-se a uma situação em que se entra em uma relação social apenas pela própria relação, pelo que pode ser derivado por cada pessoa da manutenção de uma associação com outra, e que só continua enquanto ambas as partes considerarem que extraem dela satisfações suficientes, para cada um individualmente para nela permanecerem. Para a maior parte da população sexualmente "normal", o amor costumava ser vinculado à sexualidade pelo casamento, mas agora, os dois estão cada vez mais vinculados através do relacionamento puro.[28]

De acordo com o autor, essa modalidade de relacionamento representaria uma democratização da intimidade, em que direitos e deveres de homens e mulheres passam a ser negociados e discutidos, tendo por princípio o respeito à individualidade de cada um dos amantes. O que se percebe nesse tipo de relacionamento que Giddens aponta como tendência na modernidade, especialmente a partir dos anos 1980, é que as unidades envolvidas permanecem dispersas e fragmentárias, tornando o relacionamento amoroso, antes idealizado como espaço por excelência de expressão e reconhecimento da totalidade do indivíduo, apenas mais uma entre várias relações sociais independentes, dentro da qual o indivíduo apenas exerceria mais um papel. Embora o autor expresse otimismo quanto a essa tendência, percebe-se que, de um ponto de vista ainda bem corrente, ela representa mais perdas do que ganhos. Sem discutir o mérito desse tipo de arranjo afetivo, sua ascendência mais parece uma consequência inesperada de transformações da modernidade e reorganizações da vida cotidiana, pendendo mais para um crescente individualismo do que realmente um ideal de amor socialmente compartilhado. De maneira que, se por um lado, há uma crescente valorização da independência dos amantes, por outro, relações de caráter fusional[29] permanecem como parte importante das aspirações amorosas contemporâneas.

---

28 GIDDENS, Anthony. *A transformação da intimidade*, op. cit., p. 68-9.
29 Cf. CHAUMIER, Serge. *La déliaison amoureuse*, op. cit., p. 118.

Ainda conforme Giddens, haveria uma tendência nas atuais circunstâncias da modernidade a uma derrocada do amor romântico, a favor de uma forma ideal a que ele chama de amor confluente:

> um amor ativo, contingente, e por isso entra em choque com as categorias "para sempre" e "único" da ideia de amor romântico. A "sociedade separada e divorciada" de hoje aparece aqui mais como um efeito da emergência do amor confluente do que como sua causa. Quanto mais o amor confluente consolida-se em uma possibilidade real, mais se afasta da busca da "pessoa especial" e o que mais conta é o "relacionamento especial".[30]

O amor confluente é antes a expressão de uma crise de confiança em projeções para o futuro e na consistência dos laços afetivos em determinado contexto da modernidade, aproximando-se mais do pessimismo que Lasch aponta nos Estados Unidos a partir do final dos anos 1970 e início dos anos 1980. Num profundo sentimento de descrença em relação à sociedade e às instituições para a preservação de sua qualidade de vida e a conquista de seus sonhos, o indivíduo volta o foco a si mesmo, única referência de ação que lhe parece confiável no momento. Além disso, pessimista em relação ao futuro em função das mudanças que observa ao seu redor, ele acaba por buscar prazeres e satisfações mais imediatos.[31]

Na perspectiva de Giddens dos relacionamentos puros, a sexualidade que aparece desvinculada do casamento, por um lado, é tratada como uma importante conquista. Contudo, na perspectiva de Lasch, o caráter hedonista e imediatista que também caracterizaria as relações sexuais mais livres parece mais expressar essa condição de falta de confiança e ascendência do narcisismo ao que o autor se refere. Dessa maneira, o que por um lado parece uma clara conquista, por outro, é também entendido como expressão de uma dificuldade em se estabelecer laços e relações, com o sexo perdendo parte de sua significação afetiva para os relacionamentos a partir do momento que começa a ser percebido como um fim em si mesmo:

---

30 GIDDENS, Anthony. *A transformação da intimidade*, op. cit., p. 69.
31 Cf. LASH, Christopher. *A cultura do narcisismo*, op. cit., p. 76-78.

> Anticoncepcionais eficazes, aborto legalizado e uma aceitação "realista" e "saudável" do corpo enfraqueceram os laços que antes ligavam o sexo ao amor, ao casamento e à procriação. Homens e mulheres buscam, hoje em dia, o prazer sexual como um fim em si mesmo, não mediado nem mesmo pelas armadilhas convencionais do romance. [...] O sexo valorizado, por si só, perde toda referência para com o futuro e não dá esperanças de relações permanentes.[32]

Tais perspectivas, embora pareçam apontar para uma derrocada dos ideais de amor romântico enquanto projeções biográficas da identidade dos indivíduos, apenas reforçam a idealização do amor enquanto força que deve superar toda forma de coerção externa, aguçando a tensão entre a idealização e a vida prática. Em circunstâncias onde o sentimento amoroso parece cada vez mais subjugado às demandas de uma vida cotidiana fluida, onde nada mais parece passível de se firmar, a história de uma prostituta e um milionário que se apaixonam e vivem um grande amor torna-se, ao mesmo tempo, mais fantasiosa e mais expressiva de ideais aparentemente distantes do cotidiano. Não por acaso o filme enfatiza tanto Hollywood como terra dos sonhos e incentiva seus espectadores a continuarem sonhando. E, muito provavelmente, a ascendência do gênero comédia romântica na década de 1990, com a diretora Nora Ephron e atrizes como Julia Roberts e Meg Ryan que, por quase uma década, foram ícones de histórias de amor "impossíveis" que se concretizavam nas telas, é a expressão de um intenso desejo de converter "amores confluentes" em "amores românticos".

No entanto, como se pode observar em *Uma Linda Mulher* e no próprio discurso de Vivian em relação à sua profissão – "Eu digo onde, eu digo quando e eu digo com quem" –, a valorização da individualidade cresce não em oposição ao ideal romântico, mas como parte dele. A trajetória de vida que Vivian narra para Edward quando está na cama também expressa certo ideal de independência. Duas coisas aqui são sintomáticas: a primeira, que ela chegou a Hollywood a partir de uma relação com um homem, provavelmente ainda num prisma de dependência, a ponto de segui-lo aparentemente sem pensar em seu próprio sustento. A segunda é que ela tinha vergonha

---

32 *Ibidem*, p. 234.

demais de voltar para casa e por isso tentou se arranjar em Hollywood e acabou se tornando prostituta.

Pela maneira como ela conta, é de se impressionar que sua vergonha em retornar para casa fosse tanta a ponto de se submeter a algo que ela mesma narra como tão doloroso, chegando a parecer contraditório. Percebe-se aqui a valorização da independência não como um ideal de vida, mas como única alternativa possível, levando a personagem a aceitar o que ela mesma expressa como inaceitável. Vivian não tinha na prostituição uma necessidade de sobrevivência, mas de independência. E tal necessidade é reafirmada em suas falas e posturas ao longo do filme. Coerentemente, nessa condição, ela não aceita a primeira oferta de Edward de "tirá-la das ruas", não somente porque continuaria vivendo como prostituta, mas, de maneira agravante, aceitaria a dependência de Edward, especialmente nessa condição de vida a qual ela expressa querer abandonar.

Ao final, quando Vivian é procurada por Edward e fica com ele dizendo salvá-lo de volta, vê-se um importante valor de troca na relação entre os dois: talvez o futuro deles não fosse diferente daquele que ela recusou quando ele ofereceu tirar-lhe das ruas, mas a partir do momento em que ela está de saída para tentar a vida independentemente e "o salva de volta", é como se a relação se tornasse equilibrada; eles ficam juntos numa condição em que o papel dela para ele é tão importante quanto o dele para ela. E o fato disso só ocorrer depois que o vínculo profissional deles já havia se encerrado exclui, dentro da construção do filme, a possibilidade de ela ter aceitado Edward em função apenas da estabilidade financeira que ele oferecia. Vivian só o aceita no final numa condição em que é mostrada como de livre escolha, sem vínculo profissional, sem necessidade de ser sustentada por alguém, sem passividade, sem dependência.

Ao firmar-se sobre uma mística de conto de fadas atualizada para os anos 1990, no que as aproximações e referências à história de *Cinderela* são constantes e, por vezes, diretas, *Uma Linda Mulher* reproduz uma crença amorosa aparentemente ultrapassada, antes direcionada especificamente para as mulheres, no que a conquista de sua identidade encontrava-se sempre vinculada ao relacionamento com um homem.

> A mística do príncipe encantado virá se inscrever em continuidade, levando as mulheres a crerem que o

> sentido de sua existência é algo escondido. Em uma existência vazia, o amor virá preencher essa falta. A mulher espera do homem uma confirmação de sua identidade, um reconhecimento, uma afirmação. [...] O jogo amoroso é idealização da fantasia do reconhecimento: "o outro me dará minha identidade... ele faz de mim alguém".[33]

O que Edward faz para Vivian, de certa forma, é exatamente lhe dar sua identidade, ou melhor, lhe dar as condições para que ela manifeste o que o filme dará a entender como sendo natural da moça e expressão de sua individualidade. Será Edward, com sua fortuna, quem dará condições de Vivian se vestir com sua elegância aparentemente nata, permitindo que ela redescubra a si mesma e abandone a prostituição.

Com a tentativa de equalizar o casal ao dizer que a princesa salva o príncipe de volta, nota-se um aspecto de sociabilidade importante na relação amorosa ao se considerar da seguinte maneira:

> Sociabilidade é o jogo em que se "age como" se todos fossem iguais e, ao mesmo tempo, como se cada um honrasse o outro em particular. E "agir como" não é mais mentira do que encenação ou arte por causa de seu desvio da realidade. O jogo se torna mentira somente quando a ação sociável e o discurso são feitos mero instrumentos de intenções e eventos da realidade prática – como uma pintura se torna uma mentira quando tenta, num efeito panorâmico, simular a realidade.[34]

Embora a ideia de simulação seja rechaçada em ideais amorosos, esse aspecto da sociabilidade parece fundamental e inescapável, em que os amantes só aceitam suas diferenças no sentido de complementaridade, jamais como expressão de um desnível hierárquico entre eles, como podem ser entendidas as diferenças de classes sociais. Ainda que não seja considerada uma mentira, ela se choca com um ideal de espontaneidade do amor e manifesta seu caráter mais social, em que exige uma etiqueta na qual, ao

---

33 CHAUMIER, Serge. *La déliaison amoureuse, op. cit.*, p. 170.
34 SIMMEL, Georg. "Sociability". In WOLFF (org.). *The sociology of Georg Simmel*. Glencoe: Free Press, 1964, p. 49.

menos discursivamente, os elementos mais subjetivos e pessoais dos amantes devem ser sobrevalorizados e ressaltados como independentes de qualquer condição externa, como a econômica.

O amor de Edward e Vivian só é consagrado ao final do filme quando eles "agem como" se fossem iguais, mas, ao mesmo tempo, têm sua individualidade honrada um pelo outro. Embora Simmel não aborde o amor como sociabilidade, uma vez que esta, necessariamente, emerge do encontro social momentâneo, essa característica de igualdade e simetria na relação é apresentada como fundamental na orientação de comportamentos em relação ao amor. Contudo, aparentemente, há uma recusa moral ainda mais forte em acreditar em seus aspectos de encenação, sobretudo porque o amor é idealizado como relação entre indivíduos enquanto totalidade. Mas ao reconhecer essa totalidade, ainda mais no caso de Edward e Vivian, as diferenças de classe econômica e origem sociocultural revelam uma assimetria poderosa demais para que se preserve a idealizada equidade entre os amantes.

O que aparentemente serviria como ponto de equilíbrio é que, da maneira como o filme constrói, Vivian também "salva Edward" de seu vazio identitário. Contudo, isso não é construído de maneira igual para as duas personagens. A ênfase num desejo de mudar de vida ou mesmo de se encontrar em um mundo de perigos é bem maior na apresentação de Vivian – que já desde início expressa ter desejo de sair da prostituição e marginalidade – do que na de Edward. Embora "salvo de volta", Edward não deixa de exercer o papel de príncipe. E a maneira como Vivian, em alguns momentos, encarna um comportamento que remete ao de esposa ou companheira amorosa – seja quando recepciona Edward para um jantar íntimo ou quando atende Stuckey no quarto de hotel, dizendo-lhe que Edward "logo estará em casa" – apenas contribui para vincular a identidade de Vivian à relação que ela desenvolve com seu "príncipe".

A construção dessa simulada equidade é essencial para a legibilidade do ideal amoroso no filme, especialmente numa época em que a valorização da individualidade é proeminente e os relacionamentos puros se tornam uma prática comum, ainda que não necessariamente idealizados dessa maneira por seus protagonistas. A relação com o outro, em seus aspectos mais práticos, torna-se cada vez mais fonte de insegurança, com potencial para qualquer momento de discordância ser interpretado como afronta ou ameaça à própria autonomia e identidade:

> O individualismo e a exigência de autonomia do sujeito supõem uma maior responsabilização pelo próprio destino e, consequentemente, a recusa de confiá-lo inteiramente a outro, até mesmo por amor. O amor moderno dá ênfase ao perigo de ser engolido, aglutinado dentro do outro e perder sua autonomia, sua personalidade, sua identidade. O sentimento de identidade dá sentido à relação amorosa, mas se tornou tão importante que inibe de imediato sua expressão.[35]

O filme, dentro de seu contexto, opera uma saída e discursos que reforçam a preservação da autonomia e individualidade de Vivian, mas seguindo mecanismos que derivam de estruturas tradicionais e assimétricas de ideais de relacionamentos, o que é evidenciado pela mística do príncipe encantado. Contudo, numa construção sintética, percebe-se que se mantém ideais fusionais, bem como possíveis associações entre um papel submisso e dependente da mulher em relação ao homem – cujas expressões na personagem de Vivian já foram apontadas e discutidas –, mas readaptando discurso e imagens de maneira a dar a impressão de "fazer justiça" à personagem, enfatizando seu caráter autodeterminado. Ainda segundo Chaumier:

> Os modelos antigos não convêm mais, mas continuamos a tomá-los como referências, estando os novos padrões emergentes ainda largamente inconscientes. É necessário, sobretudo, insistir na importância das representações sociais da arte de amar que continuam a assegurar principalmente uma socialização seguindo o modelo antigo, ainda que as práticas sociais tenham mudado.[36]

A democratização da intimidade que Giddens aponta cresce em importância, embora não a ponto de substituir o ideal de amor romântico pelo ideal do amor confluente. Os casais ainda buscam a pessoa especial e ainda há o desejo de preservar o relacionamento no tempo. E, possivelmente, esse desejo se torna maior justamente em função da notada inconsistência dos demais aspectos da vida pessoal e social em que, num turbilhão de

---

35 CHAUMIER, Serge. *La déliaison amoureuse*, op. cit., p. 72.
36 *Ibidem*, p. 210.

mudanças na vida cotidiana, o indivíduo carece de ancorar-se em algo que perceba como firme e seguro. Mas, com o aumento de divórcios e novos casamentos, com a constante demanda de adaptação às mudanças – sejam elas do âmbito econômico, tecnológico, profissional ou afetivo –, a instituição do matrimônio, o relacionamento amoroso, por si, perdem força enquanto referências de segurança, que passa a ser buscada no próprio indivíduo, mas que necessita do outro como forma de confirmação, aprovação.

O que parece mudar é que a pessoa especial é cada vez menos o outro, que se torna um espelho de projeções idealizadas de si. Edward e Vivian, como são mostrados, acabam juntos porque despertam o melhor de si, elevam a autoestima um do outro, conduzem um ao outro à superação e ao amadurecimento. Nesse sentido é que a transformação vivida por Vivian é fundamental: a recuperação de sua autoestima a torna suficientemente confiante para decidir deixar a prostituição, mudar de cidade e recomeçar os estudos – tudo isso, a princípio, sem Edward. É apenas nessas condições que ficar com Edward se torna aceitável: enquanto escolha consciente de alguém que poderia e iria fazer outra coisa. Conforme Giddens:

> Numa relação pura, o indivíduo não só "reconhece o outro" e vê afirmada sua auto-identidade nas respostas desse outro. Além disso, [...] a auto-identidade é negociada por processos associados de auto-exploração e desenvolvimento da intimidade com o outro. Tais processos ajudam a criar "histórias partilhadas" de uma espécie que tem um potencial de ligação maior do que as que caracterizam os indivíduos que partilham experiências em virtude de uma posição social comum.[37]

Não há, portanto, um ideal de complementaridade entre os amantes, mas de sua preservação como unidades independentes que partilham experiências e histórias nos quais cada um busca construir e reforçar sua autoidentidade como âncora para sua segurança afetiva.

Ao amor romântico, são incorporados elementos e discursos de valorização da individualidade e independência dos amantes como se lhe fossem intrínsecos. A crença no amor romântico muda, agregando cada vez mais elementos de idealização da autoidentidade. Embora os desafios sugeridos

---
37 GIDDENS, Anthony. *Modernidade e identidade, op. cit.*, p. 94.

sejam diferenças de classe, preconceitos e outras agruras externas enquanto parte de uma estrutura social que tenta impor-se a eles, o que se percebe cada vez mais é que suas limitações são construídas e percebidas como elementos internos. E, sem que se perceba, o ideal romântico nas sociedades contemporâneas vem se transformando de uma superação das constrições sociais em uma superação de si, com vistas mais à autoelevação a partir do outro, sem permitir que a relação sobrepuje a individualidade dos dois. Isso manifesta não o enfraquecimento de forças sociais que poderiam ser consideradas externas, mas antes, a internalização de conflitos e inseguranças socialmente produzidos que se tornam cada vez mais psicologizados numa crescente negação do mundo considerado externo.

Mesmo que o filme já de saída não expresse qualquer preocupação em construir uma história "realista", fazendo referências abertas ao conto de fadas *Cinderela* e ao caráter hollywoodiano de terra dos sonhos, ao tratar do tema amor – já muito propenso a projeções imaginativas – sua construção sugere principalmente a conquista dos sonhos e a transformação da "realidade" da personagem a partir deles. Vivian expressa abertamente para Edward que "deseja o conto de fadas", e quando se mostra cética sobre a possibilidade de uma prostituta ter um "final feliz", sua amiga a recorda da "porra da *Cinderela*". De maneira que aquilo que o próprio filme, por um lado, remarca como aparentemente "irrealizável", é não apenas o que acontece ao final, como o que se espera que aconteça. Isso contribui para a manutenção de significações da experiência amorosa que a relacionam diretamente com o universo da ficção e da fantasia, valorizando o aspecto de imaginário. Sobretudo porque, desde o romantismo burguês e a popularização de romances literários, as experiências amorosas consideradas mais intensas e legítimas estão atreladas ao estímulo mental,[38] à significação e autoanálise consciente da experiência emocional que levaria alguém a concluir se está ou não amando. Isso era, em grande parte, orientado a partir de códigos e fórmulas específicos de ficções literárias,[39] sendo esses importantes tanto para o estímulo das emoções quanto da imaginação, tendo efeitos importantes na vida afetiva, uma vez que, segundo Edgar Morin:

---

38 Cf. CAMPBELL, C. *A ética romântica e o espírito do consumismo moderno*, op. cit., p. 103.
39 Cf. LUHMANN, N. *O amor como paixão para a codificação da intimidade*, op. cit., p. 7.

> A vida afetiva, como dissemos, é ao mesmo tempo imaginária e prática. Os homens e as mulheres das camadas sociais em ascensão já não acalentam apenas sonhos desencarnados. Tendem a viver seus sonhos o mais intensamente, o mais precisamente e o mais concretamente possível; eles os assimilam em sua vida amorosa.[40]

A encarnação de sonhos amorosos parece ainda mais expressiva quando manifesta no corpo de atores empregando métodos de interpretação naturalistas[41] perante as câmeras, pois as reações que esboçam a partir de suas expressões, gestos e entonações parecem não apenas legítimas, como as mais coerentes e esperadas para aquelas situações. No entanto, identifica-se nos sonhos a função moral de serem incorporados na vida prática do cotidiano, por meio de perseverança, planejamento, sacrifício e uma fé que, embora não necessariamente religiosa, preserve seus elementos de transcendência e de conferir sentido à vida.[42] No caso do cinema hollywoodiano, a relação com um discurso de valorização e realização de sonhos – resumido na expressão "o sonho americano" – é mais evidente e aponta para uma moral de persistência em busca de modelos de sucesso específicos, estando presentes o sucesso pecuniário e a conquista do amor, associados à valorização das liberdades individuais e autonomia na determinação do próprio destino. Conforme Bidaud:

> Trabalhar com a produção hollywoodiana é se interessar por uma construção da realidade elaborada a partir de imperativos acumulados e de postulados que remetem a um modelo ideológico, uma América onde o Sonho americano seria realizado. O problema não é então saber se essa imagem é conforme a realidade, a resposta, já sabida, é evidentemente não. Se as comparações são estabelecidas entre a realidade americana e as ficções cinematográficas, não será para denunciar qualquer falsificação, mas para evidenciar uma multiplicidade de mediações, de distorções recorrentes que,

---

40 MORIN, Edgar. *As estrelas: mito e sedução no cinema*, op. cit., p. 12.
41 Cf. XAVIER, Ismail. *O discurso cinematográfico*, op. cit., p. 41.
42 Sobre as aproximações entre amor e religião: BECK, Ulrick. "Love, our secular religion". In: *The normal chaos of love*, op. cit., p. 168-201.

> acumuladas, fazem um sistema, e para compreender suas razões. É precisamente nessa defasagem que passa a ideologia, que se exprimem os desejos da indústria e, complementarmente, os do público.[43]

O que se vê então construído em *Uma Linda Mulher* e muitos outros filmes românticos são protagonistas sonhadores, que se distinguem moralmente daqueles à sua volta pela busca de seus sonhos, sendo, ao final, recompensados com conquistas do que é, durante todo o filme, tratado como inacessível. Com isso, acena-se para a incorporação de elementos do "sonho americano" nos filmes não tanto como uma utopia em contraponto à "realidade", mas como motivador de posturas morais a serem incentivadas e vivenciadas, no que a conquista amorosa, mais do que um sonho, torna-se objeto fundamental da experiência da própria individualidade.

---

43 BIDAUD, Anne-Marie. *Hollywood et le rêve américain*. Paris: Masson, 1994, p. 7.

CAPÍTULO III

O cinema como referência em questões do amor – *Sintonia de Amor*

O filme se inicia com uma tela preta, na qual aparecem, em letras brancas, o nome do produtor, seguido pelo da diretora e depois pela legenda: "Chicago", localizando o ponto de partida da história. Há um *fade out* e pode-se ver, no plano aberto de um cemitério, um homem com sua mão sobre o ombro de uma criança, próximo a um caixão. Há uma música triste, com notas agudas de piano, e uma voz em *off* diz: "Mamãe ficou doente. Aconteceu de repente. Ninguém pôde fazer nada. Não é justo, não há razão. Mas se começarmos a perguntar por que, ficaremos loucos". Isso é suficiente para comunicar que as personagens ao centro são pai e filho no funeral da esposa e mãe. Apenas depois de um movimento de câmera pode-se ver os demais presentes no funeral, o que contribui para que já na primeira cena se transmita uma grande sensação de solidão e isolamento, ao mostrar primeiro as personagens sozinhas num grande espaço aberto e, em seguida, em contraponto às demais. Há um corte para a recepção após o funeral. Uma mulher mexe na cozinha, há um homem sentado próximo dela na bancada e ela fala para outro que está de pé, de costas para eles, de frente para uma porta de vidro, olhando para fora. Ela dá instruções sobre como aquecer um prato no forno microondas. O homem parece indiferente. Ela e o homem da bancada[1] se entreolham consternados e ela pergunta ao homem de costas se ele sabe fazer suco. Ele se vira, com olhar triste, e responde: "Microondas, 5 minutos", revelando-se alheio àquele assunto, embora numa tentativa gentil de responder e mostrar que ouviu o que lhe falaram.

Na cena seguinte, esse homem, que é arquiteto, está no escritório, aparentemente compenetrado em seu trabalho. Um colega se aproxima e lhe

---

[1] O filme não deixa claro quem são essas personagens. Em um momento mais adiante, apenas o apelido do homem é informado (Greg), mas nenhuma informação é dada sobre a mulher. Contudo, consta nos créditos do filme que a personagem feminina, interpretada por Rita Wilson, chama-se Suzy. O filme não deixa claro qual é o vínculo dessas personagens com os protagonistas, podendo ser parentes ou simplesmente amigos.

oferece um cartão, dizendo ser de seu psiquiatra e sugerindo que o procure. Ele recebe o cartão, olha, vira-se e retira algo do bolso do paletó pendurado em uma cadeira e começa a jogar, um a um, cartões de grupos de autoajuda para viúvos, parentes de vítimas de câncer e outros, encerrando, com tom irritado: "Abrace a si mesmo, abrace um amigo, ou trabalhe, trabalhe duro. O trabalho irá salvá-lo. O trabalho é a única coisa que fará você superar isso". Vendo a expressão de assombro de seu colega perante esse desabafo, ele suspira e diz, como que se desculpando: "Não ligue, ele acaba de perder a esposa". Em seguida, ele diz que precisa de uma mudança, ir para um lugar onde não se lembre de sua esposa a cada esquina. Para reforçar seu comentário há um rápido *flashback*, o único do filme, em que ele está junto com a esposa e o filho andando em direção ao estádio de beisebol do Chicago Cubs. Perguntado para onde iria, ele responde "Seattle". Isso sugere um grande desejo de distanciamento, uma vez que Seattle está no extremo noroeste do país, quase na divisa com o Canadá, enquanto sua atual cidade está bem mais próxima do centro e da costa leste.

Há um corte para ele andando apressadamente pelos corredores de um aeroporto, com seu filho logo à frente e acompanhado pelo casal que estava na bancada no começo do filme. A mulher tenta motivá-lo e elogia sua iniciativa, dizendo que em alguns meses ele conhecerá uma pessoa nova e sairá com ela. Ele ironiza amargamente: "Claro, seguir em frente. É o que vou fazer. E em alguns meses, vou deixar crescer um coração novo". A mulher se desculpa, sensibilizada, enquanto ele demonstra compreender e diz: "Isso não acontece duas vezes" – referindo-se claramente ao encontro de um grande amor. A tela então se escurece, ouve-se um som de turbina de avião, seguido pela música "As time goes by", na voz de Jimmy Durante.

Convém destacar a utilização de músicas que se opera ao longo do filme. Muitas canções consagradas como "As time goes by" são empregadas de maneira a vivificar emoções e mensagens que, a princípio, não seriam tão fortemente expressadas apenas pelas imagens. Contudo, além do efeito sonoro da própria melodia, o filme reforça essas impressões ao colocar canções cujas letras se associam à cena quase como se descrevessem as emoções e pensamentos das personagens naquele momento. Assim, por meio de versos entoados por vozes mais ou menos conhecidas, acompanhadas por arranjos instrumentais expressivos, muitas vezes parece que a música diz mais do que as imagens do filme e, com isso, direciona seus espectadores a impressões e sensações específicas que são dadas não tanto pelo que se vê, mas pelo que se ouve, conferindo à música um "papel dramático":[2]

> Em certos casos, a significação "literal" das imagens resulta ser extremamente tênue. A sensação torna-se "musical"; a tal ponto que, quando a música a acompanha de fato, a imagem obtém da música o melhor de sua expressão ou, mais precisamente, de sua sugestão. Quando isso acontece, a imaginação predomina e, do ponto de vista da língua, o signo se perde.[3]

A letra da canção imortalizada no clássico *Casablanca* (Michael Curtiz, 1942) coloca o espectador já de início em contato com um discurso que afirma que as características fundamentais do amor se aplicam "com o passar do tempo".[4] Esse discurso sugere que o fundamental do amor é imutável e que se pode confiar seguramente nisso;[5] o que é uma expressiva contraposição a qualquer ideia de mudança histórica e social relevante nos comportamentos em relação ao amor. Durante o filme, essa posição é mantida e reforçada. Os protagonistas que, no final, encontram o início da felicidade juntas, são construídos como amantes à moda antiga: Annie (Meg Ryan) tem como referência de amor um filme dos anos 1950, enquanto Sam (Tom Hanks) só tem referências nesse aspecto do que vivera com sua esposa desde quando a conheceu, sendo que se mostra inseguro e completamente desconfortável com as dinâmicas de flerte no momento em que busca novos relacionamentos.

Há também outra frase bem expressiva da canção para o mote do filme: "A mulher precisa do homem e o homem deve ter sua companheira, isso ninguém pode negar".[6] Com esse imperativo, já se entende que o viúvo do início do filme, até por dever – quer seja moral, social ou com seu filho, de propiciar-lhe alguém que faça o papel de mãe –, necessita encontrar

---

2   "Neste caso, a música intervém como contraponto psicológico para fornecer ao espectador um elemento útil à compreensão da tonalidade humana do episódio" (MARTIN, M. *A linguagem cinematográfica*. São Paulo: Brasiliense, 2003, p. 125).
3   COHEN-SEAT apud MARTIN, Marcel. *A linguagem cinematográfica*, op. cit., p. 121-2.
4   HUMPFELD, Herman. *As time goes by*, 1931 (tradução nossa).
5   "E quando dois amantes nam9oram, eles ainda dizem 'eu te amo'. Você pode contar com isso, não importa o que o futuro traga com o passar do tempo" (*ibidem*).
6   *Ibidem*.

alguém. Por mais que a solidão seja considerada, dentro e fora de filmes, como um problema pessoal, ela parece possuir uma dimensão de estigma, algo socialmente rechaçado. Na maior parte do filme, Sam, o pai viúvo, não quer encontrar alguém, mas o meio à sua volta demanda isso. Ele se abre para a possibilidade de novos encontros mais por seu filho – chegando a afirmar que "uma criança precisa de uma mãe" – e por toda situação que se criou com a audiência de seu depoimento em um programa de rádio do que por necessariamente desejar uma nova esposa. Em frases como essa da canção, juntamente à construção que o filme faz, parece ficar ainda mais explícita uma visão do amor como obrigação moral.

Se o obstáculo a ser enfrentado pelos amantes em *Uma Linda Mulher* é a distância socialmente estruturada da diferença de classes, em *Sintonia de Amor*, apenas aparentemente, é a distância geográfica: enquanto Annie mora em Baltimore, costa leste dos EUA, Sam mora no extremo oposto, em Seattle, sendo ele o insone do título original (*Sleepless in Seattle*). A questão da distância já é visualmente aludida na sequência de abertura ao som de "As time goes by", a partir de uma figura de um mapa dos Estados Unidos em alto relevo, numa superfície levemente arredondada, como que indicando sua posição no globo terrestre. Não se trata de uma fotografia aérea do país, mas uma reconstituição gráfica na qual convém destacar que o país aparece isolado, enquanto se vê os países fronteiriços encobertos por sombras.

Ao destacar o país dessa maneira, parece reiterada a imagem que o filme tenta construir da separação geográfica como obstáculo: é como se não estivessem simplesmente em extremos opostos de um país entre outros, mas de um mundo inteiro. É recorrente em produções estadunidenses, ao reproduzirem uma série de valores como universais, dar pouca importância em suas tramas para a existência de outros países e culturas – mesmo em seu próprio território – ou as relações com eles, fixando-se em seu país como unidade total independente do restante do mundo. No caso de *Sintonia de Amor*, isso é interessante ao se pensar que, provavelmente, considerando a extensão do globo e as diferenças culturais nela implicadas, o problema da distância entre Seattle e Baltimore pareceria extremamente banal se comparado com relacionamentos entre pessoas de diferentes etnias, países ou hemisférios. Com esse artifício, o filme reproduz a crença de que a alma gêmea de alguém pode estar em qualquer lugar do mundo, mas sem negar um modelo homogâmico de relacionamento:

> Hunt aponta também o preceito de *"one person theory"*. Esse preceito diz que só existe uma "pessoa certa" no mundo à espera do candidato à paixão amorosa. Para ilustrar o que afirma, dá exemplos de locuções da linguagem corrente, como "em algum lugar eu o encontrarei" ou "em algum lugar do mundo ela está esperando por você". Mas, pondera Hunt, os heróis românticos "não são loucos" e sabem perfeitamente bem que *"se um jovem vive no Maine, a única pessoa certa em todo mundo para ele não viverá em Calcutá, nem mesmo na Califórnia"* [...]. A escolha prática desmente sem constrangimento a fábula. Na realidade, o encontro com a "pessoa certa" se dá, na maioria dos casos, na vizinhança homogâmica de classe social, homogeneidade cultural ou igualdade econômica dos parceiros.[7]

Sam e Annie estão em posições opostas e distantes em seu pequeno mundo apenas geograficamente: os dois são americanos brancos, de classe média alta, relativamente jovens – aparentemente por volta de 30 anos – e têm muita coisa em comum – inclusive o jogador de beisebol preferido –, que advém de um *background* cultural muito semelhante, embora o filme trate como indicadores de que seriam "almas gêmeas". E mesmo essa distância que o filme a princípio coloca como problema é logo minimizada na própria narrativa.

A maneira gráfica de apresentar a distância entre as personagens dentre tantas outras possíveis, recorrendo mais de uma vez à mesma figura do mapa, parece, por um lado, valorizá-la visualmente, mas, por outro, reduzi-la simbolicamente: a distância é um desenho, um conceito, está num mapa, numa representação. Quando as personagens cruzam essa distância, seja de Baltimore para Seattle ou de Seattle para Nova York, a saída e a chegada são intercaladas por uma imagem rápida do mapa, ao som de músicas em ritmo acelerado e o desenho de uma linha pontilhada sinalizando o trajeto percorrido. Além disso, quando as personagens saem de seus voos não aparentam qualquer sinal de cansaço. Tal construção da distância colabora para que ela apareça naquele caso como um obstáculo a princípio mínimo,

---

7   COSTA, Jurandir Freire. *Sem fraude nem favor; e Estudos sobre o amor romântico*. Rio de Janeiro: Rocco, 1998, p. 149 (grifo nosso).

sendo muito mais conceitual e imaginário do que prático, constituindo-se quase como um falso problema, a não ser pelo fato de reduzir as possibilidades de as trajetórias de vida das personagens se cruzarem, o que acaba demandando a colaboração de coadjuvantes – no caso, uma amiga de Annie e o filho de Sam.

Após a abertura, há um corte para um plano aberto, de cima para baixo, no qual se veem algumas casas à beira de um canal. Percebem-se enfeites natalinos nos postes, na fachada das casas e na estrutura de um barco no canal, o que indica um momento específico do ano onde a história começa. Uma legenda situa o espectador temporal e espacialmente: Baltimore, 18 meses depois. Um homem (Walter) e uma mulher (Annie) saem de casa carregando embrulhos de presentes e conversando. Ele pergunta para a moça sobre pessoas que se entende serem parentes dela, como que recapitulando informações sobre quem é casado com quem ou quem trabalha com o quê. Essa conversa sugere que aquele será a primeira vez que Walter travará contato com a família reunida de Annie – no caso, para a ceia de Natal. Em meio a algumas informações de caráter bem particular, a impressão é de que a memorização daquelas informações é uma forma de prevenir Walter de possíveis gafes, evitando que levante, inadvertidamente, assuntos a princípio banais que, no contexto, podem ser impróprios. Embora o tom e o assunto da conversação sugiram intimidade, dando a entender que ele está prestes a ser apresentado à família como companheiro dela, algo contrasta essa construção: os dois, que saem juntos da mesma casa e, pelo que se entende, vão para o mesmo lugar, entram em carros separados. O filme não apresenta nada na cena que sugira a necessidade de os dois entrarem em carros diferentes, o que indica uma opção compartilhada que preserva a individualidade de cada um: podem ser um casal, podem estar indo juntos ao mesmo lugar, mas cada um vai sozinho, em seu próprio automóvel. Antes de entrar em seu carro, Walter, preocupado, desabafa dizendo que não conseguirá se lembrar de tudo aquilo, mas Annie simplesmente responde que ele conseguirá.

Chegando ao seu destino, ao descerem de seus respectivos carros, eles continuam a conversa, como se não tivesse ocorrido nenhuma interrupção desde o momento em que cada um entrou em seu automóvel. Antes de entrar, o homem pergunta: "Será que sou o que eles têm em mente?". Ela responde que eles irão amá-lo e lhe da um beijinho no rosto. Eles caminham em direção à porta e há o corte para Annie de pé segurando uma taça de vinho, ao lado de seu pai, sentado à mesa de jantar, a olhá-la com expectativa, enquanto alguém pede atenção dizendo que ela tem um anúncio a fazer: "Walter e eu estamos noivos!". Ela solta um gritinho empolgado e abraça seu pai, que recebe a notícia alegremente. Todos à mesa aplaudem a notícia e cumprimentam o casal. Walter começa então a espirrar descontroladamente. Annie sugere que podem ser as flores, alguns se apressam em tirá-las da mesa, mas ele, entre espirros, insiste para que não as tirem de lá. Constrangido, exclama: "Que hora para espirrar! É um momento muito importante!". Annie, bem-humorada, explica que ele "é alérgico a tudo" e todos na mesa entram numa conversa sobre alergias, com outro homem à mesa, aparentemente companheiro de uma tia de Annie, dizendo ser alérgico a abelhas. Walter comenta várias de suas alergias, sendo o assunto intercalado a questões como a data do casamento e o *buffet*.

Alguém sugere que se abra uma garrafa de champanhe para comemorar a notícia. Annie pergunta a Walter se ele está bem e ele responde gaguejando: "Eu me considero o homem mais sortudo da face da terra". Todos à mesa mostram estranhamento, com sorrisos de embaraço, indicando não entender o que parece ser uma piada. Annie, rindo, explica: "A fala de Lou Gehrig em *Pride of the Yankees*!". A imitação, aparentemente, tinha a intenção de reproduzir o efeito de eco do discurso de Lou Gehrig, que fala aos microfones para uma multidão dentro de um estádio de beisebol. Trata-se de um discurso famoso, considerado comovente, em que um ídolo do esporte está encerrando sua carreira perante milhares de fãs devido a uma rara doença degenerativa.[8] Contudo, da maneira que Walter tenta imitá-lo, ninguém o reconhece, ficando apenas ridículo, sem conseguir transmitir qualquer referência à grandiosidade e à comoção associadas àquele discurso. Depois que Annie explica, seu pai reconhece a referência e os demais ficam mais à vontade, enquanto se ouve alguém dizer para a pessoa ao lado: "É um filme sobre beisebol".

Embora Annie se refira a um filme, o jogador em questão existiu e proferiu essa fala em seu discurso de despedida do beisebol, em 1939. Mais do que a fala de uma personagem em um filme, trata-se de um acontecimento

---

8   Esclerose lateral amiotrófica: "doença neurodegenerativa que causa atrofia muscular e paralisia[...] Frequentemente chamada de doença de Lou Gehrig, em memória do famoso jogador de beisebol que morreu em decorrência dela" (*Encyclopedia Britannica*. Disponível em: <www.britannica.com>, Acesso em: 15 set. 2010

registrado pela imprensa em áudio e vídeo e que depois fora reproduzido no cinema, sendo que o filme citado por Annie fora gravado e lançado em 1942, um ano após a morte do jogador. É interessante como a referência que ela compartilha não seja do discurso do jogador de beisebol, mas da fala que faz parte do filme no qual ele fora reproduzido. Já de saída, nessa cena banal, o filme sinaliza algo que se tornará recorrente em seu enredo: a ênfase ao recurso a referências cinematográficas nas interações entre as personagens, sendo, neste primeiro caso, a partir da (re)construção da despedida de Lou Gehrig. Isso expressa o que Menezes já apontara como "um processo de inversão da referência entre coisa e imagem, que irá se acentuar de maneira radical até este fim de século".[9] E o que fica no registro que o filme faz com essa citação é como se transformasse o jogador em questão em personagem cinematográfica. Aos espectadores que desconhecem sua história, da forma como o filme se refere a ele, não faz diferença se o jogador existiu ou não; sua reconstrução cinematográfica se sobressai. E se o filme já de início expressa isso para tratar de uma figura histórica, tem-se intensificada a impressão de que semelhante operação é feita nas demais referências cinematográficas que nele se seguem, sugerindo uma ênfase particular em apresentar o cinema como referência primeira para diversos assuntos da vida das personagens.

Voltando à cena do ataque alérgico de Walter no momento do anúncio de seu noivado, esta gafe, com a citação do filme que ninguém entendeu, associada a toda insegurança que ele já demonstrara memorizando informações e preocupando-se com as expectativas dos familiares de Annie, colaboram para uma construção desfavorável da personagem. Em poucas cenas, vê-se um homem inseguro, de saúde frágil e, por sua imitação que ninguém entendeu, abobado. Não se vê em Annie nenhum incômodo em relação a isso até o momento, mas a construção do personagem para os espectadores não exalta qualidades, não o coloca como uma imagem de "companheiro ideal", mas sim como um homem limitado, sem graça, possivelmente até medroso, o que se percebe com seu receio quando o pai da noiva sugere um prato com salmão, que considera importantíssimo em um *buffet* de casamento. Walter primeiro diz não ser alérgico a salmão, mas logo pondera: "Eu acho que não, mas nunca se sabe...". Logo adiante, o pai da noiva sugere algo com morangos e Walter informa: "Receio que eu seja alérgico a morangos". Tudo isso,

---
9 MENEZES, Paulo. *À meia-luz: cinema e sexualidade nos anos 1970*. São Paulo: Ed. 34, p. 39.

já de início, constrói uma figura decepcionante e insegura. Em momento algum ele é mostrado como apaixonante ou interessante, sendo isso reiterado com Annie mostrando uma dificuldade crescente em lembrar e verbalizar algo empolgante sobre seu noivo.

Os pensamentos negativos de Annie em relação a seu noivado começam a ser construídos quando ela e sua mãe conversam no sótão e Annie experimenta o vestido de noiva que fora de sua avó. A mãe pergunta como se conheceram e Annie conta que foi "meio bobo", que Walter é sócio do jornal onde ela trabalha e um dia eles pediram sanduíches do mesmo lugar e seus sanduíches eram quase iguais, a não ser pelo pão, de maneira que houve uma troca na hora da entrega e a partir disso que eles começaram a conversar. Annie ressalta ironicamente o aspecto contingencial: "Fazemos um monte de decisões inúteis e um dia, o pedido que você faz muda sua vida". Sua mãe insiste que foi obra do destino e que os sanduíches parecidos eram um sinal, mas Annie nega essa hipótese, dizendo: "O destino é uma invenção nossa, pois não conseguimos aceitar que tudo é acidental". Enquanto ajuda Annie com o vestido, sua mãe conta sobre como conheceu seu esposo e diz que quando ele tocou sua mão pela primeira vez, ela "soube". Annie não compreende:

> — O quê?
> — Você sabe.
> — O quê?!
> — Mágica. Foi mágico.
> — Mágico?!
> — Eu soube que ficaríamos juntos para sempre e seria maravilhoso. Assim como você se sente em relação a Walter.

Annie sorri um pouco constrangida, dando a entender que não experimentara com Walter a sensação que sua mãe descrevera. Sua mãe ainda comenta que acha o nome Walter um tanto formal e continua contando que sabia desde o início que a relação com o pai de Annie na cama seria ótima, mas que levaram alguns anos até que tudo "funcionasse como um relógio". Annie interrompe, dizendo que eles já tiveram relações, e quando sua mãe pergunta como estavam nesse departamento, ela responde, com certo embaraço, devolvendo as palavras da mãe: "como um relógio". Embora a expressão da mãe, pela maneira como fala, sugira que o "funcionar como um relógio" seja algo positivo, remetendo à sincronicidade entre os parceiros, a ideia de funcionar como um relógio, da maneira que o filme constrói o relacionamento de Annie, parece remeter bem mais ao tédio e à monotonia, o que vai se tornando mais evidente na medida em que o filme mostra o crescente desinteresse de Annie por Walter.

Já vestida, Annie contempla sua imagem no espelho junto da mãe. Elas então se abraçam e uma costura no ombro se rasga. Desolada, Annie diz que aquilo é um sinal e sua mãe lhe responde gentilmente: "Mas você não acredita em sinais". O diálogo, pelo que se vê nas expressões de Annie, é suficiente para enchê-la de dúvidas em relação a seu casamento. Embora no início ela se mostre cética em relação a ideias como "destino", seu incômodo é visível ao perceber que não experimentou a sensação de magia que sua mãe falou. E quando perguntada sobre o sexo, sua resposta não sugere paixão ou grande satisfação, parecendo ser apenas para agradar e encerrar logo o assunto, usando as mesmas palavras de sua mãe. É irônico que ela veja no rasgo do vestido um sinal; o que já deixa explícito no início que a interpretação dos fenômenos como sinais ou meras coincidências varia conforme uma predisposição emocional e contingencial. A expressão será usada em outras partes do filme, sendo mais ou menos levada a sério conforme o humor das personagens. Percebe-se que qualquer coisa pode ser um sinal e, a partir do momento em que Annie demonstra dúvidas sobre seu casamento, ela, que não acredita em sinais, já interpreta o rasgar do vestido como sinal desfavorável.

A predisposição emocional ao encontro de "sinais" evidencia uma projeção de expectativas que carecem de uma confirmação simbólica que se manifeste "espontaneamente" em fenômenos externos. A tentativa de interpretar esses fenômenos a princípio sem significado, conforme as sensações ou anseios no momento em que são percebidos, expõe seu potencial peso nas decisões dos envolvidos na relação, adquirindo mais relevância do que as atitudes das personagens em si, como se o amor dependesse menos das ações dos amantes e mais de sua capacidade de decifrar supostos sinais truncados dados pelo destino. Nisso, interpretar um conjunto de eventos, sentimentos e sensações e chamá-lo ou não de amor define não apenas olhares sobre o presente e as experiências passadas, mas, principalmente, as expectativas sobre o que se seguirá:

> Quando classificamos, nossas expectativas se defrontam necessariamente com o passado e com o futuro. Expectativas têm a ver com relações de consequência entre nós mesmos e o objeto. Todavia, as expectativas repousam também sobre lembranças de experiências passadas com objetos semelhantes – no nosso entender ao que está agora à nossa frente.[10]

Embora demonstre no início não compartilhar das crenças românticas de sua mãe, Annie deixa-se tomar pelo incômodo gerado pela ausência da sensação de magia em seu relacionamento. E essa ausência, alinhada a uma série de eventos fortuitos, criará a condição necessária e suficiente para que ela se apaixone por um homem que ela ouvira no rádio apenas uma vez.

Afetada pela conversa, ao sair da casa de seus pais com Walter, Annie lhe pergunta se ele tinha algum apelido, a que ele responde negativamente. Quando estão para entrar nos carros, ela diz que esqueceu o presente da madrasta de Walter dentro de casa e que irá buscá-lo. Walter oferece-se para esperá-la, mas ela o convence a ir à frente. Há um corte para ela dirigindo sozinha, ouvindo uma música natalina no carro e cantarolando alegremente. Ao som de "Jingle Bells", ela muda de estação, ainda cantarolando. Ouve-se então o início do programa "Você e suas emoções", com a doutora Marcia Fieldstone de Chicago, anunciando que o tema daquela noite é sonhos e desejos: "Qual é o seu desejo nesta noite de Natal?", pergunta. Annie, como se conversasse com a doutora, responde: "Qual é o *seu* desejo? O meu é mudar de estação". Ela o faz, mas não achando nada interessante, retorna àquela emissora, bem na hora em que Jonah, filho de Sam, é atendido pela apresentadora. A criança, que fala de Seattle, conta que seu desejo na verdade não é para si, mas para seu pai, que ele encontre uma nova esposa, uma vez que sua mãe morreu e o pai sente muita falta dela. A conversa chama atenção de Annie, que começa a ouvi-la com interesse, às vezes tecendo comentários como se interagisse com o garoto ou com a apresentadora.

Assim como em *Uma Linda Mulher* há uma personagem no início que pergunta às pessoas qual o sonho delas, algo semelhante ocorre em *Sintonia de Amor*, embora se referindo a um desejo (*wish*) num sentido encantado que, no contexto apresentado, pode ser entendido como referência aos

---

10 STRAUSS, Anselm. *Espelhos e máscaras*. São Paulo: Edusp, 1999, p. 41.

pedidos que crianças fazem em cartas para Papai Noel. A palavra nesse sentido é comumente utilizada para pedidos que impliquem alguma magia ou superstição, como fazer um desejo para uma estrela cadente ou os três desejos que o gênio da lâmpada mágica concede a Aladim. Isso sugere o querer de algo percebido como de difícil realização, a depender de forças mágicas ou, ao menos, da ajuda delas. Juntamente com as referências da mãe de Annie ao destino e à magia do momento em que conheceu seu marido, o filme direciona o tema do amor para um universo considerado distinto do que seria a vida cotidiana das personagens e suas possibilidades, lançando, tanto para personagens quanto para espectadores, o questionamento sobre seus sonhos e desejos.

A apresentadora convence Jonah a colocar seu pai na linha e Sam pega o telefone sem entender o que está acontecendo. A psiquiatra lhe conta que seu filho está muito preocupado com ele e insiste que conversem um pouco. O garoto pede, com olhar suplicante, que o pai converse com ela e a médica argumenta que é o desejo de Natal do garoto. Sam acaba cedendo, aparentemente para não contrariar o filho, mas dando respostas a princípio curtas e evasivas, numa postura defensiva. A apresentadora lhe pergunta se ele tem dormido bem e o garoto, que acompanha a conversa por outra linha de telefone, adianta-se ao pai e responde que não. Então Sam fala, com ar pesaroso, que é Natal e que sua esposa adorava celebrar a data, e por isso, aquela é uma época muito difícil. Sam, que estava de pé, nesse momento senta-se num banco e coloca o telefone no chão antes de começar a falar sobre a esposa.

Enquanto Sam fala de seus sentimentos, Annie o ouve com condolência e comoção. A apresentadora anuncia os comerciais e pede que Sam e Jonah não desliguem o telefone, pois voltará a falar com eles. Então ela diz: "Estamos falando com o Insone em Seattle", apelido que serve de título para o filme. Possivelmente, a tradução literal desse título para o português não seria muito chamativa para o público brasileiro. A opção pelo título *Sintonia de Amor* é claramente apelativa para um público de filmes românticos que já teria seu interesse despertado simplesmente pela presença da palavra amor. Percebe-se que tal estratégia é usada frequentemente nas versões brasileiras de títulos de filmes, como em: *O Amor Não Tira Férias* (*The Holiday*, Nancy Meyers, 2006), *Jogo de Amor em Las Vegas* (*What Happens in Vegas*, Tom Vaughan, 2008), *9 Semanas e Meia de Amor* (*9 ½ Weeks*, Adrian

Lyne, 1986), entre outros. O uso da palavra amor na tradução desses títulos mostra uma tentativa de direcionamento do produto para um nicho de mercado que, mais do que consumidor de filmes, seria consumidor de histórias de amor, muitas vezes escolhendo o filme não pelo seu diretor, pelos atores, ou por influência de leitura de críticas ou reportagens em periódicos, mas orientando-se quase que apenas pela presença daquela "palavrinha mágica". Quanto ao uso da palavra "sintonia", parece uma tentativa de remeter à ideia da sintonia da estação de rádio, meio por qual Annie toma conhecimento de Sam e acaba se apaixonando, embora isso, por si só, não seja suficiente para afirmar que uma "sintonia de amor" necessariamente ocorra ou seja explorada como tema no filme.

Durante o intervalo, Annie para em um café, onde as funcionárias falam do programa que ela estava ouvindo, mostrando interesse por Sam. Além delas, percebe-se o interesse que Sam desperta por uma ouvinte que liga para a rádio pedindo seu endereço. Logo em seguida, vê-se Sam sentado no mesmo lugar, acariciando seu filho que dorme com a cabeça apoiada em seu colo. Complementando a apresentação de Sam até o momento, que o revela como tendo sido um esposo devotado e apaixonado, essa construção, além de transmitir de imediato a imagem de Sam como pai carinhoso, seguindo-se às demonstrações de interesse das demais ouvintes, compõe fortemente a figura de alguém que atrai não apenas por sua sensibilidade, mas por seu caráter idealizado de homem de família que, nesse momento, não remete apenas ao provedor de sustento material, mas também de suporte afetivo. O filme evidencia e reitera a construção de Sam como um pai sensível e afetuoso, diferentemente de um estereótipo comumente atribuído ao sexo masculino de frieza e inexpressividade de emoções, o que é acentuado no final, quando ele busca Jonah no topo do edifício Empire State: eles se abraçam fortemente, Sam o beija e, com voz chorosa, mais do que repreender o garoto, expressa seu medo de perdê-lo ou de ser um mau pai, dizendo que o garoto é sua família, é tudo que ele tem e perguntando, desesperado, se fez alguma besteira e estragou tudo.

De acordo comStephanie Shields, esse estereótipo do homem inexpressivo que, idealmente, deveria refrear a expressão de suas emoções como forma de reafirmar sua identidade masculina, parece vir sendo revisado e rediscutido, especialmente desde os anos 1980. Em seu estudo sobre as relações entre gênero e emoções, a autora observa a diferenciação entre formas masculinizadas e feminilizadas de expressão das emoções, a socialização diferenciada dessas expressões e como elas são significadas e interpretadas não apenas conforme o gênero de quem as manifesta, mas também conforme contextos sociais e históricos. Nesse sentido, ela aponta:

> Embora comentários sobre o problema da inexpressividade masculina ainda apareçam ocasionalmente, eles contêm mais frequentemente a mensagem de que o caminho à frente é através da conquista de uma variedade de expressividade exclusivamente masculina. Um interessante desdobramento desde meados dos anos 1980 é que, à convenção da inexpressividade masculina, tem-se juntado frequentemente o seu inverso: a celebração da emoção masculina (embora raramente identificada explicitamente como emoção). Um tema, em grande parte, mais presente na mídia popular e na literatura de saúde mental do que na pesquisa acadêmica sobre homens e masculinidade, essa visão emergente da emoção masculinizada foca em representações de um *modo de cuidado emocional masculino*,[11*] especialmente na forma de pais zelosos.[12**][13]

O contexto de produção e exibição do filme é bem próximo ao período mencionado pela autora, e essa valorização do homem sensível que executa também o papel de pai afetuoso pode ser relacionada com um período imediatamente posterior a um forte movimento de liberalização feminina que emergiu no final dos anos 1960 e teve grande tônica durante a década de 1970. O aumento de divórcios a partir desse período e conquistas de condições de maior igualdade entre homens e mulheres, tanto no mercado de trabalho quanto no matrimônio, colaboraram para que se tornassem mais frequentes situações em que homens deveriam exercer um papel mais presente na educação e criação dos filhos. Segundo a autora, a problematização das emoções masculinas é fenômeno relativamente recente no meio acadêmico e mesmo na literatura médica, sendo que não houve um aumento

---

11 *Male emotional nurturance.*
12 **Caregiving.*
13 SHIELDS, Stephanie A. *Speaking from the heart: gender and the social meaning of emotion.* Cambridge, University Press, 2002, p. 124-5.

simplesmente da valorização da expressão de emoções e carinho pelos homens, mas de formas próprias de externalizá-las que são diversas das consideradas femininas.

Não raramente, até hoje, os homens são mostrados como tendo dificuldades nessa dimensão, com a diferença de que, pelo visto, apenas recentemente a capacidade de expressão de determinadas emoções é abertamente difundida como desejável, o que é o caso da construção de Sam. Tanto que a repercussão do depoimento de Sam é muito positiva, o que se vê pelo volume de cartas que ele recebe de várias ouvintes ou mesmo como expressa a proprietária de uma casa em obras onde Sam está trabalhando: "É tão bonito ver um homem expressando seus sentimentos!". Essa construção de Sam é diferencial, pois em momento algum ele é ressaltado como um homem sedutor e charmoso, num estilo "Cary Grant", que o filme chega a utilizar como referência. O que parece tornar Sam mais atraente é sua disposição contingente para o papel de pai de família: um homem que, pelo que se entende, já possui certa maturidade e estabilidade financeira e se mostra mais preocupado em criar seu filho na ausência da esposa do que em se aventurar à procura de um novo amor. Percebe-se isso já no início de sua conversa com a doutora, em que ele afirma: "Crianças precisam de uma mãe". Sam acaba servindo de modelo idealizado de segurança enquanto pai atencioso e homem de família tradicional num contexto em que é patente que tal segurança é cada vez menos percebida na família e no casamento.

Perguntado pela doutora Fieldstone se acredita que poderá encontrar um novo amor, Sam diz achar difícil. Ela lhe pergunta então o que ele fará e sua resposta é a seguinte:

> Bem, vou me levantar da cama toda manhã, respirar o dia inteiro. E depois de um tempo, eu não precisarei lembrar a mim mesmo de levantar toda manhã e respirar. E depois de um tempo eu não precisarei pensar no quanto a minha vida era perfeita.

Ao fim dessa frase, há um *close* no rosto choroso de Annie, comovida com aquele depoimento. A pedido da doutora, Sam conta o que sua esposa tinha de tão especial, que eram milhões de coisas pequenas que juntas, significavam que eles deveriam ficar juntos. Sua narrativa então se assemelha muito àquela da mãe de Annie sobre como conheceu seu marido, dizendo que, na primeira vez em que segurou sua mão para ajudá-la a descer do carro, ela soube que eles deveriam ficar juntos. "Foi algo como... mágica" – diz Sam, enquanto Annie, no carro, comovida, completa sua frase como se já soubesse o final.

Pelo que se nota ao longo do filme, Annie quer encontrar Sam, sobretudo, para sanar suas dúvidas e inquietações pessoais, despertadas pelos comentários de sua mãe e pela comoção que sentira ao ouvi-lo no rádio. É curioso que o que motive as ações dessa personagem em direção ao encontro do seu amor seja muito mais uma suspeita do próprio relacionamento e projeto de vida do que uma convicção de estar em busca do verdadeiro amor, expressando uma insegurança profunda que ela não manifestava dentro de uma vida completamente planejada. É interessante também que sua dúvida seja estimulada por uma série de acontecimentos fortuitos e, a princípio, sem importância, como a simples referência à magia que sua mãe faz e que é, coincidentemente, repetida por Sam ao falar de sua esposa. Toda sua dúvida começa quando ela se dá conta da ausência desse sentimento inexplicável de magia em seu relacionamento, o que o coloca em xeque quando é sugerida a premissa de que o verdadeiro amor deve possuir esse caráter mágico.

Ao som de uma versão melancólica da música "Somewhere over the rainbow", há uma tomada externa da casa de Sam à beira d'água, enquanto um barco enfeitado com luzes natalinas passa ao lado dela. Nesse momento, a música fala: "Em algum lugar, além do arco-íris, azulões voam, além do arco-íris. Então por que eu não?". Letra e melodia têm aqui um papel dramático que contrapõe a imagem festiva do barco enfeitado com a solidão sentida por Sam. O trecho da canção sugere fortemente um desejo – no momento irrealizável – de uma sensação de alegria, especialmente naquele momento a princípio festivo, sendo que a imagem distante da casa no escuro e em plano aberto enquanto o barco passa intensifica a sensação de isolamento. Além disso, há a referência a outro clássico hollywoodiano, *O Mágico de Oz* (*The Wizard of Oz*, Victor Flemming. 1939), sendo que, naquele filme, o lugar além do arco-íris remete à possibilidade de retorno de Dorothy para seu lar, que só poderia ser concedida pela força mágica do feiticeiro do título.

Em sua entrevista com a doutora Fieldstone, Sam descreve uma sensação de "voltar para casa" que experimentara com sua esposa logo quando a conhecera. Há uma aproximação aqui entre o desejo de Dorothy e o de Sam com o emprego dessa música: um desejo de volta àquela sensação de conforto e tranquilidade de um lar – ou uma vida – que ficara para trás e que só poderia ser retomada por via de forças mágicas. De maneira que a ausência da esposa é ainda mais significativa como a ausência do aconchego que só se experimenta no próprio lar, sendo este simbolizado pela companhia feminina com a qual ele se acredita à vontade, por quem se sente acolhido, mais do que uma referência ao local onde morava.

Chegando a seu trabalho no jornal, Annie entra numa sala onde há uma reunião para definir pautas da próxima edição. Há dois homens sentados à mesa, juntamente com uma mulher de cabelos pretos curtos, bochechas rosadas, pele clara e ligeiramente obesa, que será a confidente de Annie, Becky. Quando Annie entra, essa mulher lê que linhas telefônicas ficaram congestionadas por duas horas em Chicago na noite de Natal, quando uma criança ligou para um programa de rádio dizendo que seu pai precisava de uma nova esposa. Segundo ela, duas mil mulheres ligaram para a estação pedindo o telefone dele. Annie conta que ouviu esse programa e começou a chorar. Então ela emenda um comentário interessante, dizendo que foi como acontece quando vê certos comerciais na televisão. As duas mulheres começam então a conversar sobre alguns comerciais que as comovem, citando um de geladeira e outro em que não se explicita o produto, em que há dois meninos com o avô e um álbum de fotografias.

As personagens na reunião discutem o acontecimento de tantas mulheres ligarem para a rádio e os homens na sala interpretam isso como sinal de que há muitas mulheres desesperadas, especialmente as mais velhas, sendo que um deles afirma: "Sabia que é mais fácil ser morto por terroristas do que se casar depois dos 40?". Annie confronta essa estatística, dizendo que ela não é verdadeira e sua colega a apoia, mas com a ressalva de que "parece[14] ser verdadeira". Esse é o primeiro momento em que é mostrada uma polarização entre feminino e masculino, que depois será reiterada no sentido de construir os homens com dificuldades em compreender e expressar emoções, enquanto as mulheres são apresentadas com uma valorização exagerada de sentimentos e projeções românticas que acabam servindo, implicitamente, como justificativa para atos considerados desesperados,

---

14 Ela utiliza a expressão "feels true", algo que sugere que aquilo é sentido como se fosse verdade. Tal carga expressiva se perde na tradução para o português pelo verbo "parecer", que é o correspondente mais próximo, mas sem essa especificidade do sentir.

como ligar para uma estação de rádio pedindo o telefone de um ouvinte ou, como Annie faz, investigar a vida desse ouvinte e ir atrás dele.

Aqui se constrói, de maneira caricata, um estereótipo de gênero que será reiterado no filme, sugerindo uma sensibilidade feminina com facilidade para a comoção. Mais do que isso, os comerciais que as duas relembram – um de eletrodoméstico e outro que sugere uma cena de afeto entre familiares – também remetem a estereótipos de gênero, deixando implícita uma visão conservadora de mulheres como figuras ligadas mais profundamente não apenas às emoções, mas também ao lar e à família. A essa construção, soma-se a diferenciação das posturas em relação ao amor, notável principalmente nas cenas com referências a *Tarde Demais Para Esquecer*. Conforme Giddens, referindo-se especificamente ao final do século XVIII:

> com a divisão das esferas de ação [lar e local de trabalho], a promoção do amor tornou-se predominantemente tarefa das mulheres. As ideias sobre o amor romântico estavam claramente associadas à subordinação da mulher ao lar e ao seu relativo isolamento do mundo exterior.[15]

Embora Giddens aponte a proeminência de relações puras e tendências a uma democratização da intimidade no contexto dos anos 1990, que aproximaria homens e mulheres em matéria de comportamentos e valores orientadores da vida afetiva, o discurso construído neste filme vai em sentido oposto. O que se vê é uma construção do feminino a partir de estereótipos de gênero que remetem a esse amor romântico burguês do final do século XVIII, como que deixando implícita certa idealização romântica dessa divisão de tarefas e forma de arranjo familiar. Desse modo, a despeito das dúvidas que o próprio filme levanta em relação ao casamento – mais patentes no caso de Annie –, ele não sugere formas alternativas de arranjo afetivo, mas reitera o resgate de um modelo de família como crença. Não está em jogo a instituição do casamento em si, mas é reiterada a ideia de que se deve casar com a pessoa certa, sendo que essa certeza, já que não é mais creditada à instituição em si, é deslocada para o plano místico, através da magia narrada pela mãe de Annie ou por Sam. O problema dos casamentos então

---

15 GIDDENS, Anthony. *A transformação da intimidade*. São Paulo: Editora Unesp, 1992, p. 54.

é apresentado, primordialmente, como um problema de escolhas erradas, cujo erro reside no pragmatismo e na insistência de um planejamento organizado da vida afetiva – como no caso de Annie e Walter –, reforçando a crença no amor como algo que se opõe à razão.

Após a reunião, Annie e Becky conversam, sendo que esta, tendo notado algo de estranho no comportamento da amiga, pergunta o que está acontecendo. Em um restaurante, Annie fala com interesse do insone em Seattle e sua interlocutora lista uma série de possibilidades negativas sobre esse homem, que poderia ser um viciado, um pervertido, um assassino ou: "alguém muito doente, como o meu Rick". Annie, então, responde que o insone de Seattle tinha uma voz simpática e logo sua amiga diz em tom malicioso que está entendendo o que está acontecendo: Annie, embora não admita, ficou realmente interessada por aquele homem.

A amiga de Annie é construída predominantemente na chave de um contraponto a ela, seja fisicamente – Annie é loira e magra, enquanto Becky é morena e está visivelmente acima do peso considerado "ideal" nos padrões estéticos norte-americanos dos anos 1990 – seja emocionalmente ou em suas perspectivas sobre relacionamentos e pessoas. Enquanto Annie tem um ar alegre, sonhador e ingênuo, sua amiga tem uma expressão mais carregada, que sugere tédio e amargura. De início, ela já aponta as piores possibilidades em relação ao insone em Seattle e cita seu companheiro Rick como exemplo. Percebe-se que é uma mulher com problemas com relacionamentos, especialmente quando ela diz na reunião de pauta, com ar de preocupação, que a estatística sobre casamentos depois dos quarenta parece real. Becky pode ser percebida como uma mulher desiludida amorosamente, conformada com seu companheiro. Isso é mais evidente quando as duas assistem a *Tarde Demais Para Esquecer*. Além de sua expressão lacônica vendo o filme, enquanto Annie tenta escrever uma carta para Sam e fala de magia e destino, Becky fala que "o destino pode ser sua ruína" e toma a si própria como exemplo, contando como se divorciou e daí conheceu seu companheiro atual. Ela conta que se divorciou por causa de uma árvore morta; na verdade, por causa do jardineiro que fora resolver o problema da árvore. Annie lhe pergunta ingenuamente se ela se apaixonou[16] pelo jardineiro e Becky responde: "Eu não disse amor. Eu disse amor?"

---

16 Felt in love.

A princípio, há uma diferenciação entre a protagonista romântica e o que pode ser considerada uma personagem mais "realista", de maneira a reforçar as características da heroína, sobretudo no que diz respeito à sua crença em um amor no mínimo improvável. No entanto, como se vê também em *Uma Linda Mulher*, a amiga da protagonista, a princípio descrente, partilha de desejos e sonhos de sua colega, com a diferença de percebê-los como algo claramente distante de sua própria realidade, construída de maneira negativa, a ser aceita com resignação. Possivelmente, o que motiva Becky a apoiar Annie em sua busca por Sam e incentivá-la é a projeção de uma satisfação da amiga que considera impossível para si, mas, ainda assim, é vista como ideal. Becky também chora assistindo a *Tarde Demais Para Esquecer*, indicando que partilha das idealizações de Annie, mas, aparentemente, falta-lhe esse ar ingênuo, sonhador, que acredita que os ideais possam e devam ser concretizados. A oportunidade que ela vê para Annie é única e só existe para alguém que não tenha vivenciado uma completa desilusão com esses ideais.

Annie repele o comentário maldoso de sua amiga dizendo-se apaixonada por Walter e começa a contar que outro dia ele fez uma loucura, mas ela é incapaz de se lembrar do que ele teria feito. Algo bem semelhante ocorre no momento em que as duas assistem ao filme. Da maneira que Walter é apresentado, é difícil acreditar que ele realmente faça algo inusitado e excitante a ponto de ser memorável. Annie desejaria que fosse, mas nem ela, que se diz apaixonada por ele, consegue se lembrar. Não bastasse essa incapacidade latente que o filme constrói de Walter podendo fazer algo surpreendente, Annie ainda expressa isso em palavras quando Walter lhe presenteia com a aliança que fora de sua mãe. Annie se mostra impressionada, elogia a joia e diz: "É tão lindo! É exatamente a que eu escolheria entre todas as alianças do mundo. Entende o que eu digo? Há gente que quer uma relação cheia de surpresas, mas não sou assim, de jeito nenhum. Valorizam demais as surpresas". Sua fala nesse momento soa mais como uma mentira para si mesma, o que parece reiterado por seu gesto; enquanto fala, vira-se de costas para o presente que acabara de receber e o deixa para trás no balcão, onde Walter o pega para depois segui-la.

Após a cena de Annie e Becky no restaurante, há um corte para uma festa de Ano Novo, na qual Annie e Walter dançam juntos e conversam. Walter precisará fazer algumas viagens de negócios e sugere que ele e Annie se encontrem no Dia dos Namorados em Nova York. Annie mostra-se empolgada com a ideia, os dois falam de vários programas divertidos que poderiam fazer lá e Walter menciona "fazer a lista [de presentes de casamento]". A expressão facial de Annie indica que ela não gosta da ideia e quando Walter pergunta o que ela acha, ela se esquiva, falando de outros programas, como jantar um prato oriental tradicional em Chinatown, o que ele pondera, perguntando se o prato teria trigo, certamente pensando em suas alergias. O olhar de Annie está distante e triste, enquanto Walter, sem perceber nada, dança desajeitadamente e cantarola.

Logo a seguir, a questão da distância é abertamente problematizada no filme depois que Jonah recebe um grande volume de cartas endereçadas ao Insone em Seattle e se empolga em lê-las, enquanto seu pai mostra desaprovação. O garoto então lê uma carta de uma ouvinte de Tulsa e pergunta a seu pai onde é. Ele responde que é em Oklahoma e pergunta ao garoto se ele sabe onde é aquele estado, dirigindo-se para um mapa do país pendurado na parede, a fim de mostrar a distância como empecilho e dizendo: "Vamos eliminar quem não mora aqui por perto». A distância é usada no argumento não como obstáculo a ser superado, mas como critério objetivo de triagem, funcionando praticamente como um conceito ou ideia, na qual qualquer pessoa que viva fora de suas imediações seja automaticamente desconsiderada para qualquer tentativa de relacionamento. Isso será enfatizado algumas cenas depois, quando Jonah vê a carta de Annie – que fora enviada por Becky sem que ela soubesse – e insiste que seu pai olhe. Ele olha apressadamente e logo desconsidera a hipótese. Na carta é mencionado algo banal sobre um jogador de beisebol que seria o predileto de Annie e, coincidentemente, de Sam. O menino insiste que aquilo é um sinal e seu pai, nervoso, chama-lhe, dizendo que mostrará o que é um sinal aproximando-se do mapa. Ele pede que o garoto indique onde está Seattle e depois onde está Baltimore. Antes que o menino encontre o lugar, seu pai já indica o outro extremo do mapa, pontuando um monte de estados entre eles e dizendo: "Há uns 26 estados entre um e outro. Isso é um sinal!". Nesse sentido, a distância aparece relacionada a uma ideia fixa de inviabilidade de Sam, à qual o mapa serve como complemento visual, atuando, literalmente, como mera ilustração de algo que o filme constrói como um empecilho muito menor na prática do que na imaginação das pessoas e seus conceitos preestabelecidos.

A insistência do garoto para que o pai leia alguma das cartas serve de base para que os dois conversem sobre as dinâmicas de início de um relacionamento entre homem e mulher, o que leva Sam a se questionar se ele ainda sabe como agir nesse sentido. Ele tenta explicar para Jonah que as coisas não funcionam daquela maneira, simplesmente lendo e respondendo cartas de desconhecidas: "Prefiro ver alguma pessoa de quem eu goste; sentir atração por ela, convidar para um drinque". Ele faz algumas considerações sobre o risco de convidar para jantar no primeiro encontro e, depois de sua breve explanação, ele pergunta: "Será que ainda é desse jeito?". O garoto logo responde: "Não. Elas convidam". A preocupação de Sam com sua defasagem em relação às mulheres leva-o a pedir conselhos para um colega de trabalho. Seu amigo comenta – com um ar que sugere reprovação – que as mulheres estão procurando homens com "peito musculoso e bunda bonitinha", que em todo lugar, inclusive em noticiários de TV, as mulheres falam disso abertamente. À medida que ele fala para Sam da situação atual, sua insegurança e sensação de defasagem parecem apenas aumentar. O amigo então sugere uma decoradora com quem aparentemente já trabalharam e recomenda que Sam aja num estilo "Cary Grant", referindo-se ao charme do ator, o que soa um tanto contraditório, quando duas pessoas conversam sobre como as dinâmicas entre homens e mulheres mudaram, mas tomam como referência um ator cujo auge da carreira fora nos anos 1950.

Percebe-se durante o filme que as mídias audiovisuais são citadas diversas vezes como referenciais de comportamento, não só para adultos que se lembram de filmes e atores clássicos, mas também para as novas gerações. Isso é visto quando Jonah pergunta a seu pai se, caso arranjasse uma nova esposa, faria sexo com ela, a que ele responde esperar que sim. O garoto pergunta então se a mulher lhe arranharia as costas quando eles fizessem sexo, argumentando que nos filmes as mulheres fazem isso durante o ato, algo de que ele sabe porque um colega tem televisão a cabo. Essa construção de Jonah e seu referencial a respeito da prática sexual, bem como a surpresa de Sam pela maneira como ele aborda o tema, é coerente com a observação de Lahire, já nos anos 2000, de que "adolescentes e pós-adolescentes cresceram em um novo estado de oferta cultural (comparado àqueles que viveram sua adolescência nos anos 1960), caracterizado por uma forte presença das mídias audiovisuais".[17] A relação com estados diferenciados de

---

17 LAHIRE, Bernard. *A cultura dos indivíduos*. São Paulo: Artmed, 2006, p. 516

oferta cultural entre pai e filho é sublinhada aqui, sendo particularmente relevante neste caso por se tratar, primeiramente, de algo que se refere a uma experiência considerada extremamente íntima e também imbuída de recalques socialmente compartilhados, dentre os quais se encontra o caráter de interdição do tema para crianças de certa idade, como Jonah.

Convém apontar que a imagem que o garoto menciona com naturalidade e inocência não remete à penetração ou ao sexo explícito, mas, antes, a uma dramatização comum em filmes, em que a nudez das personagens muitas vezes é preservada, mas a intensidade do ato é sugerida por analogia à força com que as mãos femininas são vistas arranhando as costas masculinas. Conforme observam Kimberly Johnson e Bjarne Holmes:

> Filmes e programas de televisão tipicamente se fiam em retratos exagerados e irrealistas de relacionamentos românticos e sexuais para apelar à sua audiência [...] e enquanto espectadores mais velhos e experientes geralmente podem reconhecer isso [...], espectadores mais jovens, com menos experiências próprias para comparar, podem vir a ver essas representações como *normas culturais* e formar a partir delas crenças e expectativas irrealistas sobre relacionamentos.[18]

É importante ressaltar que esse aspecto da socialização sobre as questões da vida afetiva e sexual a partir de filmes não é algo restrito a crianças – como é o caso de Jonah – e adolescentes. Embora esteja clara a questão da falta de conhecimento prático do assunto para que Jonah emita sua impressão do que pensa ser o ato sexual a partir do conhecimento de um signo específico que o cinema comumente usa a esse respeito, as perspectivas e opiniões que os adultos emitem neste filme também se mostram constantemente amparadas por referências cinematográficas. Isso é perceptível nas referências a *Tarde demais para esquecer*, ao charme "estilo Cary Grant" e inclusive no medo que Sam teria de encontrar uma completa desconhecida, referindo-se ao filme *Atração Fatal* (*Fatal Attraction*, Adrian Lyne, 1987) para justificar sua preocupação.

---

18 HOLMES, Bjärne; JOHNSON, Kimberly. "Contradictory messages: a content analysis of Hollywood-produced romantic comedy feature films". *Communication Quarterly*, 57, nº 3, 2009, p. 352-3 (grifo nosso).

A insistência em referências a outros filmes em *Sintonia de Amor* parece sugerir elementos construídos como próprios de um mundo de ficção como referenciais quase obrigatórios para a vida emocional e afetiva, constituindo relações valorativas diferenciadas entre o que é construído como "realidade" e "ilusão" remetendo ao que Marcuse observara ainda nos anos 1960 e que parece intensificar-se nas décadas seguintes:

> A partir da ilusão é que se procura a harmonia com a realidade – mas a realidade ainda não está "dada"; não é a realidade que é o objetivo do "realismo". A realidade tem de ser descoberta e projetada. Os sentidos devem aprender a não ver as coisas segundo a lei, a ordem que as formou; a prática errada que organiza a nossa sensibilidade tem de ser anulada.[19]

Tudo isso confere a *Sintonia de Amor* mais do que um caráter de homenagem a clássicos do cinema, mas reafirma esse papel socializador que a própria indústria cinematográfica estadunidense reconhece e reivindica para si, o que é mais evidenciado no momento em que Annie e Becky assistem a *Tarde Demais Para Esquecer*. Annie suspira e comenta: "Aquela era a época em que as pessoas sabiam amar". Becky critica Annie, chamando-a de louca e dizendo: "Este é o seu problema: você não quer estar apaixonada. Você quer estar apaixonada em um filme". Enquanto isso, Annie datilografa uma carta para Sam e pede opiniões e sugestões para Becky sobre o que escrever. Jocosamente, Becky parafraseia a fala do filme em que o casal marca o encontro no topo do edifício Empire State, sugerindo que Annie escreva que quer se encontrar naquele local, ao pôr do sol, no Dia dos Namorados. Annie segue a sugestão seriamente e por um instante cogita ir encontrar Sam, dizendo que dá para aproveitar que estará em Nova York com Walter, mas logo se dá conta de que isso é absurdo e joga fora a carta. A observação de Becky sobre a maneira como Annie gostaria de estar apaixonada remete a algo que Lasch já apontara:

> Os meios de comunicação de massa, com seu culto de celebridade e sua tentativa de cercá-la de encantamento e excitação, fizeram dos americanos uma nação de

---
19 MARCUSE, Herbert. *Um ensaio para a libertação*. Lisboa: Bertrand, 1977, p. 58.

> fãs, de frequentadores de cinema. A "mídia" dá substância e, por conseguinte, intensifica os sonhos narcisistas de fama e glória, encoraja o homem comum a identificar-se com as estrelas e a odiar o "rebanho", e torna cada vez mais difícil para ele aceitar a banalidade da existência cotidiana.[20]

Essa é precisamente a dificuldade de Annie: aceitar "a banalidade da existência cotidiana", o que no seu caso é simbolizado pelo relacionamento com Walter. Aceitar o casamento pragmaticamente correto para Annie, sem a magia que sua mãe ou Sam apregoam, é aceitar essa banalidade que lhe é inculcada culturalmente como algo inadmissível. Mais do que isso, ao se referir à época do filme como "tempo em que as pessoas sabiam amar", Annie expressa uma nostalgia caracteristicamente romântica de idealização de um passado inacessível:

> Uma das formas pelas quais os sentimentos podem se expressar simbolicamente é a projeção dos próprios ideais num sonho de uma vida melhor, mais livre e mais natural, situada no passado. A luz romântica que caracteriza essa evocação do passado traduz uma nostalgia irrecuperável, um ideal inatingível, um amor irrealizável.[21]

Assim, a forma com que o filme constrói o amor apenas reforça a crença de que seu ideal é, por princípio, inacessível no momento presente, na vida presente, limitando sua experiência a algo fora de si, alheio, a ser apreciado apenas na condição de espectador ou pelo trabalho mental imaginativo em que, mais do que a memória, exercita-se a construção de uma forma de vida situada em um passado no qual não se viveu. E justamente essa condição construída de inacessibilidade, de impossibilidade, que configurará, coerentemente, o encontro do amor como "mágico" no final do filme. Não que ele seja efetivamente mágico, mas seu encontro só pode ser interpretado dessa maneira sob uma perspectiva que, previamente, o estabelece como inconcebível dentro daquele conjunto de crenças e normas culturais sob os quais se constitui o momento presente entendido como "realidade".

---

20 LASCH, Christopher. *A cultura do narcisismo*. Rio de Janeiro: Imago, 1983, p. 43.
21 ELIAS, Norbert. *A sociedade de corte*, op. cit., p. 227.

De tal forma, "o objeto da nostalgia não é tal ou qual passado, mas é muito mais o fato do passado, sua *passeidade*",[22] o que, da maneira específica com que se trata aqui a nostalgia romântica, desloca seu objeto de um passado vivido e ainda presente na condição de memória para um passado imaginado, constituído neste caso a partir de imagens de um filme de determinada época. É sintomático também que seja tomada como principal referência uma produção da década de 1950, período considerado de grande prosperidade nos EUA. Se os anos 1950, de acordo com Annie, eram a época em que as pessoas sabiam amar, é importante que se saiba que tipo de ideais de amor eram difundidos naquela época. Em sua pesquisa sobre mudanças do comportamento emocional no casamento nos Estados Unidos, Francesca Cancian reúne e analisa uma série de revistas e artigos desde 1900 que prestavam aconselhamentos diversos para mulheres sobre a manutenção do casamento. Em relação aos anos 1950, ela observa:

> O ideal dos anos 1950 enfatizava papéis tradicionais de gênero – mulheres eram aconselhadas a ser atenciosas, evitar conflito e lutar pela unidade e companheirismo. Em contraste, o ideal que emergiu em meados dos anos 1960 destacou o desenvolvimento de seu eu real e a construção de um relacionamento espontâneo e cheio de vida.[23]

Dessa maneira, as citações de filmes e atores hollywoodianos da década de 1950, aliadas ao estranhamento e desconforto que Sam demonstra em relação ao comportamento construído como mais liberal e ativo das mulheres, indicam uma crítica a essa forma de comportamento e aos arranjos afetivos que parecem ganhar mais visibilidade nos anos 1990, na forma do que Giddens chama de amores confluentes e da democratização da intimidade que ele sugere. É explícito no filme o desejo de resgatar um ideal de "amante à moda antiga", o que é evidenciado também na trilha sonora, em que predominam canções muito anteriores ao lançamento do filme, algumas delas lançadas antes dos anos 1960, como "As time goes by", "Somewhere over the rainbow" ou "Make someone happy".

---

22 JANKÉLÉVITCH, Vladimir, 1974, p. 357 apud MENEZES, Paulo. *À meia-luz, op. cit.*, p. 95.
23 CANCIAN, Francesca M. & GORDON, Steven L. "Changing emotion norms in marriage". *Gender & Society*, vol. 2, nº 3, set. 1988, p. 318.

Passadas as festividades de Natal e Ano Novo, a primeira cena de Annie com Walter em uma situação mais íntima – e, pelo visto, cotidiana – é marcada pela ironia constituída no emprego da trilha sonora como contraponto às imagens: enquanto a canção, em tom alegre, diz: "Mais uma noiva, mais um noivo, mais uma lua de mel ensolarada, mais uma estação, mais uma razão para amar"[24], vê-se Walter e Annie sentados na cama, ele de pijama, ela com uma longa camisola, cada um de um lado, de costas para o outro, preparando-se para dormir. No criado mudo ao lado de Walter, há vários frascos de remédios, enquanto ele manuseia o que parece ser um aparelho umidificador de ar e Annie o ajuda, passando-lhe uma garrafa de água, alguns lenços de papel e um frasco que parece ser de descongestionante nasal. Os gestos sincronizados do casal lembram a expressão que a mãe de Annie usou ao perguntar sobre a relação dos dois na cama, funcionando "como um relógio", mas de maneira completamente diversa do sentido que havia sido atribuído naquele momento. Pelo visto, a relação na cama entre Walter e Annie funciona mesmo como um relógio, enquanto algo mecânico, tedioso e previsível. A música continua e há um *close-up* em Annie deitada no escuro e olhando para Walter, que dorme com um lenço saindo de sua gola, perto de seu nariz, movimentando-se conforme sua respiração. Trata-se de uma construção consideravelmente ridicularizante de Walter no filme, reforçada pelo contraponto da música e pelo olhar de Annie, que explicita grande descontentamento.

Desta vez é Annie que fica insone, sendo que a letra da música que se segue, ao falar de alguém que não dorme pensando em um rapaz, deixa evidente que Sam não lhe sai da cabeça, o que a levará a procurar seu irmão na cena seguinte para perguntar-lhe sobre seu casamento. Ela entra na sala dele agitada e diz: "Acho que estou ficando louca, Dennis. Você é feliz no casamento?". Ele parece não entender e ela pergunta por que ele se casou, se era tudo "trombetas e fogos de artifício" no começo. Ele responde, quase inexpressivamente, que se casou porque sua companheira um dia lhe pressionou dizendo que ou eles casavam ou terminavam. Agitada, Annie pergunta se quando conheceu sua esposa ele achou que ela era a pessoa certa, se "de alguma maneira cósmica, mística, foi o destino". Com a mesma inexpressividade, ele responde: "Quando você está atraída por alguém significa

---

24 *"Another bride, another groom, another sunny honeymoon, another season and that's the reason for makin whoopee"* (Makin Whoopee, Dr. John e Rickie Lee Jones).

apenas que seu subconsciente está atraído pelo subconsciente da pessoa, subconscientemente. Então, o que pensamos como destino são apenas duas neuroses que se encaixam perfeitamente".

Annie começa a falar que tem tido fantasias sobre um homem que sequer conhece que mora em Seattle. Seu irmão, ao invés de esboçar qualquer comentário sobre a confissão emocional de sua irmã, fala com estranhamento sobre o clima de Seattle, onde, segundo ele, chove nove meses por ano. Ela concorda, diz que não iria querer se mudar para Seattle, mas continua falando de sua insegurança, que teme ficar imaginando o que teria acontecido se ela tivesse agido. Seu irmão, visivelmente confuso, abre a boca para falar algo, mas ela já se prepara para sair, explicando-se: "É só receio![25] Todo mundo entra em pânico antes de se casar! Você também teve isso, não?". Mal ele responde que sim, ela agradece, dizendo sentir-se melhor por ter desabafado e já saindo da sala.

É interessante a construção do gabinete de seu irmão, que, segundo fora informado no início do filme, é professor universitário. Além de muito organizado, o lugar é repleto de objetos de aparência antiga: um gramofone, a escrivaninha, um arquivo de madeira, livros com páginas amareladas e capas duras, uma harpa, um piano e um abajur que parece ser do início do século XX. Tudo isso lhe confere um ar conservador e sério, de maneira que o espectador pode esperar dessa conversa uma postura semelhante perante o tema abordado, sem arroubos passionais da parte dele. Ao mesmo tempo, o aspecto envelhecido da mobília e dos livros contribui, nesse contexto, para que as falas e a pouca expressividade de Dennis causem a impressão de uma vida tediosa, desgastada pela rotina. Tanto que não se chega a ouvir se ele é feliz no casamento ou não. Embora, por um lado, o ambiente possa remeter á figura de um intelectual, cercado de livros e objetos antigos, ele revela um pouco de como o filme constrói o personagem em relação à sua vida conjugal. Um ambiente de um homem feliz no casamento e apaixonado provavelmente seria construído com mais cores, retratos da esposa visíveis na escrivaninha e uma iluminação que sugerisse mais vivacidade. Tudo isso faz de Dennis, nessa breve aparição, o símbolo de um casamento sem paixão e pragmático, reforçando a caricatura tão comum do intelectual avesso às emoções, obedecendo ao reducionismo de discursos sobre o amor que antagonizam razão e

---

25 A expressão utilizada é "cold feet", que se refere bem especificamente a um receio e uma insegurança muito grandes, seja perante um desafio ou acontecimento muito importante.

emoção. Certamente, um casamento como o de seu irmão é justamente o que Annie, construída como mais emocional, teme para sua própria vida.

Se Annie é mostrada com um receio crescente em relação a seu casamento, tem-se a impressão de que Sam é mostrado com sentimento semelhante em relação à sua condição de homem viúvo impelido a encontrar uma nova companheira e "seguir em frente". Isso é mais marcante depois que ele chega à sua casa e encontra Jonah com uma amiguinha – Jéssica – ouvindo música no quarto e pedindo que ele feche a porta, deixando-os a sós. Sam finge fechar a porta, mas a deixa entreaberta, com um olhar desconfiado. É nesse momento em que ele toma coragem e liga para Victoria, a decoradora sugerida por seu amigo. Durante a conversa, ouve-se apenas a voz vacilante de Sam: "Victoria? Sam Baldwin. Eu não sei se você se lembra de mim... Oh! Que bom! Eu andei pensando se você gostaria de tomar um drinque comigo? Jantar?! Jantar seria melhor ainda! Sexta é um bom dia. Eu ouvi dizer que esse é um bom lugar. 19h30min está ok. Eu... é... ok, nos encontramos lá então"."Percebe-se que Victoria conduziu a conversa, escolheu o programa, dia, horário, local, deixando Sam praticamente sem iniciativa, o que, dentro do que o filme já mostrou, choca-se com a maneira como ele se acostumou a flertar. Depois que desliga, ele se senta e solta um suspiro, que dá a impressão de alívio, de alguém que acabou de passar por uma situação exasperante.

Pela sequência das cenas, tem-se a impressão de que Sam só tomou tal iniciativa ao ver seu filho com uma garota pedindo privacidade. A cena não apenas enfatiza a defasagem de Sam no tocante a relacionamentos afetivos, ao ser contraposta com a imagem do filho, de apenas oito anos, reivindicando intimidade com uma garota, mas também sugere, pela primeira vez, o medo da solidão de Sam. Ocupado com o emprego e o acúmulo das funções de pai e mãe, Sam tem em Jonah sua principal companhia e, na maior parte do tempo, a única. A partir desse momento em que o garoto expressa um desejo de intimidade da qual o pai é excluído, é como se Sam se desse conta de que, muito em breve, seu filho viverá independentemente dele e não lhe fará companhia. Além disso, a precocidade aqui sugerida é como se fosse um alerta para Sam de que o tempo está passando rapidamente e que se ele não se apressar, terá, muito em breve, uma longa e solitária caminhada. Embora não tenha conotação sexual, o que a cena expressa é a iminência de um futuro de relações que começam cada vez mais cedo e com cada vez menos cerimônia ou ritos, como todo o processo complexo que Sam explica sobre primeiro chamar uma mulher para um drinque, observar e somente depois decidir se a chama para um jantar. O ato de Victoria ter se antecipado diretamente para o jantar, embora possa ter assustado Sam, pode também ter lhe proporcionado certo alívio nesse momento em que ele se dá conta, por todas as pressões ao redor, que ele deve arrumar logo uma companheira, embora, frente a esse novo contexto, não saiba bem como fazê-lo.

Durante o jantar, a construção de Victoria sugere uma pessoa insegura e sem espontaneidade, o que é evidenciado já em seu primeiro sorriso, que mais parece um ranger de dentes. Sua risada é irritantemente escandalosa e Sam, que não se sente nada à vontade, pede vodca pura para o garçom, expressando assim seu desconforto, o qual tentará aliviar com uma forte dose de álcool. Ainda no início do jantar, Jonah liga para Sam, para perguntar se eles poderiam ir a Nova York se encontrar com Annie. No momento em que Sam se levanta para atender, é focada a ansiedade de Victoria, que retoca sua maquiagem nervosamente e sustenta um sorriso forçado quando vê Sam retornando.

Tanto em Victoria quanto em Walter, de maneiras um pouco diferentes, há uma ênfase – por vezes exagerada – em aspectos de seu comportamento que remetem à insegurança. No caso de Walter, isso é claro por sua preocupação com as expectativas dos familiares de Annie ao conhecê-lo e com suas alergias, que o tornam praticamente vulnerável a tudo. Já em Victoria, nota-se uma preocupação em agradar – tanto Sam quanto Jonah – que parece beirar ao desespero, seja na maneira nervosa com que ela ajeita sua maquiagem no primeiro encontro, seja ao preparar um jantar para Sam e Jonah ou oferecer trazer-lhe uma lembrança de uma viagem. Embora Sam e Annie também demonstrem momentos de insegurança, a maneira como eles são mostrados é mais amena e não confere um ar de caráter intrínseco às personagens, como parece acontecer com Walter e Victoria. O problema de Walter ainda é extremado por sua saúde, dando um aspecto ontológico às suas inseguranças: sendo alérgico a qualquer coisa, tem receio de tudo que possa sair de seu cardápio pré-definido, oferecendo-lhe risco de vida. O que mais impressiona é que, da maneira que o filme o concebe, é como se Walter fosse literalmente alérgico a tudo, o que causa no espectador a forte impressão de que se trata de uma pessoa com quem a convivência seria extremamente difícil.

Algo semelhante ocorre com Victoria e sua risada escandalosa. Essas duas personagens, por mais que sejam construídas como simpáticas, são apresentadas também como insuportáveis. De maneira que o filme consegue, sem construir falhas de caráter nessas personagens, torná-las ao mesmo tempo simpáticas e desagradáveis, boas, mas inadequadas ao relacionamento.

A questão da espontaneidade também é valorizada em *Sintonia de Amor*, embora não tão reiterada quanto em *Uma Linda Mulher*. Enquanto Victoria é construída como artificial, com sorriso forçado, uma risada escandalosa e afetada e, aparentemente, tentando constantemente ser gentil e simpática com Sam e Jonah, Annie é mostrada como espontânea e expressiva, agitando os braços ao falar, sorrindo ou chorando com facilidade, fazendo piadas e mostrando-se desinibida em seus gestos. Embora Victoria não seja construída como uma espécie de vilã ou antítese moral de Annie, há essa distinção marcante entre elas: as ações e posturas de Annie parecem fluir bem mais espontaneamente, enquanto Victoria é mostrada predominantemente como alguém se esforçando para ser aceita, aparentando rigidez.

A naturalidade idealizada nas questões do amor aqui é reforçada, sendo que a tentativa de ajustar o próprio comportamento perante o outro e encenar a si mesmo acaba adquirindo nessa construção um aspecto de algo "errado", embora esse "monitoramento reflexivo"[26] esteja sempre presente, conforme Giddens:

> As convenções sociais produzidas e reproduzidas em nossas atividades diárias são reflexivamente monitoradas pelo agente como parte do "seguir em frente" nas diversas situações de nossas vidas. A consciência reflexiva nesse sentido é característica de toda ação humana, e é a condição específica daquela reflexividade institucional maciçamente desenvolvida [...]. Todos os homens monitoram continuamente as circunstâncias de suas atividades como parte do fazer o que fazem e esse monitoramento sempre tem características discursivas. Em outras palavras, se questionados, os agentes são normalmente capazes de fazer interpretações discursivas da natureza e das razões de seu comportamento.[27]

---

26 GIDDENS, Anthony. *Modernidade e identidade, op. cit.*, p. 25.
27 *Ibidem*, p. 39.

Embora tal caráter da ação e da apresentação de si se manifeste mesmo perante a pessoa que se crê amar, o filme suprime isso em favor do ideal de revelação imediata do que se consideraria um "eu verdadeiro". Contudo, o ato de comunicar a própria noção de personalidade para alguém já requer em si uma encenação do indivíduo, a qual ele pratica, dependendo do contexto, acreditando mais ou menos em seu papel.[28] De maneira que a noção desse "eu verdadeiro", embora compartilhada no senso comum como ontológica, não se dissocia realmente de um conjunto de encenações conscientemente orientadas, cujo reconhecimento, sinalizado pelos interlocutores, contribui para que o indivíduo acredite ainda mais na sinceridade de sua atuação. De acordo com Goffman:

> A noção geral de que fazemos uma representação de nós mesmos para os outros não é nenhuma novidade. O que deveria ser acentuado, para concluir, é que a própria estrutura do "eu" pode ser considerada segundo o modo como nos arranjamos para executar estas representações na nossa sociedade anglo-americana.[29]

No entanto, a construção das personagens orienta o olhar do espectador para a crença de que determinadas personagens são sempre sinceras, verdadeiras e não encenam a si mesmas, mas apenas expressam seu verdadeiro eu. Isso ainda é enfatizado quando são apresentadas personagens cheias de trejeitos, expansivas, que não demonstram muita preocupação em controlar seus gestos ou a expressão de suas emoções e seus desejos, como é a construção de Annie, em oposição à de Victoria. Do jeito que o filme constrói, é como se apenas Victoria – especialmente quando retoca sua maquiagem – tivesse um momento de bastidores enquanto "lugar relativo a uma dada representação, onde a impressão incentivada pela encenação é sabidamente contradita como coisa natural".[30] Parece pressuposto que o amor, magicamente, dispensa completamente a constituição da intimidade e da convivência entre os amantes para a descoberta do que poderia ser o "eu verdadeiro" de um pelo outro. A noção de um "eu verdadeiro",

---

28   Cf. GOFFMAN, Erving. *A representação do Eu na vida cotidiana*. Petrópolis: Vozes, 2005, p. 25.
29   *Ibidem*, p. 230.
30   *Ibidem*, p. 106.

tão complexa e truncada como a do próprio amor, é construída como algo pronto, bem definido e evidente para os amantes antes que eles sequer se conheçam, dando legibilidade ao caráter instantâneo do amor hollywoodiano: os amantes se conhecem de outros planos e, de imediato, veem de si não somente aquilo que lhes interessa, mas aquilo que "são realmente". Isso ocorre bem da maneira que Giddens aponta em relação ao amor romântico:

> Frequentemente considera-se que o amor romântico implica atração instantânea – "amor à primeira vista". Entretanto, na medida em que a atração imediata faz parte do amor romântico, ela tem de ser completamente separada das compulsões sexuais/eróticas do amor apaixonado. O "primeiro olhar" é uma atitude comunicativa, uma apreensão intuitiva das qualidades do outro. É um processo de atração por alguém que pode tornar a vida de outro alguém, digamos assim, "completa".[31]

Victoria não é bem aceita por Jonah e, em todas as suas interações com ela, ele expressa uma polidez visivelmente irônica, como se fosse uma resposta à artificialidade que percebe nela. Em outra cena, no aeroporto de Seattle, Sam e Jonah despedem-se de Victoria – aparentemente embarcando numa viagem a trabalho – e o garoto a trata com essa mesma polidez, o que faz com que seu pai tenha uma conversa séria com ele depois que ela embarca. Sam diz que está conhecendo Victoria, que eles não estão se casando ou morando juntos e que é assim que pessoas solteiras fazem, experimentam relacionamentos e veem se funcionam: "Todo mundo precisa de ajustes. Ninguém é perfeito, não existe tal coisa como perfeição".

Assim que ele encerra a frase, Annie, que fora para Seattle tentar encontrar Sam, entra em cena e passa por eles graciosamente. Ao vê-la, sem ter ideia de quem se trata, o olhar de Sam se fixa nela e a segue, embasbacado, como se seus olhos contrariassem o que ele acabara de dizer. Ele tenta segui-la, mas a perde na multidão, enquanto Jonah fala de reencarnação, que provavelmente ele e Annie se conheceram em outra vida, mas não ficaram juntos e que agora seus corações eram como peças de quebra-cabeça que se encaixam e precisam se completar. O garoto ainda emenda que sabe disso porque é jovem e puro, por isso, mais sensível a forças cósmicas. A

---
31 GIDDENS, Anthony. *A transformação da intimidade*. São Paulo: Editora Unesp, 1992, p. 51.

impressão inexplicável que Sam tem nessa primeira visão de Annie serve para legitimar não apenas o que o garoto está dizendo, mas, aparentemente, toda a proposta do filme em relação ao amor enquanto algo mágico.

O caráter do amor como puramente ideal, mágico e, por esse discurso de Jonah, espiritual, é acentuado pela ausência de contato físico das protagonistas e deserotização das personagens. Diferentemente de incontáveis filmes de amor, não há uma única cena de beijo entre Sam e Annie e nem qualquer expressão mais carnal de amor entre eles, a não ser pelo toque das mãos que o filme constrói desde o início como de potencial significação mágica. Os aspectos sensuais do amor são completamente apagados, dissociando sexo e amor numa construção marcadamente puritana,[32] em favor de um amor como experiência cósmica e espiritual, reforçando seu caráter de crença abstrata e moralmente dissociada da experiência física e sensual. Isso contribui para valorizar o papel da imaginação no amor, inclusive como postura moralmente incentivada na qual tanto o imaginário alimenta sensações correspondentes quanto é alimentado por elas ou pela simples antecipação delas.

> O amor é um formidável motor da imaginação. Isso responde à insuportável ausência do ser amado oferecendo substitutos aos sentimentos. Podem ser evocações minúsculas: a imagem de sua nuca, a maneira com a qual ela mexe sua cabeça, uma boa palavra que tenha dito. Podem ser também micronarrações: a gente se vê abordando-a e ela sorrindo, sonha-se com que se vai dizer a ela, lança-se numa discussão imaginária... A imaginação opera um verdadeiro trabalho sobre o objeto do amor: a paixão se protege, alimenta-se e se exalta com essas evocações.[33]

---

[32] Aqui o termo é intencionalmente utilizado na sua acepção mais coloquial, que, conforme Pierucci: "seleciona em sua conotação moral as características de moralismo em excesso, austeridade formalista e rigidez em matéria de costumes, sobretudo em se tratando do comportamento sexual, contra toda liberalidade nessa área, até na maneira de vestir-se" (Glossário de WEBER, M. *A ética protestante e o espírito do capitalismo*. São Paulo: Companhia das Letras, 2006, p. 288).

[33] ERALY, Alain. "L'amour éprouvé, l'amour ennoncé". In: ERALY, Alain & MOULIN, Madeleine (orgs.). *Sociologie de L'amour*. Université de Bruxelles, 1995, p. 52.

Seja na literatura, no cinema ou no cotidiano, o estado apaixonado é, em grande parte, caracterizado por um intenso exercício imaginativo: antecipação – e às vezes lembrança – do encontro com o ser amado, projeção de momentos, diálogos, declarações exaustivamente repetidas em silêncio, planos e expectativas. Annie se apaixona por Sam sem sequer vê-lo e se permite uma série de dúvidas se ele seria ou não o homem de sua vida. Sam, por outro lado, na primeira vez que vê Annie, sente algo diferente sem conhecê-la. Tanto a narrativa da mãe de Annie quanto a de Sam sobre como conheceram seus companheiros é construída na chave de uma identificação imediata que, de certa maneira, a fala do garoto justifica ao relegá-la para o plano espiritual. Em todos esses casos aqui sublinhados, o contato físico – a não ser pelo toque mágico de mãos –, juntamente à convivência e ao conhecimento dos amantes, é desdenhado.

A negação dos aspectos sensuais do amor e a ênfase no plano imaginativo reforçam uma valorização do amor enquanto processo mentalmente estimulado, na forma do hedonismo moderno apontado por Campbell.[34] A idealização, o pensamento, a insistência do estado emocional especificamente na ausência e na distância é construída em *Sintonia de Amor* de maneira a sugerir como princípio moral do "verdadeiro amor" a sua persistência enquanto ideia. O "amado" assim o é independente de sua presença, enquanto imagem mental. Na moral romântica, isso é reiterado como dado confirmador e enaltecedor do estado amoroso: entende-se, entre tantos requisitos, que o amor deva superar a ausência do ser amado num atraente paradoxo: o amor clama, anseia por união, mas ele se legitima, provando sua força e persistência justamente na separação:

> A idealização é mostrada no argumento dos filmes através da inclinação dos amantes a lidar com a separação a fim de atingir a união. De fato, o período de separação é um símbolo chave de que o romântico de sucesso é capaz de construir seu objeto romântico como "ideia", sem contato físico ou sexual, doravante, preenchendo o requisito do amor verdadeiro como fonte mais de prazer emocional do que de prazer sensual.[35]

---

34 Ver capítulo I.
35 WILDING, Raelene. "Romantic love and 'Geting married'". *Journal of Sociology*, The Australian Sociological Association, vol. 39, 2003, p. 378.

Conforme já mencionado, Annie chega a Seattle para tentar se encontrar com Sam e vai até a casa dele, à sua procura. Ao vê-lo sair de barco com seu filho, ela corre para o carro para segui-los. Da maneira que a cena é construída, tem-se a impressão de que Annie, mesmo estando de carro, passando por vias de asfalto às vezes um pouco mais distantes do litoral, não os perde de vista, conseguindo chegar à praia no mesmo tempo que eles, numa incrível sincronia, do tipo que só se vê em filmes. Com olhar de ternura, ela espia do outro lado da rua pai e filho brincarem na praia, mas não tem coragem de falar com eles. No dia seguinte, ela retorna à casa de Sam, aparentemente decidida a estabelecer contato. A música no momento é empolgante e, ao ver Sam e Jonah saindo do carro carregando compras, Annie respira fundo, toma coragem e começa a atravessar a rua em direção a eles. No meio do caminho, é surpreendida com a chegada de uma mulher de cabelos curtos que é calorosamente recebida por Sam e Jonah. Essa mulher é Suzy, a mesma que estava na bancada da cozinha no início do filme. Annie, atônita, para no meio da rua e quase é atropelada. Como que se despertasse de um transe, ela se assusta com a buzina de um caminhão e dá um passo para trás. A buzina chama atenção de Sam e Suzy. Vendo Annie, Sam a olha com atenção, caminha em sua direção e diz "oi". Paralisada, ela responde apenas: "Olá" e, ainda na rua, quase é atropelada por um táxi. Há um corte seco e vê-se novamente o mapa dos EUA e um arco pontilhado se desenha indicando o caminho de volta, dessa vez mais rapidamente, sugerindo um retorno apressado de Annie à Baltimore.

Frustrada, Annie conta para Becky sua desventura e que só conseguiu dizer "Olá" para Sam. Sua amiga, impressionada, mostra uma cena de *Tarde Demais para Esquecer* em que a protagonista diz exatamente a mesma frase e emenda convictamente que aquilo é um sinal. Annie, chateada, reluta: "É um sinal de que eu já assisti demais a esse filme". Ela tira a fita do videocassete e a joga no lixo, enquanto repreende a si mesma e sua amiga tenta consolá-la e, ao mesmo tempo, salvar a fita de dentro da lixeira. Annie está convencida de que a mulher que viu é a mesma fotografada por um detetive que ela enviara para colher imagens e informações de Sam. Ela mostra a foto para Becky, que não se convence, vendo que é apenas a foto de uma pessoa de costas.[36] De qualquer maneira, Annie mantém a ideia fixa de que aquela é a nova companheira de Sam e que ele está apaixonado por ela. Logo em seguida, ela encontra a carta

---

36 No caso, Victoria, fotografada durante o jantar com Sam.

que Jonah escrevera em nome de seu pai sem que ele soubesse. Annie abre a carta sem entender o que se passa, até que sua amiga lhe diga que enviou a carta que ela escrevera e jogara fora. Annie lê em voz alta e sua decepção ainda é maior com os erros de ortografia e o vocabulário infantil, acreditando que aquela carta realmente fora escrita por Sam. Becky pondera, dizendo que ele escreve mal, mas não é um grande problema, que elas sobrevalorizam a habilidade verbal e isso só lhes traz problemas, mas Annie desconsidera e anuncia que voltará correndo para Walter.

Na cena seguinte, Sam toma vinho com Greg e Suzy, falando da estranha sensação de *dèja-vu* que experimentou ao ver Annie. Então, ele conta que Jonah ligou para uma estação de rádio pedindo para que lhe ajudassem a arranjar uma esposa nova, que várias mulheres mandaram cartas e Jonah ficou obcecado com uma que gostaria de encontrá-los no topo do Empire State no Dia dos Namorados. Suzy reconhece a referência a *Tarde demais para Esquecer* e conta a história para os homens ali presentes, que não conseguem entender sua grande comoção. Ela cai em prantos só de lembrar a história do filme e narrá-la. Greg e Sam então fazem piada com aquilo, falando do filme *Os Doze Condenados* (*The Dirt Dozen*, Robert Aldrich, 1967) e marcando mais uma vez a distinção estereotipada de gênero construída no filme, de mulheres como sensíveis, que se comovem facilmente, e homens com dificuldade de compreender isso e manifestando seu apreço por filmes violentos, considerados mais masculinos.

Também nessa conversa, a estatística sobre as possibilidades de mulheres se casarem depois dos 40 anos que apareceu no início é citada como parte do mesmo argumento masculino para referir-se às ouvintes que se interessaram por Sam como mulheres desesperadas. Desta vez, a frase refere-se especificamente às mulheres e sua dificuldade de encontrar um marido. Essa repetição funciona como afirmação de que os homens seriam essencialmente iguais, pensariam de maneira igual sobre os mesmos assuntos em contextos diferentes, indicando um "senso comum" masculino, no qual homens que sequer tiveram contato entre si recorrem às mesmas fontes e raciocínios para interpretar um acontecimento. Algo semelhante é feito em relação às mulheres nessa cena, com a maneira como Suzy fala de *Tarde Demais para Esquecer* e reiterada na cena seguinte, com Jéssica assistindo ao filme, também em prantos, enquanto, do seu lado, Jonah, desinteressadamente, pergunta o que tem de mais, expressando a já apontada incapacidade masculina de entendê-lo. Vendo o filme, Jéssica convence Jonah de que ele deve ir a Nova York encontrar Annie e, aproveitando um momento de ausência de sua mãe – que trabalha numa agência de viagens –, ela acessa o computador de seu escritório e providencia uma passagem de avião a Nova York para Jonah.

Há um corte para uma imagem de uma vitrine decorada para o Dia dos Namorados. Destaca-se o desenho de um coração branco, com a silhueta de um casal dentro em preto. É prontamente reconhecível a silhueta de Sam e Annie, reforçando a ideia de que eles formariam um casal ideal, mesmo que ainda não saibam. A música que toca agora é "Stand by your man", enquanto se vê Annie saindo de casa, lendo um cartão de Walter e suspirando alegremente. Em seguida, ela aparece no escritório, juntando sua bagagem para ir a Nova York e contando para Becky que agora se sente feliz, afirmando: "Isso é certo, é real. O resto é o que acontece quando se assiste a filmes demais". Percebe-se, após sua desilusão, que Annie manifesta para si uma necessidade de reiterar uma distinção entre o real, como acessível e moralmente correto, e o que fora aquele período de idealização de Sam, aparentemente reforçado por seu imaginário romântico inspirado em parte pelo cinema. É visível nessa situação uma tentativa da personagem de separar para si as esferas do ideal – característico das histórias de amor – e da vida prática. "Contudo, é simples operar a distinção entre esses registros aparentemente disjuntos? A maneira como se sonha o amor não é às vezes mais real do que a própria relação física? Têm-se tanta certeza de que a imagem não guia o gesto?".[37] Caso se concorde com a mensagem que o filme transmite, apenas se confirma a ideia de que este amor de sonho é sim mais "real" – e portanto, num juízo de valores compartilhado, "melhor" – do que a relação existente entre Annie e Walter.

Ainda ao som da canção, vê-se Annie sendo calorosamente recebida por Walter no que se entende ser seu quarto de hotel em Nova York, bem no momento em que se ouve o refrão: "Fique do lado do seu homem e mostre para o mundo que você o ama".[38] A música, embora de 1968, tem um conteúdo que sugere uma postura feminina de autossacrifício e submissão ao homem, em versos como: "Às vezes é difícil ser uma mulher, dando todo seu amor para somente um homem. Você terá horas ruins e ele terá horas

---

37 CHAUMIER, Serge. *La déliaison amoureuse*. Paris: Armand Colin, 1999, p. 32.
38 "Stand by your man, and show the world you love him".

boas".[39] Em termos de conteúdo, essa letra se aproxima mais dos conselhos matrimoniais que Cancian observa:

> Antes dos anos 1960, mulheres eram ensinadas que amor significava suprimir seus interesses individuais e sentimentos e atender às necessidades de seus maridos e seus casamentos. A não ser que estivessem suprimindo sua autonomia, elas não estariam experimentando ou expressando amor verdadeiro.[40]

A letra da canção, nesse momento do filme, não simboliza tanto o amor de Annie por Walter, funcionando mais como expressão de seu conformismo com ele. Isso é mais evidente na sequência após a música, em que eles andam na loja da Tiffany, fazendo a lista de casamento, e Annie faz comentários como: "É preciso esquecer as fantasias de adolescência". Entende-se que Annie está aceitando ser a companheira de Walter desgostosamente, tentando se convencer de que o amor é aquilo mesmo, diferente das fantasias românticas que ela vinha cultivando.

Conforme apontara Wilding ao entrevistar várias mulheres sobre a decisão por se casarem: "Em contraste significativo à ênfase à espontaneidade central para o 'apaixonar-se', 'casar-se' era mais frequentemente descrito como uma decisão tomada em resposta a estratégias práticas de negociação emocional, social, econômica e outras pressões".[41] No entanto, esse aspecto não é considerado, sustentando o que é mais comum nas construções fílmicas, que sugerem quase uma simultaneidade do encontro do amor à celebração do casamento. Como a relação de Annie com Walter não é construída nessa chave, o que é visto como normal na vida de muitos casais que decidem celebrar o matrimônio, no filme se assemelha a um doloroso ato de conformar-se e abandonar, obrigatoriamente, as paixões, as fantasias e todo o encanto do relacionamento amoroso.

Tal perspectiva já é socialmente tão introjetada que, como Wilding observa em suas entrevistadas, ao responderem o que as levara a decidir pelo

---

39 "Sometimes it's hard to be a woman, Giving all your love to just one man. You'll have bad times, and he'll have good times" (Stand by your man, Tammy Wynette).
40 CANCIAN, Francesca & GORDON, Steven. *Changing emotion norms in marriage*, op. cit., p. 320.
41 WILDING, Raelene. "Romantic love and 'Geting married'", op. cit., p. 380.

casamento, elas começavam contando sobre como se apaixonaram por seus cônjuges, algo na maioria das vezes cronologicamente distante do momento em que decidiram se casar.[42] Embora nos filmes a proximidade entre o encontro de amor e a proposta e/ou celebração do casamento sejam próximos por questões do tempo da narrativa, essa percepção parece se reproduzir na maneira como os próprios relacionamentos tendem a ser apreendidos na vida dos espectadores, dando a impressão de uma ligação direta e quase imediata, mais em termos lógicos de causa e consequência imediata do que em aspectos igualmente lógicos de construção gradual do relacionamento ao longo do tempo e das condições práticas para chegar ao casamento. Dessa forma, é muito fácil presumir, com base no que os filmes reproduzem, que o estado de paixão e encantamento do início de relacionamentos não só deva permanecer inalterado até o momento em que se decida pelo casamento, como também é um requisito moral para que a união ocorra.

Em Seattle, Jonah insiste com Sam para irem a Nova York, mas ele recusa terminantemente, o que gera uma discussão acalorada. No dia seguinte, de manhã cedo, Sam procura Jonah em casa e não o encontra. Ele então vai à casa de Jéssica e ela revela que ele foi para Nova York, no voo de 7h30min. A cena se passa na sala da casa onde mora Jéssica e há vários relógios sobre a lareira, marcando pouco mais de 6h30min e, pelas expressões com que os adultos presentes conferem seus relógios, entende-se que não alcançarão o garoto antes que ele embarque. Novamente, aparece o mapa dos Estados Unidos e um arco branco pontilhado que sai de Seattle em direção a Nova York. Um jazz em ritmo acelerado e empolgante sugere a proximidade de um clímax. Intercalam-se uma cena do garoto no avião e uma nova cena do mapa, dessa vez com um arco pontilhado vermelho partindo de Seattle, enquanto o arco branco quase completa seu trajeto. Numa sequência de planos breves do garoto desembarcando em Nova York e tomando um táxi, vê-se ele chegando ao topo do Empire State e perguntando a toda mulher que vê sozinha se ela é Annie. Em seguida, há uma tomada na diagonal de cima para baixo e um *zoom out* do garoto, permitindo ao espectador uma visão ampla da grandiosidade do edifício e da paisagem que o circunda, destacando sua grande altura, enquanto a música cresce em volume, com seu ritmo acelerado. O céu levemente rosado indica que o pôr do sol está próximo e com isso, a hora marcada para o encontro, gerando grande expectativa.

---

42 Cf. *Ibidem*, p. 380.

Annie e Walter vão jantar em um restaurante com uma bela vista para o edifício Empire State, o que chama a atenção da moça e a deixa apreensiva, de maneira que ela acaba decidindo contar para Walter o que se passa com ela. O filme não a mostra contando a história, pois há um corte para uma sequência de Sam chegando a Nova York, desesperado, correndo para pegar um táxi e ir atrás de Jonah. A música de ritmo acelerado se mantém e a mudança na tonalidade do céu mostra que o anoitecer está cada vez mais próximo. Já de noite, Jonah está no topo do edifício e a música é lenta, com notas tristes e agudas de piano, indicando a decepção do garoto, que senta ao lado de um dos telescópios. Há um *close* para seu olhar triste e, em seguida, um plano geral com o garoto no centro, transmitindo uma grande sensação de solidão.

Após ouvir toda história, Walter diz: "Então, ele pode estar no topo do edifício agora". Annie parece desconsiderar essa hipótese, mas chama atenção para outro ponto, que o problema não é ele – Sam – mas ela, que não se sente em condições de se casar. Para quem recebe a notícia do fim de seu noivado, Walter responde de maneira surpreendente: "Olhe, Annie, eu te amo, mas vamos deixar isso de lado. Não quero ser alguém com quem você se conforme. Não quero que ninguém se conforme comigo. O casamento já é complicado sem expectativas tão baixas. Não é?". É no mínimo irônico que, num filme romântico, no qual o valor do amor é apresentado como supremo, a personagem diga algo como: "vamos deixar isso de lado". Trata-se de algo que reforça ainda mais a inépcia de Walter para aquela relação: dentro do tipo de valor apregoado nos filmes, amar alguém não é algo que "se deixa de lado" e, se ele o faz, atesta que não é o parceiro ideal. Annie o elogia, dizendo não merecê-lo, e lhe devolve a aliança, que é guardada por ele com um sorriso meio forçado de quem tenta esconder sua evidente tristeza. Ela lhe pergunta se ele está bem e ele responde que sim, embora seus olhos pareçam prontos para chorar. Annie olha mais uma vez pela vidraça ao seu lado e, vendo no edifício um arranjo das luzes das janelas desenhando um grande coração, exclama de olhos arregalados: "É um sinal!". "E precisava de um sinal?" – responde Walter. Ela então diz que precisa ir e se retira em direção ao edifício.

Quando Annie chega ao saguão do prédio e pergunta a um vigia sobre o acesso para a cobertura do edifício, o funcionário diz que o local já está fechado para visitas. Ela insiste que precisa ir lá, que marcou um encontro com alguém e precisa ver se essa pessoa está lá. O vigia responde: "Cary Grant, certo?", confirmando conhecer o filme – um dos favoritos de sua esposa – e deixando Annie subir. Ela chega assim que Jonah e Sam acabam de sair por outro elevador. Decepcionada por não encontrar ninguém, ela ainda se detém um pouco naquele local e acaba encontrando a mochila de Jonah próxima de um telescópio, a qual examina cuidadosamente, procurando alguma pista de quem seria seu dono. Quando está para sair, Sam e Jonah voltam e finalmente há o encontro, no que os dois se olham fixamente enquanto se apresentam. Sam se surpreende ao descobrir que ela é Annie, enquanto o garoto expressa grande alegria.

O ascensorista indica que já é hora de descerem e Sam convida Annie, estendendo-lhe a mão. Annie ainda o olha sorrindo e em seguida para sua mão, como que na expectativa de sentir aquela magia específica que sua mãe e Sam já mencionaram. A trilha sonora – que no momento é a música tema de *Tarde Demais para Esquecer* – cresce como que acompanhando a expectativa de Annie quanto ao primeiro toque. Há um *close* nas duas mãos, no que se vê que a mão de Sam aperta carinhosamente a de Annie. Eles caminham para o elevador, entreolhando-se fixamente e com satisfação, no que entra a música na voz de Jimmy Durante com os versos: "É muito importante fazer alguém feliz, fazer apenas uma pessoa feliz".[43] Sorridentes, os três entram no elevador e Annie diz: "Sam... É um prazer conhecê-lo". A porta do elevador se fecha com a figura do edifício e, por sobreposição, há uma tomada dele, de noite, com o desenho do coração visto antes, enquanto a canção continua e a câmera se afasta até que se possa ver o desenho do mapa dos Estados Unidos, sugerido por uma série de pontinhos luminosos espalhados na tela, de onde saem fogos de artifício que estouram formando um céu estrelado; a tela escurece para a entrada dos créditos finais.

Sintonia de Amor destaca dois aspectos muito correntes em relação ao amor dentro e fora do cinema hollywoodiano. O primeiro é a insistência em um discurso mistificante do amor enquanto algo "mágico", associado às forças do destino, em que duas almas feitas uma para a outra em algum plano sobrenatural devem se encontrar e se unir, superando todos os empecilhos apresentados por forças tratadas como externas, como a sociedade ou a distância geográfica. O segundo é a relação dos amantes com construções

---

43 "It's so important to make someone happy. Make just one someone happy" (Make Someone Happy, Jimmy Durante).

idealizadas do amor vistas em filmes, que não apenas geram comoção – particularmente na construção que este filme faz do público feminino –, mas são empregadas como referência para o encontro de amor ideal e são absorvidas no imaginário e nas atitudes das personagens. O clássico *Tarde Demais para Esquecer* tem papel fundamental na trama, servindo de inspiração para que Annie escreva para Sam e acabe por ir a seu encontro.

Além disso, *Tarde Demais para Esquecer* é abertamente adotado como símbolo de uma construção diferenciada de gênero no tocante às emoções e à sensibilidade, colocadas como características femininas. A comoção exacerbada das mulheres ao assistirem ou falarem do filme sinaliza uma construção caricata do gênero feminino como sensível e emotivo, enquanto os homens que "não entendem esse filme" aparecem com dificuldades em expressar seus sentimentos. No entanto, a sensibilidade masculina é valorizada como qualidade rara e é o que acaba levando Annie a se apaixonar por Sam, um viúvo a quem ela ouve falar de seus sentimentos pela esposa falecida em um programa de rádio.

O filme transmite também a impressão de uma passividade em relação à força do amor: duas almas são destinadas em algum plano superior a ficarem juntas e assim deve ser. Nesse sentido, quando o filme mostra os esforços de busca do amor, sejam de Annie na tentativa de se convencer apaixonada por seu noivo ou de encontrar Sam, sejam de Sam tentando sair com outra mulher, o que se vê é insucesso. Mesmo o encontro do casal no topo do edifício não se dá como planejado, ocorrendo por acaso. As ações planejadas que o filme mostra no tocante às relações afetivas são fadadas ao fracasso e toda a história se desenrola em cima de obras do acaso, às vezes com menor ou maior intervenção de agentes externos: a amiga que envia a carta que Annie escrevera e jogara fora ou Jonah, que a responde e vai para o edifício Empire State sozinho. O encontro deles, embora no local combinado, é fruto de uma série de desencontros, sendo que o par central não o planejou: Annie não enviou a carta, bem como Sam não a respondeu e se recusou a ir para Nova York, tendo aparecido lá apenas para buscar seu filho.

Analisando as redes de relações entre as personagens principais e as demais em *Sintonia de Amor*, pode-se perceber que a narrativa se organiza por meio de paralelismos, uma vez que ora a história foca o universo de Sam, ora o universo de Annie, sendo que estes só se encontram realmente no final do filme. Pode-se pensar o universo de cada personagem (Sam em

Seattle e Annie em Baltimore) como sistemas relacionais a princípio independentes, em que se constituem redes de relações e hierarquias[44] diferentes, tendo as personagens principais de cada meio como figuras centrais. No entanto, a hierarquia de valores que cada meio mobiliza é a mesma, embora expressa de maneiras diferentes: trata-se, fundamentalmente, da valorização da busca por um único e verdadeiro amor, celebrado no casamento e confirmado por sinais "mágicos", contra o conformismo com o que parecem ser as condições sociais vigentes dos relacionamentos afetivos, sejam elas representadas por um casamento vindouro e já fadado ao tédio e à rotina – como parece que seria o de Annie com Walter – ou pela tentativa de ajuste a novos relacionamentos por pressões externas, sem a sensação de magia, apenas para tentar preencher o vazio deixado pela falecida esposa.

Tanto em Annie quanto em Sam, percebe-se uma dificuldade fundamental em comum, embora expressa diferentemente. Ambos enfrentam um sério problema de "seguir em frente" em suas vidas afetivas: enquanto a dificuldade de Annie se dá pela insegurança em relação ao futuro no casamento e sua correspondência com seus projetos e ideais, a dificuldade de Sam se dá pelo foco em seu passado e na memória de sua esposa. Se, para Annie, um futuro que parecia certo e seguro subitamente se torna assustador, Sam, por outro lado, não vê futuro no plano afetivo: é como se sua vida, nesse sentido, tivesse acabado junto com a da esposa. Ambos se encontram num momento de impasse na vida afetiva: uma sem perspectiva de que experimentará a grande magia do amor em seu casamento e o outro sem a perspectiva de que ela se repetirá em sua vida.

Se por um lado o filme valoriza abertamente um ideal de amor "à moda antiga", tomando referências principalmente de um filme romântico dos anos 1950, por outro, ele não deixa de expressar inquietações recorrentes no presente contexto das relações íntimas. A certeza que as personagens apresentam do encontro do amor completamente baseada em algo místico e sobrenatural revela uma profunda desconfiança em relação a outras maneiras de se confirmar o sentimento e uma união ideal. A experiência – tanto de Annie com Walter quanto de Sam com Victoria – revela-se insuficiente. O matrimônio parece flertar com o conformismo, indicando que a instituição, por si, já não é mais vista como confirmação do amor, embora ainda percebida como algo que deveria ser.

---

44   Cf. SORLIN, Pierre. *Sociologie du cinéma, op. cit.*, p. 237.

Parece não haver conhecimento, experiência prática, sexual ou de convivência que ofereça aos amantes uma crença segura na qualidade de suas relações. Isso explica a valorização dos sinais como busca de uma confirmação que os amantes não conseguem encontrar em sua própria avaliação. A busca por sinais e a crença aberta nos aspectos mágicos do amor apresentadas no filme expressam o desespero de quem, nas circunstâncias em que se encontra, tem uma liberdade consideravelmente maior para experimentar o amor de várias maneiras, mas é incapaz de encontrar uma que lhe ofereça a sensação de segurança, apelando para a magia do toque de mãos. A valorização de referências cinematográficas também se explica por essa insegurança. "A expressão torna-se contingente debaixo do sentimento autêntico, mas a pessoa sempre é mergulhada no problema narcisista de nunca ser capaz de cristalizar aquilo que é autêntico em seus sentimentos."[45]

Confia-se então na expressividade de filmes e canções para a exteriorização ou sinalização de sentimentos e anseios muitas vezes supostos por quem os experimenta como idiossincráticos e ininteligíveis. Mais do que isso, ao converter as coincidências com eventos de um filme em sinais indicativos do encontro místico do amor, atribui-se, escancaradamente, um caráter interpretativo da própria vida fundamentado em um sistema lógico narrativo bem característico da indústria cinematográfica estadunidense. A lógica sintética e naturalizada de encadeamento dos eventos desse tipo de narrativa cinematográfica é utilizada como referência para as personagens do filme para que construam e interpretem sua própria história, sendo que é essa lógica que triunfa e, no fim das contas, parafraseando Becky, é sentida como se fosse verdadeira.

Convém observar também que a época a que Annie se refere como sendo aquela em que as pessoas sabiam amar é situada justamente na década de 1950, que antecede grandes transformações que marcaram a década seguinte, além de ter sido às vezes lembrada fora do cinema como uma época de grande prosperidade nos Estados Unidos. A esse respeito, Yanick Dahan faz aproximações interessantes entre o cinema americano sob o governo de Reagan – 1981 a 1989 – e a postura desse presidente de tentar resgatar em seus discursos e políticas uma imagem de prosperidade daquele período,

---

45 SENNETT, Richard. *O declínio do homem público*. São Paulo: Companhia das Letras, 2001, p. 327.

por meio de um retorno a valores morais como trabalho, pátria e família.[46] Com os anos 1960, a Guerra Fria se intensifica com a crise dos mísseis e a Guerra do Vietnã. Os anos 1970 são marcados pela crise do petróleo, o escândalo de Watergate e a derrota no Vietnã. Tais circunstâncias favorecem um clima de grande insegurança e pessimismo que Lasch aborda em seu estudo sobre o narcisismo na sociedade norte-americana, caracterizada por uma "crescente desesperança de modificar a sociedade, até mesmo de entendê-la, que está também implícita no culto da expansão da consciência, da saúde e do 'crescimento pessoal', hoje tão predominantes".[47]

O autor observa que o pessimismo em relação ao futuro e à própria sociedade favoreceriam a emergência de comportamentos de caráter hedonista e narcisista, o que indica, já naquela época, uma descrença em relação a ideologias progressistas e soluções políticas para problemas e dificuldades de caráter social mais amplo.[48] O indivíduo fecha-se então na própria experiência, no próprio crescimento e na busca por prazeres mais imediatos. Segundo Lasch, parece haver uma grande expansão de literatura de autoajuda e uma tematização mais aberta e corrente em revistas e meios de comunicação sobre questões de saúde mental, bem-estar pessoal e formas dos indivíduos buscarem o autoconhecimento e cuidarem de si, cada vez mais descrentes de que outra pessoa ou instituição possam lhes oferecer a segurança de que necessitam.

A segurança em longo prazo – tanto na dimensão social quanto individual – parece cada vez mais desacreditada e distante, o que tem grande impacto nas perspectivas de amor ainda correntes que atribuem grande valor à durabilidade como signo de qualidade do relacionamento íntimo. Essas características contextuais sem dúvidas colaboram para uma idealização do passado como a que Annie manifesta, especialmente de um período que não só é lembrado por alguns como de prosperidade, mas também por anteceder mudanças drásticas na percepção dos relacionamentos sexuais e afetivos, que despontaram a partir dos anos 1960.

Com as mudanças nos princípios estruturadores da família nuclear, da reprodução e das formas de comunicação e manutenção da intimidade, as percepções de amor correntes têm sido afetadas por crescentes dúvidas, bem

---

46 Cf. DAHAN, Yannick. "Le cinéma americain sous Reagan". *Cahiers d'Histoire Immédiate*, nº 10, 1996. p. 25-52.
47 LASCH, Christopher. *A cultura do narcisismo*. Rio de Janeiro: Imago, 1983, p. 24.
48 Cf. *ibidem*, p. 76-78.

como as formas de conduzir os relacionamentos. "A quantidade de tempo não poderia ser uma medida de rendimento que tem fundamentalmente a ver com a qualidade relacional. Permanecer juntos muito tempo não é suficiente para provar a intensidade de seu amor."[49] Num contexto marcado pela fluidez das interações, pela fragilidade das instituições e pela incerteza em relação a um futuro de transformações cada vez mais aceleradas,[50] o ideal de amor enquanto projeto de vida parece tornar-se impraticável: "Num ambiente instável, fixar e adquirir hábitos – marcas registradas do aprendizado exitoso – não são apenas contraproducentes, mas podem mostrar-se fatais em suas consequências".[51] E o receio de Annie em relação ao casamento pode também ser entendido por uma consciência latente dessa situação contemporânea: o risco de fixar e adquirir hábitos com a "pessoa errada" e sofrer as consequências de uma vida condenada à rotina e a uma relação sem amor.

Contudo, as transformações de caráter social dificilmente constituem rompimento completo com tradições precedentes, uma vez que essas se mantêm presentes entre os referenciais socializadores também daqueles que promovem as mudanças. Tem-se notado, no tocante aos relacionamentos afetivos e ao amor, ressignificações dos termos e das práticas aprendidas como ideais no sentido de tentar conciliá-las com outros valores e demandas do presente:

> Os integrantes do casal estão ainda divididos entre estas duas tendências: se por um lado, são socializados com representações e modelos familiares de amor fusional que oferecem segurança e certeza – mas são insuportáveis de se viver –, por outro lado, são confrontados por exigências contemporâneas de liberdade e partilha limitada. Muitas crises de casais resultam do desejo de conciliar esses aspectos contrários.[52]

Mesmo que se tenha atingido um estágio de maior fluidez e liberdade nos relacionamentos, frequentemente há o depósito de expectativas sobre a durabilidade dos mesmos, mas, ao mesmo tempo, os projetos "para a vida

---

49 CHAUMIER, Serge. *La déliaison amoureuse*, op. cit., p. 37.
50 Cf. BAUMAN, Zygmunt. *Modernidade líquida*. Rio de Janeiro: Zahar, 2001.
51 BAUMAN, Zygmunt. *Amor líquido: sobre a fragilidade dos laços humanos*. Rio de Janeiro: Zahar, 2004, p. 21.
52 CHAUMIER, Serge. *La déliaison amoureuse*, op. cit., p. 73.

inteira" tornam-se mais assustadores – como Annie expressa quando conta para Walter que teve dúvidas sobre o casamento –, num contexto em que tudo muda rapidamente.

Em sua análise de *O Último Tango em Paris* (*Ultimo Tango a Parigi*, Bertolucci, 1972), Paulo Menezes aponta questões suscitadas em relação às instituições do casamento e da família a partir do filme, que aborda os encontros sexuais entre os estranhos Jeanne e Paul, no que se inicia uma relação que parece remeter ao amor livre, com a tentativa de distanciamento e negação do passado de ambos e preservação de seu anonimato. No caso da protagonista feminina, é mais perceptível a contradição entre o relacionamento que ela mantém no apartamento onde se encontra com Paul e sua vida fora de lá, onde namora um rapaz que faz um filme romântico sobre ela.[53] O rapaz chega a pedir a moça em casamento e a cena em que isso acontece parece ironizar simbolicamente essa instituição a que comumente se atribui a expressão máxima do amor: o rapaz coloca uma boia de salva vidas no pescoço da garota e faz o pedido, brincando com aquele objeto circular que remete ao formato de uma aliança. Depois, ele retira a boia e a joga dentro d'água. A boia, ao contrário do que se espera desse objeto, afunda com facilidade. Conforme Menezes:

> Aqui, a relação é mais que direta. Depois das duas "violações", que colocam em todas as suas dimensões a ideia de família em questão, que, além disso, está aqui envolta pela boia da "segurança" de um matrimônio "feliz", uma espécie de salva-vidas do futuro, não deixa de ser sintomático e revelador que esta mesma boia afunde rapidamente, e, junto com ela, a imagem ingênua de um casamento seguro e repousante, estável e infinito.[54]

Mas, diferentemente do que Menezes observa no contexto do filme de Bertolucci, em que "a revolução sexual e a política estavam na ordem do dia",[55]

---

[53] O que, de maneira controlada, mediada e previsível, como Menezes observa, parece remeter ao próprio projeto de vida que o rapaz tenta conduzir com sua namorada, sem sequer perceber as mudanças e inquietações pelas quais ela passa.

[54] MENEZES, Paulo. *À meia-luz: cinema e sexualidade nos anos 70*. São Paulo: Ed. 34, 2001, p. 163-4.

[55] *Ibidem*, p. 177.

no contexto em que *Sintonia de Amor* é lançado, o amor livre também já fora questionado e em grande medida desacreditado, possivelmente de maneira ainda mais intensa após o surgimento e a propagação do vírus da AIDS nos anos 1980. Numa época em que as relações sexuais sem proteção são abertamente alardeadas como algo que pode ser mortal, o receio de práticas de amor mais "livre" cresce. Contudo, a instituição do casamento também não se fortalece, as inseguranças nela percebidas não são sanadas ou ignoradas. O amor livre, além de desacreditado, se torna perigoso, mas o amor conjugal também não oferece solução para os conflitos da intimidade. Se na década de 1970, como Menezes aponta, já apareciam dificuldades de conciliar um ideal de amor livre e mudança com um passado de idealizações românticas e projetos de vida conjugal duradoura e feliz, nas décadas seguintes o problema parece apenas se intensificar, evidenciando as impossibilidades tanto do ideal de amor livre quanto do ideal de amor romântico concretizado no casamento.

Embora se fie em imagens e construções do amor romântico que podem ser consideradas superadas, com as referências a filmes e canções antigas, *Sintonia de Amor* expressa incertezas próprias de sua época, em que o apelo para a magia do amor revela o descrédito em relação aos arranjos afetivos que se constituem e se dissolvem facilmente, incluindo o casamento, ainda tido por muitos como vínculo para a vida inteira, embora mais fácil de ser rompido legalmente hoje do que há 50 anos. Assim, reforça-se a crença – paradoxal num contexto de modernidade – de que o amor só pode e deve acontecer pela ação de forças consideradas mágicas, sobrenaturais e, doravante, só pode se concretizar conforme meios que são considerados próprios da ficção e do imaginário.

Da maneira como este filme constrói, não adianta buscar o amor, experimentá-lo ou institucionalizá-lo: ele é apresentado como obra do destino, força incontrolável e contingente, podendo-se apenas esperar por seu encontro aleatório, mas tentando agir de maneira a facilitá-lo, numa análise constante de si e dos "sinais" ao redor. Restam então poucas opções, ficando-se entre a busca incessante – que conduz a várias tentativas assombradas pela incerteza do que mais pode ser o amor – e a conformidade com as estruturas já conhecidas, aceitando uma perspectiva de realidade caracterizada pela resignação. Dentro dessa perspectiva, pode-se tanto aguardar uma experiência mágica e transformadora ou, eventualmente, comprazer-se com as conquistas de heroínas de filmes românticos e aceitar apenas sonhar em viver algo parecido.

CAPÍTULO IV

Amor contingente no espetáculo visual da tragédia – *Titanic*

Embora seja considerado um drama romântico na perspectiva de Heitor Capuzzo, *Titanic* diferencia-se de outros filmes do gênero em vários aspectos, a se destacar o impacto visual proporcionado pelo grande investimento em efeitos especiais para recriar o naufrágio e pelo ritmo tenso e acelerado da narrativa desde o choque do navio com o iceberg até o término do naufrágio. Segundo Capuzzo,

> *Titanic* firma-se como uma obra poderosa pelo seu impacto visual e dramático. Uma das possíveis explicações para o estrondoso sucesso de público pode estar no conhecimento que Cameron demonstra possuir sobre as estratégias narrativas de grande apelo popular, respeitando os principais cânones do drama romântico no cinema.[1]

Em *Titanic* percebe-se a proposta de mostrar com grande riqueza de detalhes o navio e todos os estágios do naufrágio, valorizando informações técnicas sobre a embarcação, seu tamanho em relação a outras semelhantes da época, o número de botes salva-vidas e inclusive notas sobre como o navio afundou em função de sua estrutura ou sobre a temperatura da água. Tudo isso confere ao filme um ar didático, sugerindo uma espécie de aula de história sobre o acontecimento amparada por uma preocupação em reconstituir fielmente o navio, inclusive buscando tecnologias novas àquela época para captar imagens de seus destroços no fundo do oceano. Mesmo a mobília e a decoração utilizadas no filme foram reconstruídas pelas mesmas

---

[1] CAPUZZO, Heitor. *Lágrimas de luz: o drama romântico no cinema.* Belo Horizonte: Editora UFMG, 1999, p. 211.

companhias que mobiliaram o navio ou sob a supervisão delas.[2] Contudo, Capuzzo observa:

> A reconstituição da catástrofe carece de detalhes históricos. Aqueles que desconhecem os principais nomes e fatos envolvidos no trágico acidente não irão obter muitas informações que permitam uma leitura mais precisa do ocorrido.[3]

Tal comentário é pertinente, mas entende-se que, enquanto produção cinematográfica, o filme seleciona detalhes e informações históricas que lhe cabem para o funcionamento da narrativa, não havendo então necessidade de mais detalhes históricos para os fins a que a produção se propõe. Em momento algum o filme expressa qualquer ímpeto em promover "uma leitura mais precisa do ocorrido" enquanto fonte de dados, mas antes, uma leitura convincente da suposta percepção mais imediata dos acontecimentos do ponto de vista *imaginado* de alguém que estivesse no naufrágio. De todo modo, a maneira como *Titanic* apresenta suas personagens em conjunto com os cenários e efeitos visuais ricamente detalhados promove em muitos aspectos uma forte impressão de verossimilhança, ainda mais quando se consultam fotografias de personagens que estiveram presentes no navio e se observa uma semelhança que torna suas versões cinematográficas praticamente indistinguíveis dos originais.

> É aí que a ficção se torna ambiciosa. Um ator cuidadosamente maquiado encarna a personalidade (já houve uma boa centena de Hitlers e o jogo mal começou), tudo isso visando, aparentemente, a que o original e a réplica sejam permutáveis em um ou dois séculos. Com Stalin, graças à maestria da maquiagem soviética, distinguir a diferença já é difícil. Como será para nossos netos? É o inevitável triunfo da ficção histórica.[4]

---

2   Disponível em: <http://www.imdb.com/title/tt0120338/trivia>. Acesso em: 27 nov. 2010.
3   CAPUZZO, Heitor. *Lágrimas de luz, op. cit.*, p. 211.
4   CARRIÈRE, Jean-Claude. *A linguagem secreta do cinema, op. cit.*, p. 63.

Aparentemente, o filme busca reforçar uma impressão de realidade não pela precisão histórica da narrativa, mas estabelecendo a diferença entre uma leitura mais técnica e historiográfica do acontecimento e a percepção subjetiva de uma suposta participante, focando a reconstituição da experiência emocional da narradora perante todos os perigos e dramas possivelmente enfrentados naquelas circunstâncias. Dessa maneira, o filme oferece a possibilidade de visualizar "o lado de dentro" da tragédia. Contudo, é curioso que o meio pelo qual se decidiu mostrar essa tragédia em todos os seus ângulos e com grande riqueza de detalhes tenha sido uma história de amor, com características que remetem às suas narrativas mais clássicas: um relacionamento apresentado como impossível por membros de classes distintas, no que normas e hierarquias socialmente estruturadas se apresentam como principal desafio a ser superado pelos amantes. O enredo da mulher prometida em casamento que se apaixona por outro homem que salva sua vida está presente já na literatura trovadoresca analisada por Rougemont,[5] assim como a questão da idealização de classes em situação desfavorecida como mais espontâneas e o desejo de fuga das constrições sociais impostas pela própria posição dentro da hierarquia é presente nos romances de corte, conforme aponta Elias.[6]

Por um lado, a história de amor de *Titanic* não apresenta grande novidade, tendo o filme se destacado pelos efeitos visuais inovadores para a época e pelo grande investimento em pesquisa sobre o naufrágio para a reconstituição detalhada do acontecimento e do navio. Por que então a aplicação daquela fórmula narrativa específica, entre tantas outras possíveis, como um *thriller* de espionagem e sabotagem, um drama intimista vivenciado pelo capitão ou pelo engenheiro a bordo diante de seu fracasso, ou uma série de outras estratégias familiares e caras a Hollywood? James Cameron, o diretor teria respondido da seguinte maneira:

> Eu achei que não era artisticamente interessante apenas seguir um monte de personagens históricas sem envolver-se realmente com o evento em um nível emocional. Constatei que a melhor maneira para atingir a emoção do evento seria pegar um grupo de

---

5   Cf. ROUGEMONT, Denis de. *O amor e o Ocidente, op. cit., passim.*
6   Cf. ELIAS, Norbert. *A sociedade de corte, op. cit.,* p. 259.

> personagens e contar a história como uma história de amor – porque somente contando-a como uma história de amor é que você pode apreciar a perda da separação e a perda causada pela morte. [...] O maior dos amores só pode ser medido contra a maior das adversidades e o maior dos sacrifícios por ela definidos.[7]

Não cabe aqui discutir se essa justificativa do diretor, publicada depois do sucesso do filme, é ou não pertinente e verdadeira ao se considerar, conforme Foucault, o discurso e o papel do autor como historicamente situados, influenciados pelo contexto e, inclusive, pelo próprio status atribuído ao que seria considerada sua obra:

> o autor não precede as obras. Ele é um certo princípio funcional pelo qual, em nossa cultura, delimita-se, exclui-se ou seleciona-se: em suma, o princípio pelo qual se entrava a livre circulação, a livre manipulação, a livre composição, decomposição, recomposição da ficção.[8]

O que chama atenção no discurso do diretor é que ele expressa uma forte convicção sobre o amor ao afirmar tão enfaticamente que essa seria a única chave possível para transmitir aos espectadores todo sentimento de perda e luto envolvido no naufrágio. Mas o amor, termo que assume hoje uma pluralidade de interpretações e categorizações, foi explorado de maneira bem específica no filme: trata-se de um amor apaixonado entre dois jovens que se conhecem a bordo do navio. A perda e a separação que Cameron se propõe apresentar sob o viés de uma história de amor poderia ser trabalhada de incontáveis maneiras que ainda seriam histórias de amor. Poder-se-ia contar uma história entre marido e mulher, relações entre pais e filhos e tantas outras possibilidades que são insinuadas com a proximidade do naufrágio, como a de um casal que é mostrado se despedindo, ou outro, de idosos, abraçado sobre uma cama enquanto seu quarto é inundado.

---

[7] CAMERON apud KRÄMER Peter. "Women first: Titanic (1997), action-adventure films and Hollywood's female audience". *Historical Journal of Film, Radio and Television*, 18:4, 1998, p. 606.

[8] FOUCAULT, Michel. "O que é um autor?". In: MOTTA, M. Barros (org.). *Estética: Literatura e Pintura, Música e Cinema*. Rio de Janeiro: Forense, 2006, p. 288.

Nesse sentido, tanto o discurso do diretor quanto seu filme revelam visões socialmente construídas e reconhecidas de um mundo no qual se encontram culturalmente inseridos, constituindo, em relação ao amor, uma expressão de ideologia, aqui entendida no sentido adotado por Pierre Sorlin, enquanto

> conjunto das possibilidades de simbolização concebíveis em um momento dado. Um filme aparece como um aspecto, um fragmento da ideologia em geral, mas também como um ato através do qual o grupo de indivíduos, ao escolherem e reorganizarem materiais visuais e sonoros, ao fazê-los circular entre o público, contribui para a interferência de relações simbólicas sobre as relações concretas.[9]

Titanic pode ser considerado um melodrama, ao se pensar que essa forma narrativa é pautada pela "manifestação mais contundente de uma busca de expressividade (psicológica, moral) em que tudo se quer ver estampado na superfície do mundo".[10] No entanto, se no teatro e, por muitos anos, no cinema, o melodrama apoiou-se principalmente na encenação – por vezes demasiadamente afetada – dos atores e na administração de gestos, trejeitos e expressões faciais para comunicar emoções, em *Titanic*, o exagero, essa "manifestação contundente", é explorada no próprio cenário que é gradativamente destruído. A expressividade dos atores não é mais suficiente para comunicar seus sentimentos, seus sofrimentos; todo seu corpo é colocado à prova, toda a superfície ao seu redor é ostensivamente estraçalhada perante os olhos do espectador, apresentando ameaças constantes à união do casal. Ainda conforme Xavier:

> O melodrama encontrou novas tonalidades vítreo-metálicas sem perder seu perfil básico, evidenciando sua adequação às demandas de uma cultura de mercado ciosa de uma incorporação do novo na repetição. *Titanic* (1997), de James Cameron, por exemplo, soube muito bem se inserir nessa via aberta pela nova geração da indústria: de um lado, as agonias do par

---

9 SORLIN, Pierre. *Sociologie du cinéma, op. cit.*, p. 201.
10 XAVIER, Ismail. *O olhar e a cena.* São Paulo: Cosac Naify, 2003, p. 39.

> amoroso, no caso temperadas pela oposição entre o altruísmo do jovem plebeu e a vilania dos aristocratas (tema do século XVIII que Hollywood não para de reciclar); de outro, as imagens de impacto dando indício de alta tecnologia e dinheiro. Essa articulação entre melodrama e efeitos especiais é de uma enorme eficácia, pois nos gratifica das mais variadas formas em sua operação de "tornar visível".[11]

Os perigos enfrentados pelas personagens, desde o início, são pressupostamente percebidos como factuais e legítimos, considerando-se todas as informações existentes sobre as circunstâncias do naufrágio e seu grande número de mortes. Contudo, essa visão não é baseada num conhecimento aprofundado do acontecimento, mas num saber de senso comum, amparado por filmes, livros, arquivos de imagem e imprensa que funcionam para o público como informação suficiente para reconhecer que aquilo de fato aconteceu e que as circunstâncias, muito provavelmente, foram bem próximas daquelas vistas na tela. De tal maneira que a percepção do ocorrido é relevantemente afetada por sua construção fílmica. Conforme Carrière:

> Gostando disso ou não, aceitando-o, ou não, nossa visão do passado e talvez até nosso sentido de História nos chegam agora, principalmente, através do cinema. Não há como escapar disso. Imagens cinematográficas se gravam em nós sem que percebamos, como máscaras fixadas sobre os séculos passados. Aos poucos, elas substituem as antigas versões oficiais – panoramas de grandes batalhas, retratos oficiais de monarcas e dignitários, cenas célebres, a longa procissão de gloriosas mentiras que, outrora, ajudaram a formar nossas noções de História.[12]

Sendo aqueles perigos reconhecidos pelo público como partes "reais" constitutivas de um acontecimento historicamente registrado, os limites entre a ilusão cinematograficamente construída e o que é compartilhado como circunstâncias "reais" daquele evento parecem embaçar-se ainda

---

11 *Ibidem*, p. 88.
12 CARRIÈRE, Jean-Claude. *A lingusgem secreta do cinema, op. cit.*, p. 64.

mais. Isso é notável já na maneira como o filme se inicia, com imagens da partida do navio, em preto e branco e granuladas, apresentadas de tal forma que é difícil para o espectador saber se são registros da época ou se foram gravadas posteriormente e tratadas para parecerem um registro da partida do navio em 1912.

A essas imagens granuladas, sobrepõe-se uma imagem de águas escuras, azuladas, com o título do filme em letras brancas. Nessa escuridão, logo se veem as pequenas luzes de um submarino que se aproxima da proa do navio afundado. A música é triste e, juntamente com as circunstâncias de exploração dos resquícios de uma tragédia, contribui para que a imagem daquelas águas escuras assuma um caráter marcadamente fúnebre. Além da relação direta com a morte de milhares de pessoas, as águas, neste filme, são carregadas de simbolismo:

> A água é símbolo de vida e de morte. Especialmente se pensarmos nas águas sombrias das profundezas do oceano, nas águas escuras dos lagos à noite, nas águas paradas e mal iluminadas em geral, elas sugerem a imagem de sepulcros, de noite eterna, de ausência de vida (isto sem falar nos efeitos destrutivos das águas violentas) [...] No entanto, a morte simbolizada pela água é uma morte especial, é antes de mais nada sono e melancolia. Não é a morte simbolizada pelo fogo, que mal deixa vestígios de sua destruição. Trata-se do sentimento da morte que a água – ou melhor, as águas profundas dos lagos sombrios – simboliza.[13]

Tal sentimento de morte é reiterado no filme por essa simbologia da água e pelas imagens captadas por um submarino robô que entra nos destroços do navio, nas quais chama a atenção a preservação de muitas das estruturas ali presentes: móveis, portas, uma lareira ou mesmo o que parece ser o rosto de uma boneca no chão. Embora carregado de morte, o aspecto dos resquícios do navio remete a algo que resiste no tempo e na memória, preservando não somente o luto, mas também beleza e, no caso do filme, um caráter de mistério: um segredo antigo oculto e preservado pelas águas sombrias.

---

13 BRUNI, José Carlos. "A água e a vida". *Tempo Social*, São Paulo (USP), vol. 5, nº 1, 1993, p. 62.

A primeira personagem a aparecer é o explorador Brock Lovett, caçador de tesouros cujo objetivo é somente encontrar o raro diamante Coração do Oceano, que, de acordo com sua pesquisa, teria seu último registro conhecido como propriedade de Caligan Hockley, que estava a bordo do navio. Lovett acredita que a joia tenha afundado com o navio e por isso o explora à sua procura, mas isso não é evidenciado no primeiro momento. No primeiro contato com Lovett, à medida que seu submarino se aproxima do navio, vê-se que ele fala para uma câmera que segura em sua mão, tentando transmitir um ar de comoção: "Vê-lo emergir como um navio fantasma sempre me emociona". Outro tripulante do submarino, Bodine ouve o discurso melodramático e suspira debochadamente até não conter mais a risada e dizer: "Você só fala merda, chefe!"

Lovett encena perante a câmera em sua mão um papel que remete ao de documentaristas e exploradores de shows televisivos de canais como Discovery Channel, tentando mostrar, de maneira nada convincente – a ponto de provocar risos em seu colega – um envolvimento emocional com o navio, possivelmente visando atrair o interesse de um suposto público de suas filmagens. Ele atua com didatismo, precisando o dia e horário do naufrágio, ou mesmo falando da pressão da água naquela profundidade e da estrutura do submarino em que se encontra, como quem estivesse narrando uma emocionante aventura. Logo em seguida, chegando ao ponto desejado, ele deixa sua câmera de lado dizendo: "Chega de besteira". Toda essa construção já evidencia que ele não possui esse interesse ou fascínio que tenta expressar perante sua câmera.

Brock e sua equipe conseguem encontrar o cofre que procuravam, onde acreditavam estar o principal objeto de sua busca: o diamante Coração do Oceano. O achado é celebrado por ele e sua equipe. A bordo do barco de onde coordena as buscas, eles estouram champanhe e Brock pede um charuto, que guardara especialmente para aquele momento. O cofre é aberto com uma serra elétrica e explorado pelas mãos ansiosas de Brock. Escorre alguma lama, com pedaços de papel molhados. Seu rosto logo expressa a frustração de alguém que não encontrou o que procurava: "Droga" – diz ele, enquanto outro pergunta: "Sem diamantes?". Há um corte para uma filmagem do desapontamento de Brock em preto e branco, de maneira que dá a entender ser vista pelo visor de uma câmera que registrava o que deveria ser seu momento de triunfo, enquanto se ouve alguém dizer que acontecimento semelhante teria arruinado a carreira de outro explorador. Brock então olha irritado para a câmera e manda desligá-la.

Ao telefone, Brock parece tentar explicar a algum de seus financiadores que o diamante não estava no cofre, mas ainda poderia estar em outros lugares. Provavelmente, seu interlocutor no momento também não se interessa realmente pelo valor histórico ou dramático associado ao naufrágio. Dessa maneira, tem-se estabelecido o contexto em que a revelação dos segredos de Rose (Kate Winslet)[14] encontrará sua função moral: toda aquela exploração buscando o diamante não leva em conta a história das aproximadamente 1500 pessoas que padeceram no naufrágio ou de seus sobreviventes que perderam parentes, amigos, namorados, noivos e esposos. Não se trata de uma busca pelo Titanic ou suas memórias, mas de um diamante que acreditam que esteja nele, embora pudesse estar em qualquer outro lugar. A partir da narração de Rose, que a princípio seria para atender à expectativa de seus ouvintes e revelar sobre o paradeiro da joia, o que se constrói é um olhar humanizado sobre a tragédia que deixa a busca do diamante em segundo plano.

Há algo similar entre a preocupação no presente em encontrar a joia a todo custo, sem dar importância à memória e aos aspectos humanos dos envolvidos no naufrágio e o caráter ambicioso com que o filme apresenta a concepção do navio para ser o maior, mais luxuoso e rápido transatlântico de sua época. Tanto um quanto outro sugerem uma ambição que opera em detrimento do valor da vida e da humanidade dos passageiros, elementos que só são "redescobertos" em face da tragédia e do fracasso. No caso de Lovett, seu contato com os aspectos humanos da tragédia só se dá por que ele não encontrou a joia que procurava. Já no contexto do naufrágio, isso é expresso com a preocupação do Sr. Ismay, proprietário do navio, em fazer dele notícia, incentivando seu capitão a aumentar a velocidade para que o navio chegue a seu destino um dia antes do previsto. Uma vez consumado que o navio afundará, o capitão diz para o Sr. Ismay: "Parece que o senhor conseguirá aquelas manchetes". É como se desejasse ressaltar que ambições de riqueza e/ou fama, tanto na época do naufrágio quanto nos dias atuais, houvessem fechado os olhos daqueles envolvidos para valores mais humanos, dentre os quais o amor parece ocupar o posto mais elevado.

A construção de um valioso segredo guardado no fundo do oceano é simbolicamente reforçada por onde Brock vai buscar o objeto de seu

---

14 Interpretada por Gloria Stuart nas cenas em que aparece idosa.

interesse, entre destroços, partes deterioradas e outras preservadas pelo tempo e pelas águas. Lá se encontra o segredo de Rose, sendo que, uma vez içado e arrombado o cofre, o desenho em que ela está nua portando o colar com o diamante é achado ainda intacto. A abertura do cofre desencadeará o processo de revelação que Rose faz de seu passado secreto a bordo do navio, de forma que o cofre é, ao mesmo tempo, objeto concreto, que estaria cumprindo sua função de guardar documentos e bens preciosos, e metáfora para a história de amor que Rose guarda em sua memória, intacta tal qual seu desenho e outros destroços do navio no fundo do mar. Não deixa de ser curioso que, na abertura do cofre, entre toda a lama na qual certamente foram absorvidos papéis como documentos, o desenho de Rose tenha sido tão bem conservado, protegido por uma simples pasta. Todos os bens de caráter material naquele cofre se deterioraram, conforme é de se esperar pela sua exposição às águas, mas o desenho, registro da história de amor até então oculta, manteve-se conservado, embora também de papel.

O desenho chama a atenção do explorador e sua equipe quando veem nele a joia que procuram. Em uma entrevista para a televisão, Brock comenta aquele achado e sua importância histórica. Rose vê a entrevista e entra em contato com Brock, que se interessa pelo que ela teria a dizer a partir do momento em que menciona seu conhecimento da joia buscada em segredo. Rose, acompanhada por sua neta, é levada para a embarcação de Brock e acomodada em um quarto do navio, onde organiza suas fotografias perto da cama e menciona que as leva para todo lugar que vai. Ao final do filme, essas fotografias serão visualizadas com mais clareza e nelas se perceberá o registro de memórias associadas a Jack e aos planos que fizera com ele. Nisso, elas se revelam como importante elemento da construção e reivindicação da identidade de Rose. De acordo com Menezes, a fotografia,

> ao ser uma prova da "paralisação" do tempo, ao mostrar a nossa própria imagem enquanto passado, consequentemente mostra também a realidade de nossa existência neste presente. É ela que nos fornece a relação entre tempo e memória, que nos mostra qual é o nosso sentido no mundo em que estamos, qual é o fundamento de nossa própria identidade. Sem memória

não temos identidade. Sem passado não temos identidade. Sem ambos, simplesmente não existimos.[15]

Essa afirmação de existência é ainda mais contundente no caso de Rose, uma vez que, depois de salva do naufrágio, ela adotara outro nome – Rose Dawson – que não consta na lista de passageiros do navio, o que contribui para que ela seja recebida com desconfiança. Bodine acredita se tratar de uma farsante, mas Brock descarta isso pelo conhecimento que ela demonstra em relação à joia. Além disso, num breve momento de esquecimento em que Rose apresenta sua neta para Brock duas vezes, vê-se uma expressão de desaprovação de Bodine, uma vez que, naquele momento, estão contando com as lembranças de uma pessoa cuja memória, no primeiro contato, dá sinais de falha. Mas quando questionada sobre o diamante, ela demonstra conhecer informações que apenas alguém próximo do proprietário saberia. Eles perguntam o nome do beneficiário do seguro da joia, que era mantido em segredo, e ela responde corretamente que era Hockley, seu noivo. Isso dá confiança a Lovett, que, vendo pela data do desenho que Rose teria sido uma das últimas pessoas a ver a joia, diz: "Isso faz de você minha nova melhor amiga".

A ênfase numa perspectiva mais subjetiva da tragédia contraposta a uma visão mais técnica e historiográfica do ocorrido é marcada quando o Sr. Bodine mostra para Rose uma animação computadorizada descrevendo com uma série de minúcias o naufrágio, incluindo dados como tempo de duração, peso e estrutura do navio, profundidade e velocidade do afundamento. Após essa explanação, Rose agradece ironicamente a "autópsia" por ele apresentada e emenda: "Naturalmente, ao vivo, a experiência foi algo diferente". Essa fala serve de gancho para que a personagem, olhando imagens da embarcação afundada, emocione-se e em seguida comece a narrar sua história.

A narrativa então se organiza em dois tempos distintos: o momento presente (ano de 1997) e o período desde a partida do navio até o naufrágio e o resgate dos sobreviventes, em 1912. Além dos dois níveis temporais em que a narrativa é construída, pode-se, analiticamente, marcar uma divisão do filme entre os momentos antes e depois do choque com o iceberg e o

---

15 MENEZES, Paulo. À meia-luz, op. cit., p. 222.

início do naufrágio, como aponta Krämer.[16] Os principais acontecimentos do filme são apresentados na forma de lembranças da idosa Rose, predominando no tempo fílmico os eventos de 1912, os quais são narrados de maneira linear, com breves retornos ao presente e intervenções da narradora.

Convém observar no decorrer da narrativa como há uma construção lógica e claramente mediada da iminência do naufrágio para os espectadores. Além de introduzir didática e precisamente todas as etapas do naufrágio através da explicação do Sr. Bodine, o filme insere repetidas passagens em que Rose ou pessoas ligadas a ela estão próximas de tripulantes do navio ou do engenheiro, falando de temas como um aviso de icebergs que teria sido ignorado pelo capitão ou do número insuficiente de botes salva-vidas. Cria-se e reafirma-se, o tempo todo, a antecipação do naufrágio, ainda reforçada logo após a clássica cena em que Rose "voa" nos braços de Jack, na proa, sob um belíssimo pôr do sol, com a fala: "Aquela seria a última vez que o Titanic veria a luz do sol". Não bastasse ao público saber de antemão que o navio afundaria e milhares morreriam, a antecipação dos eventos é tão precisa que beira o absurdo, quase como se os presentes no evento tivessem plenas condições de saber que aquilo aconteceria e que não o evitaram por pura arrogância em acreditar que o navio era inafundável. Isso parece reafirmar um tom moralista com que o naufrágio é referido no imaginário popular, como uma espécie de castigo pela frase "Nem mesmo Deus poderia afundar aquele navio".[17] Esse encadeamento dos eventos no contexto do naufrágio reitera o aspecto presente na narrativa de seleção e reorganização dos eventos, caráter fundamental que Sorlin aponta na construção fílmica:

> O filme constitui, primeiramente, uma seleção (certos objetos e não outros) e depois, uma redistribuição; ele reorganiza, essencialmente, no universo ambiente, um conjunto social que, por certos aspectos, evoca o meio do qual é içado, mas que, essencialmente, é uma retradução imaginária.[18]

---

16   KRÄMER, Peter. "Women first", *op. cit.*, p. 607-608.
17   De acordo com o site http://www.archives.gov/exhibits/american_originals/titanic.html, a frase é atribuída a um funcionário da White Star Lines no lançamento do navio, em Belfast, na Irlanda, em 31/03/1911. Acesso em: 21 dez. 2012.
18   SORLIN, Pierre. *Sociologie du cinéma, op. cit.*, p. 200.

Mais do que isso, a maneira como acontecimentos considerados históricos são articulados àqueles considerados experiências pessoais de Rose também expressa o que Weber já apontara sobre a construção de sentido na realidade. A realidade, em si, em seu aspecto mais geral, não possui um sentido apreensível, é caótica, sendo o sentido dos eventos algo atribuído, selecionando elementos e informações que, articulados sob uma lógica interpretativa culturalmente estabelecida, adquirem sentido. Em suas próprias palavras:

> O conceito de cultura é um *conceito de valor*. Para nós, a realidade empírica é "cultura" porque, enquanto por nós relacionada às ideias de valor, ela abrange os elementos da realidade que, através dessa relação, se revestem para nós de uma *significação*. Uma parte ínfima da realidade individual adquire novo aspecto de cada vez que é observada, por ação do nosso interesse condicionado por tais ideias de valor. Para nós, apenas essa parte se reveste de significação, precisamente porque revela relações tornadas *importantes* pela sua vinculação a ideias de valor.[19]

A reconstituição dos eventos, portanto, embora por um lado se apresente como minuciosamente fiel, é construída de maneira a produzir familiaridade com os espectadores nos mais diversos níveis, mas constituindo uma unidade de sentido que só é possível em função de um olhar historicamente distanciado do fenômeno e carregado de ideias de valor associadas ao naufrágio, embora o filme disfarce essa construção atribuindo autoridade narrativa a uma versão da história construída como pessoalizada, emocionada e subjetiva.

A partir do momento em que Rose conta sua história, é como se o naufrágio deixasse de ser um dado histórico e distante para se tornar uma versão pessoalizada da tragédia, experimentada no campo das emoções, ao invés de apenas conhecida por informações. Como Sennett já observara: "Agora, as demonstrações dramáticas de sentimentos tornam-se sinais para as outras pessoas de que se é 'para valer', e, também, ao se excitarem

---

19 WEBER, Max. "Sobre a 'objetividade' do conhecimento nas ciências sociais". In: *Ensaios sobre a teoria das ciências sociais*. São Paulo: Centauro, 2008, p. 34.

febrilmente, convencem a própria pessoa de que ela é 'para valer'".[20] A experiência do naufrágio, apesar de seu número expressivo de óbitos reiterado durante o filme, torna-se "para valer" para o público apenas a partir da narrativa emocionada de uma "testemunha" do ocorrido. Considerando que o filme é visto como se fossem as memórias de Rose sobre o episódio, o que se vê é a construção fílmica da experiência da protagonista que, dentro das palavras já citadas do diretor, expressam, mais amplamente, todo o sentimento de perda, luto e separação presente no naufrágio. Valoriza-se aqui, então, outra dimensão da experiência que o cinema hollywoodiano sabe explorar e potencializar: o aspecto emocional.

Durante a fala de Rose no início da narrativa, a imagem da proa do navio afundado é focada em um monitor e, por meio de sobreposição, é convertida em uma imagem do navio novo, instantes antes de zarpar. A música é empolgante, enquanto se tem a visão da grandiosidade do navio, com uma panorâmica mostrando passageiros embarcando e cargas sendo postas a bordo, enquanto uma multidão no porto acena para os viajantes em clima de festa. Rose chega em um automóvel luxuoso e mostra desdém em relação ao navio, dizendo que ele parecia igual ao Mauritânia, transatlântico que, até o momento, era o maior já construído, justamente pela principal concorrente da White Star Lines, construtora do Titanic. Hockley replica o comentário de Rose, dizendo que o navio tem uns 30 metros a mais de extensão do que o mencionado por sua noiva. A mãe dela então pergunta se aquele é mesmo o tal navio que diziam ser inafundável e ele responde com a conhecida frase: "Nem Deus afunda este navio!".

É interessante que a frase seja proferida justamente pela personagem que assume o papel de vilão, como se já neste instante ele encarnasse, desavisadamente, a suposta arrogância atribuída aos construtores do navio. Em outra parte, quando o navio já está afundando, as palavras de seu engenheiro, Sr. Andrews, construído ao longo do filme de forma mais amigável, expressam justamente o oposto, reforçando o maniqueísmo da construção das personagens e dos eventos. Perguntado se o navio poderia afundar, ele responde: "É claro que afunda! Ele é feito de ferro! Eu garanto que afunda!". Percebe-se que Cameron se aproveita em sua narrativa do imaginário popular constituído sobre a tragédia. Se, supostamente, Deus demonstrara sua força aceitando o desafio e afundando o navio que disseram que Ele não

---

20 SENNETT, Richard. *O declínio do homem público, op. cit.*, p. 376.

poderia afundar e punindo a "arrogância humana", Cameron faz "justiça" em seu filme colocando esse tipo de crença ou pensamento apenas em personagens que ele constrói negativamente. Considerando todo esse imaginário anterior ao filme em relação ao naufrágio, uma frase como "Nem Deus afunda este navio" nunca seria pronunciada por personagens que o diretor constrói positivamente como Jack (Leonardo DiCaprio), Rose ou Sr. Andrews, mas justamente por quem cumpre a função de antagonista no enredo.

Embora na primeira aparição em sua juventude Rose demonstre um ar de desprezo ao manifestar-se desinteressada pelos comentários de seu noivo, a narrativa da velha Rose ameniza essa impressão quando ela diz: "Era o navio dos sonhos para todos os outros. Para mim era um navio de escravos, levando-me acorrentada de volta para a América. Exteriormente eu era a perfeita garota de boa família, mas por dentro eu estava gritando". Após essa frase, o navio apita e há um corte para o local onde Jack e Fabrizio jogam pôquer com dois russos, de onde se pode ver o navio ao fundo, através de uma vidraça. Fabrizio queixa-se de que Jack apostou tudo que eles tinham, mas Jack responde: "Quando você não tem nada, você não tem nada a perder". Em russo, os adversários têm discussão semelhante, traduzida pelas legendas: "Seu idiota! Não acredito que apostou nossas passagens!". Todos na mesa estão apreensivos. Jack anuncia: "É hora da verdade. A vida de alguém aqui vai mudar". Jack fala o nome de cada um na mesa para que apresentem suas cartas. Fabrizio não tem nada, bem como o russo que se queixava com seu colega por ter apostado as passagens. O outro russo põe as cartas na mesa, Jack olha e diz: "Dois pares. Lamento, Fabrizio". Seu amigo se irrita, então Jack conclui: "Lamento, mas não verá a sua mãe por muito tempo, porque vamos para a América!". Então ele grita triunfante: "Full house, rapazes!". Eles comemoram, enquanto os russos brigam entre si. O navio parte em 5 minutos e então Jack e seu amigo saem apressados para embarcar a tempo. Quando chegam à porta do navio, este já está de saída e a ponte que lhe dá acesso está sendo retirada. O funcionário do navio pergunta se eles passaram pela inspeção sanitária e Jack responde: "Claro! E, além disso, não temos piolhos. Somos americanos, os dois". Logo que eles entram, a porta é fechada, indicando que foram os últimos a embarcar.

O tema da inspeção sanitária durante o embarque marca simbolicamente a grande distinção das situações de classe presentes no navio. Por situação de classe, entende-se:

> Podemos falar de uma "classe" quando: 1) certo número de pessoas tem em comum um componente causal específico em suas oportunidades de vida, e na medida em que 2) esse componente é representado exclusivamente pelos interesses econômicos da posse de bens e oportunidades de renda e 3) é representado sob as condições de mercado de produtos ou mercado de trabalho. Esses pontos referem-se à "situação de classe", que podemos expressar mais sucintamente como a oportunidade típica de uma oferta de bens, de condições de vida exteriores e experiências pessoais de vida, e na medida em que essa oportunidade é determinada pelo volume e tipo de poder, ou falta deles, de dispor de bens ou habilidades em benefício de renda de uma determinada ordem econômica. A palavra "classe" refere-se a qualquer grupo de pessoas que se encontrem na mesma situação de classe.[21]

O que se percebe nesse sentido e que o filme marcará insistentemente são diferenças de comportamento, de tratamento e benefícios provenientes das condições de vida exteriores determinadas em grande parte pela ordem econômica – proprietários e herdeiros de indústrias na primeira classe, trabalhadores imigrantes e operários que participaram da construção do navio na terceira.

Os membros da primeira classe, como Rose e Hockley, não são mostrados passando por inspeção. Não bastasse, enquanto se vê uma fila de pessoas para a inspeção, com um funcionário averiguando minuciosamente a barba de um passageiro com um pente fino, passa por eles um criado que embarca com cães de raça, com pelos bem tratados, pelo que se entende, pertencentes a algum passageiro da primeira classe. O contraste é evidente: aqueles cães – animais propensos a carregar pulgas e carrapatos sob seu pelo – são mostrados embarcando sem inspeção e tranquilamente, enquanto um homem revolve a barba de outro homem, provavelmente em busca de parasitas às vezes até semelhantes àqueles que, provavelmente, poderiam ser encontrados no pelo dos cães. Construções desse tipo serão constantes no filme, sendo explorados contrapontos e paralelismos, alternando cenas

---

[21] WEBER, Max. *Ensaios de Sociologia.* Rio de Janeiro: LTC, 1982, p. 212.

da primeira e da terceira classe, em situações semelhantes, sendo mais frequentes depois que se inicia o naufrágio, com a terceira classe, que fica nos andares mais baixos do navio, sendo a primeira a se dar conta do incidente, enquanto a primeira classe é mostrada irritada por ser incomodada em suas atividades para vestir coletes salva-vidas.

Outro aspecto importante para a diferenciação das classes do navio é seu figurino. Pode-se observar que as personagens da terceira classe, em sua maioria, vestem roupas de tons pardos e aspecto puído, desgastado, predominando cores como marrom, bege, cinza e um branco de aspecto encardido. As personagens da primeira classe, por outro lado, aparecem na maior parte do tempo em trajes de gala, com os homens em geral usando smokings pretos e camisas muito alvas, sendo que alguns usam cartolas. Já as mulheres aparecem com vestidos mais coloridos em comparação às da classe mais baixa, embora os tons sejam em geral discretos, como amarelo claro, vermelho escuro, púrpura ou verde claro. Além disso, essas personagens usam acessórios que combinam com suas roupas, como luvas, chapéus e joias, o que não se vê nas personagens da terceira classe.

Cria-se para os espectadores, com isso, uma identificação visual clara dessas duas classes, que será marcada também pelos cenários, pelo acabamento dos corredores e ambientes, sua decoração e, de maneira mais notável, os canos que podem ser vistos sobre os corredores da terceira classe. Embora durante o naufrágio, quando aquele nível do navio está sendo rapidamente inundado, eles sirvam para Jack e Rose se segurarem enquanto tentam se salvar, sua presença em cenas anteriores cumpre a função de localizar o espectador nos níveis mais baixos do navio. Com estes recursos simples, os espectadores identificam facilmente não apenas o ambiente em que se passa cada cena, mas em que classe do navio ele se dá. Curiosamente, nessa construção polarizada que o filme faz, chega a parecer que não há uma classe intermediária no navio. Embora mencionada em algum instante do naufrágio, a segunda classe não é construída, nem temática e nem visualmente; é como se não existisse. Constitui-se assim um contraste que oferece não apenas a condição ideal para um maniqueísmo palatável para os espectadores, mas também para a naturalização de seus aspectos moralizantes ao selecionar situações e atitudes específicas dentro de cada classe mostrada e, com isso, criar no imaginário da tragédia (que não escolheu vítimas ou sobreviventes) heróis e vilões, posicionamentos firmes e irredutíveis, que, da maneira como são mostrados, parecem intrínsecos às personagens e suas respectivas situações de classe, mesmo perante o caos, desespero e pânico generalizados.

Podem-se identificar três grupos principais de personagens: passageiros da primeira classe, entre os quais se encontram Rose, sua mãe e seu noivo; passageiros da terceira classe, entre os quais se encontram Jack, seu amigo italiano Fabrizio e um jovem irlandês chamado Tommy, que eles conhecem a bordo do navio, e a tripulação: capitão, marinheiros, engenheiro, músicos, funcionários de vários níveis diferentes que, de alguma maneira, trabalham no navio. O terceiro grupo ocupa uma posição intermediária entre os outros, sendo que sua relação com os demais é destacada a partir do momento em que o naufrágio começa, seja na maneira como comunicam para os outros a situação e instruem passageiros sobre procedimentos de segurança, seja tentando controlar ou amenizar o tumulto crescente ou, ainda, coordenando o acesso aos botes.

As personagens da primeira classe são expostas por Rose com desdém e acidez; ela fala criticamente dos passageiros e seus hábitos, como fumar charutos, discutir política e negócios. Além de Rose, a única passageira positivamente construída da primeira classe é Margareth Brown, sobrevivente do naufrágio e militante feminista de destaque na década de 1920.[22] Dos demais passageiros da primeira classe mostrados no filme, apenas ela recebe um destaque na narração de Rose no presente, que fala de seu embarque, de como ela ficou conhecida como a "Inafundável Molly" e dos comentários que faziam a seu respeito na primeira classe. Molly é apresentada como uma viúva cujo marido enriquecera recentemente após descobrir uma mina de ouro, em contraponto aos demais da primeira classe, de aparente caráter aristocrático. Há que se considerar, no entanto, que, embora haja presença de pessoas ligadas à nobreza na Europa, não há homogeneidade entre as personagens da primeira classe. Apesar de se perceber a valorização do nome, da estirpe e o rechaço aos "novos ricos" como Molly, muitos ali, como Hockley, entre outros norte-americanos, seriam herdeiros de "novos ricos", provenientes de uma ordem capitalista, usufruindo dos benefícios de uma recente industrialização.

Diferentemente da maioria dos passageiros daquela classe do navio, Molly não apresenta o ar afetado e a etiqueta que se pode ver em figuras

---

[22] Disponível em: <http://www.encyclopedia-titanica.org/titanic-biography/molly-brown.html>. Acesso em: 3 jan. 2011.

como Ruth, mãe de Rose. Molly é escandalosa em seus gestos e seu sotaque é marcadamente caipira, além de ela não esconder sua avidez por fofocas e usar gírias constantemente. Ela é mostrada como uma pessoa indesejada, que é tolerada, mas não é considerada como pertencente àquele meio. Nesse sentido, percebe-se que Molly, a despeito das condições econômicas de que usufrui, não se encontra numa situação que permitiria seu reconhecimento e aceitação naquele meio. Conforme Weber:

> Em contraste com a "situação de classe" determinada apenas por motivos econômicos, desejamos designar como "situação de status" todo componente típico do destino dos homens, determinado por uma estimativa específica, positiva ou negativa da *honraria*. Essa honraria pode estar relacionada com qualquer qualidade partilhada por uma pluralidade de indivíduos e, decerto, pode estar relacionada com uma situação de classe: as distinções de classe estão ligadas, das formas mais variadas, com as distinções de *status*. A propriedade como tal nem sempre é reconhecida como qualificação estamental, mas a longo prazo ela assim é, e com extraordinária regularidade.[23]

Ruth, por outro lado, encontra-se em condição oposta: ela goza de uma situação de status que lhe confere uma estimativa positiva de honraria, permitindo-lhe ser aceita e reconhecida naquele meio, ainda que, conforme o filme revela, ela se encontre falida, ou seja, sem as condições econômicas necessárias e correspondentes.

Molly é então construída positivamente como passageira da primeira classe, mas de maneira em que suas diferenças sejam sublinhadas, evidenciando-a como uma pessoa que, apesar de ter a condição econômica necessária, não corresponde à construção que é feita dos integrantes daquele meio, baseada quase que exclusivamente em sua situação de status. Nesse sentido, sua situação de status, da maneira como é construída, tende a aproximá-la de Jack, causando a impressão de que a única coisa que a diferenciaria dele é sua condição econômica. Além disso, considerando a iniciativa que é atribuída a Molly de convencer a retornarem com seu bote em busca

---

23 WEBER, Max. *Ensaios de Sociologia, op. cit.*, p. 218-219.

de mais sobreviventes,[24] tornando-a conhecida como uma heroína do naufrágio, a construção desfavorável dos passageiros da primeira classe é reforçada, uma vez que aquela que no futuro será reconhecida como heroína é mostrada sendo desdenhada. De maneira que a única integrante daquela classe – além de Rose – que é construída positivamente é também construída como não pertencente àquele universo, alguém cujo *background* e comportamentos não correspondem aos dos passageiros da primeira classe.

No entanto, os passageiros como Hockley, burgueses em ascensão (pelo visto, norte-americanos), reproduzem a pompa e a etiqueta a princípio próprias de aristocratas e mostram-se ainda mais rigorosos na distinção com os de situação de classe menos favorecida. Além de não possuírem ligações hereditárias com a nobreza, certamente vindo de famílias que teriam constituído fortuna já em uma América do Norte capitalista e independente, sua caracterização se diferencia dos aristocratas nas menções ao ato de "falar de negócios", algo que só faz sentido dentro de uma ética burguesa, no que se associam valores como trabalho, produção e investimento de bens econômicos com fins lucrativos. No entanto, percebe-se que a questão do nome e determinadas posturas que acusam distinção ainda são valorizadas, embora, entre aqueles passageiros, tal distinção tenha se constituído mais pela posse de bens materiais e seu emprego enquanto forma de capital, principalmente na indústria. Isso aparece em conformidade com o que Weber teria observado no início do século XX nos Estados Unidos:

> Em sua forma característica, a organização estamental tendo por base os estilos de vida convencionais está surgindo no momento nos Estados Unidos, a partir da democracia tradicional. Por exemplo, somente o morador de uma determinada rua ("a rua") é considerado como pertencente à sociedade, está qualificado para o relacionamento social e é visitado e convidado. Acima de tudo, essa diferenciação se desenvolve de tal forma que produz estrita submissão à moda dominante em determinado momento na sociedade. Essa submissão à moda existe também para os homens na América, em grau desconhecido na Alemanha. Tal submissão é

---

24 Disponível em: <http://www.encyclopedia-titanica.org/titanic-biography/molly-brown.html>. Acesso em: 3 jan. 2011.

> considerada como um indício do fato de que um determinado homem *pretende* qualificar-se como um cavalheiro, e faz que, pelo menos *prima facie*, seja tratado como tal.[25]

Possivelmente, o rechaço que personagens como Ruth demonstram contra uma "nova rica" seja, em alguma medida, por reconhecer seu potencial para ascensão, podendo provocar desequilíbrios em sua rede de relações, ameaçando a perda de posições de conforto e reconhecimento. Mesmo no contexto da corte de Luís XIV, onde se poderia imaginar uma estratificação mais rígida, Elias já observara variações em sua estrutura hierárquica, no que os presentes observam e avaliam uns aos outros e seu potencial de influência e ascensão. Segundo o autor:

> Qualquer ameaça à posição privilegiada de uma determinada casa, assim como ao sistema hierarquizado de privilégios como um todo, significava uma ameaça àquilo que dava valor, importância e sentido aos indivíduos dessa sociedade, a seus próprios olhos e aos olhos das pessoas com quem conviviam e que tinham uma opinião sobre eles.[26]

Sabendo que, na situação em que os passageiros da primeira classe do Titanic se encontram, a posse de bens econômicos é particularmente relevante – pelo visto mais do que o nome – e é considerada legítima e suficiente para que participem das interações com figuras influentes, a presença de Molly é uma ameaça à posição privilegiada de que personagens como a mãe de Rose ainda gozam, especialmente por já se encontrarem economicamente em declínio.

A construção desfavorável de personagens em situação de classe privilegiada está presente também em *Uma Linda Mulher* e em *Love Story* (Arthur Hiller, 1970), o que tem por efeito reforçar o discurso romântico do amor pelo amor apenas, em que toda riqueza material é repelida em nome do discurso de que um relacionamento amoroso deve se basear exclusivamente no sentimento recíproco dos amantes. Nesse sentido, é fundamental que a integrante

---

25 WEBER, Max. *Ensaios de Sociologia, op. cit.*, p. 220.
26 ELIAS, Norbert. *A sociedade de corte, op. cit.*, p. 95.

do casal que esteja na situação de classe mais favorável vivencie, ainda que momentaneamente, um estado de desapego material, a disposição em unir-se com seu amante ainda que signifique privar-se de bens materiais, como acontece com Rose. Esse discurso do amor promove a ideia de uma união estável baseada apenas em sentimentos que, por muito tempo, serviu como pressuposto moral para a organização de famílias na modernidade.

Já o grupo de personagens a que Jack pertence, por outro lado, é construído de maneira a ressaltar sua espontaneidade e simpatia. Jack facilmente faz amigos a bordo, o que é visto em sua conversa com Tommy, o jovem irlandês que lhe conta sobre a construção do navio. Na festa nos porões do navio para a qual leva Rose, todos parecem se divertir alegremente, dançando, tocando instrumentos, bebendo e jogando. Embora Rose seja uma estranha naquele meio, que poderia ser distinguida por suas roupas e gerar desconfiança, ela é recebida como igual, dança, bebe e se diverte como eles. É curioso observar que, durante o naufrágio, enquanto os passageiros da primeira classe são mostrados, primeiramente, sem saber o que está acontecendo e se queixando de coisas como a necessidade de vestir um colete salva-vidas, as personagens da terceira classe são mostradas em momentos de comoção, como em cenas de pais tentando explicar para seus filhos a necessidade de esperar para entrar nos botes ou tentando protegê-los. Enquanto os pobres, além de espontâneos, são mostrados como carinhosos e caridosos, os abastados, até o final, são mostrados como esnobes, egoístas e fúteis, o que é destacado quando, num momento já avançado do naufrágio em que muitos entram em pânico perante a inevitabilidade da tragédia, um cavalheiro da primeira classe, vestindo fraque e cartola, recusa um colete salva-vidas dizendo: "Obrigado. Estamos bem vestidos e vamos afundar como cavalheiros. Mas gostaríamos de um brandy".

Quanto ao grupo dos que trabalham no navio – no qual, apenas para fins analíticos, inserimos aqui o dono do navio e seu engenheiro –, não parece predominar uma construção típica dessas personagens em conjunto, o que provavelmente se deve à amplitude de diferentes posições hierárquicas que ocupam, sendo que em sua apresentação, diferente da dos demais, não é tão valorizada a exposição de estereótipos antagônicos com vistas a distinguir esse grupo dos demais por meio de contrapontos. Há integrantes ricos e pobres nesse grupo, com posturas diversas, desde os músicos que ficam tocando durante praticamente todo o naufrágio aos funcionários que apenas tentam "fazer seu trabalho" contendo as multidões desesperadas, organizando o acesso aos botes salva-vidas ou informando sobre procedimentos de segurança perante o naufrágio.

O capitão (Bernard Kill) é apresentado predominantemente como um bom profissional, que de início mostra sua preocupação e conhecimento em relação à velocidade do navio, mas depois minimiza um aviso de icebergs, dizendo que são comuns naquela época do ano, o que sugere que ele se acomodou em sua vasta experiência, possivelmente julgando que os icebergs poderiam ser vistos antes de uma eventual colisão. De maneira geral, a não ser pelo proprietário do navio, cuja construção mais se aproxima da adotada para os passageiros da primeira classe, todos os tripulantes são construídos como bons trabalhadores que fizeram seu serviço da melhor maneira possível, sendo que os que "falham" se encontram perfeitamente amparados pelo argumento do pânico e da pressão do momento, seja o funcionário que aceita suborno e tenta apartar a multidão com tiros, mas se arrepende e se mata, seja o funcionário que não consegue destrancar um portão para Jack e Rose e corre para salvar a própria vida.

Por um lado, esse sistema relacional preserva o caráter acidental da tragédia, mas, por outro, constitui um sistema de hierarquia de valores que se fundamenta na crítica à opulência que não apenas remete a uma aristocracia decadente, mas, principalmente, a novos milionários que, ao tentar incorporar enfaticamente seus estilos, ações e gestos afetados, buscam afirmar uma posição de superioridade legitimada mais pelo seu poder aquisitivo – que permite comprar joias da realeza, como Hockley faz com o Coração do Oceano – do que por qualquer senso de pertença. Por trás de cenas da inundação e destruição das estruturas luxuosas do navio, está a crítica à efemeridade não apenas de algo que fora feito para resistir longamente como forma de ostentação de poder econômico, mas de todos os valores a ela associados, à preservação das desigualdades de classe e de gênero através da valorização da estirpe, casamentos arranjados e atitudes dissimuladas na vida pública.

É interessante observar que, enquanto em *Uma Linda Mulher* há uma construção favorável dos milionários de estirpe, encarnada por Edward em contraponto a seu advogado Stuckey e sua postura agressiva nos negócios,[27] em *Titanic* o que se vê é o oposto. A primeira classe, com toda sua pompa e

---
27 Ver Capítulo II.

etiqueta, é construída de maneira a reforçar a impressão de que suas posturas e valores não só encontravam-se ultrapassados, mas também serviam como instrumento de opressão à liberdade individual. Se *Uma Linda Mulher*, no início da década, expressa certa resistência moral a uma cultura neoliberal que começa a se estabelecer e suas potenciais implicações nas posturas individuais, em *Titanic*, embora os discursos se assemelhem no tocante à minimização de barreiras sociais e econômicas para o amor, a ênfase é maior na oposição entre indivíduo e sociedade, sendo que esta última, da maneira como é apresentada simbolicamente na divisão de classes do navio, adquire um aspecto estrutural e hierárquico mais rígido e evidente.

Feita uma primeira diferenciação das classes já na hora do embarque, os contrapontos entre os universos de Jack e Rose aparecem, a fim de marcar a distância social que será o primeiro obstáculo entre eles, logo minimizada perante o naufrágio. Primeiro são mostrados Jack e Fabrizio, empolgados, chegando à sua pequena cabine, dividida com mais dois passageiros – pelo visto, amigos dos que perderam o jogo de pôquer, que se surpreendem com aqueles dois estranhos em seu quarto – e, em seguida, há um corte para as acomodações de Hockley e Rose, um lugar amplo, com lareira, onde Rose, mantendo um constante ar de desinteresse, orienta uma criada para pendurar seus quadros. É possível visualizar uma das telas, cujo desenho lembra prontamente o quadro *Senhoritas de Avignon*, de 1907, de Pablo Picasso,[28] o que permite a qualquer espectador minimamente familiarizado reconhecer o estilo marcante do pintor. Hockley entra no aposento e critica as pinturas, dizendo ser um desperdício de dinheiro. Rose responde: "Diferente de você, eu tenho bom gosto. Elas são fascinantes. São como sonhos: têm verdade, mas não têm lógica". Uma empregada pergunta o nome do pintor e Rose responde: "Alguma coisa Picasso". Hockley ri daquele nome, dizendo que ele jamais dará em nada e ainda conclui debochadamente: "Ao menos foram baratos".

Além de cômica, esta cena tem importante papel na constituição da personagem Rose e na distinção feita entre ela e seu noivo. Ao colocá-la como admiradora de um artista hoje consagrado, mas apresentado como pouco conhecido na época – ao menos para ingleses e americanos –, valoriza-se não apenas a sensibilidade estética e artística da moça, como também

---

28 Contudo, ao se observar o quadro do pintor e a figura do filme, são notáveis as diferenças, de maneira que o quadro visto no filme parece mais aludir estilisticamente ao original do que necessariamente reproduzi-lo ou subentender que a pintura estivesse a bordo do navio.

confere à sua personalidade algo de visionário, vanguardista, em contraponto a seu noivo conservador, não apenas em relação à arte, mas ao casamento, à propriedade, à sua classe e posição social. Gostar ou não de Picasso aqui não se encerra na subjetividade do gosto artístico, mas compõe, junto a outros elementos, a distância ideológica entre essas duas personagens, ou, mais precisamente, entre Rose e os demais do grupo social em que é inserida no filme. Sua diferenciação, insinuada no gosto artístico, se manifestará também no aspecto intelectual, quando, no primeiro jantar, demonstra conhecimento do trabalho de Sygmund Freud numa insinuação ácida para o Sr. Ismay quando este se gaba do tamanho de seu navio, explicando por que escolheu o nome *Titanic*. Ismay, sem saber de quem Rose fala, pergunta se seria um passageiro de seu navio. Embora a obra de Freud já pudesse ser conhecida em 1912, tem-se novamente uma construção em que Rose se destaca como alguém à frente de seu tempo, em contraste com os demais à sua volta, mostrando conhecimento de outra figura hoje consagrada, mas estranha aos demais, que o filme constrói desfavoravelmente.

Estes sinais, associados à relutância de Rose em comportar-se como uma dama de alta classe – pedindo que Jack lhe ensine a fazer coisas como homem, inclusive a cuspir como homem – e à sua rebeldia perante sua mãe e seu noivo, servirão para compor uma personagem que se aproximaria mais do público feminino contemporâneo de Cameron do que do meio e do tempo onde Rose é localizada. Rose é construída na chave da diferenciação, da oposição ao papel de "perfeita garota de boa família" que ela se vê obrigada a executar. Mas essa oposição é apresentada aos espectadores da década de 1990 de forma perfeitamente coerente com seus valores e percepções, encaixando-se em discursos que eles já têm estabelecidos positivamente: Rose tem uma postura de independência e autonomia que é mostrada como estranha ao seu tempo, mas é naturalizada hoje; gosta de pintores e intelectuais que o filme mostra como desconhecidos na época (Picasso, Freud e, mais adiante, Monet), mas consagrados hoje. Rose então encarna um estereótipo que agrada hoje, mas pareceria extravagante em 1912. Tudo isso a faz parecer muito mais especial para sua época, enquanto, em contraste, faz seu meio parecer absurdo. O que se vê não é simplesmente o choque do gênio de Rose com seu meio, mas o choque de valores dos contemporâneos do filme com um meio estranho, que lhes parece distante não apenas historicamente, mas também moral e culturalmente, com uma personagem em todos os sentidos deslocada, mas que, aos olhos do espectador, causa mais a impressão de que é o mundo ao redor dela que está totalmente fora de lugar.

Outra construção de personalidades presentes no naufrágio marcada por contrapontos e que convém ser destacada é a do Sr. Ismay, proprietário do navio, e do Sr. Andrews, engenheiro que o projetou, figuras apresentadas como praticamente opostas do ponto de vista moral que o filme sugere, embora integrantes do mesmo grupo analítico aqui utilizado. A caracterização de Ismay já tendia a ser desfavorável pelo fato de ele ter se salvado do naufrágio e recebido várias acusações de ter embarcado num dos primeiros botes enquanto muitas mulheres e crianças ainda estariam a bordo do navio e lá teriam morrido.[29] Mesmo tendo realizado ações beneficentes depois do naufrágio, parece que o que o filme de Cameron preservou de sua memória foi a imagem do milionário que supostamente deveria ter afundado com seu navio, mas que conseguira escapar do naufrágio. Ismay é mostrado como personagem arrogante e ambicioso, que exalta os méritos de seu navio e ainda incentiva seu capitão a aumentar a velocidade mesmo num momento em que esse mostra não considerar seguro. Embora o capitão tenha sido apontado como responsável pelo naufrágio nos inquéritos que se seguiram, ignorando avisos de icebergs,[30] ao mostrar Ismay incentivando-o a aumentar a velocidade para que o navio cumpra a viagem em tempo recorde e seja manchete chegando um dia antes do esperado, é como se o filme transferisse a culpa do naufrágio para seu proprietário, cuja ambição momentaneamente corrompera o experiente capitão.

Por outro lado, Andrews é apresentado como uma pessoa humilde. Durante o primeiro jantar a bordo, Ismay o elogia por ter projetado o navio e ele se exime dos méritos, atribuindo a ideia do navio ao proprietário. Ainda nesse jantar, quando Rose faz seu comentário sobre Freud, Andrews, além de Molly, é mostrado sorrindo, o que não se vê entre os demais presentes à mesa. Em outros momentos, ele será mostrado com uma ternura quase paternal em relação à Rose, falando do navio como se o tivesse construído para ela, além de, nos instantes finais do naufrágio, dar-lhe seu colete salva-vidas. E quando ele passa pelos botes e Rose lhe indaga sobre a capacidade inferior ao número de passageiros, ele, docemente, além de

---

29 Disponível em: <http://www.encyclopedia-titanica.org/>. Acesso em: 3 jan. 2011.
30 Disponível em: <http://www.encyclopedia-titanica.org/titanic-captain-blamed-for-wreck.html>. Acesso em: 3 jan. 2011.

elogiar a perspicácia da moça em sua observação, afirma que projetara o navio com mais botes, mas que aquilo fora recusado, pois "acharam que o convés ficaria entulhado".[31] Durante o naufrágio, sua preocupação é mostrada querendo evitar pânico, repreendendo um oficial por colocar poucos passageiros nos botes salva-vidas ou se indignando com os passageiros que, nos instantes iniciais do naufrágio, voltaram para dentro do navio por que, segundo um tripulante, "não gostam do frio e do barulho".

Embora mostrado constantemente na companhia de passageiros da primeira classe, quase como se fosse um deles, Sr. Andrews é destacado como alguém que está lá, sobretudo, a trabalho, apresentando o navio junto ao Sr. Ismay ou estudando sua planta. Logo após o choque do navio com o iceberg, antes que saiba do ocorrido, Andrews é mostrado em sua cabine com a planta do navio aberta sobre a mesa, como se a estivesse estudando naquele preciso momento. O engenheiro é construído então como um íntegro profissional e homem gentil, que, embora na companhia dos passageiros da primeira classe, como Rose e Molly, encontra-se deslocado naquele ambiente referido por Molly como um "ninho de cobras".

Já Jack não é elaborado em oposição aos demais de sua classe. Ao contrário, ele aparece bem integrado, faz amigos facilmente e não é mostrado em nenhuma espécie de confronto moral ou ideológico com os demais da terceira classe. A maior diferenciação que pode ser apontada nele em relação às outras personagens de seu grupo é não aceitar a distância entre sua classe e a de Rose, que já é apontada por Tommy na primeira vez que Jack a vê: "Esqueça, rapaz. Seria mais fácil você arrotar um anjo do que se aproximar dela". No entanto, Jack não parece prestar atenção a isso. De resto, as diferenças e qualidades que o filme poderia exaltar em Jack não são apresentadas como contraponto à sua classe; no máximo, servem como contraponto ao meio de Rose, o que apenas reforça a construção de um discurso moralizante de classes que valoriza uma espontaneidade idealizada nas classes menos favorecidas economicamente e coloca o meio daqueles em situação de classe privilegiada como lugar da artificialidade, do excesso

---

31 Contudo, o número de botes era superior ao exigido pelas normas de segurança da época. Entende-se que, para os padrões de então, não era corrente ter botes para todos os passageiros, de forma que dificilmente isso tenha sido uma preocupação de seu engenheiro que, da maneira que o filme constrói, foi descartada por um motivo fútil. Fonte: <http://www.titanic-nautical.com/RMS-Titanic-W.html>. Acesso em: 3 jan. 2011.

de pompa, da frieza e da falsidade em nome da preservação de uma ordem social construída como obstáculo para o amor.

Em tais circunstâncias, Rose, profundamente amargurada com o que o futuro parecia lhe reservar, cogita suicidar-se, pulando do navio. Ao narrar o momento em que decide se matar, a velha Rose conta sentir-se "à beira de um grande precipício, sem que ninguém a puxasse de volta, ninguém se importasse ou percebesse". A metáfora é reforçada visualmente com a alternância de imagens de cima para baixo e de baixo para cima da moça à beira do gradil da popa, a muitos metros da superfície da água. E quando Jack estende sua mão e tenta dissuadi-la, ele faz exatamente o que a narradora acabara de dizer que ninguém fazia, oferecendo-se para puxá-la de volta, mostrando se importar e percebendo seu perigo. Nessa construção, as palavras da narradora e as imagens reiteram um estado que ela descreve como emocional e metafórico, conferindo-lhe um aspecto de literalidade. De tal forma que os sentimentos das personagens aparecem visualmente marcados e explicados não apenas em função da atuação dramática dos atores, mas pelas palavras da narradora e pelos cenários e situações em que se encontram, elevando o nível de sua expressividade, bem como o direcionamento específico das sensações e impressões que o filme visa transmitir.

Jack conversa com Rose e se aproxima aos poucos, tentando dissuadi-la dizendo que já está envolvido e que se ela pulasse, ele teria de pular também para salvá-la. Ele tira a jaqueta e as botas enquanto fala e consegue convencê-la com o argumento da temperatura da água e do quão doloroso seria o mergulho. Rose aceita sua ajuda, mas acaba escorregando ao pisar sem querer em seu vestido e quase cai, sendo salva por Jack, que a puxa até que os dois caiam juntos sobre o piso do navio. Os gritos de socorro chamam a atenção de marinheiros que vêm ver o que está acontecendo. Ao chegar, eles se deparam com os dois no chão, Jack sem jaqueta e sem botas e Rose também no chão, com parte de sua coxa exposta. Vê-se imediatamente que interpretam que Rose fora atacada por Jack, ordenando que ele se afaste e chamando o chefe de segurança.

Enquanto Jack está sendo algemado, Hockley, enervado, ralha: "O que fez você pensar que poderia colocar as mãos em minha noiva?". Ele se aproxima de Jack, ordena que olhe para ele e o pega pelo colarinho da camisa, furioso. Dentro de toda a construção de vilão que é feita de Hockley, é perceptível, desde esse momento, que se trata de um homem covarde. Perante um homem algemado, ele esbraveja e o puxa pelo colarinho, prestes a agredi-lo, mas em momento algum ele enfrenta seu rival em pé de igualdade, encarregando seu guarda-costas, Lovejoy, de lidar com ele. Em acréscimo, quando em outros momentos a sós com Rose, ele não teme esbofeteá-la ou gritar e virar agressivamente a mesa onde tomam café da manhã. Em momento algum Hockley enfrenta seu rival ou sequer os perigos do naufrágio, usando, enquanto possível, de seu dinheiro e dos serviços de seu capataz. Com isso é marcada a diferença existente entre os dois: Hockley nunca está disposto realmente a lutar por nada; ele se esconde e se protege em sua condição de classe, dizendo que um homem faz sua própria sorte, mas de maneira contraditória, sempre recorrendo ao seu dinheiro para definir as situações a seu favor. Jack e Rose lutarão para sobreviver e ficar juntos, enquanto Hockley simplesmente tentará subornar um oficial ou se aproveitar de uma situação em que vê uma criança perdida para embarcar com ela num bote salva-vidas.

Rose interrompe Hockley, tentando explicar, vacilante, que aquilo foi um acidente e que Jack na verdade a salvou. Confuso, Jack confirma a história de Rose. Um homem comenta que ele é um herói e sugere que Hockley lhe dê alguma recompensa. Ele então ordena a Lovejoy que dê 20 dólares para o rapaz, o que ofende profundamente Rose: "A mulher que você ama só vale isso?". Sarcasticamente, ele responde: "Rose está descontente! O que fazer? Já sei!". Ele se dirige a Jack e o convida – com evidente ar de deboche – para jantar na primeira classe e contar sua façanha heroica. Percebe-se que sua intenção é de se divertir à custa de Jack durante o jantar, o que não necessariamente acontece.

Na cena seguinte, Rose está de camisola, de frente para sua penteadeira, quando Hockley bate à porta e entra. Há uma melodia doce de caixinha de música que contrasta fortemente com a expressão tensa que o rosto de Rose assume na presença de seu noivo, no momento em que a presenteia com a joia Coração do Oceano. Rose se impressiona e ele diz: "Talvez sirva para que você se lembre de meus sentimentos por você". Esta cena, logo em seguida àquela em que Rose questiona se a mulher que ele ama vale apenas 20 dólares, sugere que Hockley tenta demonstrar para Rose que ela tem um valor maior do que ele possa ter dado a entender. Contudo, ela não deixa de ser tratada como mercadoria, cujo valor é pautado em função de bens materiais. O incômodo da moça enquanto ele coloca a joia em seu pescoço é notável, sendo que ela comenta que o colar chega a ser opressivo, o que já sugere que ela atribui àquela joia um sentido de aprisionamento, enquanto seu noivo diz: "Foi feito para a realeza. Nós somos realeza, Rose". Ela apenas olha para ele, com olhos arregalados, em seguida para o espelho, aparentando receio.

A partir desta cena no quarto, percebe-se mais claramente a significação que é atribuída à joia do ponto de vista da protagonista, o que difere consideravelmente daquela dos exploradores que a buscam. Se para eles se trata de uma joia valiosíssima, a ser reencontrada a todo custo devido à sua raridade e seu preço absurdo, para Rose seu significado é outro: embora seja um belo colar, ele parece mais remeter a um símbolo de propriedade e controle, como se fosse uma coleira. Aquela joia, na maior parte do filme, funciona para Rose como lembrete de que Hockley a vê, antes de tudo, como uma posse. Rose não manifesta nenhum sentimento positivo em relação ao diamante. Seu primeiro comentário ao ver as fotos do diamante no barco de Brock é que a joia era horrivelmente pesada e que ela só a usara para posar para aquele desenho. E como o filme mostra depois, ela posa para o desenho com a joia como uma forma de provocar Hockley, deixando-o dentro de seu cofre com o recado: "Agora você pode guardar nós dois em seu cofre".

Apenas depois do naufrágio a joia assumirá outro sentido para ela, mas, pelo visto, não menos pesado, ao remeter à memória da tragédia e aos segredos que ela guardou por mais de 80 anos. A joia não é, em momento algum do filme, um símbolo de seu relacionamento com Jack, mas antes, de algo "horrivelmente pesado" – possivelmente o sentimento de luto – que ela carrega em seu peito. Apenas depois de revelar a história com Jack, instantes antes de morrer, é que Rose se desfaz da joia, lançando-a ao fundo do mar, próximo de onde se encontra o navio. A joia desaparece lentamente na escuridão das águas, simbolizando a redenção de Rose, livre daquele peso, de segredos e pronta para encontrar seu amado em outra vida. A metáfora parece ainda mais significativa quando é escolhido justamente um diamante – joia tida como símbolo de eternidade – para esvanecer-se no oceano como algo efêmero. O simbolismo de durabilidade atribuído ao diamante também é expressivo ao ser mostrado como um presente que Hockley guardava para a festa de noivado, remetendo à própria condição do matrimônio enquanto vínculo duradouro. Dessa forma, a jovem Rose, como é apresentada, não tinha condições de ver naquela joia senão o símbolo da opressão à qual se via sujeita, justamente aquilo de que desejara fugir suicidando-se.

No dia seguinte ao incidente em que conhecera Jack, Rose vai agradecê-lo e eles passam a tarde caminhando e conversando no convés. Ela se queixa de sua vida, de sua inércia e nisso mostra sua aliança para Jack. Ele pergunta se ela ama Hockley, mas ela se recusa a responder àquela questão como se fosse uma pergunta demasiadamente indiscreta e imprópria, deixando claro que a resposta seria negativa. É como se fosse uma questão não apenas imoral, mas descabida, servindo a uma ambiguidade: ou a questão é descabida porque o amor, naquela época, já é considerado pré-requisito moral para a contração do matrimônio e, doravante, é uma ofensa sugerir a possibilidade de que alguém se casará sem amor ou, como parece ser o caso de Rose, o amor simplesmente não tem nada a ver com aquele assunto.

Ela insulta Jack e ordena que ele saia de sua parte do navio, mas repara na pasta que ele carrega consigo e a puxa para dar uma olhada. Então, vendo que é um artista, sua atitude muda e ela senta-se, muito interessada em seus desenhos. Os primeiros desenhos que ela vê e elogia, curiosamente, são de uma mulher amamentando um bebê, seguido de uma criança sendo segurada no tronco pelas mãos de algum adulto; imagens que remetem à ternura e à maternidade. Logo começam os desenhos de mulheres nuas e Rose mostra-se embaraçada, perguntando se foram feitos com modelos vivos, ao que Jack responde afirmativamente. Contudo, ela não parece menos interessada naqueles desenhos sensuais. Rose repara numa modelo que Jack usara repetidamente, sugerindo que seria um interesse amoroso, mas ele nega, dizendo que ela tinha mãos lindas e por isso gostava de desenhá-la. Ele conta também que era uma prostituta de uma perna só, o que, a princípio, gera uma reação de asco em Rose. Mas Jack fala bem da prostituta e de seu senso de humor, e ao fundo temos uma música de piano singela, construindo a imagem sensível de Jack, sem preconceitos. Ao som dessa música, saem os desenhos sensuais e aparece o desenho de uma velha senhora abandonada cuja história ele conta para Rose, que o elogia: "Você tem um dom. Você vê as pessoas". Ele responde: "Eu vejo você" – o que provoca um breve sorriso na moça que logo some quando ele diz o que vê: "Você não teria pulado".

A expressão "ver as pessoas" aqui tem um sentido que beira ao místico e que Cameron explora também em seu recente *Avatar*. Entende-se como ver algo mais profundo além da superfície e não evidente aos olhos, algo como enxergar uma pessoa como ela realmente é, independente da aparência que lhe é dada em função de sua classe, gestos ou roupas, o que torna tão significativo tanto o que Jack fala sobre a prostituta de uma perna só quanto sobre a madame cujas roupas eram comidas por traças. Cabe perguntar: por que o sentido da visão é tão valorizado, não só neste momento do filme, mas em outros filmes e discursos do amor verdadeiro como algo que permite "enxergar" o outro em sua completude? Por que Rose, como tantas outras personagens de histórias de amor, precisa sentir-se vista? Por que se construiu a necessidade de ver mesmo o que se convencionou como invisível, subjetivo e que não se apresenta aos olhos, como a personalidade ou a suposta essência de uma pessoa? Ao mesmo tempo, é também difundido que os amantes são cegos, principalmente para os defeitos de um e do outro, como se o próprio amor fosse cego por, na verdade, permitir aos amantes enxergar algo invisível e restrito, mas considerado moralmente superior ao que os olhos captam, no velho maniqueísmo "aparência *versus* essência".

O dom de ver o que ninguém mais vê é construído em *Titanic* e em vários outros filmes como essencial e diferencial para o encontro do amor verdadeiro.[32] Em momentos como este, evidencia-se a construção moral de ideais de comportamentos e relacionamentos afetivos característicos de sociedades marcadas pela visualidade, no que o cinema tem um papel fundamental. O cinema hollywoodiano consolidou a ilusão de mostrar tudo, de revelar e reiterar fenômenos, crenças, sentimentos e pensamentos traduzindo-os em material visível, ainda que não diretamente, calcificando metáforas e símbolos que se confundem com os objetos insinuados. Trata-se, muitas vezes, de converter em aparência autoevidente justamente aquilo que é construído como essência, como invisível. Cai-se então no paradoxo do cinema hollywoodiano: é preciso revelar perante as câmeras a heroína, a amante, suas emoções e seu caráter que não são, a princípio, apresentados ao campo da visão. Isso parece acentuar-se em *Titanic*, com todos seus efeitos visuais, desbancando os potenciais obstáculos subjetivos e abstratos para o amor com imagens de toda forma de perigo físico, real e imediato que se apresenta durante o naufrágio.

---

32 Convém destacar aqui a comédia *O Amor é Cego* (*Shallow Hall*, Bobby e Peter Farrelly, 2002), com viés moralista exacerbado, a começar por seu título original, "Hall superficial", em que o homem do título, depois de hipnotizado por um guru de autoajuda, passa a enxergar pessoas feias como se fossem de exuberante beleza porque, segundo o argumento do filme, ele estaria vendo sua "beleza interior". E da maneira como o filme constrói seu argumento, é quase como se apenas aquelas pessoas feias pudessem portar essa suposta beleza.

Quando o sol já está se pondo, Rose já se mostra admirada e interessada por Jack, especialmente por seu modo de vida livre e despojado: "Por que não posso ser como você, Jack, e partir rumo ao horizonte quando me dá vontade?". Então eles brincam de planejar coisas divertidas que poderiam fazer ao chegar aos EUA, como beber cerveja barata, andar de montanha-russa e cavalgar na praia. Jack, então, fala para Rose que, nessa ocasião, ela deveria montar como um caubói, e não de lado, como seria costume das damas. Rose gosta da ideia e pede, brincando, que ele a ensine a "montar como um homem", "mascar tabaco como um homem" e "cuspir como um homem". Eles riem e ensaiam umas cusparadas para o mar, divertindo-se muito. Logo Ruth, suas amigas e Molly se deparam com eles. Jack é apresentado por Rose ainda com saliva no canto da boca, provocando uma reação nada favorável de Ruth, que afirma estupefata: "Encantada", enquanto Molly o elogia por seu ato heroico. Cornetas anunciam que a hora do jantar está próxima e então Jack e Rose se despedem. Molly observa com preocupação e pergunta a Jack se ele sabe o que vai fazer. Logo ela se revela solidária com ele, alertando que ele está para entrar em um ninho de cobras e em seguida emprestando-lhe o smoking de seu filho para que ele vá ao jantar.

Já no saguão principal, frente à escada do relógio, Jack admira o ambiente e tenta ajustar sua postura e imitar os gestos dos cavalheiros que passam por ele. Hockley e a mãe de Rose descem as escadas e passam à sua frente sem vê-lo. Pouco depois, chega Rose, que é recebida por ele com um beijo delicado na mão, seguido do comentário: "Vi isso uma vez no *nickelodeon*[33] e sempre quis fazer". Interessante que, mesmo numa história que se passa em 1912, o diretor coloque uma situação em que uma jovem personagem confessa orientar sua postura com base no que vira em algum filme. Especialmente ao se considerar que tal referência que Jack utiliza vem de um espetáculo barato àquela época, direcionado principalmente a públicos de baixa renda que, através daqueles filmes, tinham acesso a encenações por vezes afetadas do comportamento daqueles em condição socioeconômica mais confortável. Com isso, é marcada mais uma vez a distinção de classe entre Jack e Rose: se as posturas de elegância e a etiqueta,

---

33 "Sala de cinema, usualmente uma loja adaptada, muito comum nos Estados Unidos no início do século XX. Muito popular junto das classes trabalhadoras das grandes cidades, o seu nome deriva do facto de o bilhete custar, na altura, um níquel". Disponível em: <http://www.chambel.net/?p=109>. Acesso em: 15 jan. 2011.

do lado de Rose, partem da reprodução de um aprendizado característico de seu meio e comum a ele, do lado de Jack há a necessidade do improviso, a partir da observação dos demais ao redor e a recorrência ao referencial do cinema, espetáculo barato por meio do qual ele tem acesso a um modelo de postura que é, antes de tudo, teatralizado e caricatural.

O desejo de reproduzir na própria vida algo que vira em uma produção cinematográfica parece bem corrente e já naturalizado para os espectadores dos anos 1990, que já experimentam uma relação bem mais constante com filmes em seu cotidiano e inclusive em sua vida pessoal. Isso aproxima Jack do público da época do filme, especialmente de um público jovem, cercado desde os primeiros anos de vida por produtos de mídias de comunicação audiovisual, que, provavelmente, viu primeiro em filmes muito do que desejariam aprender e fazer na própria vida. De tal forma que a questão apontada por Lahire[34] sobre a oferta diferenciada de bens culturais para as gerações mais novas e suas implicações no processo de socialização vem novamente à tona, mas de maneira diversa. Ao colocar um jovem de 1912 reproduzindo em seu comportamento gestos que vira no cinema, é como se o filme naturalizasse condições atuais específicas das relações entre a mídia e o público, sugerindo que sempre foram daquela maneira. As próprias mudanças na história do cinema, da incorporação do som às cores, passando pelo advento da televisão e tantos outros acontecimentos que influenciaram tanto a narrativa cinematográfica quanto sua produção, distribuição e consumo tornam discutível, de um ponto de vista sócio-histórico, essa relação que o filme constrói de Jack com o que vira no *nickelodeon,* embora funcione para comunicar-se com o público de final dos anos 1990.

Enquanto caminham no salão de jantar, Rose mostra a Jack as figuras proeminentes da primeira classe, emendando fofocas e comentários sarcásticos, afirmando seu desprezo por aquele grupo. Logo Molly se junta a eles e aconselha Jack: "Eles adoram dinheiro. Apenas finja ter uma mina de ouro e será bem-vindo". Para o espectador que, com sua visão onisciente da história, sabe que Molly não é bem-vinda naquele meio, essa frase soa como uma ironia ou, no mínimo, expressão de ingenuidade da personagem. Além de novamente notar-se a disparidade entre a situação de status e a situação de classe de Molly, isso remete às observações de Elias sobre o comportamento na sociedade de corte francesa, no que a identificação de uma classe ou

---

34 Cf. LAHIRE, Bernard. *A cultura dos indivíduos.* São Paulo: Artmed, 2006, p. 516.

grupo hierarquicamente superior se dava mais por seus gestos, posturas e aparência do que pelo dinheiro em si.[35]

Conforme narra Rose, Jack saíra-se bem na primeira classe, possivelmente tendo sido aceito entre eles, embora provavelmente como um "novo rico". Então ela conta que sua mãe se fez notar, marcando a distância entre classes, perguntando a Jack sobre as instalações da terceira classe. Durante o jantar, Jack inicialmente se mostra preocupado com questões de etiqueta e há uma cena muito semelhante a outra analisada em *Uma Linda Mulher*: Jack também se mostra confuso em relação à grande variedade de talheres à mesa e qual deveria ser usado para cada parte da refeição. Molly, sentada a seu lado, orienta-o que é só começar "de fora para dentro". Contudo, como a personagem é construída até o momento, seus ensinamentos de etiqueta parecem um tanto duvidosos, mas, por outro lado, ressalta-se nela o aspecto prático caracteristicamente burguês. É provável que ela estivesse errada, mas sua resposta é simples, objetiva e efetiva. Jack conta também com a ajuda de Rose, que, em dado momento, faz sinais com a cabeça e os olhos para que ele coloque um guardanapo sobre o colo.

Podem-se observar dois momentos bem demarcados durante essa visita de Jack ao ambiente da primeira classe. No primeiro, ele tenta se portar como os do meio, reproduzir sua etiqueta e posturas adequadas, ao mesmo tempo demonstrando extrema discrição e cautela. Em dado momento, é mostrada em primeiro plano, ao som de música clássica, uma porção de caviar, com seu aspecto viscoso e escuro, sendo servida para um convidado ao lado de Jack. Em seguida, um garçom lhe pergunta como ele quer seu caviar e ele responde: "Nada de caviar para mim, obrigado. Nunca gostei muito". O caviar, embora símbolo de uma culinária altamente refinada e restrita, ainda é uma iguaria de aparência e cheiro que podem ser considerados pouco atrativos, especialmente para quem não é iniciado em seu consumo. Nesse sentido, percebe-se também na imagem daquele prato uma parte da composição das classes ali presentes e, principalmente, do contraste entre elas, o que remete à observação de Roberto da Matta: "comida não é apenas uma substância alimentar, mas é também um modo, um estilo e um jeito de alimentar-se. E o jeito de comer define não só aquilo que é ingerido como também aquele que ingere".[36]

---

35 Cf. ELIAS, Norbert. *A sociedade de corte*, op. cit., p. 86.
36 DA MATTA, Roberto. *O que faz o Brasil, Brasil?*. 3ª ed. Rio de Janeiro: Rocco, 1989, p. 56.

Embora a recusa de Jack em saborear o caviar pareça opor-se à etiqueta dominante do meio em que se encontra, ela revela uma relação ao mesmo tempo espontânea e discreta. Ele não aceita a imposição simbólica de gosto nem tenta demonstrar refinamento fingindo apreciar aquele prato. Contudo, ele se sai bem e suas palavras soam mais em tom de ironia, além de evitar o possível embaraço de alguém que, tentando fingir apreciar a iguaria, poderia ter uma reação adversa a seu sabor, fazendo caretas ou mesmo se engasgando.

Logo em seguida, é marcado o segundo momento: questionado sobre onde vive, Jack responde que, no momento, seu endereço é o Titanic, e conta um pouco de sua vida errante e de como ganhou sua passagem para o navio. A mãe de Rose então pergunta, acidamente, se ele considera aquela existência sem raízes atraente. Há um *close-up* significativo no rosto de Molly, mostrando estupefação com a pergunta, como se houvesse uma breve inversão: a personagem construída como sem etiqueta e bufona se impressiona com a pergunta indiscreta e indelicada da senhora de alta classe. Jack pensa um pouco e responde afirmativamente à mãe de Rose, emendando um discurso em que diz ter tudo o que precisa, que adora acordar cada dia sem saber o que vai lhe acontecer, que a vida é um presente e que se deve aceitar o que vier "para fazer cada dia valer a pena". Molly elogia suas palavras e todos a repetem, brindando. Além do conteúdo hedonista de seu discurso, Jack muda radicalmente de postura ao proferi-lo, como se deixasse de lado toda tentativa de refinamento: ele levanta sua taça para o garçom pedindo mais champanhe antes que ele venha servi-lo, pega um pedaço de pão e morde vorazmente e continua falando de boca cheia, além de atirar uma caixa de fósforos para Hockley, do outro lado da mesa, ao ver que ele procura algo para acender seu cigarro. Nesse momento, é como se Jack se assumisse completamente despojado e sem afetação, marcando, em seu discurso, gestos e posturas, seu posicionamento contra o estilo de vida contido e artificial daqueles que estão a inquiri-lo.

Convém observar que tamanho hedonismo, positivamente construído aqui, parece também um pouco deslocado do contexto em que se passa a história narrada, aproximando-se bem mais do momento de espectadores que já se formaram numa cultura narcisista, no sentido apontado por Lasch, na qual o hedonismo é algo que se destaca. Como o autor observa:

> Viver para o momento é a paixão predominante – viver para si, não para os que virão a seguir ou para a posterioridade. Estamos rapidamente perdendo o sentido de continuidade histórica, o senso de pertencermos a uma sucessão de gerações que se originaram no passado e que se prolongarão no futuro.[37]

Há que se considerar que é difícil não assumir uma posição favorável a todo aquele hedonismo quando já se sabe de antemão a tragédia que está por vir, além de que isso apenas reitera seu valor: eles deviam realmente aproveitar cada momento intensamente, pois eles não durariam. Em *Titanic*, um sentido de continuidade, para os presentes no navio, é construído como que fadado a uma sucessão de erros: o navio feito para não afundar naufraga em sua primeira viagem, levando consigo outras coisas pensadas para serem duráveis, como o projeto de casamento arranjado para a manutenção de uma situação de classe para Rose e sua mãe. Em tais circunstâncias, "viver para o momento", mais do que uma "paixão predominante", parece ser a única postura legítima e viável.

Jack e Rose, como são construídos, são dois jovens que mais se aproximam de um contexto de modernidade líquida, nos termos de Bauman, a julgar pela maneira intensa, imediatista e fluida com que experimentam sua paixão. Seu deslocamento ainda é mais sintomático dentro do "maior objeto móvel já construído pelo homem" na época, no que é explicitado um dos símbolos do que Bauman chamaria de modernidade pesada, "do tipo: 'quanto maior, melhor', 'tamanho é poder, volume é sucesso'".[38] Nesse sentido, o naufrágio é ressignificado como mais do que uma tragédia desconcertante e inesperada, como seria da perspectiva daquela modernidade pesada, indicando a derrocada de uma série de valores e crenças que o próprio filme apresenta como ultrapassados, associados ao casamento, à família, à preservação da propriedade e às distinções de classe. O amor de Jack e Rose soluciona os dilemas que Bauman coloca como insolúveis dentro das atuais perspectivas de relacionamentos afetivos ao, simplesmente, desarticular o aspecto da durabilidade da vivência amorosa para apresentá-lo no plano abstrato e individual da memória:

---

37 LASCH, Christopher. *A cultura do narcisismo*. p. 25.
38 BAUMAN, Zygmunt. *Modernidade líquida*. Rio de Janeiro: Zahar, 2001, p. 132.

> O que esperam ouvir deles [especialistas em aconselhamento] é algo como a solução do problema da quadratura do círculo: comer o bolo e ao mesmo tempo conservá-lo; desfrutar das doces delícias de um relacionamento evitando, simultaneamente, seus momentos mais amargos e penosos; forçar uma relação a permitir sem desautorizar, possibilitar sem invalidar, satisfazer sem oprimir...[39]

Ainda que os amantes de hoje não estejam a bordo de um navio pronto para afundar, reconhecem cada vez mais a importância de viver seu amor da maneira mais intensa e imediata possível, frequentemente se frustrando ao ter que enfrentar o momento em que seus barcos aportam e é demandado que coloquem os pés no chão e finquem raízes.

Após o jantar, Jack secretamente convida Rose para uma "festa de verdade", que se dá nos porões do navio, onde ela se diverte bastante. Esse será outro momento em que o filme usará de paralelismo para construir uma visão mais favorável dos passageiros da terceira classe. Enquanto em sua festa as pessoas dançam, riem alto, formam pares e até caem de bêbados, na primeira classe serão mostrados cavalheiros sentados tomando brandy, fumando charuto e falando afetadamente de negócios, sem qualquer construção visual que denote diversão e espontaneidade, mas sim repetindo por meio de imagens o que Rose já descrevera para Jack ao fim do jantar: "Agora eles vão tomar brandy no *fumoir* e ficar congratulando a própria superioridade em meio à fumaça".

Essa parte é significativa na construção da relação entre Jack e Rose, pois é nesse momento catártico em que ela experimentará, na companhia dele, sua espontaneidade e provisória libertação das amarras e constrições de sua classe. Até esse momento, também Jack, embora "visse" Rose, ainda não tivera contato com sua versão mais espontânea, o que a tornará ainda mais irresistível e o levará a buscá-la com mais afinco.

No dia seguinte, durante o café da manhã, Rose é repreendida por Hockley, que ficara sabendo da escapada noturna da noiva. Ele ordena que ela não aja novamente daquela maneira e ela reage com sarcasmo, dizendo não ser um de seus capatazes, mas sua noiva. Ele então responde, elevando a

---

[39] Idem. *Amor líquido: sobre a fragilidade dos laços humanos.* Rio de Janeiro: Zahar, 2004, p. 9.

voz e virando bruscamente a mesa de café: "Sim! Você é! E é minha esposa!". Nisso, ele atira a mesa para o lado e continua, ferozmente, aproximando-se dela: "Já o é na prática, portanto, vai me honrar! Vai me honrar como uma esposa honra o marido, pois não serei feito de bobo, Rose. Alguma dúvida?". Aterrorizada, ela responde que não há nenhuma dúvida e ele se retira, no que a empregada vem consolá-la e limpar a bagunça.

Instantes depois, a mesma empregada ajuda Rose a vestir seu espartilho, puxando e enlaçando seus cordões, enquanto ela se segura a uma pilastra do lado de sua cama. A mãe de Rose entra, dá uma ordem à empregada e assume seu lugar, puxando os cordões violentamente, provocando expressões de dor em Rose. Enquanto faz isso, proíbe-a de ver Jack novamente. Rose responde: "Pare, mamãe, vai estourar uma artéria". Aqui se pode entender que Rose se refere à força com que sua mãe aperta seu espartilho, mas, ao mesmo tempo, metaforicamente, à maneira ríspida e agressiva com que ela tenta controlar sua filha. Interessante que isso seja mostrado justamente no manuseio de uma peça de roupa íntima feminina que oprime fisicamente o corpo de quem a veste, obrigando-lhe muitas vezes a conter a própria respiração. O papel opressor da matriarca, então, é reforçado nessa cena em que, literalmente, ela amarra sua filha da maneira mais forte possível e sem se preocupar com seu conforto. Isso vai muito além da constrição simbolizada por gestos e posturas de etiqueta, quando se manifesta não apenas num ambiente de intimidade – o quarto de dormir da moça –, mas também em seu vestuário íntimo, no contato mais direto com seu corpo, o que remete a um controle mais profundo, de suas emoções mais íntimas, mesmo daquilo que já é preservado da vista dos outros.

Passadas as repreensões de Hockley e de sua mãe, Rose participa de um culto religioso no navio, enquanto Jack tenta se encontrar com ela e é repelido por Lovejoy, que ordena a dois funcionários que o retirem da primeira classe. Mais adiante, Jack se infiltra pelo convés da primeira classe e pega o casaco e o chapéu que alguém deixara em uma cadeira para usá-los como disfarce. Encontrando-se com Rose, ele a puxa para dentro de uma sala vazia do navio e insiste que precisa falar com ela, mas ela diz que não pode, que está comprometida e que ama seu noivo, num tom nada convincente. O diálogo nesse momento é bastante significativo, a começar pela seguinte fala de Jack:

— Eu não sou um idiota, eu sei como o mundo funciona. Tenho dez dólares no bolso, nada para oferecer e sei disso. Eu entendo, mas agora estou envolvido demais. Se você pular eu pulo, lembra-se? Não posso ir embora sem saber que ficará bem. É só isso que eu quero.
— Estou bem, eu ficarei bem. Sério.
— Sério? Eu acho que não. Eles prenderam você. Você vai morrer se não se libertar. Talvez não morra já porque você é forte. Mas cedo ou tarde, esse fogo que eu tanto amo em você, esse fogo vai se extinguir.
— Não é sua escolha me salvar Jack.
— Tem razão, só você pode fazer isso.

A postura relutante de Rose nesse diálogo em particular é vacilante, parecendo preceder um choro e indicar grande comoção e sofrimento. O discurso de Jack, fazendo referências ao momento em que se conheceram, expressa o máximo de idealização romântica quando ele mostra consciência de que, embora seja pobre e não possa oferecer nada a ela, compromete-se com seus sentimentos e sua segurança. Mas, mais do que isso, como o discurso é apresentado, a ênfase é maior na valorização da liberdade da moça. Jack não lhe faz nenhuma proposta de casamento ou declaração explícita de amor, abstendo-se disso já de início ao falar que não tem nada a oferecer. Ao centralizar seu discurso na liberdade e afirmar que apenas ela pode se salvar, tem-se em relevo o valor da individualidade e autodeterminação na vida íntima e afetiva. Jack não pede para Rose abandonar seu noivo e fugir com ele, mas lembra-lhe da importância de assumir as rédeas de seu próprio destino.

Depois de deixar Jack sozinho naquela sala e acompanhar sua mãe para o chá, Rose se distrai observando uma garotinha enquanto sua mãe fala às demais à mesa sobre os transtornos dos preparativos para o casamento da filha. A garotinha é mostrada sentada descontraidamente, quase esparramada em sua cadeira, mas, após um gesto de sua mãe e, com sua ajuda e supervisão, a menina ajusta sua postura elegantemente. Há um breve corte para Rose, que acompanha a cena atentamente, e um novo corte para a menina que, com movimentos delicados e refinados, dobra um guardanapo e coloca-o sobre o colo. Da maneira como a sequência foi construída, é como se o comportamento da garotinha observada por Rose tivesse motivado sua decisão. A cena é significativa ao colocar uma criança, símbolo idealizado de espontaneidade e inocência,[40] submetendo-se à rígida etiqueta de sua mãe, o que, naquelas circunstâncias, é como se sugerisse a opressão de um espírito livre não por meio da força física, mas no ensino da própria etiqueta, carregada de significados desagradáveis para Rose. É como se Rose se reconhecesse naquela criança livre e despojada que, obedecendo à sua mãe, aprende a reprimir a si mesma, enrijecer-se em sua postura, bem como reprimir seus desejos e confortos, a fim de cumprir uma série de exigências simbólicas impostas por sua classe.

Há um corte para Jack, debruçado no gradil da proa do navio, fitando as águas, pensativo. Rose entra em cena, surpreendendo Jack e dizendo que mudara de ideia. O fundo musical é a canção tema do filme, em notas doces e delicadas de piano. A música cresce enquanto Rose se aproxima dizendo: "Falaram que você estaria aqui", mas Jack sinaliza para que ela faça silêncio e pede que lhe dê a mão, puxando-a lentamente para perto de si. Ele pede que ela feche os olhos e, segurando sua mão, conduz a moça para o gradil onde estava, dizendo que se segure e mantenha os olhos fechados. Ele a orienta para subir naquele gradil e a acompanha logo atrás, dizendo mais uma vez para se segurar. Nota-se a respiração alterada da moça, indicando ansiedade, enquanto ele demanda que ela mantenha os olhos fechados e pergunta se confia nele. Ela responde afirmativamente, então ele pega seus braços, abre-os lentamente, segura-a pela cintura e pede que ela abra os olhos. O cenário em volta é esplêndido, com a luz rosada do crepúsculo refletindo sobre as águas, quando Rose abre os olhos e exclama, empolgada: "Estou voando! Jack!". Há um plano aberto do navio com os dois na frente e a câmera girando em torno deles, valorizando a beleza plástica da cena e seu clímax romântico, dado pela trilha sonora e pela expectativa criada até o momento. Então, em plano americano, vê-se Jack segurando as mãos da moça, aproximando seu rosto do dela e cantando uma música ao pé de seu ouvido: "Venha, Josefina, na minha máquina voadora. Para o céu, para o céu ela vai...". Em seguida, ele fecha gentilmente os braços dela, envolvendo-a para, finalmente, beijarem-se.

---

40 Difícil não lembrar com esta cena das três transformações do espírito humano sugeridas por Nietzsche – camelo, leão e criança –, no que o estágio da criança é o último e mais importante, caracterizado por, entre outras coisas, seu espírito livre e sua capacidade de criar. Cf. NIETZSCHE, F. *Assim falou Zaratustra*. In: *Nietzsche*. Vol. I. Coleção "Os Pensadores". São Paulo: Abril Cultural, 1987, p. 186.

A cena tornou-se um marco do filme, sendo reproduzida em diversas paródias ou mesmo por casais de espectadores que, vendo-se em algum lugar alto, encenavam-na. Sua composição visual, colocando Rose de braços abertos, em elevada altura em relação às águas, com o céu ao fundo e sem que se vejam seus pés tocando qualquer superfície, transmite visualmente a impressão de voo pronunciada pela protagonista, conferindo literalidade aos discursos de elevação do amor. A cena mobiliza grande carga simbólica e valorativa compartilhada em relação ao amor, como a metáfora dos apaixonados que voam carregados por seu sentimento sublime, que os eleva para longe de forças coercitivas terrenas, como a própria gravidade.

A aproximação dos amantes do céu no cinema é tematizada por Capuzzo em suas análises dos dramas românticos, sendo que algo que ele observa no filme *Tarde Demais para Esquecer* parece ainda mais presente aqui: o encontro e a experiência do amor em um navio, sobre as águas, longe da terra firme, símbolo de uma força inescapável que puxa os amantes para o chão e os obriga a lidar com o que seria a "realidade", construída nesses filmes como empecilhos mais ou menos concretos ao encontro do amor:

> Essas combinatórias narrativas de tempo e de espaço, assim como a utilização da horizontalidade e verticalidade, serão trabalhadas com maior precisão no filme *Tarde demais para esquecer*, de Leo McCarey. O estabelecimento de dois níveis, o local intermediário entre o sublime e o terreno; a bênção aos amantes por coadjuvantes bons, a ira dos demais mortais que irão fomentar fofocas e mesquinharias, o mar como espaço de transição.[41]

Nesse sentido, as águas podem ter ainda outro aspecto simbólico, remetendo à leveza, à possibilidade de flutuar sobre uma superfície ou mergulhar-se nela. Elas não remetem nem à força opressora do chão, que puxa o indivíduo para si num contato inescapável e necessário, e nem à ausência total de contato ou de segurança, a que o ar pode remeter. A suspensão no ar está inevitavelmente associada à possibilidade de queda, sendo que, quanto maior a elevação, maior o risco associado. A água permite tirar os pés do chão sem o risco de ter o resto do corpo violentamente puxado em direção

---

41 CAPUZZO, Heitor. *Lágrimas de luz, op. cit.*, p. 121.

a ele. O céu tem um quê de suspensão da realidade, da gravidade, suspensão essa idealizada, desejada, mas impossível. A água, por outro lado, oferece uma suspensão possível, embora suave e facilmente abalável, mas não raramente, espontânea, permitindo entregar-se à sua cadência e deixar-se conduzir. De maneira que se o céu é visto como lugar dos amores impossíveis e a terra como lugar onde o amor acontece, mas fadado a forças e regras externas, a água é o local intermediário onde o amor é possível, onde é facultado flutuar sem se perder da superfície, entregar-se ao sonho sem render-se à queda brusca.

Sinalizado que aquele seria o último pôr do sol do Titanic, há o breve período de "lua de mel", entendido aqui conforme Capuzzo:

> O drama romântico utiliza, reiteradamente, a narrativa em dois grandes blocos dramáticos. O que separa ambos os blocos é uma espécie de "lua de mel", ou seja, a "consumação do amor", guardadas as ressalvas de cada época. O início é marcado pelo encontro, a rápida formação do par, os subterfúgios para driblar as pressões externas, a definição de espaços específicos e os momentos de felicidade, que comprovam a existência efetiva da ligação amorosa.[42]

Rose aproveita a ausência de Hockley para transformar sua cabine num estúdio onde Jack a desenha nua. A isso, intercalam-se uma cena de Hockley, impaciente, ordenando a Lovejoy que encontre Rose, e uma cena do capitão comentando com seu imediato a tranquilidade do mar naquela noite, a que o oficial responde: "É mais difícil ver icebergs sem as ondas batendo contra eles". Depois, de volta à cabine onde foi feito o desenho, Rose já está vestida quando Lovejoy bate à porta. Eles então correm por praticamente todos os níveis do navio, tentando fugir de Lovejoy, descendo até o local das caldeiras, passando pelos operários até chegar ao local destinado às cargas do navio, onde se escondem. Lá encontram um luxuoso automóvel e, numa deliciosa brincadeira, Jack finge-se de *chauffer* e pergunta à moça aonde ela quer ir. Ela responde, puxando-o para sua cabine: "Para as estrelas". Eles começam a trocar carícias, ela pede que ele ponha suas mãos em

---

42 *Ibidem*, p. 75.

seu corpo, puxa-lhe a mão para o seio e eles se beijam e abraçam intensamente enquanto a música cresce em volume.

Há um corte para um belíssimo plano aberto, diagonal de baixo para cima, no qual é como se o navio estivesse rumando para as estrelas, quando se percebe que elas parecem estar no horizonte à frente deles, praticamente se encontrando com o oceano. Considerando o pedido da moça, a cena dá visibilidade à metáfora da relação sexual já implícita e do orgasmo, com os dois quase literalmente rumando para as estrelas. Há mais algumas cenas curtas de antecipação do impacto, com marinheiros num posto de vigia conversando sobre icebergs, como se o filme tentasse realçar a ideia de que o naufrágio fora algo completamente inesperado. É curioso como se investiu tanto na antecipação desse momento para os espectadores, mas, ao mesmo tempo, explicitou-se, com uma série de cenas desnecessárias, que o acidente – como é característico de todo acidente – não era esperado. De volta a Jack e Rose, a câmera ronda o carro, que tem os vidros embaçados, quando, de dentro da cabine onde está o casal, uma mão espalmada toca o vidro para depois deslizar preguiçosamente, sinalizando o clímax da relação.

Dois oficiais da segurança do navio chegam com lanternas e, quando abrem a porta do carro para surpreender o casal, encontram sua cabine vazia, ao que se segue um corte para Jack e Rose gargalhando, já no convés. Nesse momento, Rose revela para Jack que desembarcará do navio com ele. Ele diz que aquilo é loucura e ela concorda: "Eu sei, não faz o menor sentido. Por isso acho que vai dar certo". Mais uma vez, vê-se presente a ideia de que o amor opõe-se à razão, onde, de acordo com essa declaração, a confiança de Rose se baseia justamente na suposta irracionalidade e falta de sentido de sua decisão. Mas em momento algum o filme constrói isso como irracional ou sem sentido. Ao contrário, dentro de sua lógica clara e simples, o filme não defende a irracionalidade, mas uma racionalidade viciada, numa lógica na qual parece haver a constante necessidade de reiterar seu caráter irracional e "sem sentido". Há total sentido na escolha de Rose, sentido esse que o filme constrói e aponta como único possível e moralmente aceitável: optar por aquele homem que ela conhecera há apenas dois dias e com quem acabara de se relacionar sexualmente. Tal construção é pertinente com o que Solomon indica como um paradigma de história de amor aparentemente bem corrente dentro e fora do cinema:

não é difícil apontar nosso paradigma de história de amor: "Garoto conhece garota, garoto perde garota, garoto ganha a garota". (Por que não vice-versa?) Eles vivem "felizes para sempre". Nossa primeira questão deveria ser: por que usamos "garota" e "garoto", quando o amor é ou deveria ser tema central da vida adulta, não apenas da adolescência? Também vale notar como, sem pensar, presumimos que dois amantes precisam encontrar um ao outro. Isto é, eles não cresceram juntos. Eles se encontram essencialmente como amantes e quaisquer outros atributos são, em grande medida, deixados de lado. Presumidamente, eles são estranhos, encontrando-se, mais provavelmente, por acaso.[43]

Percebe-se, não apenas em *Titanic*, mas também nos demais filmes aqui analisados, que a dicotomia culturalmente estabelecida entre razão e sentimento é mantida, mas dentro de uma construção que é, antes de tudo, lógica e racional, na qual se valoriza a ideia de continuidade como dado intrínseco à "realidade", expressão paradigmática da cultura moderna. Conforme aponta Ismail Xavier: "O método torna 'palpável' uma visão abstrata e, deste modo, sanciona a mentira. Através desta ideia de precisão, detalhe correto, continuidade, é fornecida uma experiência convincente, que dá consistência ao mergulho num mundo de sonhos".[44] A construção dos acontecimentos fortuitos que conduzem ao encontro e à descoberta do amor nos filmes segue a lógica da narrativa, não raramente, de acordo com o paradigma discutido por Solomon, fazendo com o que o "acaso" ocorra sempre dentro de uma linha previsível, na qual "o verdadeiro amor romântico é sempre a culminação de uma difícil jornada e deve ser merecido e provado, usualmente suportando a dor da real ou potencial separação".[45]

Por mais acidental que o encontro de amor pareça no cinema, para provocar impressão de realidade nos espectadores ele deriva de uma construção racionalizada dos acontecimentos desejada e esperada no filme.

---

43 SOLOMON, Robert. *About love, op. cit.*, p. 99.
44 XAVIER, Ismail. *O discurso cinematográfico, op. cit.*, p. 42.
45 COLLINS, GREGOR, 1995, p. 75 *apud* WILDING, Raelene. "Romantic love and 'Geting married': narratives of the wedding in and out of cinema texts". *Journal of Sociology*, The Australian Sociological Association, vol. 39, 2003, p. 377.

Conforme Bidaud: "o real revisto por Hollywood é igualmente, tal qual se desejaria que fosse, portador de ordem e de esperança".[46] Ironicamente, ao se atribuir ao amor o poder de "dar sentido à vida", o que se faz é infligir a ele – embora alardeado como irracional – um estatuto de conferir ordem lógica e previsibilidade à vida íntima e afetiva. E o "real revisto por Hollywood" não apenas apresenta essa possibilidade como tende a naturalizá-la.

A relação entre os planos e as sequências que criam no espectador momentos de comoção, envolvimento com a trama ou, simplesmente, a aceitação desse discurso deriva de uma lógica associativa bem definida, com reafirmações constantes por meio de imagens, sons e discursos. Observa-se que não há absolutamente nada de irracional, ilógico ou sem sentido nessa história de amor, mas, paradoxalmente, é reproduzido o discurso de que o amor só pode ser daquela maneira. Isso é suficiente para criar uma constante expectativa na vida pessoal de ser surpreendido pelo amor dentro dessa lógica específica. É o que permite acreditar em sua magia ao legitimar o discurso de que ele contraria a razão. Mas é uma expectativa racionalmente criada, racionalmente alimentada, no que, como se viu em *Sintonia de Amor*, estabelece um critério específico[47] de seleção e identificação do amor que se desloca da construção para o encontro: o amor é instantâneo, natural e imediato; é um ponto de partida para uma vida íntima que deverá se apoiar sobre ele; o amor se torna causa da relação, mais do que um resultado construído da mesma.

Outro elemento que deve ser observado nessa construção cinematográfica do amor é que, de certa maneira, ele eleva ao máximo o valor da individualidade ao exaltar a importância de uma identificação imediata entre os amantes, que dispensa adaptação ou qualquer reconfiguração do próprio comportamento para o convívio com o outro. Bem mais do que ser "visto"[48] pelo outro, há a questão do ser aceito e amado daquela maneira, há a preservação da identidade individual que, da forma como é sugerida implicitamente, não deve ser alterada pelo convívio ou pelas relações, mas realçada. Isso se opõe a uma perspectiva tradicional de casamento – sobretudo do ponto de vista feminino – em que a mulher, mais que adotar o sobrenome do homem e, às vezes, até abrir mão do seu, adquire uma identidade que só faz sentido em

---

46 BIDAUD, Anne-Marie. *Hollywood et le rêve américain*. Paris: Masson, 1994, p. 199.
47 Ver capítulo III.
48 No sentido já discutido, em que Jack diz que vê Rose.

função de sua relação com a família: identidade fundamentada no papel de mãe, esposa ou rainha do lar, identidade essa totalmente reconstruída a partir do casamento. O que é construído então nesse ideal de amor hollywoodiano, de maneira subliminar, não é a promessa de uma nova biografia, escrita em conjunto, amálgama de duas vidas que se integram indefinidamente através do tempo, mas o reforço constante de uma noção de identidade individual – não raramente, passageira –, supostamente conhecida e tida como acabada, no que os momentos seguintes devem apenas dar continuidade a uma noção de si anterior ao outro e quase independente dele. E o termo "quase" é utilizado aqui apenas para não perder de vista a função que o outro adquire de conferir reconhecimento a essa noção de si preexistente.

A partir do momento do choque com o iceberg, a presença em cena dos protagonistas cede algum espaço para planos da embarcação afundando e de outras personagens que de início não receberam muita atenção, como os músicos ou o primeiro-oficial Murdoch. Há também a inserção de planos do embarque de passageiros em botes salva-vidas e o crescente pânico e aglomeração frente à percepção cada vez mais clara da iminência da tragédia e da falta de condições de salvar todos os presentes. Muitas dessas sequências são inseridas independentemente de Jack e Rose e permitem ao espectador o contato com outros dramas, como o do oficial que de início aceita suborno para salvar um passageiro e depois se arrepende, o do capitão que cumpre seu destino de "afundar com o próprio navio", o de crianças separadas de seus pais ou do engenheiro que lamenta não ter construído um navio suficientemente forte.

Nesse sentido, ao se considerar que a história vista corresponderia às memórias de Rose, há uma série de acontecimentos e detalhes que, sem dúvidas, escapariam à sua percepção. A onipresença da câmera revela-se independente da narradora, mas nem por isso subtrai legitimidade a seu discurso. Ela apenas reforça dramaticamente a história contada. Se antes do choque com o iceberg, conforme Krämer, o filme se aproximaria de uma comédia romântica, depois é como se ele se tornasse outro. Segundo o autor, *Titanic*, a partir da cena de colisão, apresenta aspectos que o aproximam de filmes de ação e aventura, sendo que:

> Embora possa haver uma enorme variação dentro da categoria ação, há também um número de requisitos

> básicos os quais o público esperaria que fossem preenchidos. A história tipicamente gira em torno de uma série de testes e provas fisicamente ameaçadores para os protagonistas, nos quais, frequentemente, eles se machucam, às vezes ferindo-se seriamente, volta e meia perdendo controle sobre a situação por estendidos períodos de tempo até que eles consigam finalmente se arranjar para triunfar sobre seus adversários, derrotando-os ou matando-os.[49]

O autor pondera que, apesar da presença de personagens que assumem o papel de vilões – Hockley e seu guarda-costas Lovejoy –, a grande ameaça a ser combatida fisicamente é o naufrágio, a força da água que inunda o navio, o rompimento de suas estruturas, sua crescente inclinação até o momento de sua popa submergir verticalmente, bem como o pânico dos passageiros e tripulação perante todas essas ameaças.[50]

Se nos filmes analisados até aqui o amor precisava superar obstáculos que eram desconstruídos durante a narrativa como preconceitos que se tornam facilmente superados com algumas mudanças de atitude motivadas pela força transformadora do amor,[51] em *Titanic* o par central consegue passar por isso sem dificuldades na primeira metade do filme, sendo ameaçado no resto do filme por grandes perigos que se apresentam contra sua vida e sua união independentemente de suas crenças e valores sobre o amor: estão em um navio afundando rapidamente em águas gélidas, sem barcos salva-vidas suficientes para todos, no meio do oceano Atlântico, horas distantes de quem pudesse resgatá-los. A iminência da morte física a ser evitada a todo custo pelo casal é valorizada em tomadas diversas de corpos caindo, sendo levados por enxurradas ou congelando, destacando a grandeza dos desafios a serem superados pelo par central.

---

49 KRÄMER, Peter. "Women first", *op. cit.* p. 601.
50 Cf. *ibidem,* p. 604.
51 Mais precisamente: em *Uma Linda Mulher*, o desafio da diferença de classes, que é superado ao longo do filme pelas afinidades e pelo sentimento entre os protagonistas, que se transformam e enfrentam seus medos e preconceitos em relação a um e outro. Em *Sintonia de Amor*, o problema da distância é apresentado mais como uma ideia fixa, principalmente da personagem masculina, mas parece minimizada pelo estranho sentimento de "mágica" que experimentam em seu encontro.

O emprego de sequências em ritmo acelerado, em que há ameaças à vida dos protagonistas a serem superadas pelo uso de grande destreza, força e habilidades físicas é algo recorrente em outros filmes pelos quais Cameron tornara-se conhecido, como *O Exterminador do Futuro I e II* (*Terminator*, 1984, *Terminator II: The Judgement Day*, 1989), *Aliens* (1986) e *True Lies* (1993), o que reafirma seu domínio em estratégias narrativas de grande apelo popular características de filmes de ação, num contexto em que estes se tornavam responsáveis pelos maiores orçamentos e maior retorno financeiro de bilheterias.[52] Desde meados dos anos 1990 e até o momento presente, a maior parte dos filmes que figuram nas listas anuais das dez maiores bilheterias pertence à categoria ação e/ou aventura,[53] o que, segundo aponta Krämer, já viria desde meados da década de 1970, a começar por *Guerra nas Estrelas* (*Star Wars*, George Lucas, 1977).[54]

Contudo, *Titanic* difere-se em dois aspectos de outras superproduções marcadas pelo alto investimento em tecnologia de efeitos visuais e sequências de ação. O primeiro é que o investimento em efeitos especiais, no caso de *Titanic*, não foi para criar um mundo previamente apreendido como distinto daquele onde vive o espectador, onde fenômenos fantásticos são possíveis: *Titanic* não se passa em outros mundos, como *Avatar* ou *Guerra nas Estrelas,* não foca em protagonistas detentores de poderes sobre-humanos como diversos super-heróis ou em aparatos tecnológicos magníficos utilizados no combate a oponentes igualmente fantásticos com planos de dominação mundial, como é comum na franquia 007 e em outros filmes de ação. As personagens de *Titanic* não são construídas dentro de um universo previamente estabelecido para os espectadores como fantástico, bem como também não são os perigos e ameaças que se apresentam a eles. Ao localizar a narrativa em um evento histórico, datado e registrado, o filme cativa o espectador com o pressuposto de que ele está vendo uma reconstituição fidedigna do acontecimento.

A principal ameaça em *Titanic*, diferentemente da maioria de outros filmes de ação de grande orçamento e bilheteria, não tem personalidade, não é materialização do maniqueísmo entre um discurso moral considerado legítimo e outro considerado imoral e subversivo. O maniqueísmo está

---

[52] Cf. KRÄMER, Peter. "Women first", *op. cit.*, p. 601.
[53] www.boxofficemojo.com
[54] Cf. KRÄMER, Peter. "Women first", *op. cit*, p. 602.

presente em *Titanic*, mas não é considerado o principal responsável pelas situações de maior perigo e demandas físicas enfrentadas pelas personagens. O naufrágio não é fruto de uma finalidade concebida como intrinsecamente "má" de ninguém. Não há nas ameaças proporcionadas pelo naufrágio qualquer finalidade moralmente construída; não é vantajoso ou do interesse das personagens construídas como antagonistas dos heróis que o navio afunde.

Como o objeto deste estudo é a história de amor apresentada e não a construção visual e narrativa do naufrágio, seus detalhes não serão aqui discutidos. Mantém-se o foco em Jack e Rose e nas situações enfrentadas por eles, a começar pelo esquema armado por Hockley para incriminar seu rival, antes de tomarem consciência do naufrágio. Depois do choque com o iceberg e, tendo passado perto do Sr. Andrews enquanto ele pedia um relatório dos danos sofridos pelo navio, Jack e Rose se dão conta de que o acontecimento é grave e dirigem-se para os aposentos de Hockley e da mãe de Rose para avisá-los que estão em perigo. Lovejoy encontra-os no caminho e, sem que Jack perceba, coloca a joia no bolso do casaco que ele está vestindo. Quando chegam à cabine, o chefe de segurança do navio está lá e Rose vai anunciar que algo sério aconteceu. Hockley emenda que aconteceu algo sim, que duas coisas preciosas para ele se perderam, referindo-se à Rose e ao diamante. Ele solicita que revistem Jack e encontram a joia em seu bolso. Jack tenta convencer Rose de que aquilo fora uma armação, mas o fato de estar vestindo um casaco de outro passageiro que ele "pegara emprestado" mais cedo para conseguir se aproximar de Rose só complica sua situação. Ele então é detido e levado pelo pessoal da segurança enquanto Rose permanece atônita.

Jack é algemado pelo chefe de segurança a um cano em alguma saleta no fundo do navio e Lovejoy fica lá de guarda, com a arma em punho. Enquanto isso, a sequência do naufrágio vai sendo construída alternando cenas da primeira, da terceira classe e dos tripulantes, mostrando como é diferente a orientação para os procedimentos de segurança, as reações de cada classe e o nervosismo crescente da tripulação para lidar com aquela emergência. Andrews, a fim de evitar pânico, informa Rose e Hockley discretamente que o navio está afundando e que eles devem procurar um bote. Logo adiante, dando-se conta de que o navio afundará, Lovejoy abandona Jack na saleta, dando-lhe um soco no estômago antes de sair.

Enquanto mulheres e crianças estão sendo acomodadas nos botes, Hockley pergunta se há lugar para um cavalheiro, mas um oficial lhe diz que no momento só estão embarcando mulheres e crianças. Rose se irrita com sua mãe, que expressa preocupação se os botes estão ou não divididos por classe. As mulheres vão se acomodando no bote e Hockley diz maliciosamente para Rose, logo depois que ela entra: "Eu deveria ter pegado o desenho. Valerá mais amanhã". Ao fim dessa frase, o rosto de Rose é iluminado pelo brilho de um sinalizador, enquanto ela arregala seus olhos, o que dá a entender que, a partir daquele momento, ela compreende que houve uma armação contra Jack. Ela então sai do bote, ignorando as ordens de sua mãe, e vai atrás de Jack. Hockley tenta impedi-la, mas ela cospe em sua cara e foge. A partir desse momento, Rose entra numa sequência heroica, enquanto o filme vai construindo visualmente o crescente perigo com cenas do nível da água subindo rapidamente.

Nesse primeiro momento, dando-se conta de que seu par encontra-se em perigo, Rose corre contra o tempo e enfrenta vários desafios para salvá-lo. Ela consegue libertá-lo usando um machado para partir as algemas quando a água já se encontra em um nível bem alto. Eles então enfrentam vários perigos e desafios para sair de lá: desde a água, que inunda rapidamente os locais por onde passam, até o tumulto na terceira classe, cujas saídas são mantidas trancadas, até que Jack e seus amigos arrombem uma delas com um banco arrancado do chão. Enquanto o tumulto cresce, Hockley e Lovejoy buscam um bote em que possam entrar. Lovejoy sugere a Hockley que fique próximo do oficial Murdoch, que parece ser "muito prático". Hockley faz uma oferta para Murdoch para garantir vaga em um bote e, quando está prestes a entrar, Lovejoy informa-lhe ter encontrado Rose e ele vai atrás dela, deixando passar aquela chance.

Jack e Rose estão próximos de um bote, onde só entram mulheres e crianças. Ele insiste para que Rose entre no bote, mas ela diz que não vai a lugar algum sem ele. Hockley chega e também insiste que ela entre e, para tranquilizá-la, diz que fez um acordo com um oficial e que há um lugar garantido em outro bote para Jack e para ele. Rose ainda vacila, até que um oficial a puxe para dentro do bote. Jack diz que vai ficar tudo bem. O bote começa a ser baixado e Rose olha aflita para Jack, à medida que se afasta. Jack e Hockley assistem juntos à descida de Rose e Hockley revela que há um trato, mas que não beneficiará seu rival, que o olha surpreso, enquanto ele continua: "Eu sempre venço, Jack. De um jeito ou de outro".

A música é triste e, numa última troca de olhares entre Jack e Rose, é visível uma expressão de tristeza na face de Jack, o que, da maneira que o filme constrói a comunicação dos amantes, sugere que Rose percebera que seu amado não se salvaria. Rose então se levanta e pula para o andar intermediário do navio, quase caindo na água, surpreendendo a todos. Ela é puxada para dentro, no andar logo abaixo daquele onde se encontram Jack e Hockley. Ela sai correndo, enquanto Jack também corre para ir ao seu encontro, que se dá na escadaria do relógio. Eles se abraçam, ela chora no ombro dele. Ele a beija e diz: "Você é tão estúpida! Por que fez aquilo? Você é tão idiota, Rose!". E continua beijando-a. "Por que você fez aquilo?" – "Se você pular eu pulo, certo?" – responde a moça, emocionada.

Nessa segunda vez que Rose abandona o bote, o significado é outro, que dá a seu amor um caráter ainda mais sublime. Por esse estágio avançado do naufrágio, por todas as circunstâncias e ainda pela citação que ela faz da frase de Jack, "Se você pular, eu pulo", entende-se que ela assume conscientemente a fatalidade da tragédia, dispondo-se a morrer com seu parceiro. Se num primeiro momento ela sai para salvar seu companheiro, no segundo ela sai para estar com ele na circunstância mais adversa, para ficar com ele até os últimos instantes, independentemente do que acontecesse.

Isso valoriza o caráter romântico de seu amor não apenas pela proximidade trágica da morte, mas também por, numa situação extrema, desbancar qualquer outro desafio que poderia se oferecer ao casal. Naquele momento, realmente, pouco importa se Jack é pobre, se Hockley ou a sociedade conspiram contra eles. Tudo isso se torna irrelevante, pois se tem em primeiro plano que eles viverão juntos seus últimos instantes. Uma vez decididos a ficarem juntos, independentemente das consequências que o futuro poderia lhes reservar, não havia nenhuma ameaça no momento presente para seu amor, assim como também não haveria ali futuro para eles, futuro para que sua relação se desgastasse, para que os ideais se perdessem, para que a condição econômica pesasse em seu relacionamento. O amor de Jack e Rose se legitima sem precisar enfrentar qualquer questionamento do dia seguinte. Dessa maneira, a durabilidade de seu relacionamento simplesmente não está em pauta: ele será intenso até o último minuto, que não está distante. O retorno de Rose não apenas exalta um discurso romântico como também serve de pretexto na narrativa para que se veja a experiência completa do naufrágio, afinal, Rose precisaria estar lá ainda para contar todos os detalhes do navio se inclinando, partindo-se e afundando na vertical.

À medida que o navio vai se inclinando e sua proa afunda rapidamente, o filme valoriza as imagens de pânico e os perigos físicos crescentes que se apresentam para o par central que, com muito esforço, vai galgando seu caminho até a popa, enquanto vários figurantes ao seu lado vão escorregando pelo assoalho do navio, às vezes chocando-se às estruturas dele. Logo se abre uma grande rachadura que parte o navio em dois e várias pessoas escorregam e caem no local da rachadura, enquanto Jack e Rose seguram-se às grades da popa, no mesmo local em que se conheceram. Jack passa para o lado externo do gradil e em seguida puxa Rose, aflita, de maneira semelhante a que a puxara na primeira vez. Eles ficam deitados sobre o gradil, onde podem ver várias pessoas caindo quando aquele pedaço da embarcação já se encontra perpendicular à superfície de água.

O navio começa a afundar rapidamente e Jack orienta: "Respire fundo quando eu mandar. Agite os braços e nade para cima! Não solte minha mão!". Rose faz sinal de afirmativo e, quando estão prestes a entrar na água, Jack dá o sinal e ela age como combinado. Uma tomada sob a superfície da água mostra que suas mãos se soltam e Jack é sugado para o fundo. Há um corte de um plano geral da superfície da água em que se veem várias pessoas gritando e agitando os braços. Rose surge entre elas gritando por Jack e procurando-o no tumulto. Há um *zoom out* e o som dos gritos da multidão aumenta, permitindo ver uma imensa área tomada por passageiros boiando ainda com vida e desesperados, transmitindo ao espectador o pânico generalizado do momento. Um homem ainda tenta roubar o colete de Rose, mas nessa hora surge Jack, que a salva, afastando o homem com socos.

Jack e Rose nadam entre a multidão e ele a incentiva constantemente a continuar. A cena tem uma luz azulada, fraca, que remete à escuridão e ao frio, reforçado pela imagem em plano médio do casal nadando entre corpos de passageiros já sem vida, alguns aparentemente congelados. Os dois chegam a um pedaço de madeira grande flutuando entre os destroços. Jack diz para que Rose suba e quando ele tenta subir o pedaço se vira, indicando não suportar o peso dos dois. Então Jack manda Rose ficar sobre o destroço e ele continua na água, apoiado à borda, segurando a mão de Rose. Ele respira com dificuldade, mas continua repetindo que tudo vai dar certo e mantendo a esperança de que um bote voltará para salvá-los.

Tomada pelo cansaço, em determinado momento, Rose diz: "Eu te amo, Jack". Jack olha para ela seriamente e diz: "Não faça isso. Nada de despedidas. Ainda não. Entendeu?" – ela diz estar com muito frio e ele continua: "Escute, Rose. Você vai sair daqui, continuará viva. Você terá um monte de filhos e vai vê-los crescer. Você vai morrer bem velha, quentinha, na cama. Não aqui, não esta noite. Não deste jeito, entendeu? Ganhar a passagem foi a melhor coisa que já me aconteceu, porque me trouxe até você". Ele diz isso com dificuldade e consegue abrir um sorriso, concluindo: "E fico grato por isso, Rose. Fico grato". Ele coloca sua mão sobre a tábua buscando a mão dela e diz: "Você precisa... precisa me dar esta honra (segura fortemente a mão dela e olha fixamente para Rose). Precisa me prometer que vai sobreviver, que não vai desistir, não importa o que aconteça (ela começa a chorar), por mais desesperador. Prometa-me agora, Rose, e nunca desista de cumprir!". Ela promete. "Nunca desista." [55] "Eu nunca vou desistir, Jack. Eu não vou desistir."

A ambiguidade existente nesses últimos momentos de Jack e Rose juntos é significativa e é também discutida por Krämer. A expressão "let it go", nesse contexto, pode ser associada tanto a "desistir" – como fora traduzida para o português – quanto para deixar ir, soltar. Rose faz a promessa, tanto segurando sua mão quanto não se entregando à morte que parecia iminente. Mas, quando o único bote que retorna chega perto de onde ela está, ela tenta despertar Jack – já falecido – e, para conseguir se salvar, por um lado, rompe com sua promessa, soltando a mão dele, mas, por outro, ela a cumpre, lutando por sua sobrevivência. Ela precisou soltar-se dele para não desistir. Embora por um lado haja um forte aspecto romântico do sacrifício do herói para a preservação de sua amada, por outro há também um caráter individualista forte, ainda que amparado por toda a construção dos acontecimentos no filme. Embora tenha se disposto a voltar para o navio e morrer com seu amado se fosse o caso, no último momento, cumprindo a promessa que fizera para ele, ela se salva e deixa o corpo de seu amado afundar no oceano.

A cena é rica e percebe-se que tal abandono, tal escolha, não foi feita com facilidade, isenta de dor e sofrimento. Contudo, esse aparente

---

55 Never let go.

"desapego" – ainda que construído como necessário naquele momento – vai contra qualquer ideal romântico mais sublime usualmente construído em filmes. Rose não apenas sobrevive, como vive muitos anos e bem, pelo que se pode interpretar de suas fotografias e de sua condição econômica favorável, além de ter feito as coisas que imaginara fazer com Jack. É ainda mais marcante que, durante a longa vida de Rose, Jack tenha sido um segredo tão bem guardado, a ser revelado apenas na iminência da própria morte. Rose conseguiu "seguir em frente" sem o seu amado, o que é uma construção bastante incomum no cinema hollywoodiano.

Rose, protagonista e narradora dessa história, evidencia uma perspectiva de relacionamentos afetivos própria de um contexto em que a individualidade é culturalmente estabelecida como valor preponderante, no que a história vivida com Jack traduz a experiência de um amor contingente, mas, principalmente, na primeira pessoa do singular, vivida no máximo de sua intensidade e ainda apresentada sob o signo da libertação de uma condição opressora de classe e gênero. Após o naufrágio, Rose assume o sobrenome de Jack e abandona o de sua família, símbolo de sua clausura, tendo assim oportunidade de reinventar-se a partir do que vivera com Jack. Tal reinvenção é ainda marcada no momento em que Hockley é mostrado entre os sobreviventes, aparentemente à procura de Rose e ela, ao vê-lo, abaixa sua cabeça, escondendo-se sob um cobertor. Dessa maneira, ela confirma, não apenas para seu ex-noivo, mas para todo o passado por ele representado, a morte de Rose Dewitt Bukater, para, finalmente, renascer como Rose Dawson. Essa Rose liberta, forte e determinada, mas ao mesmo tempo delicada, sensível e apaixonada é quem se aproximará dos ideais presentes num contexto em que o amor é concebido, antes de tudo, como experiência individual. Conforme Ulrich Beck:

> Para indivíduos que precisam inventar ou encontrar seu próprio rumo, o amor se torna o pivô central, dando sentido a suas vidas. Nesse mundo onde ninguém demanda obediência ou respeito a velhos hábitos, *o amor é exclusivamente na primeira pessoa do singular, assim como também são a verdade, moralidade, salvação, transcendência e autenticidade.* Em acordo com essa lógica interna, esse tipo de amor moderno é enraizado em si mesmo, nos indivíduos que o vivem.

> Crescendo além de si e de seus próprios pontos de vista subjetivos, ele facilmente se torna totalitário: rejeitando qualquer autoridade externa, e concordando em assumir responsabilidade, comprometer-se e ser justo apenas por razões emocionais e espontâneas.[56]

Embora Rose afirme que Jack a salvara de todas as maneiras concebíveis, o que se nota mais expressivamente é que foi ela mesma quem se salvou. Jack pode ter estimulado seu espírito livre, mas apenas ela tinha a condição e a força necessária para se salvar em todos os sentidos. Tanto que, quando o bote retorna em busca de sobreviventes, ela, que está segurando a mão de Jack já falecido, encontra em si forças para soltar a mão de seu amado, lançar-se novamente nas águas geladas, nadar até o cadáver de um tripulante que tem um apito e assoprá-lo com todo fôlego que lhe resta até ser ouvida e resgatada. Sua salvação partira, antes de tudo, de si, tendo sido Jack um estopim, uma força motivadora, mas não o protagonista. Jack ajuda Rose a encontrar a si mesma e ela faz o resto sozinha, no que convém destacar, conforme se vê em suas fotografias, que ela construiu sua biografia realizando os planos que fizera com Jack, mas sem ele. O projeto de vida que fizera com seu amante foi mantido e levado a cabo: ela aprendeu sozinha, como sugerem suas fotos, a fazer o que ele havia dito que lhe ensinaria.[57]

Dentro das construções do ideal romântico que o próprio cinema hollywoodiano reproduz usualmente, a vida simplesmente não faz sentido com a perda do amado. Viver – e bem – na ausência do grande amor não corresponde a esse ideal; a superação do fim ou da perda de um amor não é algo construído nesses filmes como uma condição final, no máximo, como superação de um obstáculo para outra possibilidade do amor, como acontece em *Sintonia de Amor*. Em outro filme clássico, *Em Algum Lugar do Passado* (*Somewhere in Time*, Jeannot Szwarc, 1980), a personagem principal, ao ver-se bruscamente afastada de sua amada, logo padece e acaba por encontrá-la em outro plano, após a morte. Em outras histórias de amor famosas do cinema norte-americano, como *Casablanca* (Michael Curtiz, 1942) ou ... *E o vento levou* (*Gone with the Wind*, Victor Fleming, 1939), embora o

---

56 BECK, Ulrich & Elisabeth. *The normal chaos of love*. Cambridge: Polity, 2002, p. 171 (grifo nosso).

57 A fotografia que expressa isso mais obviamente é aquela em que Rose aparece montada em um cavalo "como um homem", com uma perna de cada lado da sela.

par central não encontre a felicidade unido ao final, sugere-se a conquista de alguma espécie de aprendizado com esse insucesso no qual outros valores são colocados em relevo em relação à conquista amorosa.

Em *Casablanca*, o contexto da resistência contra o nazismo transforma a separação do que seria o par central em algo heroico e louvável: abre-se mão da companhia da mulher amada para permitir que ela parta com outro e continuem sua luta. Já em *... E o vento levou*, as raízes de Scarlet O'Hara, o valor de sua família, seu passado e história simbolizados pela terra lhe dão força para reerguer-se após abandonada por seu par. No caso de Rose não se vê nada disso; todos os anos que ela vivera sem Jack não cumprem qualquer função moral ou heroica apresentada como maior – como enfrentar nazistas ou preservar suas raízes. Rose sobreviveu ao naufrágio e à separação apenas para viver seu ideal de liberdade e individualidade, reinventando a si mesma e, com isso, definitivamente, assumindo o controle de sua própria biografia e de sua identidade, independentemente de sua classe social, família ou tradições.

Por outro lado, logo depois da cena em que se entende que Rose morre, já idosa, parece sugerido que sua entrada no paraíso acontece no cenário do saguão do navio, apenas com personagens presentes no naufrágio, e se conclui no encontro com Jack, a esperá-la, de frente para o relógio. É estranho que a melhor maneira que ela tenha encontrado de honrar o amor de sua vida tenha sido vivendo intensa e longamente sem ele. Ao mesmo tempo, ao apresentar apenas a história que ela vivera durante o naufrágio e seu retorno "espiritual" ao navio, é como se toda sua longa vida fora do navio fosse irrelevante. A economia fílmica aqui para contar a história de Rose acaba tendo um estranho saldo de uma personagem praticamente sem história fora daqueles dias na embarcação. Sua neta é apenas mais uma ouvinte de sua história, personagem descartável que poderia facilmente ser substituída por uma enfermeira sem comprometer em nada o filme.

A história de amor narrada em *Titanic* não apenas honra cânones literários e cinematográficos em relação ao amor romântico como expressa também uma noção de amor marcadamente contingente e individualista, a despeito de atos de heroísmo do par central que possam ser vistos. É marcante em *Titanic* que, embora persistente na memória de Rose, aquela história de amor acabe dissociada de qualquer ideal de convivência a longo prazo ou estabelecimento de laços conjugais. Família e matrimônio, como apresentados no filme, remetem à tradição e à condição social que mais oprimem a protagonista e se opõem a seus interesses do que como algo almejado por ela. Ao colocar uma história de amor entre jovens – praticamente adolescentes – que honra e reitera constantemente o valor da individualidade da protagonista, sua independência e personalidade, vê-se uma noção de amor muito própria de um contexto de imprevisibilidade, inconsistências e imediatismo que mais se aproxima do presente dos espectadores do que da época em que a história se desenrola.

É em um sucesso de bilheteria como *Titanic* que se pode perceber como ideais românticos permanecem imbricados nas percepções de amor contemporâneas, mas, ao mesmo tempo, incorporam mudanças relevantes. *Titanic* é, antes de tudo, uma história individual que exalta a força e independência cuja consciência sua protagonista parecia não ter muito clara para si até conhecer seu par. Não é a história de Rose que encontra Jack e com ele se une, mas de Rose que se descobre a partir do encontro com Jack. E sua relação é breve e intensa em todos os sentidos porque não houve tempo de ser de outro jeito. Sua história de amor foi ao mesmo tempo perfeita, curta e, de certa maneira, descartável. Em momento algum do filme Rose transmite a ideia de que Jack fora "o único amor de sua vida", embora também não expresse nenhum sentimento pelo homem com quem se casara e vivera. Por um lado, a história de amor deu sentido à sua vida, mas, ao mesmo tempo, ela não vivera em função do amor que tinha por seu par. Como Beck coloca, ao amor é atribuído esse poder de dar sentido à vida, mas chega-se a tal ponto que esse sentido é tão individualizado que, mesmo atribuído ao amor, é vivido e levado a cabo independentemente do amante. Trata-se de um nível de individualismo preponderante num contexto em que se mantém a idealização do amor romântico – percebido e almejado como pilar da identidade –, mas incorporando valores e posturas consideravelmente mais flexíveis, de maneira a preservar-se e mesmo sobreviver às inconstâncias e à imprevisibilidade do mundo contemporâneo:

> Num mundo em que coisas deliberadamente instáveis são a matéria-prima das identidades, que são necessariamente instáveis, é preciso estar constantemente em alerta; mas acima de tudo, é preciso manter a própria

flexibilidade e a velocidade de reajuste em relação aos padrões cambiantes do mundo "lá fora".[58]

Trata-se, enfim, da descoberta de um amor-próprio, mas que careceu, num momento chave da juventude, de outro amante para motivá-lo, reconhecê-lo, alimentá-lo. Não foi o amor por Jack que manteve Rose viva. Sua biografia pode ter sido determinada pela experiência que vivera com ele, mas não foi determinada em função dele, para ser sua esposa, companheira ou guardiã de sua memória. *Titanic* consegue, por meio de sua estratégia narrativa, superar o grande quebra-cabeça dos relacionamentos amorosos na contemporaneidade, apresentando de forma aceitável o amor sublime e apaixonado, mas ao mesmo tempo preservando e exaltando a independência da heroína. Embora certamente presente no ideal, não há fusão na vivência amorosa de Jack e Rose: "Se o desejo de fusão se mantém no mais das vezes no nível das representações e dos imaginários da relação amorosa, na sociedade contemporânea, o ideal de vida ao qual nos referimos se separa dele resolutamente. Não se quer tanto viver a fusão, mas somente sonhá-la".[59]

O valor da individualidade na construção da idealização amorosa em *Titanic* parece ainda mais vigoroso ao se considerar sua canção tema, "My Heart Will Go On", interpretada por Céline Dion. Além de premiada com o Oscar de melhor Canção Original, foi um sucesso fora das salas de cinema, sendo a 13ª mais tocada nas rádios norte-americanas no ano de 1998, segundo o *ranking* da revista *Billboard*,[60] reconhecida publicação norte-americana sobre música. A canção na voz de Céline Dion é executada apenas nos créditos finais, sendo que, durante o filme, o que se ouve é uma variedade de arranjos instrumentais da mesma canção diferindo em intensidade e ritmo conforme a cena, sendo a do primeiro beijo na proa do navio a de maior destaque. A versão cantada não é empregada para reiterar, através da letra, qualquer discurso ou sensação implícita nas cenas, como é feito insistentemente em *Sintonia de Amor* e em trechos de *Uma Linda Mulher*. Entretanto, ao ser executada durante os créditos e ouvida repetidamente fora das salas do cinema, a música, com sua letra, parece sintetizar e reforçar aquela história de amor enquanto algo que sobrevive no e pelo campo da memória, no coração de *um* dos aman-

---

58   BAUMAN, Zygmunt. *Modernidade líquida*. Rio de Janeiro: Zahar, 2001, p. 100.
59   CHAUMIER, Serge. *La déliaison amoureuse, op. cit.*, p. 40.
60   Disponível: <http://www.billboard.com>. Acesso em: 22 set. 2011.

tes que "segue". A canção fala de um "amor para a vida inteira", insistindo na mensagem de que "longe, perto, onde quer que esteja", o amado permanece e permanecerá "seguro", no coração do eu lírico, e que ela e seu amado assim continuarão "para sempre", sendo que, como no título e no refrão, fala-se do coração de uma pessoa: *Meu coração vai continuar*". Com isso, vê-se novamente o valor atribuído à capacidade do "romântico de sucesso"[61] de preservar o objeto de seu amor durante o tempo de separação, confirmando seu amor não pela união, mas pela capacidade individual de construir e alimentar, por meio da imaginação, o sentimento amoroso.

A junção entre a tragédia e a história de amor, da maneira que foi construída, valoriza visualmente o drama de um amor impossível, sem implicar, em momento algum, no bordão "juntos para sempre". A eternidade do amor idealizado se transfere para o próprio ideal, para o universo subjetivo da memória, concretizando-se na vida da personagem principal não pela união com seu amante, mas por todas as coisas que ela fizera – registradas nas fotografias que porta consigo –, pensadas e idealizadas quando com Jack. Essa história de amor preservou perfeitamente a individualidade de Rose, que não se prendeu a um projeto conjunto de vida e teve ressaltada sua força de vontade, iniciativa, ousadia e autenticidade, ao abandonar um casamento arranjado por interesses econômicos e assumir sua escolha por Jack até o final, dispondo-se a morrer com ele.

A tragédia do naufrágio e a tragédia clássica do próprio amor se deparam e a impossibilidade de aquela história se concretizar em terra firme mantém seu caráter sublime de amor idealizado, cujo encontro é praticamente instantâneo e a existência é breve, mas livre de qualquer imposição ou constrição da vida a dois. Diferentemente de outros filmes hollywoodianos que se encerram no momento em que o casal supera tudo e é recompensado pelo encontro, deixando retido o momento inicial da felicidade que parece se estender no tempo indefinidamente enquanto a câmera se afasta ou a tela se escurece, em *Titanic* essa impressão não é produzida, não há a construção do "felizes para sempre", enquanto conquista de toda uma vida por vir, mas do momento mais feliz da vida de alguém cuja preservação só é possível na memória ou em outro plano – místico ou espiritual. O amor de Jack e Rose mantém-se sublime e transcendente, com o encontro de Rose com seu amor após a vida e, justamente, dentro do navio que, a despeito de

---

61 WILDING, Raelene. *Romantic love and 'Geting married'*. op. cit., p. 378.

todo sofrimento e traumas que poderia remeter, assume ao final o aspecto de metáfora para a entrada no paraíso.

Uma vida a dois para Jack e Rose em terra firme encontraria desafios consideráveis, com uma jovem de classe abastada que, pelo visto, não tinha qualquer preparo ou traquejo para o trabalho – seja ele doméstico, na indústria, no campo ou comércio – e um rapaz que, como se apresentou no filme, vive viajando e ganhando algum dinheiro com desenhos que vende pelas ruas ou em jogos de azar. Contudo, com o naufrágio, todos esses planos mantiveram intacta sua condição de idealizações.

Jack e Rose podiam e deviam viver sua história de amor intensamente, sem se preocupar com o futuro, o dia de amanhã, vida conjugal e outras questões. Mas, no fim das contas, num contexto presente em que o que é cada vez mais certo e consciente é a imprevisibilidade da vida em todos os seus aspectos, ironicamente, o que se busca e se idealiza nos relacionamentos é essa estabilidade que se vê cada vez mais complicada. Só mesmo na iminência de uma tragédia é que parece funcionar esse ideal de amor intenso, sendo que o dia de amanhã e o desejo de alguma estabilidade engendram inquietações que se mantêm, sem descartar um senso de planejamento e projeção da vida afetiva. E a significância da projeção do próprio futuro a partir de uma experiência amorosa é mantida e reiterada em *Titanic*, mas dessa vez explicitando que, mesmo os planos e aspirações provenientes de uma história de amor são, antes de tudo, de consecução individual. Afinal, a grande prova do amor de Rose por Jack foi cumprir sua promessa de sobreviver ao naufrágio, ter uma vida longa e morrer idosa, deitada em uma cama quentinha, como ele havia dito. E sem ele.

CAPÍTULO V

Olhando o amor mais de perto – *Closer: Perto Demais*

Ao som da música tema "The Blowers daughter", há a entrada lenta do título, em grandes letras vermelhas frente a um fundo negro, da direita para a esquerda. De início, o título não é completamente visível na tela: vê-se letra por letra, como se este passasse bem perto da lente, permitindo antes uma visão das partes da palavra do que seu todo. *Closer* significa "mais perto" e, isoladamente, é uma expressão vaga, devido a seu caráter relacional que deveria conectar objetos ou ideias, indicando alguma comparação, que algo está mais perto do que outra coisa. No entanto, a palavra aparece solta, sem que se possa saber o que está "mais perto" de quê.

O subtítulo da versão brasileira, "Perto Demais", não soluciona a questão, mas sugere algum excesso: continua-se sem saber perto de que o título fala, mas já é implicado que a proximidade vista será além do desejável ou potencialmente inapropriada. Se originalmente o filme não aponta essa distinção pelo excesso, em sua versão brasileira ela é induzida, podendo direcionar o olhar do espectador para o que seguirá, propondo expectativas a respeito do que será visto. Tais expectativas podem ser tanto um estímulo à curiosidade quanto a interpretações moralmente balizadas de que o filme revelaria mais do que o que seria considerado adequado para alguns em relação à vida íntima das personagens, seu caráter e suas posturas em relação ao sexo e à afetividade, embora, do ponto de vista da construção das imagens, não sejam percebidos tais excessos.

A ideia de proximidade já sugerida no título é filmicamente construída principalmente por meio de *close-ups* e movimentos de *zoom* nos rostos e olhares das personagens. Isso não só potencializa a dramaticidade dos diálogos que sustentam o filme, mas também sugere maior contato com os sentimentos e a intimidade das personagens, sobretudo a partir do foco em seus olhares, aliado à predominância de tomadas internas, em ambientes fechados e privativos: o lar das personagens, uma cabine privativa em um clube de *strip-tease* ou um quarto de hotel. Nesse sentido, juntamente aos diálogos, as feições das personagens em *Closer* são o principal meio pelo qual se expressam os conflitos e tensões que orientam o filme. Conforme Balázs:

> A expressão facial é a manifestação mais subjetiva do homem, mais subjetiva até mesmo que a fala, pois tanto o vocabulário quanto a gramática estão sujeitos a regras e convenções mais ou menos válidas universalmente, enquanto que a combinação das feições, como já foi dito, é uma manifestação não governada por cânones objetivos, embora seja principalmente uma questão de imitação. Esta, que é uma das manifestações humanas mais subjetivas e individuais, é concretizada no *close-up*.[1]

Dessa maneira, mais do que constituir uma proximidade no sentido físico-espacial do olhar do espectador com as personagens e o cenário, há a construção da proximidade dos aspectos da vida das personagens que, a princípio, permaneceriam restritos aos ambientes íntimos, fora da vista do público ou de outros indivíduos com quem se trava interação na vida cotidiana. O espectador acaba então levado ao espaço da vida íntima das personagens. Ainda de acordo com Balázs:

> No cinema, a câmera carrega o espectador para dentro mesmo do filme. Vemos tudo como se fosse do interior, e estamos rodeados pelos personagens. Estes não precisam nos contar o que sentem, uma vez que nós vemos o que eles veem e da forma em que veem.[2]

Passado o título, a canção-tema continua e vê-se em câmera lenta e em plano geral a personagem de Natalie Portman caminhando em um centro urbano movimentado. Com a mesma construção, vê-se a personagem de Jude Law e, através de sucessivos planos em campo/contracampo, há a aproximação do rosto de cada um, suficientemente lenta para que se

---

[1] BALÁZS, Béla. "A face do homem". In: XAVIER, Ismail (org.). *A experiência do cinema*. Rio de Janeiro: Graal, 1983, p. 93.

[2] *Idem*. "Nós estamos no filme". In: XAVIER, Ismail (org.). *A experiência do cinema*. Rio de Janeiro: Graal, 1983, p. 85.

perceba que suas expressões faciais se alteram de maneira a sugerir uma troca de olhares ao som do refrão que repete insistentemente: "Eu não consigo tirar meus olhos do você". As personagens não ocupam o mesmo plano nessa sequência, mas essa alternância, mostrando rostos cujas expressões se alteram em aparente correspondência simétrica, permite inferir que elas estão no mesmo centro urbano, caminhando uma em direção à outra e se comunicando através de olhares.

Embora esteja ao fundo do plano no primeiro momento em que aparece e demore um pouco até que seja vislumbrada em *close-up*, Alice se destaca não apenas por sua posição central, mas também pelo contraponto de seu figurino e cabelos em relação aos demais figurantes presentes na cena. Os figurantes caminham em trajes invernais – casacos, sobretudos e cachecóis – em cores e tons neutros, como preto, cinza ou bege. Seus trajes parecem também mais formais, podendo-se ver homens vestindo gravata e camisa social e uma mulher de *tailleur*. O figurino de Dan se aproxima do destes figurantes de maneira que ele quase se mistura a eles, vestindo capa de chuva, gravata, calça social e cachecol em diferentes tons de cinza, combinando com uma camisa social branca. Além do cabelo vermelho, curto e espetado, Alice veste um pesado casaco azul, com abas grandes e felpudas acinzentadas nos punhos e na lapela, uma minissaia cinza com bordas rendadas em preto e botas de cano curto e salto. Aliada ao rosto jovem da atriz, sua imagem nesses trajes e seu cabelo em um tom chamativo de vermelho contrastam com o ar sério das pessoas à sua volta, que parecem a caminho do trabalho – como um senhor que porta uma valise ou um homem, também engravatado, conversando ao celular. Tal contraste contribui para que a personagem seja vista como alguém que se destaca do comum, construção que parece bem recorrente de heroínas românticas, estando presente em *Uma Linda Mulher* e em *Sintonia de Amor*.

A construção em campo/contracampo se aproximando do rosto das personagens continua ao som da música, até um momento em que ele olha para um lado, enquanto ela olha rapidamente para outro e continua andando. Quando a câmera se volta para ele, sua expressão é de alerta e ele parece gritar algo, enquanto precipita seu corpo para frente. Ouve-se o som de uma freada e um baque. Uma panorâmica de cima para baixo mostra um tradicional táxi preto londrino e, à sua frente, a garota estirada no chão, enquanto se forma um círculo de pessoas à sua volta e o homem corre em sua direção.

Após essa breve quebra na sequência, a interação entre as personagens volta a ser apresentada em campo/contracampo: ela olha atordoada para ele e, com um sorriso abobado, saúda seu salvador: "Olá, estranho!". Ele retribui o sorriso com uma expressão que sugere algo de alívio ao perceber que a moça parece consciente e bem.

É possível interpretar nesta cena do acidente, seguida da troca de olhares e sorrisos entre as personagens, um caráter metafórico, talvez até satírico, em relação a um aspecto recorrente em construções do amor romântico no cinema, que é seu caráter completamente acidental e involuntário. Não raramente, o acaso não apenas é elemento fundamental na história de amor, a partir do qual ela se desdobra em encontros, desencontros e desafios, como também contribui para reforçar o ideal de "feitos um para o outro", ao colocar o encontro do amado enquanto algo acidental, como resultado da ação de alguma potência divina para que aqueles, até então desconhecidos, esbarrem um no outro e se descubram como amantes. Conforme Bidaud já assinalara, "o que há de mais reconfortante do que ser levado a crer que os casais são feitos antecipadamente no Paraíso? Hollywood se desembaraça assim do aleatório e do acaso e difunde uma concepção de mundo conflitante com uma filosofia do absurdo". [3] Com a valorização de improváveis casualidades, como acontece em *Sintonia de Amor* ou em *Escrito nas Estrelas* (*Serendipity*, Peter Chelsom, 2001), contraditoriamente, sustenta-se o discurso de amor como acontecimento fortuito, inesperado para quem o experimenta, mas predeterminado por forças incompreensíveis à razão humana e inescapável.

Além de apresentar o encontro das personagens a partir de um acidente (de trânsito, não tanto do destino), com a donzela batendo a cabeça – diretamente associada ao cérebro, portanto, ao pensamento e à lógica, enquanto as emoções são associadas ao peito –, é como se o filme fizesse piada com a força atribuída ao amor de, subitamente, desconcertar o apaixonado, comprometendo sua capacidade de raciocínio, deixando-o alegremente aturdido, como sugere o sorriso de Alice. O choque de Alice com o carro, seguido de seu breve desmaio e estado de confusão mental, correspondem à imagem poética atribuída ao amor enquanto estado de arrebatamento. Outro aspecto explorado nessa sequência é o de apresentar a moça em uma situação de perigo, a ser acudida por aquele que se entende que se tornará

---

3 BIDAUD, Anne-Marie. *Hollywood et le rêve américain.* Paris: Masson, 1994, p. 199.

seu amado, explorando mais uma vez a mística do herói que "salva" a donzela em perigo,[4] embora Dan não faça nada de heroico, apenas acompanhando Alice até o hospital.

Enquanto aguardam atendimento, Dan e Alice travam alguma conversação amena. Dan, vindo de um corredor carregando dois copos, observa Alice mexendo em sua pasta, de onde ela tira um embrulho em papel alumínio, o qual checa e depois devolve para o lugar, desinteressadamente, depois retirando uma maçã de dentro da pasta. Neste momento, Dan se aproxima e ela diz calmamente que procurava por um cigarro. Dan lhe pergunta sobre o sanduíche de atum, certamente o conteúdo do papel alumínio que não interessara à garota. Ela diz que não come peixe e eles conversam.

Em conjunto com a construção de Dan ao longo do filme, algo a princípio insignificante nesta sequência revela-se expressivo: ao observar que o pão do sanduíche dele – certamente um pão de forma inglês – teve sua casca cortada, a moça pergunta-lhe quem a cortou. Dan responde que foi ele mesmo e ela pergunta se a mãe dele fazia isso quando ele era criança. Dan responde afirmativamente, aparentemente incomodado com a pergunta. Considerando seu aspecto torrado, podendo ser levemente amargo, entende-se que a casca desse tipo de pão seja algo que provoque a recusa de muitas crianças, fazendo com que seus pais, ao preparar-lhes um sanduíche, aparem essa parte desagradável. O tom com que Alice lhe pergunta se sua mãe cortava a casca do pão é claramente debochado, enquanto a forma como ele responde demonstra constrangimento pelo apontamento de um hábito considerado infantil.

Inicia-se com isso uma construção de Dan que marca um caráter infantilizado, apontado em outros trechos ao longo do filme, conferindo à personagem um jeito imaturo que pode ser associado à maneira como ele lida com seus relacionamentos afetivos. O segundo momento de expressão de sua construção infantilizada se dá quando, depois de beijar a fotógrafa Anna, ele insiste que precisa revê-la porque eles se beijaram e ela responde secamente: "Quantos anos você tem? Doze?". Por último e mais expressivo, quando Dan vai ao consultório de Larry (Clive Owen) pedir que ele deixe Anna (Julia Roberts) voltar para ele, os dois discutem e Larry lhe chama de

---

4   O que foi chamado de mística do herói aqui é construído e tematizado nos demais filmes analisados, com exceção de *Sintonia de Amor*.

"filhinho da mamãe", revelando ter sabido por Anna que, entre outras coisas, Dan acordava de noite chorando, chamando por sua mãe.

Essa infantilização, no conjunto, contribui para que os discursos amorosos de Dan tenham sua credibilidade questionada, ainda mais ao colocá-lo como alguém com forte tendência à idealização e a refugiar-se no campo da imaginação. Nessa construção, acrescenta-se seu sonho frustrado de ser escritor, enquanto se vê preso em um trabalho tedioso e nada edificante de redator de obituários que, conforme ele mesmo diz, em muitos casos já estão prontos e guardados em um arquivo. Essa construção infantilizada da personagem não apenas contribui para ridicularizá-la, mas também seus discursos e posturas em relação ao amor. Ao mostrar a personagem com dificuldade de comprometimento, entediada em seus relacionamentos e em seu trabalho, aparentemente sempre buscando outra experiência imaginada como mais gratificante, Dan mais parece uma criança que não aceita crescer e passa a maior parte possível de seu tempo cultivando fantasias, seja com seu romance fracassado, com suas visitas em sites de bate-papo eróticos, onde se permite assumir outras identidades, seja com suas idealizações amorosas.

Depois de saírem do hospital, Dan passeia com Alice pelas ruas de Londres e conta sobre sua profissão e sobre seus pais. Alice diz que veio dos Estados Unidos em uma "expedição", que era *stripper* em seu país e que acaba de sair de um relacionamento por não amar mais o seu parceiro. A moça é convicta ao contar que deixou seu último companheiro da "única maneira possível", dizendo não amá-lo mais. Dan expressa estranhamento e lhe pergunta o que faria caso ainda amasse a pessoa e a resposta é simples e franca: "Você não a deixa".

Nessa sequência, a construção de Dan parece mais detalhada que a de Alice, que lhe faz muitas perguntas, às quais ele responde interessadamente. A moça, por outro lado, não se demora em suas respostas, em geral simples e em frases curtas. Tem-se a impressão de que a percepção que a moça revela do amor, para Dan, parece desconcertantemente simplista, e surpreendente por expressar logo de início a negação do ideal de um caráter duradouro do amor, não raramente pressuposto como algo legítimo apenas enquanto eterno. A resposta de Alice é coerente, mas a sugestão de que o amor acaba não é algo muito comum nos filmes estadunidenses. Ao contrário, a construção mais frequente que se vê quando uma pessoa termina um relacionamento para iniciar outro é a de que se descobre que o relacionamento terminado não corresponderia ao "amor verdadeiro", predestinado, que seria antes um erro de interpretação ou das circunstâncias. Isso acontece em *Sintonia de Amor:* a personagem principal está noiva, acredita amar seu noivo, mas, depois de vários acontecimentos fortuitos, coloca em dúvida esse sentimento por não sentir com seu noivo a "magia" que outras personagens atribuíram tão convictamente ao amor. Embora seja recorrente nos filmes hollywoodianos a ideia de que "há sempre uma nova chance no horizonte",[5] ela em geral é apresentada de maneira a minimizar o relacionamento precedente – a não ser em caso de falecimento do par –, colocando o amor central da história como único verdadeiro.

Assim como acontece nesse diálogo com Dan, a construção de Alice ao longo do filme lhe confere um caráter instigante. Embora se expresse na maior parte do filme de maneira simples e franca, suas respostas tendem a ser pouco esclarecedoras para seus interlocutores. Quando Anna lhe pergunta sobre sua impressão em relação à maneira com que Dan a retratara em seu livro e o que omitira a seu respeito, ela simplesmente responde que ele omitira a "verdade", mas sem revelar qual seria a "verdade" naquele caso. Com respostas pouco explicativas e muito abertas às interpretações de seus interlocutores, a personagem favorece projeções baseadas nas impressões das demais em relação a ela, mas frequentemente dando a entender que se trata de interpretações equivocadas a seu respeito. Isso é particularmente evidente em seu diálogo com Larry no clube de *strip-tease*, em que revela, entre outras coisas, seu nome, mas sem conseguir convencê-lo. Dessa maneira, ao suscitar equívocos em relação à personagem baseados nas projeções particulares das demais, o filme permite problematizar os relacionamentos afetivos também sob esse aspecto: as projeções individualizadas acabariam por sobrepujar a experiência da própria relação e a descoberta do parceiro.

Muitos dos desentendimentos entre casais, então, derivariam desse choque bastante comum entre projeções e experiência, no que a relação é, a princípio, não entre dois indivíduos, mas entre indivíduo e sua construção particularmente pré-concebida do outro. Trata-se de uma relação na qual o parceiro tem pouco espaço, a não ser como depositário de projeções, idealizações e desejos, do que tudo o que poderia ser considerado mais autêntico é excluído, assim como Alice diz que a "verdade" sobre ela foi excluída do

---
5   Cf. BIDAUD, Anne Marie. *Le cinéma et le rêve americain*, op. cit., p. 157.

livro baseado nela. Contudo, tanto no filme quanto na vida íntima, não se sabe ao certo o que seria a "verdade", apesar da demanda constante por ela, o que gera conflitos em relacionamentos justamente em função da atribuição culturalmente estabelecida de um caráter revelador ao amor, que permitiria o acesso a uma identidade última e pura dos amantes.

Cultiva-se a ideia de que o amor seria uma relação entre duas identidades puras, livres de encenação, de sentimentos essencialmente verdadeiros e espontâneos, mas sem que se saiba o que lhes confere esse caráter "verdadeiro", o que atribui ao amor um aspecto de cruzada de fé, à procura de uma revelação transcendental de uma identidade ainda desconhecida. Procura-se assim a revelação da própria identidade no outro e, para tanto, projeta-se nele o que corresponde à identidade que mais se deseja encontrar. O que se revela mais problemático nessa perspectiva é que, com o caráter atribuído ao amor de revelar as "verdades íntimas" de cada indivíduo, mitiga-se qualquer ideia de comunicação enquanto processo conscientemente orientado de interação, de troca de códigos, signos e mensagens que demandam interpretações. Se o amor propiciasse esse conhecimento amplo e sobrenatural sobre o outro, a comunicação perderia sentido, pois os desejos, intenções e sentimentos dos amantes seriam autoevidentes, sendo que, para quem nutre esse tipo de expectativa, a frustração é garantida porque não se cogita a possibilidade de interpretações que se desviem de como o indivíduo percebe suas supostas "verdades íntimas".

São revelados então dois elementos constantemente abordados no filme, constituindo o eixo sobre o qual se desenvolverá sua construção acerca das relações íntimas: o olhar e o desconhecimento (ou estranheza) de um pelo outro. Tanto a questão do olhar quanto do termo "estranho" é constantemente explorada no filme, ora como elementos sedutores e estimulantes, ora como problemáticos. A palavra "estranho" está presente em vários diálogos do filme, recebendo particular atenção a partir da personagem de Julia Roberts, cuja exposição fotográfica recebe justamente o nome "Estranhos". A isso se junta o elemento da "verdade" – ou da busca pela mesma nos relacionamentos – ao mesmo tempo desejada, mas representando potencial ameaça para o estado de excitação e interesse proporcionado pela manutenção do desconhecimento. Se a manutenção da condição de estranhos na relação é atraente ao permitir alimentar as projeções, ela também alimenta a insegurança no relacionamento, uma vez que "a confiança implica no mesmo equilíbrio de autonomia e revelações mútuas necessárias para sustentar trocas íntimas".[6] Se por um lado há o desejo de relacionar-se com o desconhecido, por outro, as revelações mútuas que aparecem como requisitos para o relacionamento comprometem a mística do estranho ao torná-lo conhecido e, doravante, familiar, comum.

Depois da tarde em que Alice e Dan conversam, há um corte para a personagem de Julia Roberts, Anna, fotografando Dan em seu estúdio. Há um *close* frontal da objetiva da câmera de Anna, no momento em que dispara uma foto, podendo-se ver o abrir e fechar do diafragma. Em seguida, ela está em primeiro plano, manuseando a câmera e dizendo para seu interlocutor que precisa trocar o filme. Algo a se destacar em *Closer* é a presença da atriz Julia Roberts e certa diferenciação em relação às personagens interpretadas pela atriz anteriormente, em geral heroínas de comédias românticas. Enquanto filmes como *Uma Linda Mulher* investiram numa construção deslumbrante de Julia Roberts, valorizando tanto seu figurino quanto sua beleza e sensualidade, com um ar espevitado denotando jovialidade, espontaneidade[7] e talvez até certa ingenuidade comum em protagonistas de filmes românticos, em *Closer*, atriz e personagem denotam maturidade e se distanciam dessa construção. Na primeira cena em que aparece no filme, o traje da personagem não tem nada de sensual: ela veste calças largas e escuras e uma camisa social branca – aparentemente masculina – que cobre todo seu corpo, além dos cabelos displicentemente presos com algumas mechas soltas caindo sobre a testa. Em momento algum ela é mostrada em vestidos que valorizam ostensivamente as formas de seu corpo ou construída como portadora de beleza e charme exuberantes como é feito em *Uma Linda Mulher*. Além disso, embora a personagem seja construída como uma mulher atraente, em vários momentos ela parece mais ter um ar amargurado do que fascinante.

Em sua pesquisa realizada na França sobre os possíveis elementos provocadores de decepção nos espectadores em relação a filmes no cinema, Michaël Pino levantou depoimentos de entrevistados sobre tudo que poderia tê-los influenciado a gostar ou não de assistir a um filme: do ambiente da sala a comentários de amigos, passando por críticas de jornal, pelo próprio conteúdo do filme e pelas expectativas construídas em relação a ele. Entre

---

6   GIDDENS, Anthony. *Modernidade e identidade.* Rio de Janeiro: Zahar, 2002, p. 93.
7   Ver capítulo II.

seus entrevistados, alguns revelaram decepcionar-se com *Closer*, sendo que um deles expressa de maneira bastante clara um dos elementos responsáveis por sua insatisfação com este filme, especificamente relacionado à personagem de Julia Roberts:

> Na imagem que você tem da atriz, você a vê mal neste papel em alguns momentos. [...] ela suja um pouco sua imagem neste filme. [...] em certos momentos, ela não tem credibilidade enquanto... [...] não saberia como descrever, mas em certos momentos isso não corresponde à imagem de Julia Roberts, para mim. [...] depois eu penso que é uma imagem partilhada, porque a imagem que tenho dela é uma imagem que nos serve. [...] Julia Roberts é um mulher que tem a classe, muito charme, não necessariamente a beleza, mais o charme. É uma mulher um pouco criança também, quer dizer, ela sempre faz papéis em que é tratada com mimo e em que ela encontra sempre seu super-herói [...] o que me surpreendeu é que neste filme ela conduz mais os homens, enquanto que normalmente são os homens que a conduzem. Eles não destruíram sua imagem, mas acho que eles meio que variaram sua imagem neste filme.[8]

A maneira como este entrevistado refere-se à atuação da atriz no filme é significativa para expressar um vínculo estabelecido entre a pessoa e a imagem que dela se construiu durante sua carreira em Hollywood. O rosto da atriz é tomado a tal ponto como referência para um tipo de personagem que sua atuação, independente da qualidade dramática, torna-se elemento de decepção de espectadores quando é diferenciada do seu tipo usual de personagem. E, da maneira como este entrevistado coloca, entende-se a qual imagem da atriz ele se refere, sem precisar delongar-se em explicações; como ele mesmo disse, essa imagem é partilhada. Aliás, pela abordagem mais crítica que *Closer* parece propor dos relacionamentos afetivos e das idealizações neles presentes, essa maneira de construir a personagem sugere a intenção de provocar esse choque com a imagem estabelecida de Julia Roberts enquanto protagonista de comédias românticas. Assim, se a

---

8   *Vladimir* in PINO, Michaël. *Porquoi on est déçu par un film au cinéma?* Paris: Connaissances et Savoirs, 2006, p. 86 (interpolações do autor).

imagem a atriz tende a conduzir seus espectadores a uma expectativa específica, o filme rompe com tal expectativa, o que pode acabar sendo causa de desapontamento para alguns, como o entrevistado de Michaël Pino. Isso faz pleno sentido de acordo com o que sugere Jarvie:

> Pode-se argumentar então que a função das estrelas de cinema é principalmente a de estabelecer pontos de referência fixos ou de familiaridade para o espectador. A imagem que este tem de um novo filme é, sem dúvida, bem mais vaga. Mas se nele figuram estrelas, o campo de suas expectativas poderá se ampliar consideravelmente, pois, ao menos, ele conhece o aspecto e a voz dos protagonistas.[9]

De volta à cena no estúdio de fotografia, tem-se Dan sentado, frente a um fundo escuro, elegantemente vestido com uma camisa social cor de chumbo, calça social, sem óculos, posando para a câmera de Anna conforme suas orientações. Por algum tempo, a interação entre essas personagens é mediada pela câmera fotográfica, sendo que a fotógrafa parece manter seu profissionalismo enquanto ele tenta flertar com ela e faz questões sobre seu livro, envaidecido ao saber que ela o lera durante a madrugada. Dan pergunta a respeito das fotografias espalhadas no estúdio de Anna e ela revela que muitos daqueles por ela fotografados são estranhos que ela encontra em lugares públicos, como o aquário que frequenta em Londres.

Em tom de provocação, Dan pergunta se ele é um estranho. No momento dessa pergunta, seu rosto é mostrado como se estivesse sendo visualizado através do visor da câmera de Anna, podendo-se ver a demarcação das linhas do enquadramento e do centro. É como se o flerte de Dan fosse filtrado pela lente da câmera de Anna, atrás da qual a personagem se protege, respondendo secamente: "Você é um trabalho", pedindo que corrija sua postura para as fotos seguintes.

A partir de Anna, a questão do olhar se aprofunda, especialmente em função de sua relação com o mundo mediada pela câmera. Enquanto fotógrafa, essa personagem domina um instrumento que tem por característica básica a captação de imagens, o que lhe permite certo grau de controle sobre

---

9   JARVIE, Ian Charles. *Sociología del cine*, op. cit., p. 298.

as imagens que ela trabalha, seja pelas orientações que faz de seus modelos, seja pelos efeitos que sua câmera e equipamento lhe permitem realizar, administrando variáveis como luz, foco e cenário. Além disso, a imagem registrada pela câmera, apesar de corresponder a uma fração de segundo, pode ser preservada por longo tempo, indefinidamente, embora o mesmo muitas vezes não ocorra com o objeto fotografado. Essa relação de Anna com a fotografia é especialmente significativa ao se considerar que é uma fotógrafa de retratos, sendo a maior parte deles em primeiro plano. Dessa maneira, ela parece ter um especial interesse em registrar expressões faciais das emoções de seus fotografados, algo notável na fotografia de Alice chorando.

A questão da fotografia é significativa na construção da personagem também ao se notar que, em seu primeiro momento de interação com as demais personagens, Anna as fotografa: primeiro ela fotografa Dan para o livro, em seguida fotografa Alice a pedido da moça e, superado o constrangimento decorrente do mal-entendido no primeiro encontro com Larry, um dos primeiros atos de Anna é fotografá-lo. É como se, analogamente ao fotógrafo de *Blow-up: Depois Daquele Beijo* (*Blow-up*, Michelangelo Antonioni, 1968), Anna se relacionasse com o mundo através de sua câmera, fazendo das imagens que produz sua referência de realidade primeira,[10] tornando imprescindível para a personagem registrar fotograficamente as pessoas com quem virá a se relacionar.

Se Dan, com sua aspiração literária, projeta em seu livro uma Alice que, segundo a própria musa, não corresponde a ela, parece acontecer algo semelhante com Anna em relação à fotografia, o que é mais bem colocado pela maneira como Alice avalia sua exposição:

> É uma mentira. Um bando de estranhos lindamente fotografados e os babacas ricaços que apreciam arte dizem que é lindo porque é isso que eles querem ver. Mas as pessoas na foto estão tristes e sozinhas, mas as fotos fazem o mundo parecer lindo. Então a exposição é reconfortante, o que a torna uma mentira e todo mundo ama uma grande mentira.

---

10 Essa questão em relação ao filme *Blow-up* é desenvolvida na análise de Paulo Menezes em *À meia-luz, op. cit.*, p. 15-48.

Aparentemente, o ato de lançar um olhar sobre um determinado relance de seu interlocutor e registrá-lo com a câmera, para Anna, tem o valor de estabelecer uma imagem de referência para sua relação. De certa maneira, trata-se também de uma projeção, talvez não tão imaginativa como a de um romancista, mas também algo que acaba substituindo o objeto da relação pela imagem construída do mesmo. Se Dan se relaciona com as demais personagens por sua imagem "romanceada", mental, Anna faz o mesmo com suas imagens fotografadas, sendo que as duas personagens enfrentam problemas com a dificuldade em encontrar e manter a correspondência entre essas imagens que eles constroem autonomamente do objeto de suas projeções.

É interessante observar também como som e imagens são articulados no primeiro encontro de Anna e Dan. Ouve-se uma música clássica suave que, a princípio, não se sabe se é trilha sonora ou ambiente. O diálogo é intercalado pelo som dos disparos da câmera, enquanto Anna responde friamente às questões e aos flertes de Dan. Ao olhar através da câmera, Anna consegue manter distância e frieza, mas num dado momento em que seus olhares se cruzam, o som da música sobressai, Anna não resiste ao convite para se aproximar e eles se beijam. Logo há o som de um novo disparo da câmera, acionada acidentalmente por Anna durante o beijo. À interrupção, segue um breve constrangimento: eles se abraçam e ela lhe pergunta sobre a relação dele com Alice. Ele confirma morar com ela e Anna se afasta, irritada, desligando o toca-discos e interrompendo a música ambiente. O som do disparo parece ter funcionado como um sinal para que Anna despertasse de um transe e recobrasse a postura brevemente perdida quando olhou Dan diretamente, sem a mediação das lentes. Dan insiste, aparentemente sem sucesso, em ter um novo encontro com Anna, que reluta em dar prosseguimento àquele caso. Alice acaba chegando ao estúdio e pede para ser fotografada por Anna. Elas conversam e Alice revela ter ouvido a conversa dos dois, na qual Dan diz que precisa revê-la porque se beijaram.

Na cena seguinte, de noite, Dan está sentado no sofá, no escuro, navegando na internet com seu notebook, em uma sala de bate-papo de sexo virtual. Ele inicia uma conversa com Larry, fingindo ser uma mulher e se apresentando como Anna. Dan escreve frases de conteúdo sexual explícito que deixam Larry excitado e impressionado, chegando a comentar o quanto a moça é direta. O médico, bastante interessado, em plantão no hospital, fecha as persianas e a porta de sua sala e chega a tirar o telefone do gancho para não ser interrompido durante a conversa. Dan pergunta a Larry sobre suas fantasias sexuais, o tamanho de seu pênis e Larry responde tudo com aparente sinceridade. Quando este retorna a pergunta à suposta Anna, Dan narra uma fantasia em que faria sexo com vários homens desconhecidos ao mesmo tempo.

Depois de um orgasmo simulado por Dan, Larry, maravilhado, pergunta à sua suposta interlocutora se ela é real. Dan então marca um encontro no Aquário de Londres – local que sabe ser frequentado por Anna –, mas sem supor que, coincidentemente, Anna estaria no local na hora marcada. Quando Larry a encontra, sua abordagem é um tanto direta, fazendo referências ao conteúdo da conversa que tivera com Dan. Os dois conversam um pouco até que ela compreenda a situação e revele a Larry que ele foi vítima de uma piada de Dan. Perplexo, Larry tem dificuldade em aceitar o que Anna lhe diz, chegando a cogitar que ela não o considerara atraente ao vivo e estivesse a rejeitá-lo. Larry argumenta, exaltado: "Eu estava falando com uma mulher! Acredite! Era uma mulher! Eu tive uma enorme (gesticula mostrando sua região genital, em sinal de excitação)... era uma mu... Ela não era, era?"

É curiosa a convicção de Larry ter falado com uma mulher baseando-se apenas no que lera na internet e na excitação que aquilo lhe causara, chegando ao ponto de tentar argumentar que era uma mulher porque tivera uma grande ereção. Trata-se de uma expressão pitoresca de como a personagem fora guiada simplesmente pela fantasia estimulada por Dan de fazer sexo com uma misteriosa e fogosa estranha encontrada na internet. Ele não foi à procura da Anna que estava no aquário, mas da estranha inventada por Dan na sala de bate-papo da internet. Isso contribui para a construção que o filme sugere da busca pelo amor e por relacionamentos íntimos como algo enviesado pelo desejo, pela imaginação e fantasias – sexuais ou não – de cada um, no que o outro é tratado mais como personificação desse desejo do que como indivíduo a ser conhecido e descoberto. Se ao ver um filme não se vê o que os realizadores optam por não mostrar e "acima de tudo, não vemos o que não queremos ver",[11] nas relações amorosas de *Closer* parece ocorrer um processo semelhante, sugerindo a tensão entre

---

11 CARRIÈRE, Jean-Claude. *A linguagem secreta do cinema*. Rio de Janeiro: Nova Fronteira, 1995, p. 58.

a idealização no relacionamento amoroso – seja do parceiro ou da própria relação – e a experiência mesma desse relacionamento.

Passado o embaraço, Larry e Anna saem conversando amigavelmente e, a partir daí, é construída para Larry uma nova Anna, diferente daquela do site de bate-papo, que se tornará sua namorada e, em seguida, esposa. Embora predominem tomadas internas e pouco iluminadas, os breves momentos em que os casais conversam sobre suas vidas e começam a "se conhecer" acontecem em locais abertos e de iluminação farta. Essas passagens de agradável luminosidade, repletas de sorrisos e gentilezas, duram pouco, dando lugar a ambientes fechados, quase sempre, de iluminação parca. É como se isso reforçasse a ideia de que o melhor e mais ensolarado momento do relacionamento fosse aquele do encontro inicial, dos primeiros flertes e insinuações. Uma vez estabelecido algum vínculo, entra-se nos planos fechados da intimidade, tudo escurece, olhares preocupados e desconfiados ganham evidência.

Ao encontro entre Anna e Larry sucede-se um corte seco e vê-se, sobre a mesa do apartamento de Dan, o convite para a abertura da exposição de fotografias de Anna. Dan faz a barba e conversa com Alice frente a um espelho. Aqui, as personagens não estão de frente uma para outra e não se olham diretamente, pois são seus reflexos no espelho que conversam, estando os dois de costas para a câmera e Dan de costas para Alice. Ela diz estar esperando que ele a deixe. Ele se vira e a abraça, dizendo que não a deixará e que a ama. Ela pergunta por que ele não a deixa ir com ele, se tem vergonha dela, e ele diz precisar ficar sozinho para pensar, lamentar... O diálogo sugere que Dan pretende viajar sem Alice e, numa cena mais adiante, Anna comenta que o pai de Dan morreu, a partir do que se pode inferir que ele viajaria para o funeral. Visivelmente triste, Alice pergunta: "Por que você não me deixa?". Dan parece esboçar uma desculpa para não levá-la para a viagem, mas ela reformula a pergunta: "Por que você não me deixa te amar?". Dan a abraça e tenta consolá-la dizendo que retornará em breve. Vê-se o rosto de Alice refletido num espelho ao fundo, como se olhasse o próprio reflexo daquela cena com descrença.

Se no primeiro encontro desses personagens é enfatizado o encontro de seus olhares, num local aberto e iluminado, esta cena é sua antípoda: o ambiente é fechado, a iluminação é parca e os olhares não se encontram diretamente, embora as personagens sejam mostradas fisicamente mais próximas uma da outra, ocupando o mesmo plano. Considerando a ênfase dada ao olhar no filme, essa cena sugere a perda do fascínio daquele primeiro olhar fixo de quando eram dois estranhos. Agora, nesse ambiente e contexto que sugere uma convivência íntima já estabelecida, o olhar se revela mediado ou desviado, como acontece com o espelho. E ao focar justamente as duas personagens num momento em que se arrumam para ir a um evento – a exposição de Anna –, parece evidente a construção fílmica dos "bastidores" da relação dessas personagens, tomando emprestada a metáfora teatral utilizada por Goffman:

> É aqui onde se fabrica laboriosamente a capacidade de uma representação expressar algo além de si mesma. Aqui é onde as ilusões e impressões são abertamente construídas. Aqui os apoios do palco e os elementos da fachada pessoal podem ser guardados numa espécie de aglomerado de repertórios inteiros de ações e personagens. Aqui os tipos de equipamento cerimonial, tais como as diferentes espécies de bebidas e roupas podem ser escondidos, de tal modo que a plateia não seja capaz de perceber o tratamento concedido a eles, em comparação com o que lhes poderia ser dado.[12]

Como já fora mencionado, o filme dará grande importância à construção de diálogos dentro desses ambientes de bastidores, especialmente na sequência em paralelismo em que Dan e Anna comunicam a seus respectivos parceiros que estão se relacionando e que irão deixá-los. Colocada dessa maneira, a intimidade, tratada como parte fundamental de uma relação amorosa, parece contrastar com a imagem ou "encenação" da versão idealizada dessa relação, em que os amantes se compreendem sem palavras, numa sintonia quase mágica de olhares e sorrisos, como tende a ser construída nos filmes românticos.

Durante a exposição de fotografias, o rosto de Anna sugere apreensão com a chegada de Dan e Alice. Alice caminha em direção a seu retrato e Larry se aproxima, perguntando a respeito da exposição e dizendo: "Sei que é vulgar discutir a obra na sua abertura, mas alguém precisa fazê-lo". Essa frase de Larry contribui para a construção dessa personagem como alguém

---

12 GOFFMAN, Erving. *A representação do Eu na vida cotidiana*. Petrópolis: Vozes, 2005, p. 206.

franco e direto que parece dar pouca importância a convenções de polidez e expressa diretamente seus pensamentos e desejos, especialmente em relação aos planos sexual e afetivo. O mesmo entrevistado de Michael Pïno que se revelara desapontado com a atuação de Julia Roberts em *Closer*, ao falar das personagens masculinas, distinguiu-as como Dan sendo a "cerebral" e Larry a "animal".[13] Embora não se pretenda adotar aqui tal distinção, essa interpretação é um ponto de partida interessante para se analisar a construção que o filme faz enfatizando a relação de Larry com a expressão direta de seu desejo sexual e sua "masculinidade". A personagem, que chega a referir-se a si mesma como um "homem das cavernas", é construída como antítese de Dan, que, mais "cerebral", não apenas parece buscar refúgio em sua imaginação, como tenta, sem sucesso, zelar por uma imagem culta e refinada de escritor, bem como de homem sensível e sedutor. Mas, se por um lado, Larry mantém a mesma imagem grosseira durante todo o filme, Dan, ao contrário, rompe com a imagem que parece tentar sustentar quando, ao final, numa discussão acalorada com Alice, agride a moça com um tapa no rosto.

O que se pode interpretar da construção da personagem Larry é que se trata de alguém que valoriza certa crueza em suas relações e atitudes, com uma tendência a se expressar e conceber o mundo de maneira objetivada, seja ao se declarar um "observador clínico do circo humano", seja ao comparar o coração humano a um punho banhado de sangue. Essa percepção é reforçada na construção da personagem por sua profissão: Larry exerce a medicina, o que implica um inevitável contato tátil com o corpo, frio e objetivado. Essa objetividade característica de sua profissão parece ser transferida para a sua vida sexual e afetiva. É ainda mais sugestivo que sua especialidade na medicina seja justamente a dermatologia, que trataria da camada mais externa e visível do corpo humano, remetendo à superficialidade. No entanto, às vezes isso lhe confere um caráter ingênuo: com tendência a acreditar em suas primeiras impressões, como acontece quando fala com Dan pela internet e pensa estar falando com uma mulher, Larry, apesar de sua pressuposta "objetividade" enquanto "observador clínico do circo humano", deixa-se enganar facilmente, parecendo incapaz de perceber nuances nesse "circo humano" que ele observa.

Larry não é mostrado como alguém interessado em conflitos internos e psíquicos ou qualquer tipo de subjetivação. É como se ele acreditasse

---
13 Cf. PINO, Michaël. *Porquoi on est déçu par un film au cinéma ?*, op. cit., p. 92.

simplesmente naquilo que pode ver e tocar, sem necessariamente preocupar-se com alguma realidade ininteligível e distinta daquilo que consegue enxergar. Tal crueza parece assumir um caráter de sinceridade brutal que se opõe à tendência romântica a idealizar e a estimular a imaginação, o que pode sugerir uma discrepância fundamental entre amor e franqueza, ao se tomar o amor romântico, essencialmente imaginativo, como modelo principal de amor: "O ideal se torna um mito tal que toda forma de amor se torna sinônimo de amor romântico, ao ponto em que tenhamos todas as dificuldades em conceber, ainda hoje, outra forma de amor".[14]

Depois que Dan e Alice saem da exposição, ele a embarca num táxi para ir para casa e deixa para tomar o seguinte e se dirigir à estação de trem. No entanto, logo que Alice vai embora, ele retorna à procura de Anna, tentando mais uma vez seduzi-la. Por esta conversa, sabe-se que ele a espionava em seu estúdio e que ela sabia disso e o procurava quando ele não estava lá. Dan pede que Anna olhe para ele e diga que não está apaixonada por ele. Ela assim o faz, olhando-o fixamente, mas ele não acredita, dizendo: "Você está mentindo". Além de, novamente, a questão do olhar vir à tona, há a crença partilhada de que uma pessoa seria incapaz de mentir para outra olhando diretamente em seus olhos. No entanto, Dan simplesmente ignora a resposta de Anna e esse pressuposto comum, expressando a convicção de seu desejo acima do que os olhos e as palavras de Anna lhe comunicam. Já indo embora, Dan diz para Anna: "Eu sou seu estranho! Jogue-se!".

Mais uma vez, o fascínio pelo "estranho" é explorado como parte da sedução. E, certamente, no caso dessas duas personagens, isso pode ter sido ainda mais estimulante, uma vez que se entende que, em seu primeiro e breve contato, houve uma evidente atração, consubstanciada num único beijo, aparentemente estimulante para os dois. Da maneira que o filme constrói essa relação, desde seu primeiro encontro até esse momento, os dois não se comunicaram diretamente, não se conheceram e nem estabeleceram um vínculo. Permaneceram, por um ano, como dois estranhos que se beijaram uma vez. Isso contribui especialmente para que uma personagem como Dan alimente em sua imaginação o desejo por Anna. Não conhecê-la possibilita uma idealização muito mais ampla tanto da pessoa Anna quanto de possíveis relações com ela.

---

14 CHAUMIER, Serge. *La déliaison amoureuse*. Paris: Armand Colin, 1999, p. 121.

Após a exposição de fotografias, um *fade out* marca não apenas um salto de tempo, mas alguma mudança relevante na história. A sequência se inicia ao som de uma música de piano triste e Anna sentada, com um olhar amuado. Em seguida, corte para Alice dormindo em um sofá, quando Dan chega a seu apartamento. Alice pergunta onde ele esteve e ele responde que esteve trabalhando e saiu para tomar uma cerveja com seu colega de trabalho. Outro corte para Anna e vê-se Larry chegando. Inicia-se então uma construção por meio de paralelismo do que, a princípio, seria o momento em que Dan e Anna anunciariam a seus respectivos parceiros que mantêm um relacionamento e vão deixá-los. Contudo, como se pode observar, nenhum dos dois efetivamente deixa seu parceiro. Enquanto Alice, ao receber a notícia de Dan, foge sem deixar vestígios num momento de distração dele, Larry, enfurecido, depois de confrontar Anna com várias perguntas diretas sobre suas relações sexuais com Dan, expulsa-a de casa dizendo: "Vá embora e morra, sua vadia desequilibrada!".

Dan comunica Alice que vai deixá-la para ficar com Anna com um ar que sugere desinteresse, até mesmo frieza, justificando-se por estar apaixonado pela outra. O uso da paixão como justificativa para a atitude de Dan corresponde à tendência compartilhada de se atribuir ao amor uma força que age contra a vontade daqueles por ela envolvidos, algo já presente no romance medieval, objeto de estudo de Rougemont: "Tudo leva a crer que *livremente*, jamais [Tristão e Isolda] teriam escolhido um ao outro, mas eles beberam o filtro do amor e eis a paixão".[15] Visto dessa maneira, o termo amor acaba aludindo a algo que isentaria o amante de qualquer responsabilidade por seus atos:

> De acordo com seus princípios, alguém que em nome do amor verdadeiro sacrifica um casamento, laços de família, paternidade, talvez num extremo, mesmo o bem-estar daquele dependente dele/a, não está cometendo um pecado, mas apenas obedecendo às regras, respondendo ao chamado do coração e buscando completude para ele/a e outros. Ele ou ela não deve ser

---

15 ROUGEMONT, Denis de. *O amor e o Ocidente*. Rio de Janeiro: Guanabara, 1988, p. 33 (grifo do autor).

culpado; seria errado agarrar-se a uma ordem a qual não valorizaria o amor como elevado o bastante.[16]

Contudo, Alice retruca de maneira a contrariar tal concepção: "Como se você não tivesse escolha! Há sempre um momento. 'Eu posso fazer isso, eu posso me entregar a isso ou posso resistir'. Não sei quando foi o seu, mas aposto que houve um". A colocação de Alice é pertinente, mas, ao se considerar, ainda conforme Beck, que o amor é, paradoxalmente, algo percebido e experimentado na primeira pessoa do singular,[17] o questionamento dela perde relevância. Afinal, Dan teve uma escolha e agiu de acordo com sua própria vontade. De maneira que o que torna problemática a tentativa de Dan se justificar é minimizar, nesse momento do diálogo, sua própria vontade, atribuindo ao que ele chama de amor a responsabilidade por seus atos.

Embora esteja comunicando que vai deixá-la, Dan não tenta resistir a seus beijos e repete que a ama – o que, nesse diálogo, chega a soar mecânico –, além de tentar impedi-la de partir. A moça pede então que ele prepare um chá e, enquanto ele se distrai, ela foge sem bagagem, sem despedidas e sem deixar rastro. Ao partir, Alice não apenas veste a mesma roupa com que estava no início do filme, como também não leva qualquer bagagem, da mesma maneira como é vista em sua primeira cena, na qual se entende que ela acabara de chegar a Londres. A ausência de bagagem material nas partidas e chegadas dessa personagem pode ser interpretada como metáfora para o desapego, sugerindo a intenção de não portar consigo bagagem emocional do relacionamento encerrado. Nisso, a personagem se opõe a seu parceiro que, mesmo tendo acabado de anunciar que se apaixonou por outra mulher, afirma amá-la e que se continuar a vê-la nunca vai conseguir deixá-la. Convém destacar também que, assim como no início, quando flerta com Alice, Dan tem uma namorada, ele também iniciou uma relação com Anna sem deixar Alice e, mesmo aparentando a intenção de fazê-lo, mostra-se vacilante, até que a moça tome iniciativa e o deixe.

Entende-se desde o início do filme que Dan tem dificuldade em terminar relacionamentos, chegando a questionar Alice, em seu primeiro diálogo, sobre a possibilidade de deixar alguém que se ame, a que, como já visto, a moça responde categoricamente que não se deixa alguém que ainda se ama.

---

16   BECK, Ulrich & Elisabeth. *The normal chaos of love*. Cambridge: Polity, 2002, p. 173.
17   Cf. *ibidem*, p. 197.

Embora haja uma discordância nas perspectivas de Dan e Alice sobre deixar ou não alguém que se ama, os dois expressam a noção ainda muito compartilhada de amor que o relaciona necessariamente à monogamia, sem deixar espaço para um terceiro. Isso parece criar um conflito para Dan quando ele se vê na necessidade ética/moral de deixar Alice para poder, legitimamente, dar continuidade a seu relacionamento com Anna, elegendo essa relação como principal. No entanto, a julgar pelo histórico da personagem no filme, certamente ele só não manteve um relacionamento paralelo com Alice por falta de oportunidade, o que de certa forma é ressaltado por Anna no seu último diálogo com ele.[18]

Assim, Dan tende a manter relações paralelas, mas não como expressão de alguma convicção amorosa, mantendo uma relação "oficial" e outra obscura, com valor de interdita, ilegítima. A questão de relacionamentos não monogâmicos, nesse caso, não é apresentada como um arranjo alternativo, passível de ser negociado entre os amantes em uma relação mais livre ou aberta. Tal abertura não é apresentada no filme, sustentando o modelo monogâmico como o único reconhecido e aceitável. Estabelecer relações paralelas, ainda que recorrente, é construído como espécie de transgressão moral que, uma vez não evitada, deve ser escondida ao máximo ou interrompida, conduzindo a relações sucessivas:

> *O ideal de exclusividade amorosa continua mesmo se a estrutura é porosa e o terceiro a penetre por todos os lados...* As relações não são mais paralelas, mas sucessivas. As uniões se encadeiam cada vez mais rapidamente, evocando uma poligamia sequencial. Mas a mudança social essencial vem do fato de que a abertura tão rápida, cada vez mais ao nível do simbólico, do imaginário e das representações, parece cada vez menor no nível das práticas. monogamia está pronta para se realizar, mas não porque o casal é autossuficiente, mas porque o terceiro é cada vez mais relegado a expressões imaginadas, a vivências virtuais.[19]

---

18 Nesse diálogo, Dan está indignado por Anna ter se relacionado sexualmente com Larry para conseguir que ele assinasse o divórcio. Dan menciona, ao censurar Anna, que ele não se reencontrou com Alice, a que Anna rebate dizendo que ele não o fez por ela ter sumido e ele não saber para onde ela foi.

19 CHAUMIER, Serge. *La déliaison amoureuse, op. cit.*, p. 124-5 (grifo do autor).

Pode-se dizer que todas as personagens em *Closer* cultivam o ideal de exclusividade e se orientam por ele, com a diferença de que Dan, embora o incorpore no discurso, não mostra grande esforço para levá-lo à prática. Isso faz com que, secretamente, num primeiro momento, ele mantenha uma ligação platônica com Anna, espiando-a de longe em seu estúdio e, num segundo momento, uma relação correspondida, também secreta, até que decidam revelá-la para deixarem seus parceiros e tentarem viver o ideal de exclusividade entre eles.

Diferentemente de Dan, Anna não toma a iniciativa em comunicar sua partida. O assunto não é levantado por ela, mas por Larry, por uma razão completamente diversa: ele confessa ter feito sexo com uma prostituta durante sua viagem aos Estados Unidos e teme que Anna o deixe por isso. Embaraçada, ela confirma que o deixará, mas para ficar com Dan. Se Dan dá praticamente todas as informações a Alice antes que ela pergunte e ainda discorre sobre a situação, vê-se em Anna a dificuldade em falar, respondendo às perguntas de Larry timidamente, com poucas palavras e quase sem voz, às vezes apenas por gestos comedidos e um ou outro olhar. E, diferentemente de Alice, que questiona Dan sobre seus sentimentos, Larry pergunta agressivamente sobre o sexo de sua esposa com o amante, sem eufemismos. Anna tenta se esquivar dessas perguntas, mas Larry insiste até que ela acabe por responder também agressivamente, na mesma linguagem e elevando sua voz.

Larry se surpreende com a revelação de Anna, especialmente pelo fato de que o relacionamento dela com Dan se iniciara ainda antes de seu casamento. Ele pergunta por que então ela se casou com ele e ela responde que queria que eles fossem felizes. Ingenuamente, especialmente naquele contexto, Larry pergunta: "Mas nós somos felizes, não?" – o olhar de Anna em resposta evidencia, de maneira quase brutal, as percepções discrepantes que os dois têm de seu relacionamento. Obviamente, se ela concordasse, eles não estariam sequer tendo aquela conversa. Por essa frase, é sugerida também uma idealização da própria instituição do matrimônio: mesmo envolvida desde antes do casamento com outro homem, ela insiste em se casar com Larry, por acreditar que poderiam ser felizes se casando, possibilidade que certamente ela não via em sua relação com Dan, talvez por ele, por tanto tempo, manter seu relacionamento com Alice e já ter dado a entender ainda no início do filme que ela era "impossível de deixar". Aparentemente, ela via mais possibilidade de ser feliz em função da estabilidade que Larry seria capaz de oferecer no casamento do que com Dan.

Nesse caso, é como se Anna projetasse no casamento uma saída para suas dúvidas e inseguranças, uma solução para seus problemas afetivos, o que remete à relação já mencionada que Menezes sugere entre o matrimônio e a imagem da boia salva-vidas em *O Último Tango em Paris*, que, ironicamente e, contra o que se espera desse acessório, afunda rapidamente quando atirada na água, levando "junto com ela a imagem ingênua de um casamento seguro e repousante, estável e infinito".[20] Aquele é o segundo casamento de Anna, sendo que o primeiro também acabara em divórcio, o que sugere que ela mantém a crença nessa instituição, expressando o que Beck já observara: embora elevadas taxas de divórcio pareçam indicar o definhamento da instituição do casamento, as taxas também elevadas de divorciados que se casam novamente sugerem haver ainda uma crença forte na instituição do matrimônio, manifestando o quanto o casamento, mesmo para quem não teve uma experiência satisfatória nele, ainda é atraente.[21]

De forma diferente de Dan, Anna expressa o conflito entre o ideal de exclusividade e as possibilidades de relações paralelas, que relegam "o terceiro" ou ao campo da imaginação ou a uma espécie de relacionamento marginalizado, vivido em segredo e carregado de culpa. Aliás, o filme marca em Anna um sentimento recorrente de culpa, seja durante essa discussão com Larry, seja no último diálogo entre Larry e Dan, quando aquele comenta que Anna "adora uma transa com culpa". Com isso, nota-se em *Closer* a expressão de profundas contradições a respeito do amor e dos ideais de exclusividade, mais claramente personificada pelas personagens que a crítica elegeu como principais – Anna e Dan. E no caso de Anna, é patente a relação imbricada desses conflitos com a instituição do matrimônio, percebida como experiência legítima e desejável do amor romântico, sendo que:

> A separação se dá porque não se ama mais e se quer continuar a amar. Isso que poderia antes ficar em surdina tornou-se primordial. O indivíduo não se isola mais em seu luto de amor, mas é também porque o modelo

---
20 MENEZES, Paulo. *À meia-luz, op. cit.*, p. 164 (ver a discussão detalhada desse tema no capítulo III desta tese).
21 Cf. BECK, Ulrich & Elisabeth. *The normal chaos of love, op. cit.*, p. 171.

> romântico de amor o convenceu de que o sucesso amoroso não é possível senão na união legítima. Ela parece o fenecimento necessário do amor, de maneira que, de mais a mais, os amores adúlteros conduzam ao divórcio e a novos casamentos.[22]

Embora envolvidas diretamente nas contradições de seus parceiros, Alice e Larry parecem manifestar os mesmos ideais de união e exclusividade, mas de forma a incorporá-los mais obstinadamente na vida prática: seja ela com a convicção de que só se deixa alguém que não se ama mais, seja ele tentando manter seu casamento. Tanto Alice quanto Larry, em relação a seus parceiros, são mostrados como mais fiéis, embora não deixem de flertar um com o outro. Mesmo que Larry confesse ter ficado com uma prostituta, ele mostra arrependimento e ressalta que aquilo não significara nada para ele, dando a entender que tudo não passou de uma relação estritamente sexual e episódica. De tal maneira que, se de um lado, Dan e Anna parecem se orientar por uma percepção de amor mais centrada na idealização e na imaginação das possibilidades de outras aventuras, Alice e Larry, que não deixam de ter seus ideais, parecem mais preocupados em incorporá-los ao seu cotidiano, a vivenciá-los. A impressão que se tem, tanto de Dan quanto de Anna, é que a experiência amorosa satisfatória – que, pelo que se entende, parece dever ser constantemente mágica, romântica e intensa – está sempre ausente da sua relação, do seu momento atual, enquanto Larry e Alice buscam essa experiência na própria vida, ambos dispostos a se readaptar em prol da relação e devotados a seus parceiros.

Passada a sequência das separações, vê-se, em plano conjunto, em um cenário de pouca iluminação, Larry descendo uma escadaria frente a uma parede cheia de espelhos. A imagem do homem cabisbaixo sob a luz azulada se multiplica nos espelhos enquanto ele segue seu trajeto descendente. As construções com reflexos de espelhos, embora breves, são recorrentes no filme, tendo sido antes destacada aquela em que Alice e Dan conversam enquanto se arrumam para a exposição de Anna. Não se pretende aqui assinalar e discorrer sobre cada cena em que aparece um espelho, sendo mais interessante observar como essas reincidências contribuem para o conjunto do filme na construção da narrativa e das personagens.

---

[22] CHAUMIER, Serge. *La déliaison amoreuse*, op. cit., p. 13.

O emprego de tal recurso admite interpretações diversas, parecendo remeter ainda mais à questão do olhar, do que ele permite ver e das possibilidades de ilusão que ele proporciona, uma vez que espelhos são também instrumentos recorrentes em truques de ilusionismo – além de componentes básicos de mecanismos fotográficos analógicos. Os espelhos também podem sugerir a busca de uma autoimagem inacessível sem que haja uma superfície que a reflita e a torne visível. Nesse sentido, o uso de espelhos no filme reforça aspectos da própria construção dos relacionamentos afetivos das personagens, nos quais elas parecem às vezes buscar construir e enxergar a si mesmas. Nesta cena especificamente, o jogo de espelhos proporciona a multiplicação da imagem daquele homem cabisbaixo, de roupa desalinhada e barba por fazer, como se, de maneira análoga, seu estado de tristeza e decadência (em movimento descendente) se visse multiplicado em seus vários reflexos, reforçando a impressão não apenas do estado emocional em que a personagem se encontra, mas também a maneira como ela se vê naquele momento.

No fim da escadaria, Larry descobre uma boate de *striptease*, na qual, coincidentemente, encontra Alice, que usa uma peruca cor-de-rosa. Eles vão para uma cabine privativa e Larry busca uma conversa franca com Alice, falando de seus sentimentos, às vezes chorando e reivindicando que a moça lhe diga a verdade. Num desses momentos, a resposta da moça é bem sugestiva: "Mentir é o máximo de diversão que uma garota pode ter sem tirar a roupa, mas tirando é ainda melhor". No contexto da relação entre *stripper* e cliente, nada que Alice diga parece convencer Larry, uma vez que, como ele mesmo sugere, seria de praxe aquelas profissionais esconderem suas identidades e mentirem com o intuito de se preservarem e estimularem o desejo de seus clientes. Em função disso, nesse momento do filme, as falas de Alice soam dúbias, deixando Larry confuso, o que é mais evidente quando ele insiste que ela diga seu nome verdadeiro e a moça repita ser Jane, Jane Jones. A confirmação de seu nome se dará apenas no fim do filme, quando, chegando ao aeroporto de Nova York, há um plano-detalhe de seu passaporte em que se vê o nome Jane Jones, seguido de uma simpática e improvável saudação do guarda da imigração: "Bem-vinda de volta, senhorita Jones!".[23]

---

23 Não bastasse mostrar o nome da garota em um plano-detalhe de seu documento, o filme ainda coloca essa saudação sonora para que espectador não apenas veja, mas também ouça claramente o nome da moça.

Larry, bêbado e choroso, faz confissões sobre seus sentimentos para a *stripper*, que age como se não o conhecesse. Ele comenta que, há muito tempo atrás, frequentava aquele lugar, quando ainda não era uma boate de *striptease*, mas um bar de música *punk*. Sua fala é carregada de desapontamento quando ele, referindo-se provavelmente ao ambiente em que se encontra, diz: "Tudo é uma versão de outra coisa". A frase, nesse contexto do filme, pode se referir às mudanças percebidas pela personagem, no que o lugar que ele conhecia e frequentava como clube de *punk* transformara-se em outra coisa completamente diferente, embora o local e o prédio permaneçam o mesmo, como se aquilo fosse outra versão da mesma casa que ele conhecera antes. De maneira que, embora muitas das estruturas conhecidas e existentes por muitos anos se preservem, os lugares, sua aparência, sua significação e seu valor mudam conforme o contexto, novas versões surgem para a mesma coisa, mas ela se torna praticamente irreconhecível se comparada à versão anterior.

É possível interpretar nesse momento do filme que Larry expressa – ainda que brevemente – um sentimento de nostalgia em relação àquele lugar de sua juventude a que ele "retorna" após seu divórcio. Contudo, ao encontrar o clube de *striptease* e tentar, naquele espaço, lembrar-se onde ficava o palco, tem-se em relevo o caráter irremediável da própria nostalgia: o lugar existe no espaço, mas não corresponde mais àquele do contexto da juventude da personagem. Conforme Jankélévitch: "O verdadeiro objeto da nostalgia não é a ausência por oposição à presença, mas o passado em relação ao presente; o verdadeiro remédio para a nostalgia não é o retorno para trás no espaço, mas o retroagir em direção ao passado no tempo".[24]

Por outro lado, a observação sobre as versões pode remeter também à própria produção cultural – inclusive cinematográfica – ao colocar em questão algo que acontece constantemente em roteiros de filmes e na televisão: histórias que se repetem em novas versões e novas roupagens. Tanto que o filme *Closer* é a versão cinematográfica da peça teatral de mesmo nome, cujo roteiro foi adaptado pelo próprio autor da peça. No entanto, tal ideia, expressa com tamanha tristeza na fala de Larry, conduz a um beco sem saída: naquele momento, a personagem procura abrigo em um clube de sua juventude que não existe mais e a nova versão que ele encontra parece servir apenas para atestar que ele se encontra perdido no presente, que aquela

---

24 JANKÉLÉVITCH, Vladimir *apud* MENEZES, Paulo. *À meia-luz, op. cit.*, p. 92.

nova versão ignora e desconhece toda a significação e a carga valorativa atribuída à versão que ele conhecia.

Logo mais adiante no filme, a personagem expressa algo semelhante, em seu encontro com Anna no centro de Londres, local que ele afirma detestar pelo fato de misturar, num mesmo espaço, uma arquitetura clássica e outra futurista: "Odeio retrô, odeio futuro. O que me resta?". Interessante também que, em sua crítica, ele se refira ao local como um "parque temático", o que confere àquelas estruturas, tanto futuristas quanto clássicas, um aspecto de imitação, simulacro, deixando lá passado e futuro limitados às fachadas dos edifícios. O momento presente parece reduzido a nada quando as referências de valores e de experiência que se percebe parecem ora anacronismos preservados nas aparências, ora projeções futuristas que não parecem encontrar qualquer relação com o presente, vislumbradas como pertencentes a um mundo distante e desconectadas do próprio mundo. Como Bauman observa ao tratar da relação com o tempo no contexto contemporâneo:

> O advento da instantaneidade conduz a cultura e a ética humanas a um território não mapeado e inexplorado, onde a maioria dos hábitos aprendidos para lidar com os afazeres da vida perdeu sua utilidade e sentido. [...] A memória do passado e a confiança no futuro foram até aqui os dois pilares em que se apoiavam as pontes culturais e morais entre a transitoriedade e a durabilidade, a mortalidade humana e a imortalidade das realizações humanas, e também entre assumir a responsabilidade e viver o momento.[25]

Larry parece expressar, seja nessa sua colocação em relação ao centro de Londres, seja em seu desapontamento ao ver o clube da sua juventude transformado em algo completamente diferente, um desgosto característico de seu tempo, naquele momento em que nem passado e nem futuro lhe servem e o presente, avulso, remete a esse território inexplorado. E é sugestivo também que tal comentário emerja justamente no encontro em que insiste para que sua esposa volte para ele, uma vez que a instituição do casamento guarda em si tanto o aspecto tradicional que remete ao passado

---

25 BAUMAN, Zygmunt. *Modernidade líquida, op. cit.*, p. 149.

quanto a função idealizada de projeto de vida durável, que remeteria a um futuro sólido, planejado, supostamente seguro.

Voltando à questão do "tudo é uma versão de outra coisa", há também a ideia – não necessariamente nova –, de impossibilidade de acesso a uma valorizada e desejada autenticidade das coisas. No caso dos relacionamentos – e, certamente, das identidades – a tendência parece apontar para um contentamento mais ou menos resignado com as versões disponíveis. Isso ocorre, muitas vezes, de forma análoga a se adquirir a reprodução barata, mas "fiel" de um quadro clássico ou deixar-se levar e entreter por repetidas versões cinematográficas do que seria praticamente a mesma história; fenômeno notável em Hollywood que parece reforçado nos últimos anos com várias refilmagens, continuações e adaptações de *best-sellers* e histórias em quadrinhos, além da manutenção dos filmes de gênero e suas fórmulas básicas.

Se tudo é uma versão de outra coisa, Larry tem para si a versão que acredita ser a verdadeira a respeito de Alice. Em certo ponto do diálogo, já irritado, ele pede que ela converse "na vida real", e, embora ela responda estar fazendo isso, ele se mantém cético, uma vez que a versão daquela personagem que no momento se diz real não corresponde à que ele conheceu com outro nome. Convém lembrar que a primeira imagem que Larry tem de Alice (ou Jane) é a fotografia dela. Sua primeira visão dela é no quadro, ampliada, para logo em seguida engatar uma conversação com a moça a respeito daquele mesmo quadro. Ou seja, sua primeira referência da garota com quem interage é um registro de um relance da personagem em contexto totalmente diverso, impresso em preto e branco, ampliado e emoldurado em uma tela. Além disso, como o filme permite que se saiba, ele chegou a ler o romance de Dan inspirado em Alice, de maneira que as referências que ele tem da moça até o momento desse encontro no clube de *striptease* são construções de terceiros que, como o próprio filme dá a entender, pouco ou nada sabiam a seu respeito. Larry e Alice só interagem em cena duas vezes no filme: na exposição de fotos e depois no clube de *striptease*, sendo que a relação sexual posteriormente aludida entre os dois aparece como decorrência desse encontro no clube. No entanto, ele tem para si uma versão pronta da "verdadeira Alice", baseada na fotografia de Anna e no livro de Dan.

Alice não desnuda apenas seu corpo para Larry ao revelar seu nome ou que está excitada enquanto tira a roupa para ele. A metáfora dessa cena – que é também irônica – parece mais clara quando Larry acredita ter encontrado um ponto fraco em Alice e diz: "Uma brecha em sua armadura", a que ela responde: "Eu não estou vestindo uma armadura". A resposta é cômica, considerando este momento do filme e os trajes mínimos que a moça usa para melhor expor seu corpo. No entanto, Larry supõe em Alice uma postura defensiva, uma couraça atrás da qual ela se esconde e se protege, enquanto ela, tirando e colocando seus trajes mínimos, abrindo e fechando as pernas, revela-se bem franca, expondo mais do que seu corpo. Contudo, trata-se de um jogo de esconder e revelar cujas impressões dependem, em grande parte, do olhar que o interlocutor lança sobre ela e da interpretação que ele constrói. Larry vê Alice nua, mas, justamente nesse momento em que ela mais se revela, ele não percebe nada senão a artificialidade atribuída à performance de *stripper*, chegando a chamar Alice e as demais *strippers* de "robôs pneumáticos".

Essa sequência em que Larry e Alice conversam é particularmente expressiva de uma questão que não se limita à atuação da moça perante seu cliente, mas se desenrola em relação ao próprio cinema e às ligações que espectadores tendem, frequentemente, a buscar entre filme e "realidade", mesmo quando se trata de filmes de ficção, no que seu grau de "realismo" e convencimento é comumente referido como um indicador de qualidade. Em relação a isso, Carrière lembra que, no cinema, muitas vezes, é "como se a realidade 'verdadeira' fosse mais difícil de transmitir do que a artificial".[26] Mais adiante, o autor continua:

> Mas na realidade, o processo é muito mais complexo, provavelmente até incapaz de ser definido. Envolve os mais secretos mecanismos de nosso cérebro, incluindo, talvez, a preguiça, a natural indolência, a disposição para renunciar às suas virtudes por qualquer adulação. E apresenta perguntas (que, como todas as verdadeiras perguntas, são irrespondíveis) sobre a relação entre a realidade e a verdade (sempre supondo que essas duas palavras, com seu significado embotado pelo uso prolongado, possam ser associadas à tendência a que todos sucumbimos: nossa perturbadora deficiência em resistir às imagens colocadas diante de nós, nossa incapacidade de pensar por nós mesmos,

---

26 CARRIÉRE, Jean-Claude. *A linguagem cinematográfica, op. cit.*, p. 99.

> de reagir de maneira inteligente e cética). Talvez tenha mesmo fundamento o temor, como afirmam alguns, de que o gosto pervertido pela ilusão, esse desesperado desejo de ser convencido, possa ser o indício da duplicidade essencial do homem.[27]

Justamente quando Alice mais se mostra para Larry é que ele é incapaz de reconhecer o que a moça clama como verdade, apegando-se à imagem que ele tem constituída dela não tanto por um "gosto pervertido pela ilusão", mas por ter estabelecido para si uma versão "verdadeira" de Alice. De forma que esse diálogo abre questionamentos para muito além da esfera da intimidade, dos jogos de revelar e esconder presentes em relacionamentos idealizados como transparentes. Toca-se aqui num tema que é característico de debates sobre o cinema, mas não se limita a eles, permitindo questionar até que ponto a busca pela ilusão de "transparência"[28] é inadvertidamente levada para a própria vida pessoal como valor e referência para as relações interpessoais. Nisso, as expectativas de transparência culturalmente reproduzidas em relação aos filmes e ao seu caráter "realista", em alguma medida são transferidas para os olhares sobre a própria vida, mas orientando-se pelo modelo da ilusão, permitindo que um momento revelador como este do diálogo de Alice com Larry, em que ele se vê mais próximo e em contato mais direto sem mediações perante sua interlocutora, não seja reconhecido em sua transparência, mas, ao contrário, como encenação barata de uma performance de estimulação erótica.

Por fim, Larry aceita Alice na condição de *stripper* – enquanto alguém que executa um papel com vista apenas a promover o máximo de excitação erótica em seu espectador – e solicita que tire a roupa mais uma vez e se incline à sua frente para seu "prazer visual[29]". Ela lhe pergunta se é realmente aquilo que ele quer e ele responde: "O que mais eu poderia querer?". No momento, há um *zoom* no olhar fixo de Larry e a música – que é ao mesmo tempo ambiente e trilha sonora – sobressai, sugerindo excitação e deslumbre da personagem ao contemplar a vagina da *stripper*. A expressão escolhida por ele – prazer visual – remete à construção da questão do olhar no filme,

---

27 *Ibidem*, p. 100.
28 Cf. XAVIER, Ismail. *O discurso cinematográfico, op. cit.*, p. 42.
29 No original, "viewing pleasure".

em um de seus momentos mais expressivos: todo o prazer erótico, a satisfação e deslumbramento, naquele momento específico, são experimentados e revelados apenas pelo olhar: a expressão de fascínio construída no *close-up* dos olhos de Larry durante aquele espetáculo, em que ele é limitado apenas a ver sem tocar, é como se laureasse o sentido da visão e, naquele momento específico, sua orientação para o prazer e o estímulo erótico. Quando Larry pergunta o que mais ele poderia querer, é uma maneira de dizer que, naquele momento, já não lhe importa mais se aquela *stripper* se chama Alice ou Jane, se ela deixou ou foi deixada pelo namorado, se sua versão literária corresponde ou não àquela presente à sua frente. Naquele momento, não interessa ver mais nada além daquele corpo se desnudando à sua frente.

O que se nota em Larry e nas demais personagens que interagem com Alice é que elas enxergam nela apenas o que projetam, algo que, por suas falas, parece sempre distante do que a moça pretende para si mesma como real. Alice, como os temas amor e "verdade", é construída no filme como objeto fugidio de constantes projeções que parecem nunca revelar claramente sua face. Isso é construído primeiro quando ela comenta que Dan omitiu a "verdade" a seu respeito no livro e depois quando discorre sobre a mentira das fotografias de Anna, justamente enquanto está de frente para a própria fotografia e, por último, na cena com Larry na boate.

As mudanças no corte de cabelo da personagem parecem complicar ainda mais a questão, uma vez que, diferentemente das demais, sua imagem muda consideravelmente, podendo sugerir inconstância, descontinuidade: primeiro ela tem os cabelos curtos vermelhos e espetados; depois, enquanto vive com Dan e ele flerta com Anna, Alice usa o cabelo preto, um pouco maior que do início do filme. Na boate de *striptease*, é mostrada na primeira vez com uma peruca rosa e curta, enquanto na segunda usa uma longa peruca loira. Na última cena do filme, seus cabelos são longos e escuros. No entanto, apesar da aparência inconstante, seu comportamento, comparado principalmente ao de Dan e ao de Anna, mostra-se bem mais coerente, o que permite refletir sobre as amplas possibilidades de diferentes olhares e avaliações que pesam sobre a personagem, mais em função de sua aparência do que necessariamente de seu comportamento. Isso, num tempo em que mídias audiovisuais estão presentes em todo lugar, em diferentes momentos da vida e de diferentes maneiras, explorando ainda mais o sentido da visão, instiga a questionar até que ponto desentendimentos e confusões semelhantes se tornam corriqueiros nas construções do olhar sobre o outro, especialmente na vida íntima.

Após a cena da boate com Larry e Alice, há um corte para o encontro de Dan e Anna no *hall* de um teatro de ópera. Nesse encontro, os dois são visualizados primeiro em plano geral, com um vão de escada entre eles, que deve ser contornado para que se encontrem. No entanto, há um descompasso: ele se dirige para um lado e ela para o outro, ao que se percebe, acidentalmente, provocando uma risada em Dan, mas precedendo um desencontro que se revela muito maior e mais profundo. No desenrolar do diálogo no bar do teatro, entende-se que Anna se atrasara para encontrar com Dan e assistir à peça porque fora se encontrar com Larry para que ele assinasse os papéis do divórcio. Dan expressa satisfação ao saber que ele os assinou, congratulando Anna por seu segundo divórcio. Ela, por outro lado, não parece muito alegre e expressa estar cansada. Dan repara também no rosto de Anna corado, o que atribuíra à pressa para tentar chegar a tempo de ver a peça. Ele se levanta para ir ao banheiro e deixa Anna à mesa e, então, há um *flashback* do encontro dela com Larry, instantes antes.

Larry, ainda usando a aliança em seu dedo, insiste para que ela volte, mas Anna se mostra irredutível e pede que ele assine os documentos referentes ao divórcio. Larry então propõe a condição de que assinará se ela fizer sexo com ele uma última vez em seu novo consultório. Há um novo corte, voltando para Dan, que lava suas mãos e, ao olhar para o espelho, parece dar-se conta de algo e volta à mesa, nervoso, perguntando, num tom de quem busca confirmação, se Anna fizera sexo com Larry, a que ela responde afirmativamente. Os dois discutem, Anna diz que esperava que ele entendesse, mas Dan, relutante e tomado por ciúmes, queixa-se: "Por que você não mentiu para mim? [...] O que há de tão bom em dizer a verdade? Tente mentir para variar, é o costume do mundo". Ela diz que o ama e tenta convencê-lo de que não foi nada e que fizera o que Larry pediu para que ele os deixasse livres. Ela pede que Dan lhe perdoe, mas, possesso, ele ignora as palavras dela.

Mais um *flashback*, e Anna é mostrada aceitando o trato, mas ressaltando: "Eu estou fazendo isso porque me sinto culpada e porque sinto pena de você. Você sabe disso, não é?". O médico responde afirmativamente, sem demonstrar incômodo. Ela pergunta se ele se sente bem consigo mesmo em relação a isso e ele responde que não, novamente sem mostrar dar importância. De volta ao teatro de ópera, a discussão continua, até que Anna comece a se irritar com a preocupação maior do seu namorado com o rival do que com suas declarações de amor. Ainda há um último *flashback* em que Larry assina os papéis e sugere que ela conte a verdade para Dan. Depois deste, há a última cena no teatro de ópera, com o fim da discussão que parece sincronizado com o fim da peça, seguido de uma rápida cena da multidão saindo do teatro, no que se ouve o som de várias pessoas conversando ao mesmo tempo. A multidão os envolve e há um *fade out* indicando o desfecho da história entre Dan e Anna.

No último diálogo de Dan e Anna, parece mais explícita a construção de Dan como alguém que coloca em primeiro plano sua imaginação e as ilusões que procura sustentar para si, a ponto de ignorar as declarações de amor de Anna naquele momento, chegando a descrever como a imagina em seu encontro com Larry. Juntamente com a declarada preferência de que ela mentisse quando perguntada se fez sexo com seu ex-marido, o que se nota nessa personagem é que ela tem como primordial em sua vida amorosa a manutenção de uma concepção que parece ver no amor uma incompatibilidade com o "dizer a verdade". Para Dan, é preciso conservar ao máximo a ilusão romântica, chegando ao ponto de, quando ela parece insustentável, ele preferir imaginar a satisfação de sua namorada com seu rival a dar-lhe atenção enquanto ela insiste em dizer que o ama.

O aspecto da idealização da relação torna-se tão problemático frente à sua experiência prática a ponto da personagem verbalizar, nesse momento, que preferiria que sua parceira mentisse, para que assim pudesse sustentar seu ideal de exclusividade, no qual se incluiria a satisfação da vitória sobre o rival, supostamente excluído em definitivo da vida afetiva de sua parceira. Dessa maneira, parece sugerido que a manutenção desse ideal, embora constantemente permeado por discursos em prol de "dizer a verdade", requer mecanismos que podem lhe parecer contraditórios, como o recurso a mentiras.

Genard considera o amor como uma espécie de ideal que tem por diferença marcante o fato de ser atribuído a ele um valor de concretude, ao qual se associariam movimentos e projetos para efetivamente colocá-lo em prática e vivê-lo. Para ele, trata-se de:

> Uma idealização à qual conferimos, conforme o tempo, conforme os indivíduos, conforme os grupos, uma maior ou menor força de realização. De certa forma, quando o amor nos decepciona, não é precisamente em relação a esse imaginário? A menos que seja a proposição inversa a mais pertinente: se o amor é tão difícil de construir, não é porque nossa propensão a duvidar, nosso realismo nos tornaram menos aptos à idealização?[30]

Ao dar a entender que preferiria que Anna mentisse, Dan expressa justamente essa contradição: o desejo de realização de seu ideal, desde que tudo seja exatamente de acordo com o que ele imagina, pouco importando se se trata de uma mentira, desde que ele acredite e esteja satisfeito com ela. Não bastasse, em seu último momento com Alice, embora a garota não revele ter feito sexo com seu rival, ele deixa-se tomar por essa propensão a duvidar, dizendo-se (contraditoriamente ao que acontece no diálogo com Anna) "viciado em verdade". Um aspecto que compromete os relacionamentos de Dan é, ao mesmo tempo, sua propensão a duvidar e seu desejo de manutenção de um estado no qual acredite estar vivendo seu ideal imaginado. A maneira como ele idealiza seus relacionamentos, suas parceiras – e, através disso, a si mesmo – é que confere significado e relevância às suas experiências, tornando preferível a manutenção de uma mentira que sustente sua versão idealizada a revelações que lhe demandem alguma flexibilidade e suscitem algum questionamento a respeito de sua relação e de si mesmo.

Passada a discussão com Anna, Dan vai ao consultório de Larry debaixo de uma forte chuva, onde pedirá ao rival que deixe Anna voltar para ele. Larry conversa com ele calmamente, sentado em sua cadeira, ironizando suas palavras e dizendo que a moça fez a escolha dela. Dan se enerva, dizendo que Larry nem sabe quem ela é e comparando o amor deles à relação entre um cão e seu dono, o que parece não incomodar Larry. Quando Dan afirma que o casamento deles foi uma piada, Larry, espirituosamente, retribui: "Quer ouvir uma boa? Ela nunca enviou os papéis do divórcio para um advogado. Para um grande herói romântico como você, eu sou bem comum, ainda assim, eu sou quem ela escolheu e devemos respeitar a escolha dela".

---

30 GENARD, Jean Louis. "Reciprocité, sexe, passion: les trois modalités de l'amour". In: ERALY, Alain & MOULIN, Madeleine (orgs.). *Sociologie de L'amour*. Université de Bruxelles, 1995, p. 61.

É interessante que Larry se refira a Dan como "grande herói romântico" nesse contexto, o que sugere fortemente um contraponto à tendência do cinema na qual o "grande herói romântico" é o escolhido pela moça. Contudo, pela construção que o filme faz, não há nada em Dan que o eleve à condição de "grande herói romântico", nenhuma atitude heroica, no máximo, uma aparente obstinação em relação ao objeto de seu desejo – Anna – que, a princípio, lhe é negado. Nesse sentido, o ímpeto de perseverar na conquista de sua musa, enfrentando condições desfavoráveis aparentemente externas como a resistência dela ou seu compromisso firmado com outro homem, poderiam aproximá-lo das construções típicas de "herói romântico" do cinema. Além disso, certamente sua construção como homem mais sensível do que seu rival, sugerida pela sua inclinação à literatura, seu uso frequente da palavra amor e sua aparente gentileza, o aproximam dessa figura de "grande herói romântico" a que Larry se refere. No entanto, o filme rompe com essa construção mais ao final quando Dan, contrariado por Alice, levanta sua mão contra ela e a agride, ato violento que seu rival, por outro lado, referido por um espectador como "animal" e por si mesmo como "homem das cavernas", não comete em momento algum do filme.

Dan critica a simplicidade de Larry, dizendo que, para ele, o coração é como um gráfico, a que o médico reage energicamente, levantando-se da cadeira e se dirigindo a Dan: "Você já viu um coração humano? Parece um punho banhado de sangue! Vá se foder, seu escritor! Seu mentiroso! Vá checar alguns fatos enquanto eu sujo minhas mãos!". O contraste torna-se ainda mais evidente nessa frase, pois, enquanto Dan refere-se ao coração em seu aspecto mais simbólico como centro das emoções e subjetividade, o médico responde referindo-se à aparência física do órgão propriamente dito. Trata-se, basicamente, da expressão de duas visões de mundo antagônicas no que diz respeito aos relacionamentos afetivos e aos sentimentos. De um lado, a crueza do médico, que, segundo suas próprias palavras, "suja as mãos", no que pode ser entendido como um contato mais profundo mesmo com elementos que poderiam ser considerados desagradáveis numa relação. De outro, o "escritor", o "mentiroso", que mais parece evitar esse contato e refugiar-se em sua escrita, em suas idealizações, alguém que não se envolveria o bastante a ponto de "sujar as mãos".

Dan tenta rebater, dizendo que Anna detesta as mãos de Larry e sua simplicidade, mas o médico continua, dizendo que ela lhe contara que Dan faz sexo de olhos fechados e que acorda de noite chamando por sua mãe. Considerando as recorrentes referências ao sentido do olhar durante o filme, aludindo uma grande valorização do contato visual entre amantes, a revelação de que Dan faz sexo de olhos fechados é totalmente desfavorável para a personagem, podendo ser interpretada como declaração mais evidente de seu distanciamento e falta de envolvimento na relação. Ao fazer sexo de olhos fechados, evitando ver sua parceira durante sua relação mais íntima, é como se ele buscasse, mesmo na presença de sua musa, algum último refúgio em sua imaginação para se excitar. Com toda a importância que vem sendo atribuída no filme ao olhar, a recusa do mesmo durante a relação sexual – e, em tese, amorosa – corresponde à recusa de ver o próprio objeto de seu amor tão de perto, em seu momento mais espontâneo e revelador, sobrevalorizando o amor romântico no campo da imaginação, das palavras e do jogo da sedução em relação ao amor sexual, carnal. Talvez aqui, o subtítulo brasileiro do filme, *Perto Demais*, encontre seu sentido mais expressivo: é como se aquele momento máximo de intimidade, para o romântico Dan, fosse insuportavelmente "perto demais", a ponto de preferir não ver sua parceira. Além disso, é conveniente lembrar que:

> Nas ligações de amor romântico, o elemento sublime tende a predominar sobre aquele do ardor sexual. A importância deste ponto dificilmente pode ser muito enfatizada. [...] O amor rompe com a sexualidade, embora a abarque; a "virtude" começa a assumir um novo sentido para ambos os sexos, não mais significando apenas inocência, mas qualidades de caráter que distinguem a outra pessoa como "especial".[31]

Dan não resiste e acaba em prantos. Larry sugere que ele volte para Alice e conta que a encontrara por acaso num clube de *striptease* e que a vira nua, mas não fizera sexo com ela. Ele dá o endereço do clube para Dan, que agradece seu rival pela gentileza. Quando Dan está já saindo do consultório, Larry lhe diz que mentiu, que fizera sexo com Alice e não era suficientemente nobre para conseguir perdoá-lo. A fisionomia de Dan sugere indignação seguida de abatimento, com ele deixando o consultório cabisbaixo, apenas

---

31 GIDDENS, Anthony. *A transformação da intimidade*. São Paulo: Editora Unesp, 1992, p. 51.

alguns segundos depois de esboçar um ar esperançoso e confiante após a aparente gentileza de Larry. Essa revelação de Larry tem consequências significativas para a cena seguinte e a conclusão do filme.

Há uma tomada externa de um hotel próximo do aeroporto, cujo letreiro em neon vermelho tem o nome bastante sugestivo de *Renaissance*, o que pode ser associado ao aparente renascimento da relação entre Alice e Dan, tão logo haja o corte para dentro do quarto onde se encontram, momentos antes de dormir para embarcarem numa viagem para Nova York. O clima é de descontração: eles brincam, Dan faz cócegas em Alice, trocam carícias e relembram momentos de seu primeiro encontro. A moça comenta que, ao embarcarem, eles terão completado quatro anos juntos, apesar do período de separação que ela desconsidera, uma vez que, segundo suas palavras, "não deu certo". Até o momento, tudo leva a crer que se caminha para um final feliz: o casal parece apaixonado, brincando de fazer perguntas um ao outro para testar a memória de cada um sobre seu primeiro encontro. O momento remete a uma lua de mel, até que Dan comece a perguntar sobre o que teria acontecido entre ela e Larry quando ele foi à boate. A moça responde, no começo rindo, que nada aconteceu e eles relembram quando Dan foi ao clube à procura dela. Há um breve *flashback* desse encontro, depois, novamente no quarto de hotel, Dan acaricia Alice dizendo:

- Quando você apareceu foi o momento da minha vida.
- Este é o momento da sua vida.
- Você era perfeita.
- Eu ainda sou.

Dan conjuga os verbos no passado, enquanto a moça tenta inutilmente trazer sua atenção para o presente. Mais uma vez, percebe-se a dificuldade da personagem em focar no seu presente, tendo sua atenção sempre em outro momento, outra pessoa ou outra coisa. Ele insiste em perguntar sobre o encontro com Larry, a que a moça já responde com ar enfadado. Dan então se afasta, sentando-se à beira da cama, dizendo que Alice não está confiando nele e que ela pode se abrir, pois ele a ama. Ele tenta deixar a moça à vontade para se confessar, dizendo que ela tinha o direito, que ele gostaria de saber. Ele pressiona e a moça, incomodada, repete que nada aconteceu. Eles discutem e então ele se levanta e começa a se vestir, dizendo que irá até o aeroporto para comprar cigarros e demanda à moça que lhe conte a verdade quando ele voltar. A moça olha tristemente e suspira, enquanto ele sai. Quando a porta do elevador se abre para Dan e ele se vê refletido no espelho, parece mudar de ideia e retorna ao quarto, levando uma rosa que apanhara de uma bandeja à porta de outro quarto no corredor do hotel.

Ele entra, encontra Alice na cama, acaricia seu rosto com a rosa e ela, indiferente àquele gesto, diz não amá-lo mais. Ela diz que não quer mentir e não pode contar-lhe a verdade, então acabou. Dan responde que não se importa, mas para ela é tarde demais. Ela repete que não o ama mais, dizendo adeus, e continua: "Eis a verdade, para que agora você possa me odiar. Larry me fodeu a noite inteira. Eu gostei. Eu gozei. Eu prefiro você. Agora saia". Dan confessa então que Larry já havia lhe contado. A moça reage com surpresa e raiva, dando-se conta de que Dan estaria lhe testando, embora ele tenha dito que precisava ouvir dela, pois Larry poderia estar mentindo. Ela continua pedindo para que ele saia, mas ele insiste para que conversem, dizendo mais uma vez amá-la, a que ela responde de maneira surpreendente: "Onde?". Ele não compreende e ela continua:

> Mostre-me! Onde está esse amor? Eu não consigo ver esse amor, não consigo tocá-lo, não consigo senti-lo. Eu consigo ouvi-lo, consigo ouvir algumas palavras, mas não posso fazer nada com suas palavras vazias. O que quer que você diga, é tarde demais.

Dan implora para que ela não faça aquilo, mas a moça está irredutível e ameaça chamar a segurança. Ele minimiza, dizendo que não estão na boate, mas, vendo-a pegar o telefone para isso, Dan se lança em sua direção e tira o telefone de suas mãos à força, enquanto continuam a discussão com ele perguntando porque ela fizera sexo com Larry. Ele a acusa de mentirosa, pergunta quem ela é, segurando-a com força pelos dois braços. Ela responde: "Eu não sou ninguém!" e cospe no rosto dele. Ele então levanta sua mão, pronto para bater-lhe, mas vacila. A moça o desafia a fazê-lo e ele lhe dá um tapa no rosto, a que ela retorna apenas com um olhar boquiaberto, de quem não acredita no que acaba de acontecer.

Da maneira como essa cena se encerra, confirma-se o vazio das declarações de amor de Dan, que são paulatinamente contraditas ao longo do filme conforme vem sendo apontado, expressando, num ato de violência, que se trata de alguém mais de palavras do que de práticas e gestos. Pela construção completa da personagem, avalia-se que é alguém para quem a experiência do amor é essencialmente literária, romântica no seu aspecto mais enraizado de ficção, no qual se percebe o domínio de um vocabulário e de desenvolvimentos que lhe são próprios: o drama, a intriga, o desafio, as declarações, encontros e desencontros mais ou menos favorecidos pelo destino. Dan tenta personificar um caráter romântico, especialmente na qualidade de escritor, mas falha nessa empreitada. E tal falha permite questionar os limites da própria idealização dos relacionamentos amorosos, sua orientação romântica e as (im)possibilidades de concretização desse ideal enquanto meta culturalmente estabelecida.

Além disso, analisando a construção da personagem ao longo de todo o filme e seus desdobramentos, é possível interpretar na caracterização romântica de Dan algo de melancólico, sobretudo pela indeterminação que ele expressa constantemente em relação à sua vida afetiva. De acordo com Menezes:

> Pela constituição da indeterminação de seu passado, o melancólico vai perder suas ligações com o presente e, a partir de então, parecerá viver uma vida que não é a sua, ou que não é mais a sua. Sua busca é fadada ao fracasso, pois ele nem mesmo tem mais as referências do que procurar. Mas ele procura assim mesmo, revira sua memória (que memória é esta?), incessantemente, no sentido de tentar determinar alguma coisa que lhe devolva pelo menos algumas referências. Assim, se podemos pensar o nostálgico como um exilado, que participa de diferentes espaços e diferentes tempos, sendo um estrangeiro que não tem mais o poder de retornar, o melancólico experimenta o exílio *dentro de si mesmo,* não existindo diferentes espaços nem diferentes tempos que pudessem ser recobertos.[32]

Seus discursos e atitudes contraditórias, seu constante distanciamento de seus relacionamentos presentes, em parte, parecem uma tentativa desesperada de definir a si mesmo, no que, como se vem observando, as relações afetivas cumprem um papel importante. Como se percebe, Dan busca a solução para seus conflitos pessoais através de relacionamentos, mas encontra

---

32 MENEZES, Paulo. *À meia-luz, op. cit.*, p. 97 (grifo do autor).

repetidamente o fracasso porque se mostra incapaz de estabelecer referências para si mesmo. Dessa forma, suas palavras e os sentimentos que ele tenta comunicar parecem vazios: Dan parece dominar os códigos de expressão do amor romântico, mas o que ele expressa mais se aproxima de discursos prontos do que externalização consciente de seus sentimentos; como alguém que sabe o que diz, mas não sabe o que sente. É como se ele conhecesse a forma do discurso amoroso, mas sem experimentar o seu conteúdo, embora ele o valorize e mostre grande desejo de vivenciá-lo, mas sempre conforme sua imaginação, o que o obriga a refugiar-se em suas memórias, em seus pensamentos, em outras possibilidades de relações e até mesmo fechando os olhos durante o momento de intimidade máxima da relação sexual.

Uma vez concluído o arco da história entre Alice e Dan com a última cena dos dois no hotel, há um corte para Anna deitada na cama ao lado de Larry, adormecido com um livro nas mãos. A música tema recomeça, enquanto Anna retira o livro das mãos do marido delicadamente, em seguida beijando-lhe o rosto e apagando o abajur no criado ao lado dele. Ela se vira de costas para ele e permanece acordada, com o olhar resplandecente na escuridão, fitando o nada. Além de sua feição, que parece preceder um choro, a trilha sonora é ainda mais expressiva para transmitir um forte ar de abatimento, bem no trecho em que se ouvem os seguintes versos: "Então é isso. A história mais curta. Sem amor, sem glória". A música continua e há um corte para Alice chegando ao aeroporto nos Estados Unidos, no que se permite ver em seu passaporte o nome Jane Jones. Em seguida, mais um corte, agora para Dan, no mesmo jardim aonde fora com Alice no início do filme. Olhando novamente o monumento em homenagem a pessoas que morreram heroicamente, ele se surpreende ao encontrar lá o nome Alice Ayres, morta depois de salvar três crianças de uma casa em chamas em 1885, dando-se conta de que nunca soube o nome daquela com quem se relacionara por quatro anos.

O desconhecimento em relação ao nome da moça insinua uma questão mais profunda: se, durante todo aquele tempo, ele não sabia seu nome, que outras coisas mais ela teria lhe escondido? A despeito de toda a convivência, a ideia de não saber algo considerado tão primordial como o nome da parceira sugere que todas as outras coisas que ele acreditava saber a respeito dela poderiam ser igualmente falsas. O fato de Dan nunca ter sabido o nome dela, dentro da construção do filme, em síntese, indica que ele sabia consideravelmente pouco a respeito da moça, embora tenham tido um relacionamento íntimo duradouro. E essa falta de conhecimento sobre a parceira não é expressa apenas por isso, mas se mostra presente ao longo do filme, seja na maneira como ela se refere ao que Dan escreveu em seu livro inspirado nela, seja quando, na discussão no quarto de hotel, ele pergunta: "Quem é você?". A ideia de não travar conhecimento com quem se relaciona amorosamente revela-se problemática, uma vez que, nos ideais de amor que se veem correntes – e que aparecem também neste filme –, pressupõe-se a possibilidade de abrir-se completamente para o outro, de encontrar no relacionamento amoroso a possibilidade ser "ser você mesmo".

É importante sublinhar que o monumento de onde Jane tira seu pseudônimo é em homenagem a pessoas que morreram heroicamente, sendo que Alice Ayres teria sacrificado sua vida para salvar três crianças de uma casa em chamas, segundo a placa. Jane, ao longo de todo o filme, na companhia de Dan, adotou o nome de uma figura heroica – mesmo que desconhecida –, o que pode reforçar nela, enquanto foi parceira de Dan, um caráter romântico ao adotar um nome de heroína e, dessa maneira, projetar-se como tal. Uma vez com Dan, ela deixa de ser *stripper* para trabalhar como garçonete, o que certamente seria muito menos rentável, indicando certo sacrifício da moça em prol do seu relacionamento, sabendo do incômodo que a profissão de *stripper* causava em seu parceiro. Mais do que um pseudônimo, o nome Alice simboliza uma tentativa de ser outra pessoa no amor. Trata-se então da possibilidade frequentemente explorada nos filmes de se reinventar, redescobrir através do amor, superando o desprezo, a indiferença ou o simples tédio, para se tornar, na relação com o outro, ao mesmo tempo, alguém que salva o outro e é salvo por ele, o que é abordado mais diretamente em *Uma Linda Mulher* e *Titanic*. Com isso, percebe-se em Alice a manifestação dessa idealização amorosa tão caracteristicamente romântica e cinematográfica: a possibilidade de, no amor, tornar-se uma figura heroica; associação essa que, da maneira apresentada em *Closer*, não se sustenta, limitando-se a um nome falso adotado em referência a uma desconhecida que executou algo de inspirador.

Na conclusão do filme, entende-se que a única pessoa que teve um "final feliz" foi Alice, sendo que essa se encontra sozinha, mas muito à vontade, num andar que insinua triunfo, atraindo olhares admirados dos homens à sua volta, enquanto ela mesma os ignora. Embora no fim do filme Larry e Anna estejam juntos, dividindo a mesma cama, o olhar perdido da moça na escuridão sugere que, a despeito da proximidade do leito partilhado, ela se encontra bem distante, talvez inclusive pensando em Dan. Diferentemente de grande parte dos filmes hollywoodianos em que o final feliz e a união do par central são elementos indiscerníveis e necessários um ao outro, o que se vê no fim de *Closer* é um casal que, da maneira como é mostrado, não causa qualquer impressão de felicidade, enquanto a personagem que aparenta estar mais feliz e satisfeita está sozinha. Em *Closer*, tem-se contrariada a construção comum no cinema hollywoodiano de que o amor deve necessariamente conduzir à felicidade, ao mesmo tempo em que a felicidade só é considerada possível a partir do estabelecimento de um relacionamento amoroso.

Se em *Uma Linda Mulher* e em *Titanic* os obstáculos a princípio sugeridos para o amor são as diferenças de classe e em *Sintonia de Amor*, a distância, em *Closer* os entraves são construídos como de caráter exclusivamente pessoal. De tal forma que *Closer* se inscreve como um importante contraponto aos filmes e discursos aqui analisados. Se, de acordo com as observações de Bidaud sobre o cinema hollywoodiano, os demais filme que compõem esta amostra expressam algum caráter reconfortante, no que a conquista da felicidade no final do filme se revela essencial – mesmo em *Titanic,* em que, a despeito da morte trágica de Jack, há o reencontro dos amantes no que se entende ser o plano espiritual e confirmação de sua união "para sempre" –, em *Closer* o mesmo não se percebe.

Conforme assinala Heitor Capuzzo ao abordar os dramas românticos no cinema, "a sociedade é o entrave para a concretização dos projetos individuais",[33] mas isso não parece ser o caso de *Closer*. Enquanto os outros filmes estabelecem as soluções para os entraves que se apresentam na valorização de esforços, posturas e transformações individualizadas dos amantes, com isso corroborando a crença ideológica numa proeminência do caráter individual e do esforço pessoal sobre o social, neste filme os obstáculos parecem partir dos próprios indivíduos: dificuldades em lidar com ciúmes, interpretar os próprios sentimentos, assumir e honrar compromissos ou confiar em seus parceiros e conquistar sua confiança.

Ao centrar questionamentos sobre amor e "verdade" nos relacionamentos que se estabelecem e se rompem entre as personagens, o filme parece mais problematizar o amor do que apresentar algum modelo específico

---

33 CAPUZZO, Heitor. *Lágrimas de luz: o drama romântico no cinema.* Belo Horizonte: Editora UFMG, 1999, p. 29.

do mesmo necessariamente triunfante. "Dizer a verdade" nos relacionamentos, em *Closer*, revela-se, ao mesmo tempo, problemático e fundamental, sendo que, da maneira como o filme é construído, essas confissões mais afastam do que aproximam os amantes, como se sugerisse que, na prática, seus relacionamentos amorosos dependem da manutenção de segredos e, às vezes, mentiras para funcionarem.

A representificação dos relacionamentos afetivo-sexuais das protagonistas parece enfatizar menos os elementos de fascínio e arrebatamento característicos do momento nascente da relação, favorecendo aspectos que podem ser associados à convivência e à possível perda subsequente de interesse no parceiro atual, favorecendo a busca ou idealização de outros parceiros ou contextos de relacionamento. Segundo Menezes:

> O conceito de *representificação* realça o caráter construtivo do filme, pois nos coloca em presença de relações mais do que na presença de fatos e coisas. Relações constituídas pela história do filme, entre o que ele mostra o que ele esconde. Relações elaboradas com a história do filme, articulação de espaço e tempos, articulação de imagens, sons, diálogos e ruídos. [...] A *representificação* seria a forma de experimentação em relação a alguma coisa, algo que provoca reação e exige nossa tomada de posição valorativa, relacionando-se com o trabalho de nossas memórias voluntária e involuntária que o filme estimula.[34]

Em *Closer*, diferentemente dos demais filmes da amostra, a maneira como os relacionamentos afetivos e seus desenlaces são apresentados parece instigar mais claramente que se questione e se tome algum posicionamento valorativo, com potencial de transgredir os limites de conforto do espectador para repensar que tipo de uniões e desfechos amorosos tende-se a esperar no cinema. Não que os demais filmes não possibilitem a tomada de posições valorativas diversas, mas neles o relacionamento amoroso em si não é colocado como problema ou algo que suscite grandes questionamentos, e sim como solução, conquista, prêmio, algo sempre positivo, almejado e a ser encontrado

---

34 MENEZES, Paulo. "O cinema documental como representificação". In: NOVAES, Sylvia Caiuby (org.). *Escrituras da imagem*. São Paulo: Edusp, 2004, p. 45-6.

no final, um devir. Os caminhos, os processos para o encontro do amor podem até apresentar dilemas, mas a meta da união com a personagem amada como valor máximo nunca é colocada em questão: seu valor é apresentado como absoluto e superior a qualquer outro, de maneira a *parecer* possível apenas um posicionamento valorativo em relação ao amor, sempre favorável às protagonistas e sua união. Enquanto os demais filmes tratam o amor como "a resposta" para tudo, *Closer* se diferencia por apresentá-lo como pergunta – embora não menos fundamental ou abrangente.

O foco de possíveis questões para tomadas de posições valorativas nos demais filmes tende a ser construído como um "fazer a coisa certa" para usufruir do prêmio do encontro amoroso, que aparece como recompensa à superação de desafios, dilemas e à perseverança das personagens. O relacionamento amoroso em si não é colocado em questão, até porque ele mesmo tem pouquíssimo espaço em tela nos demais filmes aqui analisados, que focam nos processos e enfrentamentos para se chegar àquela relação e estabelecê-la no final. Nesses filmes, a união do casal não coloca problemas, ela *resolve*: é construída como algo sempre positivo, desejável, que justifica todos os esforços e provações, de maneira a não sugerir quaisquer tomadas de posição que questionem a união dos amantes no final. Isso contribui para a impressão de que não há espaço para uma tomada de posição pelo espectador ao apresentar o amor como um valor absoluto, o que reforça ainda mais a tendência à naturalização das construções do amor nos filmes hollywoodianos.

O filme contrapõe-se aos demais desta amostra pela abordagem diferenciada de temas e questões que se fazem recorrentes nos demais filmes, de forma mais ou menos latente. Nesse sentido, dois aspectos que se têm feito presentes na problematização dos ideais de amor neste trabalho merecem destaque em *Closer*: o primeiro diz respeito ao amor romântico enquanto narrativa fundamentada principalmente no campo do imaginário, o que é personificado de maneira mais aguda por Dan, enquanto aspirante a escritor cujo único livro publicado é malsucedido. A personagem se reconhece como um "romancista fracassado" e, pelo que se nota ao longo do filme, isso é transferível para sua vida afetiva. O segundo aspecto tem a ver com a questão dos olhares, da visibilidade, constantemente referida ao longo do filme e que encontra sua melhor personificação em Anna.

Se em *Titanic* Rose elogia o dom de Jack de "ver as pessoas", em *Closer* o sentido da visão revela-se bem mais como fonte de desentendimentos e enganos, mesmo quando as personagens são vistas "*mais de perto*". Assim, as relações nem sempre claras ou reveladoras entre o visível, a expressão dos sentimentos e suas (*im*)possíveis correspondências com alguma verdade buscada e desejada nos relacionamentos afetivos merecem destaque não apenas como parte do enredo de *Closer*, mas como parte de um problema mais amplo das concepções de amor contemporâneas.

Articulados esses dois aspectos, o que se constrói são as tensões entre a experiência amorosa e as construções idealizadas do mesmo, nas quais, hoje em dia, imagem e imaginação parecem exercer papel fundamental, conferindo uma importância maior ao sentido do olhar, enquanto algo direcionado e seletivo, seja do ponto de vista subjetivado do indivíduo, seja na própria construção fílmica que, nos termos de Ismail Xavier, pretende-se "transparente",[35] no sentido de ocultar seu caráter mediado entre espectador e as situações que se desenrolam no filme.

Concordando com Solomon que a história de amor que se tornara paradigmática nas sociedades ocidentais contemporâneas é aquela já mencionada que se inicia no encontro, passa por uma breve separação e termina na união do casal e estabelecimento de um relacionamento feliz e pretendido como duradouro,[36] o foco de *Closer* parece ser predominantemente os momentos que sucedem os primeiros encontros entre os casais. Têm mais espaço em cena os desentendimentos, separações e ruídos de comunicação entre as personagens, sendo que a única união que se dá no fim do filme não sugere a conquista de um final feliz, rompendo enfaticamente com a história de amor que Solomon apresenta como paradigmática e que os filmes românticos hollywoodianos tendem, com frequência, a endossar.

Os desencontros e decepções amorosas que se observam no filme, em conjunto com a questão do sentido do olhar, o contato visual e a proximidade referida no título permitem desdobramentos diversos na maneira como se vem analisando as complexas relações entre o cinema e as concepções de amor contemporâneas. A questão dos olhares é tão importante em *Closer* porque é através deles que se operam diversos mecanismos de construção de ideais e expectativas, aos quais olhos e mentes se habituaram num contexto de mídias de comunicação audiovisual já bem difundidas e incorporadas no cotidiano e nas interações. Num contexto em que se atribui um valor

---
35 Cf. XAVIER, Ismail. *O discurso cinematográfico, op. cit.*, p. 42.
36 Cf. SOLOMON, Robert. *About love*, p. 99.

diferencial à possibilidade de visualizar, de maneiras diversas, inclusive aquilo que não se revela diretamente aos olhos – de imagens ampliadas de criaturas microscópicas à construção cinematográfica de mundos e histórias antes restritos ao campo da imaginação e da literatura –, é, em grande parte, através do olhar que se constituem ilusões e desilusões amorosas.

Os ideais de amor, não restritos ao plano subjetivo e imaginário, contribuiriam para constituir maneiras de olhar o mundo, sendo eles alimentados e revisitados em grande parte em função do que se vê, embora isso implique sempre um direcionamento do olhar, numa seleção consciente do que será ignorado e do que será visto. Assim, a análise de um contraponto como *Closer*, que problematiza o relacionamento amoroso ao invés de construí-lo como solução e meta absolutas, permite colocar em relevo aspectos do amor nos filmes enquanto construções narrativas e valorativas que poderiam passar despercebidas. No entanto, o "olhar mais de perto" que o filme constrói não necessariamente estabelece uma imagem mais legítima ou "verdadeira" dos relacionamentos, embora possa sugerir isso ao contrapor de diversas maneiras as construções e noções mais edificantes do amor. Como se entende a partir das reflexões decorrentes da análise deste filme, em função desse caráter seletivo do olhar, constituído tanto social quanto individualmente, um olhar "mais de perto", não implica necessariamente na descoberta de qualquer realidade ou verdade definitiva, seja do mundo, dos relacionamentos ou de si.

CAPÍTULO VI

A descoberta de si como protagonista – *O Amor Não Tira Férias*

Uma suave melodia de piano e violinos toca e os créditos aparecem aos poucos em letras brancas, enquanto um casal se beija apaixonadamente em um cenário bucólico, à sombra de árvores repletas de folhas verdes e vistosas, com um lago ao fundo. Um movimento de câmera mostra que essa cena se passa dentro de uma tela, ao lado de um monitor de computador no qual é executado um programa de música, com uma partitura e teclas de piano embaixo. A câmera se afasta lentamente das telas, enquanto percorre o ambiente e dá visibilidade a Miles (Jack Black), que toca um teclado aparentemente conectado ao computador e àquelas telas, o que dá a entender que, naquele momento, ele está inserindo a música que servirá de trilha sonora para o filme em que está trabalhando. Nesse breve momento, música diegética[1] e não diegética se misturam, servindo ao mesmo tempo como trilha sonora e aparentando ser tocada naquele momento como trilha para o filme visto no monitor para o qual olha a personagem. Iniciado dessa maneira, o filme dá abertura para o caráter metalinguístico que permeia toda a narrativa, conferindo grande importância à música, participando como objeto interno à narrativa, algo sobre o que personagens falam e agem, não se limitando ao papel de fundo e de conferir tonalidade emocional aos filmes.

O filme explora a metalinguagem no desenvolvimento de sua narrativa também com outras personagens, como o roteirista Arthur Abott e a produtora de *trailers* Amanda Woods (Cameron Diaz). Isso confere às vezes um aspecto didático em relação a elementos construídos como próprios dos bastidores do cinema estadunidense. Tais referências extrapolam o aspecto

---

[1] Pelo termo diegético, derivado de diegese, entende-se: "tudo que pertence, 'na inteligibilidade', à história narrada, o mundo suposto ou proposto pela ficção do filme". (SOURIAU, Etienne *apud* GORBMAN, Claudia. *Unheard melodies*. Londres: BFI, 1987, p. 21). Ou seja, aquilo apresentado como próprio do universo narrativo; o som que sairia de um rádio que o filme mostra ligado, por exemplo.

técnico e profissional daquelas personagens diretamente ligadas à indústria cinematográfica, assumindo conexões diretas com suas maneiras de conceber o mundo, os acontecimentos, sua vida íntima e suas relações.

Enquanto a câmera continua explorando o espaço onde Miles trabalha, ouve-se a voz *over* de Iris, a personagem de Kate Winslet que tergiversa sobre o amor:

> Eu descobri que quase tudo o que já foi escrito sobre o amor é verdade. Shakespeare disse: "As viagens acabam em encontros dos amantes". Que pensamento extraordinário. Pessoalmente, não experimentei nada remotamente próximo disso. Muita gente acredita que Shakespeare experimentou. Eu suponho que eu pense em amor mais do que qualquer um deveria. Sempre me surpreende seu poder de alterar e definir nossas vidas. Foi Shakespeare quem também disse: "o amor é cego". Agora eu sei que *isso*[2] é verdade.

O texto em *voz over* combina com as imagens: enquanto ela fala da admiração pelo amor, vê-se Miles olhando com olhos cintilantes e expressão abobada para uma bela mulher de corpo esguio e cabelos escuros, que lhe sorri e lhe dá a mão em sinal de despedida. Miles segura um pouco a mão da moça, que ri e depois se retira, enquanto ele, sentado à sua mesa de trabalho, mantém um olhar fascinado que segue a moça até que saia de seu campo de visão. A conclusão da frase da narradora dizendo que o amor é cego e enfatizando em seu tom que ela sabe que aquilo especificamente é verdade coincide com a expressão alegre de Miles, após a saída daquela bela mulher. Essa construção, em conjunto com a expressão abobada de homem apaixonado de Miles sugere que, naquele momento, ele se encontra no estado de "cegueira" mencionado pela narradora.

A música cresce em volume e intensidade com a entrada de violinos e adquire ritmo empolgante, enquanto a cena com Miles se fecha num movimento como se a câmera passasse por trás de um de seus monitores. Há um breve momento de tela negra em que o título do filme aparece em letras brancas. O movimento de câmera parece continuar, entrando em outra cena, da esquerda para a direita, em que se vê Amanda em *close-up*, dentro de um

---

2   Enfatizado no tom de voz da personagem ao pronunciar essa palavra.

carro, com olhar fixo para frente, sério. Ela freia e olha para o passageiro ao seu lado, enquanto a voz da narradora prossegue: "Para algumas pessoas, o amor desaparece inexplicavelmente". Há então um *close* no passageiro ao seu lado, também com ar preocupado. Amanda baixa os olhos, vira-se e suspira. As expressões faciais brevemente captadas dessas personagens, em conjunto com as palavras da narradora, promovem a associação de texto e imagem, sugerindo o momento de desaparecimento do amor para aquele casal.

Na cena seguinte, um senhor idoso, de pijama, dirige-se para a cama com o auxílio de uma bengala. No criado-mudo ao lado, há um porta-retratos com uma foto em preto e branco de uma mulher vestida de noiva. A câmera fixa-se na mão enrugada do senhor próxima ao móvel de cabeceira, que apoia sua bengala nele e foca no retrato da mulher. A *voz over* continua: "Para outras, o amor está simplesmente perdido". O senhor então pega o retrato e fita-o por um tempo, com uma expressão que sugere pesar. Com isso, tem-se informação suficiente para interpretar que, para aquele senhor, o amor está simplesmente perdido e, muito provavelmente, a mulher da foto seria sua esposa, certamente falecida.

A música continua e há um corte para Graham (Jude Law), vestindo roupas pretas, andando entre várias pessoas no que parece ser uma festa, carregando um copo cheio de cerveja, enquanto a narradora diz: "Mas claro, o amor também pode ser encontrado...". Ele troca olhares com uma bela mulher loira, aparentemente desacompanhada, que toma um *drink*, enquanto a voz complementa a frase anterior: "...mesmo que seja só por uma noite". Há um corte para um plano conjunto de um escritório, com uma mulher loira ao centro, sentada diante de uma escrivaninha frente à tela de um computador. Uma pequena caixa quadrada com um laço vermelho está sobre uma das pilhas de papel ao seu lado e a voz prossegue: "Há também outro tipo de amor. O do tipo mais cruel. Aquele que quase mata suas vítimas. Chama-se amor não correspondido. Nesse, eu sou especialista". A câmera então se aproxima de Iris, a mulher frente ao monitor, sugerindo que aquela em cena é a narradora que se ouvia até o momento. Seus sofismas, a partir desse momento, adquirem caráter mais pessoal, retomando mais enfaticamente o uso de primeira pessoa enquanto compartilha a própria experiência: "Na maioria das histórias de amor um se apaixona pelo outro. Mas e quanto ao resto de nós? E sobre nossas histórias? Daqueles que se apaixonam sozinhos? Somos as vítimas do amor que não é recíproco. Somos amaldiçoados pelos amados".

Percebe-se que Iris está no ambiente de trabalho e parece haver uma espécie de confraternização de fim de ano, com várias pessoas de pé, conversando e bebendo despreocupadamente. Deixando ainda mais explícito que, naquele momento, a narrativa se refere especificamente a ela, sua voz continua: "Somos os não amados, os feridos ambulantes, os deficientes sem o melhor lugar no estacionamento. Sim, vocês estão olhando para uma dessas pessoas". Ela anda entre as pessoas da festa, cumprimenta algumas, visivelmente nervosa, até que seus olhos encontrem, distante, um homem de cabelos escuros conversando com um grupo e ela diz:

> Amei profundamente esse homem por três miseráveis anos. Os piores anos da minha vida. Piores natais e aniversários. Passagens de ano à base de lágrimas e calmantes. Os anos em que estive apaixonada foram os mais sombrios porque sou amaldiçoada por amar um homem que não me ama e não vai me amar. Oh Deus! Só de olhar para ele, o coração dispara, a garganta aperta, não consigo engolir. Os sintomas de sempre.

A cena não só alterna *close-ups* da moça com uma expressão marcadamente triste, parecendo algumas vezes engolir o próprio choro, como também mostra o homem a quem ela se refere longe, entretido com o grupo com quem conversa, sem tomar conhecimento dela naquele ambiente. As imagens realçam o conteúdo do texto compartilhado em voz *off*, às vezes exageradamente, direcionando a interpretação de suas expressões de tristeza, com o acréscimo de que se entende que, há algum tempo, ela já experimenta aquelas sensações com frequência. A narração acaba quando ela pega uma taça de champanhe com uma colega e bebe rapidamente, em seguida conversando com ela sobre sua complicada relação com Jasper, o homem a respeito de quem falava.

Em poucos instantes, sem diálogos, sem citar nomes, apenas com algumas frases a princípio abrangentes e imagens mais específicas, o filme já apresentou muito de suas principais personagens: o cego de amor, deslumbrado e que sofrerá uma decepção amorosa; a mulher para quem o amor desaparecera inexplicavelmente; o senhor para quem o amor está simplesmente perdido; o homem jovem e sedutor, para quem está sempre aberta a possibilidade de encontro de amor pelo menos por uma noite; e, por fim, a voz que dá legitimidade ao discurso enquanto narradora, falando de si mesma, clamando autoridade no tópico "amores não correspondidos". Com isso, em poucos instantes, o filme já construiu para o espectador as bases necessárias para a leitura das personagens que guiam o enredo e o que foi falado durante a introdução será apenas desenvolvido e confirmado filmicamente.

O texto de Iris aponta uma personagem emotiva, numa situação triste que, de início, parece desejar provocar alguma empatia por pena ou condolência, com potencial para identificação de espectadores que também se veem como "amantes não correspondidos". Suas primeiras reflexões sobre o amor, sobre tudo que fora escrito a respeito, citando Shakespeare e falando do seu poder de "definir vidas", de saída sugere em que chave o amor será tratado no filme, com uma grandiosidade pressuposta que se legitima no discurso literário ao falar sobre "tudo que se escreveu sobre amor", sendo que, ao citar Shakespeare, entende-se claramente que ela não está falando de livros de autoajuda. A insistência em Shakespeare no discurso da narradora também funciona como parte de sua construção como inglesa, algo que será diferencial das personagens que serão construídas do lado dos Estados Unidos, ligadas principalmente à mídia cinematográfica, fazendo mais referências a filmes do que à literatura. As "autoridades" no tema a que ela se refere são os escritores, poetas, romancistas, do que Shakespeare pode ser considerado um ícone muito bem difundido e reconhecido, principalmente na Inglaterra.

Este filme se difere dos demais da amostra por apresentar uma introdução didática do amor, definindo verbalmente, e antes de mostrar a história, as perspectivas sob as quais o tema amor será construído, conferindo a ele, em certa medida, um caráter de dado pronto. E isso tende a ser reforçado pelo emprego da voz de Iris nesse início como narradora, que, embora falando de suas impressões e vivências pessoais em relação ao amor, quando colocada em correspondência com imagens de outras personagens que, no momento de sua descrição, não interagem com ela, conferem um caráter de onisciência e certa autoridade à sua fala. Afinal, antes de aparecer em cena como personagem que compartilha suas impressões pessoais, o que se tem é uma voz que fala de diferentes aspectos e possibilidades do amor, em imagens de contextos dos quais ela não participa. Em *O Amor Não Tira Férias*, é anunciado para o espectador, com autoridade, o que ele pode esperar: o encontro dos amantes, o poder de redefinir vidas, mas, sobretudo a partir de Iris, noções conscientemente estabelecidas de amor, "verdades" que ela já sabe, que são apresentadas prontas e não construídas ao longo da narrativa fílmica.

A questão do amor não correspondido de Iris por Jasper fica mais clara no primeiro diálogo dela com sua colega de trabalho, no qual esta última pergunta se eles vinham mantendo relações sexuais e Iris responde que, mais do que isso, ela estava apaixonada por ele. Por esse diálogo, sabe-se que a relação – qualquer que fosse – que Iris mantinha com Jasper havia acabado, mas eles continuavam "amigos", enquanto ele está envolvido com outra mulher, também do jornal onde trabalham. A colega pergunta se Jasper dissera a Iris que a amava e Iris responde que "três, quase quatro vezes", e emenda que, ao questioná-lo sobre isso, ele respondeu que dissera aquilo como se estivesse respondendo a alguma pergunta, mas que não era nada daquilo. A colega, um pouco ríspida – chegando a dizer que Iris é patética –, tenta inutilmente apontar-lhe o quanto ela está sendo degradada e manipulada naquela relação, mas ela ignora, nutrindo esperanças de que Jasper volte para ela. A conversa é interrompida por outra funcionária do local, que pergunta por um texto que Iris deveria entregar ainda naquele expediente e então Iris volta para sua sala para finalizar o trabalho, enquanto os demais seguem em sua confraternização.

Na escrivaninha de Iris, vê-se em detalhe, sobre as pilhas de papel, uma foto de uma mulher vestida de noiva, que parece gargalhar, expressando o máximo de felicidade. Depois, outra foto, em preto e branco, de recém-casados estampando grandes sorrisos. Embaixo da foto há uma legenda que diz "Uniões" e contém o que se entende ser o nome dos noivos. Iris digita e lê em voz alta o que escreve: "o melhor amigo do noivo falou por todos os convidados quando disse: 'Hillary vai abrir os olhos de Edward e completar a vida dele'". Entende-se então que Iris escreve para a coluna social, cobrindo cerimônias de casamento. Isso, em sequência ao diálogo com sua colega e sua apresentação como amante não correspondida, reforça uma construção da personagem como digna de pena que, além de lidar com o fato de não ser correspondida amorosamente, vê-se em um trabalho no qual deve escrever sobre o que é tratado como o ritual compartilhado da máxima felicidade e conquista amorosa e que parece bem distante de sua realidade:

a celebração do casamento. Mais do que um ritual isolado na vida pessoal, a celebração do casamento nos filmes é um importante signo de sucesso para a personagem principal como um todo. De acordo com Wilding:

> Nos filmes, o amor é claramente privilegiado como experiência emocional transcendente necessária para o casamento. As personagens heroicas centrais dos filmes inevitavelmente atingiram esse estado transcendente, embora muitas vezes enfrentando dificuldades e separação. E resistir a isso serve para respaldar seu clamor por "verdadeiro" amor romântico. [...] Nas narrativas cinematográficas, a experiência transcendental do amor é usualmente recompensada imediatamente com um dia de casamento no qual a comunidade ao redor do casal celebra o desfecho adequado para uma história de sucesso.[3]

Considerando o que Iris já expressara sobre o amor, juntamente às fotos alegres que se encontram em sua mesa e a frase com que conclui sua pauta, tem-se a construção de uma mulher que atribui um valor enorme à união amorosa, sendo que isso certamente é alimentado e incentivado em seu trabalho, com a ironia de que aquela que se apresentou para os espectadores como "especialista em amores não correspondidos", é justamente a que, em seu emprego no jornal, cumpre a função de uma "especialista em casamentos". Tal ironia tende a reforçar a condição de tristeza na qual Iris é construída, por seu contato cotidiano e obrigatório no trabalho com aquilo que equivaleria ao símbolo institucional máximo do amor correspondido, algo que ela almeja, mas percebe como distante e inatingível para si. Pode-se entender, neste filme e em muitos outros, que o casamento é construído como significante de amor e felicidade de tal forma que não se coloca em questão a felicidade ou o amor no casamento em si.

Não há personagens divorciadas ou infelizes dentro do casamento em *O Amor Não Tira Férias*. Os que foram casados, pelo que se entende – Graham e Arthur –, foram casados com seus verdadeiros amores, tendo sofrido o infortúnio de se tornarem viúvos, mas lamentando e sofrendo a falta de seus cônjuges. E coerentemente, a única personagem que não honra esse valor

---

3 WILDING, Raelene. *Romantic love and 'geting married'*, op. cit., p. 381.

sagrado do matrimônio, cogitando, antes mesmo de se casar, manter uma relação paralela, é Jasper, construído como mau-caráter. Ainda, a personagem Amanda é mostrada em crise em seu relacionamento com um homem com quem mora há mais de um ano, mas eles não são casados. De tal maneira que relações fora do modelo tradicional de casamento são construídas desfavoravelmente no filme. Isso está em conformidade com o que observa Bidaud como um elemento do cinema clássico hollywoodiano que ainda se percebe muito presente:

> Os rituais de sedução visam a glorificar, ao fim do percurso, o casamento. O cinema hollywoodiano clássico é pouco inclinado a fazer do amor louco um modelo: a paixão deve entrar rapidamente nas normas, do contrário ela assume as cores da destruição e da morte. Todas as personagens *femme-fatales*, de Theda Bara à heroína de *Instinto Selvagem,* confirmam sua dimensão antissocial maléfica.[4]

Enquanto Iris finaliza seu trabalho, Jasper aparece em sua sala e questiona sua ausência na confraternização. Ele menciona ter um presente para ela e Iris se empolga, dizendo também ter um para ele e em seguida entrega um embrulho que tinha guardado em sua escrivaninha. Sem jeito, ele diz que não está com o presente dela lá naquele momento, de maneira que se pode ter a impressão de que ele não comprara realmente algo para ela como dissera. Ele abre o presente, uma edição rara de um livro antigo, que pelo visto é um dos seus preferidos. Impressionado, ele pergunta como ela o encontrou e Iris lhe conta, lembrando detalhes de um encontro deles, mostrando seu esforço em encontrar um objeto significativo, com grande valor afetivo, associado a uma lembrança com ela. Percebe-se aqui uma grande assimetria entre os dois: se ela se preocupa em dar-lhe algo pessoal, ele, por outro lado, parece ter escolhido um presente com potencial a servir mais a ele mesmo – ao deixar Iris mais sexy, como ele diz – do que para ela, indicando um interesse mais sexual do que amoroso nela.

A conversa é interrompida com um chamado do chefe para que todos se reúnam no saguão para um pronunciamento. Depois de desejar Feliz Natal

---

[4] BIDAUD, Anne-Marie. *Hollywood et le rêve americain, op. cit.*, p. 160.

a todos, ele diz ter um anúncio a fazer e procura Iris na multidão de funcionários, afirmando ter um gancho para ela: "Foi anunciado um casamento hoje e creio que nenhum outro jornal na cidade esteja sabendo. E quero que você seja a primeira a anunciar essa união, já que é entre dois de nossos colegas mais estimados". Em seguida, ele anuncia os noivos Jasper Bloom e Sarah Smith-Alcot. A câmera foca em Iris devastada com a notícia, com uma expressão de triste perplexidade que se contrapõe aos risos e aplausos dos figurantes à sua volta. Seus lábios tremem, seus olhos se enchem de água e sua respiração fica ofegante, enquanto ela força um rápido sorriso de congratulação para depois se virar e sumir na multidão de funcionários. Após isso, há um corte para uma sequência do que se entende ser o caminho solitário de Iris até sua casa, com uma música triste de fundo, numa noite invernal, mostrada sozinha na rua, depois no transporte público, depois em uma pequena estrada, até chegar ao seu chalé. Tão logo entra, a câmera que a seguia permanece do lado de fora da casa. Uma luz se acende e ouve-se o sonoro choro de Iris enquanto a tela escurece.

 Daquele cenário escuro, frio e triste, há um corte para um ambiente completamente oposto: luminosidade farta, câmera mostrando primeiro uma grande piscina, em uma casa também grande, com um jardineiro trabalhando, sob um céu azulado com algumas nuvens brancas. Em uma tomada interna dessa casa, um homem desperta em um sofá na ampla sala do lar luxuoso. O homem senta-se, olha o relógio e sai andando pela casa, subindo as escadas, chamando por Amanda. Ele para frente a uma porta fechada, chama mais uma vez, então a abre e Amanda, de pijama listrado, furiosa, atira-lhe um calçado. Eles discutem e Amanda acusa-o de ter feito sexo com a estagiária, enquanto ele nega, sem convencê-la. Pela discussão, entende-se que vivem juntos há algum tempo e vêm tendo problemas ao longo do último ano, sendo que Ethan – o namorado – queixa-se por ela trabalhar demais, dizendo: "Amanda, você fez 75 *trailers* este ano, colocou uma sala de edição em sua casa e dorme com seu *smartphone*. E nem vou falar de sexo com você, pois não consigo me lembrar da última vez que fizemos". Ela rebate que ninguém tem tempo para sexo e a resposta dele – "A verdade não é bem essa" – não só a enfurece mais como colabora para se entender que ele tenha feito sexo com outra pessoa. Ela o toca para fora, primeiro do quarto, depois escada abaixo, até a porta da casa. Descendo as escadas, ela diz: "Sabe o que eu realmente acho, Ethan? Eu acho que você nunca me amou de verdade. Amou a ideia de nós dois juntos mas não me amou. Não eu, não realmente eu".

Essa frase é bastante expressiva de um caráter narcisista na construção de Amanda e tem importante função na apresentação de seus problemas de relacionamento. Tal como Giddens observa:

> O narcisismo relaciona os eventos externos às necessidades e desejos do eu, apenas perguntando "o que isso significa para mim". O narcisismo supõe uma procura constante de auto-identidade, mas é uma procura frustrada, porque a busca incansável de "quem sou" é uma expressão da absorção narcisista e não uma procura realizável. O narcisismo se opõe ao compromisso necessário para sustentar relações íntimas; o compromisso coloca restrições às oportunidades, fazendo com que o indivíduo precise tentar as muitas experiências em sua busca de auto-realização.[5]

Essa busca incansável de si é a chave da construção de Amanda e será notada ao longo do filme, marcando a importância do encontro de si para o subsequente usufruto do amor. Enquanto isso não acontece, como se nota na relação com Ethan, o que se vê é a dificuldade de Amanda em estabelecer laços afetivos, o que remonta ao divórcio de seus pais, como é tratado mais adiante no filme. Ethan acusa Amanda de estragar todos os seus relacionamentos, mas ela fecha a porta na sua cara e tenta ignorá-lo, subindo as escadas com passos pesados, enquanto ele grita, lá de fora, que ela não quer ser um casal e resiste a isso, o que vai de acordo com a "absorção narcisista" que Giddens aponta, atestando a dificuldade de Amanda em sustentar relações íntimas.

Na frente da porta da casa, aos gritos, Ethan tenta explicar desarticuladamente como ela acaba com seus relacionamentos e dizendo que seria incapaz de traí-la. Nisso, ele aponta que, enquanto está nervoso, "suando como um porco", ela não derrama uma única lágrima durante o término de seu namoro, sugerindo que isso deve significar algo. De sua sacada, ela pergunta por que lhe incomoda tanto o fato de ela não conseguir chorar e então começa a ter "espasmos do esôfago", levando a mão ao peito e respirando

---

5   GIDDENS, Anthony. *Modernidade e identidade*. Rio de Janeiro, Zahar. 2002, p. 158.

fundo, com expressão doída. Em seguida, ela reitera que está tudo acabado e praticamente implora para que ele confesse tê-la traído e ele acaba confessando. Enfurecida, ela aparece novamente na porta e o repreende por tê-la traído. Ele tenta argumentar que não fora apenas culpa dele, certamente tentando jogar a responsabilidade para ela. Ela ironiza e o surpreende com um soco na cara. Ele começa a falar algo e ela lhe dá outro soco, depois do qual ele cai no chão com as mãos no nariz, enquanto ela entra em casa e fica na sala grunhindo, gritando, dando pulos e gesticulando nervosamente, no que se percebe que ela tenta, sem sucesso, chorar.

Essa discussão é suficiente para construir Amanda, informando o que ela faz e o seu vício em trabalhar, além de mostrar sua vida afetiva e sexual em crise e sua dificuldade em chorar. É interessante notar que ela menciona achar bom não ter se casado com seu namorado e que ele não tenha vendido sua casa para morar com ela e que, logo depois, ele a acuse de sabotar seus relacionamentos e não querer formar um casal, colocando barreiras para sua convivência e intimidade, dedicando-se demais ao trabalho. A raiva que Amanda expressa, em conjunto com o alívio de não terem se casado, encontra bases mais profundas do que uma eventual traição de seu parceiro. De acordo com Lasch:

> A raiva das mulheres contra os homens origina-se não só nos desapontamentos eróticos, ou na consciência da opressão, mas em uma percepção do casamento como a suprema armadilha, a suprema rotina em uma sociedade rotinizada, a suprema expressão da banalidade que impregna e sufoca a vida moderna.[6]

Chaumier enxergaria numa relação de coabitação como a de Amanda e Ethan não só uma tendência como também uma forma de relacionamento alternativa, talvez até mais de acordo com o contexto atual.[7] No entanto, o filme constrói esse tipo de relação de maneira desfavorável, denunciando, por parte do homem, um comportamento infiel e mentiroso e, por parte da mulher, uma espécie de recusa inconsciente da relação – construída como um defeito a ser superado – e do envolvimento emocional intrínseco a ela,

---

6   LASCH, Christopher. *A cultura do Narcisismo*. Rio de Janeiro: Imago, 1983, p. 240.
7   Cf. CHAUMIER, Serge. *La déliaison amoureuse*. Paris: Payot et Rivages, 2004, p. 266.

indicando a insegurança que trava seu envolvimento. É curioso também algo que se mostra recorrente em muitos filmes na construção de algumas personagens femininas: parece um lugar-comum que o sucesso profissional feminino e o sucesso na vida afetiva sejam incompatíveis,[8] sendo que as trabalhadoras bem-sucedidas tendem a ser construídas como viciadas em trabalho, estressadas e aguerridas. A esse respeito, em sua coluna humorística para o jornal *The New Yorker*, Mindy Kaling comenta espirituosamente:

> Eu trabalho normalmente 16 horas por dia, no entanto, como a maioria das pessoas que eu conheço em condição similar, sou uma pessoa agradável e bem normal. Mas não é assim que mulheres que trabalham são construídas em filmes. Não fico sempre vociferando ordens pelo telefone e gritando: "Eu não tenho tempo para isso". Muitas vezes, o *script* pede que essa mulher de carreira nervosa "reaprenda" como seduzir um homem e ela precisa fazer todo tipo de porcaria maluca e degradante, como comer um cachorro quente de maneira sensual ou algo do gênero.[9]

Essa construção de Amanda enquanto profissional é reforçada logo em seguida à discussão, em que uma mulher com quem trabalha aparece em sua sala e lhe pergunta se aquela é uma hora ruim. Ela diz que Ben – outro que trabalha para Amanda – quer vê-la e há um corte para um *trailer* de filme de ação, chamado *Decepção*.[10] Em seguida, vê-se Ben, Amanda e a mulher na sala de edição, acompanhando com interesse o *trailer* e, ao final, Amanda expressa grande satisfação com seu trabalho, dizendo que finalmente aquele filme tem cara de sucesso e recebendo o apoio de Ben: "E é

---

8   Isso é construído de forma semelhante em outro filme da diretora, *Do que as Mulheres Gostam* (*What Women Want*, 2000), na personagem de Helen Hunt, uma publicitária bem-sucedida, num cargo de chefia, que é vista como uma devoradora de homens, comparada ao vilão Darth Vader, de *Guerra nas Estrelas*, e que revela em determinado momento que seu divórcio teria decorrido da relação complicada entre seu sucesso profissional e sua vida afetiva, no que haveria se estabelecido uma relação de concorrência entre ela e seu ex-marido.

9   KALING, Mindy. *Flick Chicks*. Disponível em: <http://www.newyorker.com/humor/2011/10/03/111003sh_shouts_kaling?currentPage=all>. Acesso em: 13 jan. 2012.

10   Cabe notar que *Decepção* é uma produção fictícia, existindo apenas dentro do universo diegético de *O Amor Não Tira Férias*.

por isso que te pagam tão bem". Não se sabe muito bem o que conferiria a *Decepção* uma "cara de sucesso", mas a construção que é feita dele sugere a importância da peça publicitária elaborada por Amanda para conferir essa cara. Nesse sentido, a noção de "imagem" do filme proposta por Jarvie oferece alguma luz para essa questão:

> O que é, pois, que explica o êxito? Minha teoria, vaga e tateante, postula o que chamo de "a imagem" do filme na mentalidade do público. Essa imagem pode ser: que os grandes atores realizam maravilhosas interpretações; ou simplesmente que o argumento é muito interessante; ou que se trata de um filme apaixonante; ou que até então não se havia feito um filme como aquele; ou que se trata de um filme espetacular.[11]

Na construção dessa imagem, o autor atribui grande importância ao aparato publicitário, o qual seria diferenciado na indústria cinematográfica em relação a outras indústrias. Os *trailers* seriam apenas uma parte desse aparato, ao lado de outros como inserções em revistas e televisão, artigos em periódicos especializados ou não, entre vários. No entanto, o autor pondera que também há outras variáveis imprevisíveis atuando e fora do controle dos publicitários, como a comunicação verbal entre os espectadores, de maneira que, embora importante para o sucesso de um filme, sua publicidade não é necessariamente garantia de êxito.[12]

O emprego de Amanda e a maneira como sua relação com ele é construída no filme permite estender questões sobre como ela percebe a própria vida afetiva, com acontecimentos intercalados em forma de episódios breves, orientados por uma voz de um narrador de *trailer* onisciente, que sabe mais da história do que ela mesma, mas que não a revela, deixando a descoberta a cargo do espectador que se disponha a ver o "filme completo" da vida de Amanda. Assim como acontece com os filmes cujos *trailers* Amanda produz, também haveria um roteiro já pronto e devidamente articulado sobre sua própria vida, ainda que desconhecido. E nisso, há uma grande expectativa, a intensificação do suspense sobre "o que irá acontecer". A vida

---

11 JARVIE, Ian Charles. *Sociología del cine*, op. cit., p. 294.
12 Cf. *ibidem*, p. 299-300.

afetiva de Amanda parece construída, como nos *trailers*, como um conjunto de cenas vagas, que vendem a promessa – que não será necessariamente cumprida – de um espetáculo grandioso.

Concluído o trabalho, Amanda sugere a seus subordinados que tirem alguns dias de folga, o que a princípio eles julgam ser uma piada, especialmente naquela época em que, segundo Ben, seria repleta de trabalhos para fazer. Gesticulando e falando muito, com uma caneca de café na mão – um dos signos típicos do estereótipo do *workaholic* –, Amanda inicia um monólogo desarticulado no qual expressa sua vontade de se afastar um pouco para ter paz. Ela reflete sobre os danos que o estresse pode causar à saúde, o término de seu namoro e a possibilidade de envelhecimento precoce para enfim dizer que seu namorado, que permanece com aparência jovem, trocou-a por uma estagiária de 24 anos. Nesse discurso, Amanda comenta um jargão já discutido aqui, presente em *Sintonia de Amor*: "Lembram que diziam que uma mulher solteira acima de 35 tinha mais chance de ser morta por terroristas do que de casar? Isso era horrível, mas agora nossa geração não está casando e ainda por cima os terroristas já fazem parte de nossas vidas".

Embora Amanda seja mostrada saindo de um arranjo afetivo alternativo ao modelo tradicional de casamento, avaliando como positivo o fato de não ter se casado com seu namorado, a preocupação com o casamento no filme sugere que a instituição ainda é difundida como o arranjo afetivo considerado mais legítimo e desejável. A associação com a presença de terroristas num contexto pós-11 de setembro sugere, a despeito do tempo passado e das liberdades conquistadas em relação à vida sexual e afetiva, que a possibilidade de não se casar é igualmente aterradora e, como os atentados, parece muito mais próxima do cotidiano. No contexto de *Sintonia de Amor*, a frase portava o sentido de uma probabilidade muito remota. Já no caso de *O Amor Não Tira Férias*, dentro da argumentação de Amanda, entende-se o inverso: há um grande sentimento de insegurança, que trata o risco de um ataque terrorista como algo extremamente plausível, quase corriqueiro, bem como, com o aumento de outras formas de arranjos afetivos alternativos ao casamento, sugere que a possibilidade de não se casar parece muito maior. Além disso, a faixa etária que Amanda menciona já é mais baixa do que aquela que aparece em *Sintonia de Amor*, o que denota um pessimismo maior. A construção fílmica do receio de Amanda é pertinente ao se considerar que, de acordo com pesquisas de censo nos EUA, a proporção de jovens adultos entre 25 e 34 anos casados em 2006 já é menor do que a de não casados (48,9%), sendo que a proporção nessa mesma faixa etária dos que nunca se casaram apenas aumenta (de 34,5% em 2000 para 41,4% em 2006).[13]

Não se propõe aqui discutir se as chances de se casar tornam-se menores em função de tantas alternativas possíveis hoje e muito mais aceitas – especialmente a coabitação –, mas sim a construção fílmica da possibilidade de não se casar como algo aterrorizante ainda hoje. Isso se revela mais sintomático ao se tratar de uma personagem construída como muito independente e bem-sucedida como Amanda, reforçando estereótipos que contrapõem sucesso profissional e independência feminina ao sucesso nas relações afetivas, do que o casamento ainda é construído como principal símbolo.

Construídas as duas personagens principais em seus respectivos âmbitos e decepções afetivas, acentuadas pela proximidade das confraternizações de Natal e Ano Novo, têm-se engatilhada a narrativa e seus dois eixos, ora paralelos, ora intersectantes, nos quais se desenvolvem as histórias das personagens e as redes de relações estabelecidas entre elas. De um lado, Iris, britânica e emotiva, com um emprego modesto, que vive num chalé pequeno e rústico, afastado da cidade, e do outro, numa região quente dos Estados Unidos, Amanda, personagem incapaz de chorar, num emprego em que ela é quem dá as ordens, que mora em uma luxuosa mansão. Enquanto Iris se mostra como submissa, à mercê de Jasper e é deixada por ele, Amanda mostra personalidade mais agressiva, com iniciativa, sendo que é ela quem expulsa seu namorado de casa. As oposições construídas entre Amanda e Iris tanto na vida profissional quanto afetiva fazem sentido ao se considerar que

> Indivíduos em posições elevadas são percebidos como suscetíveis a sentir raiva em resposta a resultados negativos, enquanto pessoas em posições baixas são percebidas como suscetíveis a sentir tristeza e culpa. Tiedens e outros discutem que diferenças emocionais entre pessoas em diferentes níveis sociais ocorrem porque as pessoas acreditam que aquele nível indica habilidade e essa crença, por sua vez, influencia atribuições de responsabilidade por resultados positivos

---

13 Fonte: U. S. Census Bureau, 2000 Census and American Community Survey. Disponível em: <http://www.prb.org/Articles/2010/usmarriagedecline.aspx>. Acesso em: 23 abr. 2012.

> e negativos. Em um segundo estudo, eles mostraram que as pessoas também inferem o nível social a partir das emoções: pessoas nervosas e orgulhosas são pensadas como de nível elevado, enquanto que pessoas tristes, que expressam sentimento de culpa, são consideradas como de um nível baixo.[14]

Desejando ir para longe, Amanda pesquisa destinos de férias pela internet. Em frente ao computador, chateada, ela se esforça para chorar, chegando a implorar aos céus por ao menos uma lágrima, mas sem ser atendida. É profundamente significante para a narrativa a dificuldade de Amanda em chorar, sendo que, de acordo com Shields:

> O pranto, seja ele simplesmente ter os olhos mareados, seja chorar abertamente, quando ocorre na frente de outros, incorpora a emoção como um evento interpessoal. O poder do pranto está na conectividade de quem chora com quem observa. Lágrimas são um poderoso comunicador da emoção sentida. Lágrimas acompanham tanto alegria quanto raiva, tanto conquista quanto perda. Jack Katz [...] caracteriza as lágrimas como "uma forma de expressão pessoalmente incorporada que transcende o que o discurso é capaz de fazer." Lágrimas tomam lugar quando queremos ou precisamos expressar algo da maneira mais profundamente física, mas o discurso falha, indisponível, inútil ou sem poder.[15]

Não chorar após o término de um relacionamento pode sugerir ao interlocutor que há falta de engajamento emocional, frieza, o que é algo que pode ser atribuído tanto à qualidade do relacionamento quanto ao caráter individual da personagem, sendo que este último parece destacado pela maneira como Ethan fala a respeito. No entanto, a ausência de lágrimas não significa ausência de tristeza ou envolvimento emocional, mas, culturalmente, a legitimidade daqueles sentimentos parece comprometida sem

---

14 SHIELDS, Stephanie. *Speaking from the heart*. Nova York: Cambridge University Press, 2002, p. 147.
15 *Ibidem*, p. 162.

essa expressão tão associada ao feminino. Shields também aponta para essa construção cultural da expressividade das emoções de acordo com estereótipos de gênero, sendo que, embora mais esperadas em mulheres, como parte de uma atribuída inépcia para o controle das próprias emoções, quando manifestadas por homens elas adquirem significado diverso, valorizando a intensidade das emoções pela sua capacidade de superar a suposta capacidade de controle racionalizado masculino.[16]

De volta à cena, Amanda continua sua pesquisa na internet, até que encontra o anúncio do chalé de Iris, oferecendo conforto e tranquilidade. Interessada, ela envia uma mensagem instantânea perguntando sobre o anúncio. Enquanto isso, Iris continua chorosa em sua casa e começa a preparar um chá. A trilha sonora é uma versão triste da canção "Have Yourself a Merry Little Christmas", na voz de James Taylor, com forte conotação irônica pelos versos com votos de felicidade enquanto a protagonista, soluçando de tanto choro, cogita se matar, inalando o gás de cozinha que sai de uma das bocas do fogão. Nesse momento, o som da mensagem de Amanda no computador chama sua atenção e ela, como que se recobrasse a consciência, pergunta-se o que está fazendo, abre a janela para que o gás saia e depois confere a mensagem. Elas então trocam mensagens instantâneas e Iris propõe o intercâmbio de casas, explicando para Amanda que as duas trocam de casa, carro, tudo. Amanda aceita e elas combinam a troca por um período de duas semanas, a começar já no dia seguinte.

Não deixa de ser curioso como, para o bem da narrativa, nenhuma das duas tenha dificuldade em conseguir passagens em seus respectivos voos em uma das épocas de maior movimento nos aeroportos. E até nisso o jogo de paralelismos – ora Estados Unidos, ora Inglaterra –, que será constante no filme, marca drasticamente as oposições entre as duas: Iris viaja em classe econômica, na poltrona do meio da fileira do meio, apertada entre duas senhoras inglesas bonachonas e espaçosas, que carregam sacolas e esbarram nela para se aconchegar. Já Amanda viaja na primeira classe, deitada confortavelmente, cercada de luxo.

Nesse momento, Amanda se aconchega, coloca sua máscara para dormir quando, de repente, ouve-se a voz de um narrador de *trailers*, seguida de uma música animada, que remete à discoteca, anunciando: "Amanda Woods tem o prazer de apresentar: 'Sua vida'". Ela levanta e move a cabeça

---
16   Cf. *Ibidem*, p. 163.

para os lados tirando a máscara, como que desorientada, procurando a voz que diz isso. A voz continua e começa o *trailer* da vida de Amanda, com ela na frente de uma mesa de edição, de pé, confiante, fazendo seu trabalho com expressão de satisfação. O narrador continua: "Ela tinha tudo". – plano rápido dela se debatendo no seu assento, como se não quisesse ouvir aquilo – "O trabalho, a casa (tomada frontal da casa, portões se abrindo, jardim florido), o namorado (que aparece se virando na cama, sorrindo, visto de cima para baixo)". Amanda tem uma expressão que beira ao terror e a voz diz, encerrando o *trailer*, junto com a imagem do namorado com um sorriso com brilho artificial: "Neste feriado, descubra o que Amanda não tem".

A construção do *trailer* tem claro caráter humorístico e satírico, mas o mais interessante é que o filme constrói impressões dessa personagem sobre sua vida afetiva no formato de *trailers* de comédia romântica. Mais do que expressar o envolvimento da personagem com sua profissão, o filme sugere que ela pensa sua vida íntima em termos de uma linguagem específica, própria do meio publicitário da indústria cinematográfica. A música, as imagens e as frases do narrador apontam para clichês bem popularizados na publicidade de filmes e, por mais distante que essa personagem possa parecer do público, conceber a própria vida íntima como se tratasse de um filme e ser a estrela principal faz sentido em uma sociedade que manifesta aspectos culturais narcísicos aparentemente estimulados por mídias de entretenimento e comunicação de massa. Conforme Lasch:

> Para o eu atuante, a única realidade é a identidade que ele pode construir a partir de materiais fornecidos pela publicidade e pela cultura de massa, temas de filmes e de ficção populares, e fragmentos tirados de vasto espectro das tradições culturais, todos eles contemporâneos à mente contemporânea. De modo a polir e aperfeiçoar o papel que escolheu para si, o novo Narciso olha para seu próprio reflexo, não tanto por admiração, mas por uma incessante procura de imperfeições, sinais de fadiga, decadência.[17]

Em continuidade, a chegada de cada personagem à casa da outra também é construída enfatizando as oposições. A música é alegre, está um dia

---
17 LASCH, Christopher. *A cultura do narcisismo, op. cit.*, p. 123.

bonito e azulado enquanto Iris admira tudo com ar de empolgação pela janela de seu táxi passando por praias e mansões com grandes jardins floridos. Já o caminho de Amanda, campestre, é coberto de neve, com uma estrada de chão estreita, e ela é conduzida em uma grande e luxuosa Mercedes-Benz. A câmera se afasta e permite um plano geral do cenário: árvores secas, chalés e campos. O motorista para o carro e chama Amanda, que se levanta assustada no banco de trás, ainda com a máscara para dormir. Ele lhe diz que chegaram e quando ela olha pela janela, não vê o chalé que considerara idílico, mas um cemitério coberto de neve. Ela diz que deve ser o lugar errado, mas o *chauffeur* lhe explica que o destino dela é no final daquela rua, mas que ele seria incapaz de manobrar o carro para retornar caso prosseguisse. Ele acaba então por deixá-la lá, com sua volumosa bagagem. Calçando um sapato de salto alto e fino, ela caminha com dificuldade naquela estrada puxando sua bagagem e, pela maneira como a cena é construída, trata-se de uma distância considerável.

De volta ao lado americano, o táxi deixa Iris na porta de uma mansão e ela parece quase não acreditar que está no endereço certo. Sua entrada na casa é um crescente de empolgação, com exclamações que variam de "Puta merda!" a "Oh meu Deus!", urros, olhos arregalados, palmas e pulinhos, enquanto vai travando conhecimento de cada aposento da casa desde a porta de entrada, passando por sala, piscina, cozinha, academia, até que chegue ao quarto e se jogue sobre a grande cama de casal. Já Amanda é mostrada arrumando suas coisas, dizendo para si mesma que aquilo vai ser interessante, enquanto tem dificuldades em encontrar espaço para suas malas e roupas no quarto de Iris. Ela então resolver ir até à cidade, dirigindo o pequeno carro de Iris. Com dificuldades para dirigir na mão inglesa e quase atropelando um ciclista, ela chega à pequena vila e entra em uma lojinha onde compra bebidas e várias guloseimas, o que desperta um comentário de admiração da operadora de caixa, achando que Amanda dará uma festa.

No chalé, Amanda vê televisão deitada na cama e na cômoda ao seu lado há uma garrafa de vinho e um frasco de remédio para desconforto estomacal, do qual ela toma um comprimido. Além da alusão aos espasmos de esôfago algumas cenas antes, há que se considerar que sintomas de desconforto gástrico são comumente associados a nervosismo e ansiedade, aspectos da personalidade de Amanda que o filme insiste em ressaltar, associados por sua vez ao estresse em função do trabalho. De maneira que, embora aparentemente insignificantes, sinais como esse frasco de remédio ou a xícara de café de Amanda algumas cenas antes são, na verdade, importantes instrumentos na construção que o filme faz da personagem.

Em pouco tempo na casa de Iris, Amanda já se mostra entediada e inquieta. Embora tenha escolhido aquele destino justamente pela tranquilidade que esse lhe proporcionaria, logo se nota que ela é incapaz de suportá-la. Tudo isso aponta a construção de uma personagem seriamente estressada e hiperativa, típica *workaholic* de cidade grande, que almeja tranquilidade, mas não consegue se entregar a ela, com necessidade constante de dispersar grande energia, o que Amanda tenta fazer colocando para tocar um CD de rock, cantando aos berros e dançando com gestos enérgicos. O choque de Amanda é tão grande que ela não consegue suportar nem a primeira noite, já voltando para o quarto e começando a arrumar sua mala para, no dia seguinte, ir embora. Sua decepção, apesar de encontrar justamente o que procurara, indica o quão distante aquela sensação de paz idealizada se torna enquanto experiência desejada, mas, ao mesmo tempo, impossível, de tal maneira que remete à nostalgia romântica que Elias observa:

> Ouve-se o lamento do fidalgo condenado a viver na capital, a nostalgia de um coração oprimido, que aprendemos a compreender de modo geral como nostalgia romântica. Trata-se de uma nostalgia incapaz de ser apaziguada. A vida no grande mundo da capital torna-se insuportável. Suas coerções pesam; contudo, mesmo com as portas abertas, seria impossível fugir da gaiola; pois os vínculos que mantêm os cortesões presos ao grande mundo são parte constitutiva deles mesmos.[18]

É impossível para Amanda encontrar paz não por falta de condições naquele ambiente idílico, mas porque, simplesmente, aquilo não corresponde à maneira como ela foi socializada e desenvolveu sua personalidade. Seu caráter agitado e ansioso é "parte constitutiva" dela mesma. Vivendo numa rotina marcada pelo imediatismo, pelo movimento constante e ritmo acelerado, a paz que ela almeja não lhe vem instantaneamente. Suas agitações são internas e, mesmo no ambiente mais favorável, ela é incapaz de acalmá-las.

---

18   ELIAS, Norbert. *A sociedade de corte.*, op. cit., p. 232.

Nesse sentido, os *trailers* – parte importante do seu trabalho enquanto proprietária de uma companhia que faz publicidade para filmes – são um signo importante, por se tratarem de unidades sintéticas que, em pouco mais de um minuto, articulam cenas diversas de um filme, promovendo uma mensagem rápida, instigante e compreensível. Por excelência, uma experiência imediatista, uma mensagem curta, de impacto e interpretação imediatos, como tendem a ser os anúncios publicitários. Trata-se de algo que só se torna apreensível numa cultura em que tal forma de linguagem já é amplamente reconhecida e difundida; em que tal ritmo e volume de informações e imagens fazem sentido para uma audiência treinada para interpretá-los. De forma que o que se tem evidenciado nessa dificuldade de Amanda na primeira noite é que seu ritmo de vida é completamente outro, tornando um verdadeiro choque o contato com um modo de vida bem mais pacato.

Curiosamente, Iris não experimenta em Los Angeles, no ambiente onde Amanda vive, nenhuma espécie de choque com o ritmo de vida, o clima ou os hábitos do lugar. A princípio, seria de se esperar um estranhamento igual ou, ao menos, semelhante ao de Amanda, no entanto, o lado de Iris é construído apenas na base do fascínio, implicando uma mensagem de que o modo de vida americano e seu ritmo não apenas é mais natural, como preferível. Essa naturalização do modo de vida americano é mais patente em uma cena em que Iris dirige o carro de Amanda tranquilamente, embora em seu país o habitual seja dirigir na mão oposta, enquanto que, em Surrey, Amanda tem dificuldades em dirigir na mão inglesa, passando por sustos e quase batendo o carro. Seria de se esperar que Iris, acostumada a dirigir na mão inglesa, com o volante do carro do lado direito, também experimentasse dificuldades dirigindo nos Estados Unidos, no entanto ela o faz com a facilidade de quem sempre dirigira naquela mão.

De tal forma que se tem a forte impressão de que o modo de vida estadunidense não apenas é construído como mais "natural", mas também como "melhor". Embora Iris seja construída como personagem mais ligada à literatura e à escrita, seu deslumbramento com tudo que remete ao universo cinematográfico hollywoodiano a partir do momento em que ela está lá parece elevar ainda mais o valor de uma produção cultural tão característica dos Estados Unidos. Amanda, por outro lado, que chegara a expressar antes da viagem interesse em ler um livro inteiro, quando é mostrada nessa empreitada mostra apenas um ar aborrecido, de ainda mais tédio, pelo que se entende, sem conseguir terminar um único livro. Tudo isso remete ao meio americano construído no filme como lugar do riso e do prazer fáceis e autoevidentes, ao alcance de qualquer um, enquanto confere ao meio inglês um ar penoso, onde até a paz e tranquilidade parecem desagradáveis. Dessa forma se expressa uma hierarquização de valores na construção fílmica favorável aos Estados Unidos e, particularmente, a Hollywood e seu cinema.

Pode-se dizer que a única dificuldade que Iris experimenta na casa de Amanda é em atender o interfone quando Miles aparece lá pela primeira vez. Uma campainha toca e Iris confere o telefone ao seu lado, que indica alguém no portão da frente. Aparentemente desorientada, ela consulta uma pasta com as instruções para manusear a rede de telefones e interfones da casa e o controle dos portões. Finalmente, ela consegue atender Miles, que entra dirigindo seu carro conversível, acompanhado da namorada. Iris vem atendê-lo e se desculpa pela falta de jeito e pelos palavrões que soltara pelo interfone enquanto tentava abrir o portão. Eles conversam descontraidamente sobre isso, o que deixa Iris um pouco mais à vontade. Miles diz que é amigo de Ethan e foi lá para buscar o restante das coisas dele que ainda estariam na casa. A conversa é interrompida com Iris levando a mão ao olho por causa de um cisco. Ele se oferece para tirá-lo e a moça consente. A música que toca no carro, em conjunto com o primeiro plano dos dois rostos próximos, contribui para a construção de um clima romântico que, de saída, marca uma expectativa em relação aos encontros dessas personagens. Tal direcionamento para um clima romântico nesta cena através da música é perceptível, uma vez que:

> A música tem significado nos filmes não apenas de acordo com códigos puramente musicais, mas também de acordo com códigos musicais culturais e cinematográficos. Qualquer música permite associações culturais e a maioria dessas associações foram posteriormente codificadas e exploradas pela indústria da música. Propriedades de instrumentação, ritmo, melodia e harmonia formam uma verdadeira linguagem. Todos nós sabemos como "Música de índios", música de batalha e música romântica soam nos filmes.[19]

---

19 GORBMAN, Claudia. *Unheard melodies*. Londres: BFI Publishing, 1987, p. 2.

A partir de Miles, o uso da trilha sonora é destacado pelo texto do filme, uma vez que ele, compositor de trilhas sonoras, executa algumas vezes um papel um tanto quanto didático de apontar trilhas marcantes, exaltar suas qualidades e verbalizar especificamente algumas formas de expressão que elas podem implicar. Além de reforçar o aspecto de código cultural que Gorbman observa na significação da música do filme, o didatismo com que Miles discorre sobre as músicas, amparado pelo papel de profissional que domina o saber técnico correspondente, contribui para um direcionamento da leitura desse código. E quando Miles compõe músicas temas para outras personagens do filme, verbalizando suas intenções, o filme suprime ambiguidades a tal ponto que não se sabe se a associação que o espectador faz entre a música e a personagem que fora presenteada com um tema parte desse código culturalmente compartilhado ou da associação que o texto do filme estimulou. Certamente, as duas coisas acontecem ao mesmo tempo, mas ao trazer a função expressiva da música para o texto falado de maneira tão direta, tem-se a impressão de um empobrecimento desse recurso expressivo.

Enquanto tira o cisco dos cílios de Iris, Miles fala do vento Santa Ana, que seria a razão do clima quente da região naquela época do ano e que teria soprado o cisco no olho de Iris. Miles conta que, segundo a lenda, tudo pode acontecer quando aquele vento sopra. Tirado o cisco, as duas personagens retomam a conversa e ele diz que está lá para pegar o notebook de Ethan, aproveitando para dizer que também é compositor de trilhas sonoras. Iris pede a Miles que volte no dia seguinte, pois quer conferir a informação com a assistente de Amanda. Ele concorda e brinca com ela ao se despedir: "Não suma com o vento". Assim que Miles sai, Iris vê pelo portão um senhor idoso, caminhando com ajuda de um andador e acompanhado de uma mulher que parece ser uma cuidadora. O vento sopra e Iris tem um ar pensativo, olhando para cima e repetindo consigo mesma: "Tudo pode acontecer".

É bastante sugestivo que o vento apresentado como característico daquela região seja aludido como possuindo uma propriedade "mágica", a partir da qual "tudo pode acontecer." É uma maneira de dizer que em Hollywood tudo pode acontecer, o que remete tanto ao papel do cinema e das obras de ficção mais ou menos fantásticas nele produzidos quanto àquele caráter reconfortante e portador de esperança presente na voz que dá as boas-vindas à Hollywood em *Uma Linda Mulher*, dizendo que aquela é a terra dos sonhos. E o filme insiste em tomadas diversas em que se pode ver o vento sacudindo folhagens e isso tende a se repetir em cenas que envolvem Iris e Miles, reforçando a ideia de que "tudo pode acontecer" entre eles. E a maneira como isso acompanha as transformações na vida de Iris parece reiterar metalinguisticamente que em Hollywood transformações radicais e guinadas sempre acontecem. Assim como a prostituta de *Uma Linda Mulher* se transforma em uma dama, a insegura, submissa e chorosa Iris se transforma em uma mulher de garra e se livra da paixão nociva que nutria por seu colega de trabalho. Mas a maneira como essas "transformações" são construídas parece sugerir um caráter nato, intrínseco às personagens e que não tivera antes oportunidade de se mostrar, mais do que uma transformação propriamente dita.

Assim, é como se o filme corroborasse a ideia de que, de certa forma, qualquer pessoa pode viver seu momento de estrela, para sair de uma vida em que passa despercebida, desprezada, para se tornar a protagonista de uma fábula com final feliz. É interessante na construção das personagens que, enquanto Iris, de fora desse universo hollywoodiano, é uma personagem discreta, que cumpre ordens, mistura-se na multidão de funcionários, é usada e desprezada por Jasper, Amanda, que vem desse meio, pode não ser propriamente feliz, mas é, claramente, uma personagem central em sua própria vida. No sistema relacional aqui constituído, em seu meio, Amanda é o centro não apenas narrativo: as personagens servem a ela, estão lá apenas em função dela, enquanto que ela é quem dá ordens, seja expulsando Ethan de casa, seja no exercício de seu trabalho. Por isso os repetidos *trailers* sobre sua vida: trata-se da concepção de alguém que vê a própria vida como espetáculo, foi socializada dessa maneira e pertence a um meio que promove isso, bem de acordo com uma cultura de consumo que tem em mídias como o cinema e a televisão alguns dos principais formadores de valores e visões de mundo. Tanto que o primeiro *trailer* da vida de Amanda é introduzido da seguinte maneira: "Amanda Woods tem o prazer de apresentar... A sua vida!". Mais do que algo que é simplesmente vivido, a vida de Amanda já é anunciada como um filme, um espetáculo, digno de uma peça de anúncio publicitário, promovida para *ser vista*.

No lado inglês, de madrugada, o sonoro tique-taque do relógio marca a sensação de tédio de Amanda, que se encontra desperta, com os olhos arregalados olhando para o teto, suspirando com as mãos na cabeça. Nisso, ela é surpreendida por fortes batidas na porta e desce as escadas para atender, enquanto o cachorro late para o inesperado visitante. Quem chega é Graham, irmão mais velho de Iris, que se encontra bêbado e não sabia da viagem da irmã, estranhando a presença de Amanda, assim como ela também demonstrara não esperar encontrar um homem atraente naquele contexto. Passados alguns constrangimentos e pedidos de desculpas, Amanda e Graham conversam e ela demonstra arrependimento por ter feito aquela viagem, revelando que já planeja retornar para os Estados Unidos no dia seguinte, no voo do meio-dia. Ela oferece-lhe algo para beber e ele sugere uma garrafa de conhaque. A conversa continua e Graham lhe conta que sua irmã costuma deixá-lo dormir lá quando ele volta do bar, para que não tenha que dirigir bêbado para casa. Ele acaba pedindo a Amanda que o deixe ficar, garantindo que sairá cedo e que ela não o verá mais. Ela consente e, com algumas orientações de Graham, busca roupas de cama para ele.

Ao desejar boa noite para Amanda, Graham acaba beijando sua boca. Amanda, surpreendida com aquele gesto e de olhos arregalados, parece pensativa e pede que Graham tente aquilo de novo. Dessa vez ela retribui o beijo, mas ainda de olhos abertos. Graham termina o beijo, afasta-se e pergunta para ela se foi ruim e ela responde que foi esquisito "beijar um completo estranho." Ele diz espirituosamente que faz isso o tempo todo. Há mais uma tentativa de Amanda, ainda com olhos abertos, e a sensação de estranhamento permanece. Ela então cogita fechar os olhos e Graham aquiesce, com um movimento da cabeça. Então, carinhosamente, ele acaricia o rosto dela e lhe beija devagar, começando pelo canto da boca, até se encontrarem em um beijo caloroso e intenso.

É marcante que, por algum tempo, Amanda não aja de acordo com a convenção de beijar de olhos fechados, sendo que ela só parece usufruir realmente do beijo quando decide, conscientemente, fechar os olhos. Conforme Bidaud: "O cinema hollywoodiano contribuiu, graças à censura, para transformar o amor físico em um sistema de signos no qual o beijo ocupa o primeiro lugar. Desde a época do cinema mudo, todo um repertório de gestos se elaborou, depois se fixou em posturas obrigatórias".[20] Pode-se dizer que o fechar dos olhos durante o beijo é um importante signo nesse repertório de gestos, sendo que, quando ele é mostrado em um filme com um dos parceiros de olhos abertos, usualmente é para comunicar que algo está errado, indicando desconfiança, desconforto e até mesmo estranhamento.

---

20 BIDAUD, Anne-Marie. *Hollywood et le rêve americain*, op. cit., p. 158.

Certamente, fechar os olhos sugere uma entrega a sensações sem a mediação do olhar, enquanto que os olhos abertos podem sugerir vigília, alerta, cuidado. Não por acaso, fechar os olhos, assim como é associado ao usufruto máximo do beijo, é também o princípio requerido para que o corpo se entregue ao sono e embarque no universo onírico. Fechados os olhos, a expressividade a eles associada no *close-up* é necessariamente transferida para o gesto dos amantes. E mostrar uma personagem que já revelara problemas com a expressão de suas emoções e com o prazer sexual beijando de olhos abertos um homem que julga bastante atraente reforça sua caracterização de rigidez e dificuldade de entrega.

Amanda, para a surpresa de Graham, sugere que façam sexo naquela noite, argumentando que ele está bêbado e ela de férias, em um momento de crise pessoal, sendo que ela irá embora em breve e ele provavelmente nem se lembrará dela, de maneira que eles deveriam aproveitar aquela oportunidade de sexo sem complicações posteriores. Obviamente, os espectadores que já viram os rostos das quatro personagens principais estampados nos cartazes do filme sabem que aquilo não ficará em apenas um episódio que logo se encerra. Até porque, de acordo com a observação de Bidaud já citada, isso não corresponderia aos modelos de relacionamento que Hollywood tende a construir com vistas a "glorificar no final do percurso o casamento".[21] Assim, o filme promove o lado aventureiro do sexo casual, mas não o leva a cabo, agenciando na sequência o envolvimento emocional das personagens e assim "legitimando" sua relação, não necessariamente pela implicação direta do casamento, mas da possibilidade de continuidade.

Graham aceita e eles continuam se beijando, mas ela interrompe constantemente os beijos para falar alguma coisa, no que, além de expressar mais de seu caráter demasiadamente ansioso e nervoso, ela expõe suas inseguranças em relação ao seu desempenho sexual. Nisso, é ainda mais expressivo que ela revele julgar as estimulações preliminares sobrevalorizadas, o que não apenas surpreende Graham, como contraria um discurso muito corrente no qual, ao se valorizar o prazer e o orgasmo feminino, enfatiza-se muito o emprego de carícias preliminares, com a finalidade de promover a excitação feminina para só depois incorrer em uma relação genital. Isso é associado também à ideia difundida de que o prazer sexual feminino

---

21 *Ibidem*, p. 160.

envolveria todo o corpo da mulher, enquanto o masculino se limitaria apenas ao próprio órgão genital:

> Algumas feministas usaram o relatório Masters para atacar o "mito do orgasmo vaginal", para assegurar a independência feminina dos homens ou para escarnecer dos homens com sua inferioridade sexual. "Teoricamente, uma mulher poderia ter orgasmos indefinidamente, se não interferisse a exaustão física", escreve Mary Jane Sherfey. De acordo com Kate Millett, "enquanto o potencial sexual do macho é limitado, o da fêmea parece ser biologicamente próximo da inesgotabilidade". "O desempenho" sexual torna-se, assim, uma outra arma na guerra entre homens e mulheres; as inibições sociais não mais impedem as mulheres de explorar a vantagem tática que a atual obsessão pelas medidas sexuais lhes deu. Enquanto a mulher histérica, mesmo quando se apaixonava e desejava descontrair-se, raramente superava sua aversão subjacente pelo sexo, a mulher pseudoliberada do *Cosmopolitan* explora sua sexualidade de um modo mais deliberado e calculista, não só porque tem menos reservas a respeito do sexo, mas porque consegue com mais sucesso evitar vínculos emocionais.[22]

Os discursos contemporâneos de valorização do prazer feminino passam pela questão das preliminares como algo praticamente imprescindível para um desempenho sexual satisfatório, embora, em teoria, o orgasmo não esteja necessariamente condicionado a isso. Mais do que uma prerrogativa de livros de autoajuda e revistas femininas, as preliminares simbolizam a valorização da satisfação, do conforto e do prazer femininos, opondo-se à submissão à vontade masculina de penetração independente do grau de excitação da mulher. Entretanto, a palavra "preliminares" sugere a manutenção de uma perspectiva heteronormativa que só reconhece como legítimo o sexo enquanto relação genital de penetração, considerando todo o processo chamado de "preliminares" como não fazendo parte da relação sexual. E ao construir Amanda como alguém que é avessa

---

22 LASCH, Christopher. *A cultura do narcisismo, op. cit.*, p. 236.

às preliminares, considerando-as superestimadas, o filme valoriza essa perspectiva e reforça na personagem um caráter ansioso e imediatista de quem vai "direto ao assunto".

As preliminares podem também ser associadas a um ganho de poder das mulheres que, para alguns homens, preocupados com o problema do desempenho, pode ser fonte de ansiedades e desconfortos, no que parece cada vez mais evidente, tanto para homens quanto mulheres, uma preocupação maior em relação a seus "*scripts* sexuais".[23] A vida sexual passa a ser cada vez menos percebida como espaço de espontaneidade[24] e libertação de constrições e recalques sociais. Ela parece mais distante de um estado idealizado de natureza perdida, para ser inserida numa dramaturgia com papéis mais ou menos definidos: relacionar-se sexualmente é encenar um papel, dentro de interditos e liberdades definidos culturalmente e/ou interpessoalmente, com exigências e expectativas – frequentemente elevadas – determinadas.

> Na medida em que permitem identificar, interpretar e estabilizar os componentes sexuais da vida sexual, os scripts sexuais têm uma função estruturante para o imaginário sexual dos grupos, para os relacionamentos e para os indivíduos. Essa estruturação não se limita às dicotomias que oporiam o apropriado ao inapropriado em matéria de sexualidade, ainda que ela os englobe: *a estruturação através dos scripts tem como principal efeito inscrever a sexualidade em uma dramaturgia.*[25]

Contrariando os *scripts* mais corriqueiros no cinema hollywoodiano ao tomar a iniciativa de sugerir diretamente a Graham que eles se relacionassem sexualmente naquela noite[26] e ainda afirmar que considera as preliminares sobrevalorizadas, Amanda surpreende Graham por uma aparente

---

23 GAGNON, SIMON, 1973 apud BOZON, Michel. *Sociologia da sexualidade.* Rio de Janeiro: Editora FGV, 2004, p. 129.

24 Lembramo-nos aqui das palavras de Simmel: "para a maioria das pessoas, o amor sexual abre as portas da personalidade total mais amplamente do que qualquer outra coisa". (SIMMEL, G. *Sociability, op. cit.*, p. 325).

25 BOZON, Michel. *Sociologia da sexualidade, op. cit.*, p. 132 (grifo nosso).

26 O que vai em completa oposição ao coquetismo, nos termos de Simmel, que, conforme observado em outros filmes deste livro, parece persistir ainda hoje como parte importante da encenação feminina durante o processo de sedução.

"inversão" de valores que, no conjunto da construção de sua personagem, parece, em alguma medida, aproximá-la de estereótipos de masculinidade. Conforme Connell:

> Em seu uso moderno, o termo [masculino] presume que o comportamento de alguém resulta do tipo de pessoa que se é. Isso quer dizer que uma pessoa não masculina se comportaria diferentemente: sendo mais pacífica do que violenta, conciliatória do que dominadora, pouco hábil para chutar uma bola de futebol, desinteressada em conquista sexual e assim por diante.[27]

Amanda, diferente da construção do estereótipo feminino de heroínas de comédia romântica, é mostrada como a mulher que tem dificuldades em expressar suas emoções – o que é simbolizado por sua incapacidade de chorar –, que preferiu não se casar com seu parceiro, que dá ordens, que, na briga com seu namorado, ao invés de se desmanchar em lágrimas, confere-lhe dois potentes socos na cara e, neste momento, não só revela-se avessa ao discurso que condiciona o prazer feminino ao emprego de preliminares como é mostrada preocupada com seu desempenho sexual, preocupação esta que na atualidade é usualmente construída como masculina.[28]

Na manhã seguinte, Amanda e Graham se encontram na cozinha e parece haver algum constrangimento. Graham tenta dizer algo para Amanda, mas ela o interrompe, dizendo que ele não precisa se preocupar com nada, como que numa tentativa de isentá-lo de qualquer possível encargo decorrente de terem se relacionado sexualmente. Isso serve para apontar que, a despeito da postura liberada que o filme sugere, parece haver ainda alguma espécie de constrangimento quando se trata de sexo casual. Esse estranhamento, provavelmente, indica mais do que resíduos persistentes de formas mais pudicas de lidar com o sexo, mas também a falta de clareza sobre

---

27 CONNELL, R. W. *Masculinities*. Berkley: University of California Press, 1995, p. 67.
28 Essa construção da preocupação com o desempenho sexual como caracteristicamente masculina aparece em *Do que as Mulheres Gostam*, no que a personagem vivida por Mel Gibson, depois de tornar-se capaz de escutar o que as mulheres pensam, ao ouvir os pensamentos de sua parceira indicando que ela está insatisfeita, quase entra em pânico. Pela forma como o filme constrói, apenas com um esforço quase exasperante ele consegue agradar sua parceira e, só depois do ato, ao ouvir os pensamentos dela sinalizando enorme satisfação, que ele finalmente expressa um misto de prazer e alívio.

alguma etiqueta nestes casos. Aparentemente, por mais que o sexo casual já seja tratado como algo normal, parece não haver ainda muita clareza das regras de comportamento e interação após o ato, talvez porque elas não estejam abertamente definidas.

O celular de Graham toca sobre a mesa e interrompe a conversa. Amanda pega o aparelho para entregá-lo a Graham e acaba vendo a identificação da chamada: Sophie. Ela se desculpa por ter visto quem chamava e ele desliga o telefone dizendo que liga depois. Eles continuam conversando e Graham argumenta que é melhor que o encontro deles tenha sido daquele jeito, que envolvimento seria algo complicado e surpreende-se mais uma vez, vendo Amanda concordar tranquilamente, afirmando ser um tanto confusa no que diz respeito a relacionamentos, chegando a comentar que sequer sabe se é realmente capaz de se apaixonar. Durante essa despedida, Graham age como se tentasse convencê-la – ou a si mesmo – de que é melhor não se envolverem, falando que é do tipo que não costuma dar continuidade e que nunca se lembra de ligar para a mulher depois de um encontro. Amanda também não se abala, sorrindo calmamente em sinal de concordância. Ele pergunta sobre a hipótese de querer ligar para ela, mas vendo a expressão de Amanda já se desculpa por aquela sugestão e diz: "Bem, se seu voo for cancelado ou se por acaso mudar de ideia, estarei jantando com amigos no bar esta noite. Senão, então, bem... você é adorável". Ela retribui o elogio e ele vai embora, com um suspiro.

No aeroporto, na fila de vistoria da bagagem, Amanda mais uma vez é surpreendida por outro *trailer* de sua vida. A voz do narrador diz: "Amanda não estava em busca do amor...". Simultaneamente, há um plano geral diagonal de cima para baixo, da chegada de Amanda puxando sua mala na estrada coberta de neve. Há então um corte para o momento em que ela abre a porta para Graham e a voz continua: "mas não significa que ela não tenha achado." Há um *close-up* no sorriso galante de Graham, seguido de uma cena em que ele e Amanda se beijam na cama. Há um corte seco e ouve-se a voz do funcionário do aeroporto dizendo a Amanda que ela pode ir. Ela então, como que despertando de um devaneio, agradece e fecha sua mala. Este novo *trailer* não só promove um direcionamento claro da história, referindo-se ao encontro com Graham como um encontro de amor que, dentro dos códigos hollywoodianos, é construído como inesperado, mas também joga por terra toda a construção da relação sexual descompromissada. Como se percebe em muitos filmes estadunidenses, as relações sexuais de caráter episódico dificilmente são construídas de maneira positiva, a não ser que sejam convertidas em uma relação "legítima", implicando envolvimento amoroso e continuidade. E, neste caso, o filme apressa-se em sugeri-la como encontro de amor, justamente quando a protagonista está a um passo de ir embora e deixar que aquela relação permanecesse em um único encontro.

O encontro dos dois tinha tudo para ser caracterizado como uma noite de sexo casual agradável, mas, quão logo esse encontro se encerre na narrativa, o espectador já é presenteado com uma "voz de Deus"[29] afirmando que aquele foi um encontro de amor. Por mais previsível que fosse o estabelecimento desse casal, a voz grave e carregada de autoridade do narrador indica uma virada determinante para a leitura da história: oficialmente, o encontro com Graham significa o encontro do amor. De tal maneira que, ainda que Amanda seja vista em cenas subsequentes agindo num sentido de distanciamento íntimo, isso passa a ser totalmente descreditado, indicando não mais um eventual problema da relação, mas um desafio pessoal da personagem. De maneira semelhante ao que acontece com Sam em *Sintonia de Amor*, o problema da distância geográfica – no caso de Amanda e Graham, consideravelmente maior – é convertido num problema pessoal de lidar com esse suposto desafio, uma dificuldade particular a ser superada que, embora se ampare nas dificuldades operacionais da manutenção do relacionamento, é construído como uma questão mais simples de mudança de ponto de vista, de abandonar convicções que se opõem àquela possibilidade de amor.

Depois de uma rápida cena em que Iris desperta alegremente na cama de Amanda e tem sua empolgação freada por um telefonema de Jasper pedindo que ela revise um capítulo do livro que ele está escrevendo, o filme retorna ao lado inglês da trama. Graham entra em um bar movimentado e olha o ambiente à sua volta, como que procurando alguém. Um breve *close* em seu rosto sugere desapontamento, mas logo quando ele se senta e olha para o lado, sua expressão muda, sinalizando que ele encontrara quem procurava. Em seguida, vê-se Amanda sozinha em uma mesa do bar, com uma taça de vinho branco, sorrindo convidativamente para ele. Ele retribui com um grande sorriso,

---

29 Por voz de Deus entende-se uma voz cuja fonte não é vista em cena, mas que fala com autoridade sobre as imagens, articulando-as ao longo do filme, com um discurso externo, mas, ao mesmo tempo, onisciente, comumente empregada em documentários (Cf. NICHOLS, Bill. *Representing Reality*. Bloomington/Indianapolis: Indiana University Press, 1992, p. 37).

enquanto a letra da música que serve de trilha sonora neste momento é bem sugestiva: "Então, deixe ir, deixe ir! Pule! O que está esperando? Está tudo bem, pois há beleza nos transtornos".[30] Esses versos resumem a ideia a princípio hedonista da relação deste casal, a possibilidade de mergulhar numa relação sabidamente momentânea, incentivando o mergulho sem pesar nas consequências e aceitando que há beleza também nas relações e encontros com potencial para serem fontes de transtorno. Isso torna a construção do amor aqui ainda mais empolgante, diretamente associada à experiência máxima do prazer imediato minimizando transtornos futuros.

Há um corte para Iris dirigindo, quando ela vê o mesmo senhor idoso que passara frente à casa de Amanda algumas cenas antes. O senhor parece perdido e ela lhe oferece uma carona. Os dois conversam no carro e ele conta que mora lá há 47 anos e que, desde então, muitas casas foram derrubadas e outras construídas, o que o deixa confuso, já que é incapaz de reconhecer a vizinhança. O senhor pergunta a Iris de que parte da Inglaterra ela é e ela responde ser de Surrey. Ele então comenta que Cary Grant também era de lá e quando Iris lhe pergunta como sabia disso, o senhor, que se chama Arthur,[31] responde: "Ele me disse". A expressão de Iris é de surpresa. Percebendo as dificuldades de locomoção desse senhor, ela o ajuda a descer do carro e entrar em casa. Ele comenta: "Isso daria um bom encontro fabricado".[32] Ela não compreende e ele lhe explica com um exemplo:

> É como duas personagens se conhecem num filme. Digamos que um homem e uma mulher precisam de algo para dormir e os dois vão ao mesmo departamento de pijama masculino. O homem diz ao vendedor: "Preciso apenas da parte de baixo." A mulher diz: "Eu só preciso da parte de cima". Eles olham um para o outro. E isso é o encontro fabricado.

A construção do ambiente onde mora Arthur, em conjunto com acordes melancólicos e a imagem da sala bagunçada, com uma pequena mesa

---

30 So let go, let go, jump in/ Oh well, what are you waiting for/ It's alright / 'Cause there's beauty in the breakdown (Let go, FrouFrou).

31 Trata-se do mesmo senhor mostrado durante os créditos quando a narradora diz que "para alguns, o amor está perdido para sempre".

32 A expressão usada no idioma original é "*meet-cute*".

dobrável e uma refeição individual frente à televisão sugere, nesse momento do filme, uma personagem solitária. A visão do ambiente também sugere que Arthur fora um roteirista bem aclamado, com uma parede cheia de prêmios e destaque para uma estatueta do prêmio Oscar próximo a uma janela. Aparentemente condoída com a solidão do velhinho às vésperas do Natal, Iris acaba convidando Arthur para jantar.

    Arthur chega a agradecer a Iris por salvá-lo, no sentido de encontrá-lo e levá-lo para casa. Embora se referindo a um gesto a princípio simples, o filme, que levanta vários outros aspectos próprios de roteiros de filmes de amor como o "encontro fabricado", também faz menção à ideia de salvamento, que implica heroísmo, tema recorrente nos filmes aqui analisados. Isso sugere fortemente que algum heroísmo é tratado como necessário nos roteiros hollywoodianos de filmes de amor, ainda que Iris, ao salvar Arthur, não esteja necessariamente salvando o seu amado. No entanto, parece bastante marcante que protagonistas de filmes românticos deem expressão a um caráter heroico. E, mais do que simplesmente levar Arthur para casa, Iris acaba se tornando sua amiga e, de certa forma, salvando-o de seu aparente isolamento. Dessa maneira, o filme reitera uma noção contrastante de que, ao mesmo tempo, o amor no cinema é acessível a toda e qualquer pessoa, mas requer a expressão de "méritos especiais",[33] não raramente afirmados por manifestações de heroísmo, que distinguem e valorizam seu portador e legitimam seu encontro de amor.

    No restaurante, Arthur conta para Iris histórias de sua juventude, da época que chegara a Los Angeles e trabalhara para a Metro-Gold-Mayer. Iris o ouve fascinada e pergunta se Hollywood era tão maravilhosa naquela época quanto ela imaginava e Arthur responde sem modéstia: "Era melhor". Além da resposta transmitir um olhar profundamente nostálgico de alguém que, como se percebeu há alguns instantes, sente-se perdido no próprio bairro onde mora há 47 anos e já é incapaz de se encontrar naquele meio presente, ela expressa grande convicção em relação ao passado da indústria cinematográfica estadunidense. Cabe refletir sobre esse elogio à Hollywood, sugerida como terra onde os sonhos se realizam, onde fantasias acontecem, em que há uma confiança tão grande na própria competência técnica dessa

---

[33] Cf. LUHMANN, Niklas. *O amor como paixão para a codificação da intimidade*. Rio de Janeiro: Bertrand Brasil, 1991, p. 10.

indústria que Arthur não hesita em afirmar que a Hollywood de antigamente era melhor do que sua interlocutora sequer poderia imaginar.

Arthur é abertamente construído na chave de uma nostalgia em relação ao mundo do cinema, mostrando-se crítico ao momento atual pelo grande volume de estreias por semana, dos *blockbusters* e da demanda imediata por sucessos de bilheteria. Embora se concorde que a época de ouro de Arthur seria bem diferente da atual, também naquela época Hollywood já era uma indústria, também orientada por valores comerciais, também fabricando produtos para serem consumidos pela maior massa possível de consumidores. É verdade que as tecnologias de mídia mudaram, bem como o mercado, o público e seus interesses. Mas essa construção de Arthur remonta à nostalgia romântica nos termos de Elias e constrói Hollywood de tal maneira como se quisesse transmitir a mensagem de que seu cinema antigo é um paraíso perdido das artes visuais, enquanto na atualidade ela se encontraria "corrompida" pelo mercado, reduzida a uma grande e desalmada máquina de caça-níqueis.

Uma interpretação plausível para a maneira nostálgica com que o filme constrói os bastidores da indústria cinematográfica estadunidense na perspectiva de Arthur é a manifestação de um desejo de resgatar a imagem de uma Hollywood de amores e histórias "possíveis" no cotidiano, histórias "realizáveis" que dependem apenas de afortunadas casualidades. Nisso, parece se construir um signo de "simplicidade" que se legitima quando contraposto às superproduções de histórias fantásticas e repletas de efeitos digitais que, anualmente, lideram os *rankings* de bilheteria. Aparentemente, para o mercado cinematográfico estadunidense, o amor mundano, humano, já não parece tão empolgante, sendo buscado em outros planetas – como em *Avatar* – ou em figuras mitológicas como os vampiros e lobisomens da saga *Crepúsculo*.

Um filme que se destacou recentemente nesse aspecto foi *O Curioso Caso de Benjamin Button* (*The Curious Case of Benjamin Button,* David Fincher, 2008), que narra a história de um homem que nasce idoso e rejuvenesce com o passar dos anos e seus encontros e desencontros nessa trajetória com uma bailarina por quem se apaixona. Nesse filme, indicado a 13 Oscars e premiado em três categorias,[34] o maior desafio para os amantes é de caráter totalmente fantástico: a dificuldade em conciliar as fases da vida de cada um precisamente por envelhecerem em direções opostas.

---

34 Maquiagem, Efeitos Visuais e Direção de Arte.

Aparentemente, histórias de amor que não flertem com o fantástico e o impossível já não despertam tanto interesse quanto antes, talvez precisamente porque as possibilidades atuais de formar e romper laços afetivos e mesmo matrimoniais já sejam percebidas como algo tão comum que, para manter a aura do amor que supera toda forma de desafio e infortúnio, seja necessário recorrer a absurdos. Se por um lado, isso pode conferir algum fôlego à idealização amorosa, por outro, apenas reproduz a crença de que os amores "melhores" fazem parte de um mundo inacessível.

A construção de Arthur, de alguma maneira, aproxima-se da construção do velho industrial senhor Morse em *Uma Linda Mulher*, também um homem idoso, simpático, mas que se mostra resistente e crítico à situação atual que domina o meio onde se estabelecera. E, ironicamente, tanto um quanto outro se mostram críticos à dinâmica do capitalismo do seu momento presente e nostálgicos de outro capitalismo que os dois filmes constroem como melhor, embora seus princípios básicos não tenham mudado. E ao atribuir maior legitimidade ao cinema da época de Arthur, reforçada pelas indicações de filmes que ele faz para Iris e de falar com ela orientando-se por referências cinematográficas clássicas, como o "encontro fabricado", o filme também parece querer legitimar um tipo de modelo e discurso sobre o amor que se aproxime mais dos clássicos cinematográficos.

Arthur pergunta por que Iris estaria lá, às vésperas de Natal, na casa de uma estranha, jantando com um senhor como ele. Ela então lhe conta, já com os olhos mareados, que está lá por causa de um homem de quem está tentando ficar longe, um homem com quem ela tinha um caso e que resolveu se casar com outra. Arthur o considera um imbecil por ter deixado Iris e lhe diz: "Nos filmes temos as atrizes principais[35] e temos a melhor amiga. Posso afirmar que você é uma atriz principal, mas, por alguma razão, está agindo como a melhor amiga". Impressionada como quem acaba de ouvir uma grande revelação, Iris responde: "Oh, você está tão certo! Temos que ser a atriz principal de nossa vida, pelo amor de Deus! Arthur, eu vou a uma terapeuta há três anos e ela nunca conseguiu explicar isso tão bem!". É quase como se a solução de todos os seus problemas fosse encontrada a partir

---

35 No original, *leading lady*, que porta um sentido de liderar, conduzir (a narrativa). Poderia ser traduzido como protagonista, mas a ambivalência do termo na língua portuguesa tanto para o masculino quanto para o feminino levaria a perder-se na tradução a distinção de gênero marcada na expressão original.

do momento em que alguém – um roteirista de Hollywood – lhe chama para pensar a vida como um filme. E isto, para a protagonista de um filme estadunidense, funciona perfeitamente. O mesmo não é comumente visto no cinema de outros países: em *Cinema Paradiso* (*Nuovo Cinema Paradiso*, Giuseppe Tornatore, 1988), Alfredo aconselha constantemente seu pupilo Totó citando falas de personagens de estrelas hollywoodianas como John Wayne, adotando-as como verdadeiras lições de vida e sabedoria. Mas, em sua última conversa, Alfredo assume a autoria de sua derradeira lição para Totó e complementa melancolicamente: "A vida não é como nos filmes. A vida é muito mais difícil". E tal diálogo se sucede justamente após a primeira desilusão amorosa de Totó.

Nota-se uma tendência recorrente em Hollywood a estimular a crença em uma vida como em seus filmes, em explorar seus próprios modelos de comportamento e expectativas. E, tratando-se de amor, tem-se reforçado seu aspecto romântico enquanto narrativa com fórmulas e roteiros definidos e previsíveis. Isso não apenas reproduz como tende a naturalizar a noção corrente de amor como "um roteiro a que somos ensinados a seguir, com todas suas progressões, conflitos e soluções previsíveis".[36] E mostrar que Iris compreende melhor sua situação amorosa quando apresentada em termos de um roteiro de cinema, por um cineasta hollywoodiano, é a expressão mais patente aqui de como a indústria cinematográfica estadunidense clama para si uma espécie de autoridade e legitimidade quando se trata da narrativa amorosa. É ainda mais sintomático que a personagem que recebe essa revelação seja uma inglesa, que, literalmente, precisa deslocar-se até Los Angeles para imergir naquele meio e, finalmente, aprender a ser a "atriz principal" de sua vida. Apenas em Hollywood ela foi capaz de encontrar o amor e encontrar a si mesma. Aliás, um importante elemento distintivo que o filme explora entre o eixo americano e o eixo inglês da narrativa é uma relação aparentemente mais forte e privilegiada com a mídia cinematográfica e seus desenvolvimentos na vida pessoal do lado estadunidense.

Iris e seu irmão Graham são ligados à escrita – Graham é editor e Iris jornalista – e levam vida consideravelmente mais simples em comparação aos americanos do filme. Além disso, eles parecem viver mais intensamente o sofrimento e a tristeza, embora estes não sejam ausentes no eixo americano. A construção do eixo inglês também é menos favorável ao mostrar

---

[36] SOLOMON, Robert. *About love, op. cit.*, p. 97.

Amanda basicamente tomada pelo tédio e com dificuldade de se adaptar à simplicidade da casa de Iris. Enquanto é enfatizado o frio do inverno inglês, do outro lado, tudo é sol, flores e *glamour*. Embora Amanda encontre um amor em Surrey e tenha seus momentos alegres com ele, esse encontro é a única coisa que a salva naquele lugar que é construído não na chave do conforto, mas do isolamento, do frio da neve, das árvores secas e das pedras cinzentas de velhos chalés. E Amanda contrasta com Graham como estereótipo de mulher americana independente e bem-sucedida do mundo capitalista do século XXI, vestindo-se e portando-se praticamente como uma estrela, enquanto Graham é uma personagem bem mais discreta, embora sua construção não indique alguém profissionalmente e economicamente malsucedido. Assim, tem-se reforçada, implicitamente, uma associação entre o arco americano e elementos que remetem à espetacularidade, à externalização afetada do sucesso, das emoções e dos desejos, repleta de cores, movimento, ritmo e música, incorporando o caráter chamativo dos anúncios publicitários como características de uma personalidade "de sucesso".

Dando continuidade à história, Amanda se levanta com uma grande ressaca depois da noitada com Graham. Eles conversam na cozinha e ela não consegue se lembrar do que acontecera na noite anterior, temendo que eles tenham feito sexo e ela tenha se esquecido. Para sua tranquilidade, Graham responde espirituosamente: "Pode me chamar de antiquado, mas eu não costumo fazer sexo com mulheres inconscientes". Amanda lhe pergunta por que ele ficou lá com ela naquele estado e ele responde que o fez porque ela pediu, o que dá um tom de singeleza à conversa. O telefone celular dele toca e, novamente, Amanda vê a identificação da chamada – com o nome de Olívia – e se desculpa. Ele pede licença para atender a essa ligação lá fora e Amanda fala consigo mesma enquanto o observa: "Olívia, Sophie, Amanda... um homem ocupado". Encerrada a ligação, ele sugere que os dois almocem juntos e se conheçam um pouco melhor. No caminho para o restaurante, entre as estradas bucólicas, *closes* de olhares tranquilos e sorrisos que se trocam no carro. A trilha sonora, nesse momento, é agradável e o cenário de Surrey parece mais aprazível do que quando da chegada de Amanda. Os dois almoçam em um belo restaurante em um casarão antigo, onde Amanda faz muitas perguntas a Graham. Um pouco incomodado, mas simpático e espirituoso, ele brinca, comparando a conversa a uma entrevista de emprego. Amanda então se desculpa, dizendo não ter um "primeiro encontro" há muito tempo.

Respondendo às questões de Amanda, Graham conta um pouco sobre como resolveu se tornar editor, diz que sempre quis isso, que foi influenciado pela família, já que seu pai era escritor e sua mãe editora. Ele então termina e passa a vez para Amanda, que lhe conta que é a proprietária de uma firma que faz publicidade de filmes. Graham interrompe, dizendo que não tinha compreendido que ela era a proprietária e confessa ter se sentido um pouco intimidado. Ele pergunta a Amanda sobre sua família e ela, com expressão de tristeza, conta que era muito unida aos seus pais, que eles se se apelidavam de Os Três Mosqueteiros e, aos 15 anos, fora surpreendida com o divórcio deles. Ela diz que, na época, chorava por vários dias, até se dar conta de que precisava ser forte e nunca mais conseguiu chorar. Isso impressiona Graham, que se revela completamente oposto, capaz de chorar com qualquer coisa, assumindo ser um "bebê chorão", o que desperta risos em Amanda.

Após esse diálogo um pouco revelador de cada um, há uma sequência com uma música animada em ritmo de bossa nova com os dois almoçando, provando os pratos um do outro. Em seguida, eles brincam como crianças nos jardins do casarão e trocam muitos beijos, o que remete a um clima de "lua de mel" nos termos de Capuzzo.[37] No entanto, esse clima é encerrado quando Graham deixa Amanda em casa. Ele se oferece para entrar com ela, mas ela recusa, argumentando que aquilo complicaria as coisas e que ela não está em um bom momento para complicações, lembrando que ficará lá apenas por mais nove dias. É interessante notar que ela parece confirmar o que seu ex-namorado disse no início do filme, que é ela quem acaba com seus relacionamentos, evitando proximidade. Se no início do filme ela parece fazer isso se escondendo atrás de sua rotina de trabalho, aqui o empecilho colocado é da iminência da partida que, de um ponto de vista mais hedonista, seria uma razão a mais para aproveitar cada instante. Amanda vive um conflito entre entrega e recusa, que, embora se sustente nas dificuldades dessa relação em função da distância e do pouco tempo juntos, parece refletir as dificuldades maiores de sua personalidade: estabelecer relacionamentos e dar expressão às suas emoções – apesar de todo seu esforço gestual e histriônico recorrentemente mostrado no filme –, chegando

---

37 Cf. CAPUZZO, Heitor. *Lágrimas de luz, op. cit.*, p. 75.

ao ponto de às vezes contestar a existência delas, colocando em dúvida se seria capaz de se apaixonar.

De volta a Iris, a campainha toca e ela recebe Miles, que certamente voltara lá para pegar o notebook de Ethan. Ele aproveita para lhe entregar uma correspondência que estava na frente da casa, contendo o texto que Jasper pediu para Iris revisar. Miles ouve risos de dentro da casa e pergunta se Iris tem companhia. Ela conta então que está tendo um jantar de *Hanukah* com Arthur e os amigos dele e o convida para juntar-se a eles. Miles interage descontraidamente com os demais senhores de idade à mesa – Arthur e mais três amigos, numa construção que parece acentuar sua simpatia. Eles falam da mulher de Arthur e ele conta que se inspirava nela para escrever suas personagens, que era uma mulher de garra. Quando questionado sobre seu gosto por mulheres, Miles diz que costuma se relacionar com uma de cada vez e se considera de muita sorte por namorar uma bela atriz. Perguntado sobre a ausência da moça, ele explica que ela estaria gravando um filme independente no Novo México. Iris o ouve com bastante atenção e um breve olhar de Arthur parece dar a impressão de que ele percebe haver algum interesse da moça pelo rapaz, sendo que ele logo engata uma despedida junto a seus velhos amigos e deixa os jovens a sós.

Miles e Iris conversam na cozinha, comentando com muito gosto a noite que tiveram e falando de Arthur com grande admiração. Miles se refere a ele como sendo, possivelmente, um dos últimos grandes roteiristas de Hollywood e Iris menciona uma participação discreta dele em uma fala de *Casablanca*. Dessa maneira, repete-se a valorização de um cinema do passado em relação ao presente, no que se sugere que os roteiristas talentosos pertencem a outra época e os remanescentes estariam consideravelmente idosos e fora de atividade. Iris conta que Arthur lhe recomendara uma lista de filmes e Miles sugere que assistam juntos a algum deles qualquer dia. Na despedida, depois de beijar duas vezes o rosto de Iris e se desculpar, Miles admira o tempo, com um vento muito forte soprando: "Este tempo é doido mesmo". Eles trocam olhares e sorrisos enquanto Miles dirige-se ao carro e, antes de fechar a porta, Iris devolve-lhe a frase que ele disse na primeira vez em que se despediram: "Não suma com o vento".

Uma vez explicada a lenda do vento no começo do filme, sua presença é ressaltada nos encontros de Iris e Miles, de maneira a alimentar a expectativa por uma grande mudança, construída no filme a princípio como improvável, mas que se torna esperada sob um fenômeno climático a partir do qual "tudo pode acontecer." E a associação desse fenômeno – próprio da natureza e independente de qualquer vontade humana – ao que o filme constrói como eminente encontro daquele par de personagens é outra maneira de enfatizar o amor como destino. É estabelecida uma conexão entre os encontros dessas personagens e uma força da natureza visível, capaz de colocar coisas em movimento, agitando de folhagens a lustres, assim como, metaforicamente, pode colocar em movimento e agitar a vida, os sonhos e sentimentos de alguém. Nesse sentido, o amor, como aquele vento, torna-se um fenômeno natural, a que se credita a possibilidade de fazer qualquer coisa acontecer.

Há um corte para Amanda ajeitando-se na pequena banheira de Iris e repreendendo a si mesma por não ter aceitado que Graham entrasse em casa com ela. Mais uma vez, ouve-se a voz de narrador de *trailer*, que diz, com uma música agitada que remete a repertórios de boates: "Ela terminou com todos os caras, todas as vezes. A questão não é se ela vai mudar, é se ela quer mudar". Ela se irrita, balançando a cabeça de um lado para o outro e chutando água da banheira. Embora se mostre relutante a tal voz, Amanda deixa-se orientar por ela, seja adquirindo maior clareza de sua situação e do que precisa fazer ao ouvi-la – assim como Iris com a metáfora cinematográfica de Arthur –, seja seguindo o suposto "roteiro" preexistente para sua vida, do que os *trailers* são uma pequena amostra.

Amanda decide surpreender Graham indo à sua casa. Ele a atende visivelmente incomodado e mantém a porta fechada atrás de si, como se escondesse algo. Ela então ouve sons de talheres dentro da casa e percebe que ele não está sozinho. Entende-se que Amanda tem prontamente a impressão de que ele está acompanhado de outra mulher, até ser surpreendida por uma garotinha adorável que abre a porta atrás de Graham. A menininha, referindo-se a Graham por "papai", pergunta-lhe quem é aquela moça e ele então apresenta sua filha, Sophie, para Amanda. Sophie convida-a docemente para entrar e Amanda tenta esboçar uma desculpa, mas logo chega outra criança, menor, que Graham pega no colo e apresenta como sua caçula, Olívia. Amanda então se dá conta de que as duas chamadas que ela vira no celular de Graham antes e julgara ser de outras mulheres com quem ele se relacionava na verdade eram de suas filhas.

Por insistência das garotas, Graham convida Amanda para entrar. Há um constrangimento visível entre os dois. Ela lhe pergunta, soletrando em voz baixa para não ser ouvida pelas crianças, se ele é casado ou divorciado e então ele responde ser viúvo há dois anos, o que provoca uma expressão de condolência em Amanda. Ela aceita o convite das garotas para tomar chocolate quente e, a partir desse momento, entra-se no ambiente da relação de Graham com suas crianças, construído como familiar e caloroso, repleto de carinhos, abraços e brincadeiras, com ele chegando a fazer um pequeno número de entretenimento a pedido de suas filhas: o Senhor Cabeça de Guardanapo. A sequência é construída na chave da meiguice, mostrando Graham como um pai amoroso e dedicado, o que remete à construção da relação entre Sam e seu filho em *Sintonia de Amor*.

Novamente, a construção do pai viúvo e cuidadoso reforça uma dualidade entre o amor incondicional pelos filhos e a resignação em face da ausência da esposa, apontando a necessidade de adaptar-se a tarefas tradicionalmente associadas ao papel materno. Mas no caso de Graham, isso parece construído de maneira ainda mais problemática, talvez por serem duas crianças do sexo feminino e ainda mais jovens que o filho de Sam. Perguntado por Amanda por que ele não lhe contara sobre as garotas, ele responde que não costuma falar delas para as mulheres e acrescenta:

> Enquanto não conheço bem alguém, é mais fácil ser um cara solteiro normal, porque é muito complicado para mim ser quem realmente sou. Sou pai em tempo integral, um pai que trabalha. Sou mãe e pai. Leio livros sobre pais e culinária antes de dormir. Nos fins de semana compro tutus. Estou aprendendo a costurar. Sou o Sr. Cabeça de Guardanapo. Estou constantemente sobrecarregado e isso ajuda a compartimentar, até eu arrumar uma solução. Neste fim de semana, elas ficaram com os avós. E quando elas saem, eu viro uma pessoa sem mancha de chocolate quente no jeans. Não tenho ideia de como namorar sendo pai. E creio que possa ter medo que outra pessoa afete a minha relação com as garotas e de como superamos isso no dia a dia.

O filme constrói a situação de Graham destacando o aspecto das funções domésticas e da dificuldade em associar novos relacionamentos a essa situação, problema que não era levantado na relação de Sam com seu filho. Diferentemente da construção de Sam em *Sintonia de Amor*, que, apesar das dificuldades, mostra sofrer mais com a saudade da esposa do que com o papel de pai, do lado de Graham fica a impressão de uma frustração em assumir as tarefas de "pai e mãe". Embora seja positivamente construído dentro do estereótipo da "Nova Paternidade" dos anos 1980/90 que Shields discute, o qual valoriza a imagem do pai presente, que expressa suas emoções, mostra-se carinhoso com as crianças e faria também o papel emocional culturalmente atribuído às mães,[38] o desconforto de Graham contribui para manter uma noção de incompatibilidade "natural" com o papel de mãe. Conforme Shields:

> A Nova Paternidade é um fenômeno particularmente interessante porque ocorre dentro de uma crença antiga e solidificada anglo-americana, refletida na literatura médica e científica, que presume a existência de um instinto distintamente *maternal* para cuidar dos jovens. O cerne dessa crença é que mulheres, em virtude da biologia, são predispostas a prestar cuidados, são mais competentes nisso e naturalmente gostam mais disso do que os homens. A noção de um instinto mais maternal do que parental configura condições muito diferentes para expectativas quanto à competência e o afeto que acompanham a prestação de cuidados para homens e mulheres.[39]

Dessa maneira, por mais que a construção de Graham como pai amoroso possa funcionar no nível da empatia, por outro lado, ela deixa uma impressão de desconforto naturalizado dele naquela situação, pela falta de uma suposta predisposição ao cuidado maternal. Assim, apesar de toda amabilidade com que ele é construído em relação às suas crianças, tem-se sublinhada a sua dificuldade em estabelecer relacionamentos em função de sua condição de pai viúvo, numa construção que denota certo pesar.

---

38 Cf. SHIELDS, Stephanie. *Speaking from the heart*. Cambridge: Cambridge University Press, 2002, p. 117-136.

39 *Ibidem*, p. 135.

Em Los Angeles, Iris visita Arthur e leva-lhe sua correspondência. Enquanto lê o jornal com uma lupa, ele aponta, irritadamente, que nove filmes estrearam no cinema apenas naquele fim de semana e diz: "Lembro-me de quando nove filmes estreavam em um mês. Agora, se o filme não lucrar no primeiro fim de semana, é um fracasso. Por acaso isso representa um bom trabalho?". Ao colocar tal questionamento e revolta no discurso de uma personagem que é construída de forma empática para o público, percebe-se com clareza que o filme deseja transmitir tal mensagem crítica, como que tentando alertar os espectadores de algo. A maneira didática com que o meio cinematográfico é apresentado contrapondo valorativamente o antigo e o novo parece querer transmitir o interesse por um legado do cinema hollywoodiano para o público. Este legado em questão é colocado no filme como moralmente elevado em relação às produções comerciais atuais, que usam continuamente de efeitos visuais computadorizados e são roteirizadas por nomes em sua maioria desconhecidos.

Na correspondência de Arthur, Iris vê um envelope da Associação de Roteiristas da Costa Oeste. Arthur despreza esse envelope, jogando-o fechado no lixo e tenta mudar de assunto, perguntando se Iris tem visto os filmes que ele recomendou. Ela responde que sim, falando de uma atriz que, segundo Arthur, tem "garra", mas retorna ao tema do envelope desprezado por ele. Arthur diz que aquela associação sempre lhe escreve a mesma coisa, querendo lhe prestar uma homenagem, mas que ele recusa, argumentando que não gostaria de subir em um palco, com seu andador, na frente de algumas poucas pessoas que teriam aparecido lá apenas para vê-lo. Iris resgata o envelope da lixeira, lê a carta e insiste que Arthur aceite a homenagem, oferecendo-se para deixá-lo em forma para subir as escadas sem o seu andador. Em tom desafiador, ele pergunta como ela pretende fazer isso e há um corte para uma sequência dos dois se exercitando na piscina e Iris incentivando Arthur.

Depois de uma sequência cômica em que Iris se atrapalha ao telefone, atendendo ao mesmo tempo uma chamada de Graham e outra de Amanda, ela recebe uma ligação de Miles e eles combinam de ir à locadora juntos para pegar algum filme da lista indicada por Arthur. A sequência na locadora é importante pela construção de uma afeição e candura crescentes entre as duas personagens, com Miles elogiando a beleza de Iris e ela agradecendo e dizendo que tem se sentido bem, em parte em função do tempo que vem passando com Arthur. É também a sequência em que o ator Jack Black dá mais vazão a seu estilo humorístico exagerado e histriônico, cantarolando trechos das trilhas sonoras de filmes consagrados para Iris, fazendo caretas, levantando a voz e brincando com Iris, que ri bastante, embora um pouco envergonhada com a brincadeira. Isso contribui para a construção de uma personagem pretendida no filme como divertida e extrovertida, dentro do estilo característico deste ator.

Convém observar que, enquanto as personagens inglesas são interpretadas por atores reconhecidos por papéis mais dramáticos – dos quais podemos citar Rose em *Titanic* e Dan em *Closer* –, as protagonistas do lado americano são mais conhecidas de filmes de comédia – romântica ou não – muitas vezes repletos de caretas, gestos e expressões exageradas. Cameron Diaz, embora tenha um currículo mais diversificado, participando de filmes como *Gangues de Nova York* (*Gangs of New York*, Martin Scorcese, 2002) e tendo sido indicada ao Oscar de melhor Atriz Coadjuvante por *Vanilla Sky* (Cameron Crowe, 2001), foi alçada à fama a partir de sua participação na comédia *O Máskara* (*The Mask*, Chuck Russell, 1994), sendo famosa também por *Quem Vai Ficar com Mary* (*There's Something about Mary*, Bobby e Peter Farrelly, 1998) e por dublar a princesa Fiona nos filmes da série *Shrek*. Já Jack Black é conhecido por comédias como *O Amor é Cego*, *Nacho Libre* (Jared Hess, 2006) e *Escola do Rock* (*The School of Rock*, Richard Linklater, 2003), todas marcadas por semelhante caracterização das personagens interpretadas pelo ator, limitadas à sua capacidade de fazer caretas e esbugalhar os olhos.

Certamente, a escolha desses atores visou explorar sua veia cômica no filme, tratando-se de uma comédia romântica. Por outro lado, essa construção, sendo essas as personagens americanas que vivem em Hollywood, talvez reforce sua caracterização de pessoas influenciadas por aquele cinema em suas expressões demasiadamente afetadas, uma valorização aparentemente excessiva da expressividade física e dramática. Tal afetação é muito visível nos gestos e trejeitos de Amanda – que, embora incapaz de chorar, não é incapaz de ganir, gritar e fazer caretas – e em Miles, com suas contorções faciais ou sua atuação histriônica na locadora. É uma maneira de construir as personagens americanas como mais extrovertidas e fisicamente expansivas, o que pode funcionar num sentido de diferenciar ingleses como aparentemente mais frios – que é constantemente marcado pela questão climática no filme –, discretos e contidos.

O que se nota em Miles e Amanda é que parecem, quase sempre, agir como se estivessem frente a câmeras: seus gestos precisam ser vistos, seu corpo é um instrumento expressivo explorado exageradamente, enquanto que, por outro lado, Iris e Graham, comparativamente, expressam-se de maneira mais discreta, apesar de construídos como emotivos. Não há sutileza nas personagens americanas e a escolha por atores com um currículo em que personagens histriônicas se destacam aponta para isso. Ainda que Iris chore copiosamente, aos berros, depois de saber que Jasper está noivo, ela controla a expressão de suas emoções no trabalho e no longo trajeto para casa, portando apenas um ar tristonho. Somente quando chega à sua casa é que ela se permite berrar. E é também quando está sozinha na casa de Amanda que ela se permite gritos de admiração e empolgação, que brinca com o travesseiro de Amanda e pula na cama. Essas expressões dela, também histriônicas, só aparecem em contextos em que ela supostamente estaria sozinha, em ambientes privados.

Na sequência que se passa na locadora, a diversão dura pouco para Miles, que avista sua namorada passando na rua com outro homem. Ele corre para fora da loja para pedir explicações e Iris assiste a cena à distância, do lado de dentro, sendo que a visão que é dada aos espectadores é a mesma dela: não se ouve o que falam, vê-se apenas, através da vitrine, expressões e gestos. Já no sofá da casa de Amanda, Miles se lamenta por "sempre se apaixonar pela garota má" e conta para Iris de sua decepção. Iris ouve com atenção e, condoída, oferece-lhe uma bebida. Depois de ouvi-lo, ela se levanta dizendo que preparará um prato de macarrão para os dois e nisso, ela lhe diz, gentilmente, que sabe como ele se sente e acaba contando-lhe sua história com Jasper e que está lá para esquecê-lo. Miles fica comovido e se oferece para fazer o macarrão, sugerindo que acendam uma fogueira, abram champanhe e comemorem o fato de estarem vivos e serem jovens. Eles se abraçam, Iris e lhe diz: "Você realmente é um homem incrivelmente decente." Ele responde: "Eu sei. Esse sempre foi o meu problema." Constitui-se aqui um elo mais forte entre Miles e Iris ao explorar a partilha do que os dois têm em comum, criando certa relação de cumplicidade ao revelarem suas frustrações amorosas e aumentando seu grau de intimidade simbolizada pelo abraço caloroso.

Miles demonstra ser um homem fiel e apaixonado por sua namorada e se aproxima de Iris como amigo, tratando-a respeitosamente e, embora o filme mostre um crescente ganho de afeição entre eles e sejam construídos como interesse romântico um do outro, nenhum dos dois é mostrado instigando isso. Embora seja um momento triste para Miles, o término de seu namoro serve, na narrativa, para abrir as portas para a relação já esperada com Iris e legitimá-la, no que se percebe o que Bidaud já observara: "Nos filmes hollywoodianos, não há um sofrimento muito longo por amor. O sentimento se evapora logo após a decepção. Os períodos de transição são igualmente curtos: há sempre uma outra chance no horizonte".[40]

Há uma pequena sequência ao som da canção "Have Yourself a Merry Little Christmas", mas em versão mais alegre do que a que se ouviu no início do filme. Nela, alternam-se cenas de todas as personagens, sugerindo como está sendo o Natal de cada uma. Amanda é mostrada sozinha também comendo macarrão e assistindo televisão. Miles e Iris assistem a algum filme juntos e depois Arthur, na companhia dos dois, é mostrado em uma loja de roupas, onde um alfaiate tira suas medidas. Graham é mostrado em sua cama, com as duas filhas dormindo, tutus e bichinhos de pelúcia ao pé da cama, enquanto toma notas de um livro e parece em dúvida se liga ou não para Amanda. Mais uma vez, ela é mostrada esforçando-se para chorar, sem sucesso, enquanto caminha sozinha no campo. A música continua, Amanda parece estar terminando de arrumar sua mala para ir embora, até que ouve o cachorro latir e segue-o até a porta. Ela abre e Graham a saúda com um grande sorriso e os dois se beijam animadamente, entrando em casa. A música termina e há um corte para uma externa do que se entende ser a casa de Miles, no que, mais uma vez, o filme enfatiza a presença do vento sacudindo arbustos do jardim da frente. A sequência com a música natalina em uma versão mais alegre, especialmente a essa altura do filme, acena para a proximidade da conclusão e possibilidade de um desfecho feliz.

Em casa, na companhia de Iris, Miles está em seu escritório, como é mostrado no início do filme, frente ao teclado. Dessa vez, a intenção é compor um tema musical para a noite de Arthur. Ele brinca que comporá uma canção que o fará se sentir motivado e confiante para subir a escada e começa a tocar a música tema de *Indiana Jones*. Iris ri da brincadeira, mas depois Miles toca o tema que ele compôs. Iris acompanha balançando a cabeça

---

40 BIDAUD, Anne-Marie. *Hollywood et le rêve americain, op. cit.*, p. 157.

ao som da música e demonstrando aprovação. Miles diz que a música tem algo de atrevido, a que Iris responde que se parece com Arthur. Em seguida, Miles diz que compôs também uma música tema para Iris e começa a tocar algo mais singelo, bem afável, que desperta expressão de grande ternura na moça. Ele comenta que só usou "as notas boas", o que permitiria questionar quais são os critérios que definem se uma nota é boa ou ruim. No entanto, o comentário funciona suficientemente para dar expressividade ao elogio do autor à sua musa.

É importante analisar nessa sequência como a questão da música é trazida e tratada no texto do filme: a sugestão do tema de Arthur e seu caráter "atrevido", uma vez verbalizada, orienta a leitura tanto da personagem quanto da música, de tal maneira que a associação entre um e outro parece mais forçada do que construída filmicamente enquanto tema musical. De acordo com Gorbman:

> Um tema é definido como qualquer música – melodia, fragmento de melodia ou progressão harmônica distintiva – ouvida mais de uma vez durante o curso do filme. Isso inclui "canções tema", *motivs* de fundo instrumental, tons repetidamente tocados ou associados com personagens e outras músicas não diegéticas recorrentes. Um tema pode ser extremamente econômico. Tendo absorvido as associações diegéticas em sua primeira ocorrência, sua repetição pode recordar aquele contexto fílmico. Isso significa que, embora a música em si não seja representacional, sua ocorrência repetida em conjunção com elementos representacionais num filme pode fazer com que a música também porte significado representacional.[41]

Em função do próprio desenrolar da história, entende-se que o tema não foi usado na construção da personagem, já que, no tempo da narrativa, esse tema ainda não existia, aparecendo antes como um resultado, um complemento da construção que vem sendo feita da história. Com isso, é marcada uma leitura da personagem, de tal modo que, quando a música tocar novamente, a associação parecerá natural e, ao mesmo tempo, marca-se

---

41 GORBMAN, Claudia. *Unheard melodies, op. cit.*, p. 26-7.

também a interpretação da própria música, seja para funcionar como motivação para que Arthur suba as escadas, seja para associá-la ao próprio caráter "atrevido" da personalidade dele. E, no caso de Iris, o significado da melodia é ainda mais importante: ao ter o seu próprio tema musical, tem-se reforçado o seu caráter de "atriz principal", apontado antes por Arthur.

O tema musical é um símbolo importante na transformação de Iris no sentido de assumir o seu posto de "atriz principal" no roteiro de sua própria vida. Iris é construída de acordo com o estereótipo da *girl next door*, que, segundo Janice Welsch, "implica relações masculino/feminino que são marcadas por camaradagem, igualdade e, às vezes, competição".[42] Mais adiante, ao exemplificar o que chama de "arquétipo de irmã" – do qual a *girl next door* seria uma variação –, a autora aponta "a presença de amigos homens que não são interesses românticos".[43] E, da maneira como Iris é construída enquanto *"girl next door"*, amiga de Arthur sem tê-lo como interesse romântico – e, a princípio, de igual modo com Miles –, seu tema musical vai de acordo com o que Gorbman já apontara no cinema clássico – mais especificamente, dos anos 1930 e 40: "A *girl next door* é agraciada com uma melodia sentimental em tom maior, enquanto a sedutora é frequentemente acompanhada de um clarinete ou saxofone de *cocktail-lounge jazz*".[44] De tal forma que a música que Miles compôs para ela não apenas parece se encaixar em sua personalidade, mas está em acordo com toda a construção precedente da personagem no filme e com construções consolidadas do cinema que permitem perceber Iris como *girl next door* e, principalmente, como "atriz principal", que, agora, tem seu tema musical próprio.

Do lado inglês da trama, Amanda e Graham estão deitados na cama, ofegantes e extasiados. Eles discutem as possibilidades de seu relacionamento e Graham demonstra bastante expectativa, acreditando que Amanda viajaria com certa frequência a Londres a negócios, mas ela descarta isso. Eles tentam encontrar alguma solução para sua relação, com Graham se mostrando mais otimista, argumentando que relacionamentos à distância podem dar certo, enquanto Amanda ironiza: "Eu não consigo que deem certo nem morando na mesma casa!". Amanda então apresenta um cenário

---

42 WELSCH, Janice. "Actress Archetypes in the 1950's". In: KAY, Karyn & PEARY, Gerald. *Women and the cinema: a critical anthology*. Nova York: Dutton, 1977, p. 100.
43 *Ibidem*, p. 103.
44 GORBMAN, Claudia. *Unheard melodies, op. cit.*, p. 83.

hipotético bem pessimista para Graham, ressaltando as dificuldades pela distância e que no fim, os dois acabariam feridos. Ele se entristece com as hipóteses de Amanda e ela apresenta outro cenário, aparentemente mais otimista, mas enfatizando que talvez aquela relação esteja tão boa no momento e queiram mantê-la justamente pelo fato de ser algo temporário, por saber que em algumas horas ela estará partindo, sendo isso que tornaria aquele caso tão excitante. Graham sugere então outro cenário, aparentemente contendo um choro:

> Estou apaixonado por você. Perdoe-me pela declaração brusca. Mas por mais problemático que seja este fato, estou apaixonado. Por você. E não estou sentindo isso porque você está partindo e nem porque está gostoso. E está, ou estava, antes de você começar a falar assim. Não consigo entender a matemática disso. Só sei que te amo. Não paro de falar isso. E nunca achei que me sentiria assim de novo. Então, é um fenômeno! Mas percebo que venho junto com um pacote. Três pelo preço de um e esse pacote, à luz do dia, não é tão maravilhoso, mas finalmente sei o que eu quero e isso é um milagre. E o que eu quero é você.

O rosto de Amanda expressa choque com a declaração e Graham percebe isso. Ela não sabe como responder e ele lhe diz: "Acho que se a resposta óbvia não lhe ocorre imediatamente... nós devíamos apenas falar de outra coisa". Obviamente, a resposta esperada, tanto por ele como pelos espectadores, é a retribuição da declaração de amor, e sua ausência deixa Graham abatido e envergonhado. Ele então se deita e começa a se lamentar, mas ela, carinhosamente, coloca o dedo sobre sua boca, pede que ele se cale, dizendo que nunca conhecera alguém que falasse tanto quanto ela, mas, naquele momento, pede que ele fique quieto e começa a beijar-lhe carinhosa e sensualmente a boca.

Embora o filme se aproxime da conclusão, aparentemente, ainda falta a Amanda superar algum último entrave pessoal para se deixar levar definitivamente ao encontro do amor. Ainda que não retribua a declaração de Graham com palavras, a maneira carinhosa com que ela toca seu rosto e o beija sugere que ela também não é completamente avessa a essa possibilidade. A construção das protagonistas do filme reforça a impressão de que elas precisam, antes de tudo, encontrar a si mesmas, definir a si mesmas, sendo que Amanda deve entrar em contato mais profundo com suas emoções e enfrentar seus recalques em relação a ligações afetivas, enquanto Iris precisa assumir o papel central de sua vida e libertar-se de uma ligação afetiva "intoxicante". Amanda já descobriu Graham, mas ainda não encontrou a si mesma, o que é tratado como essencial para o encontro de amor. Nesse sentido, o filme retoma a construção cristalizada do encontro de amor como, a princípio, encontro de si. Diga-se de passagem, do melhor de si.

Isso traduz a busca do amor como uma busca por identidade pessoal, mais do que por um relacionamento, o que só faz sentido em um contexto em que a individualidade é um valor proeminente na vida social, tanto para homens quanto para mulheres. O que se nota então é a potencialização da condição narcisista que Lasch observara no final dos anos 1970, não apenas na condição de transtornos psicológicos frente a um mundo que não oferece segurança e esperanças para o eu.[45] O narcisismo foi incorporado às práticas cotidianas como parte de um conjunto de normas culturalmente estabelecidas, tornando-se condicional para a vida em sociedade e para o estabelecimento de vínculos interpessoais. "Ser você mesmo" tornou-se o imperativo fundamental de toda a existência, ao mesmo tempo em que tudo na vida, pelos discursos compartilhados em diferentes mídias, só adquire sentido e relevância se for para servir a esse imperativo e confirmá-lo.

Se no imaginário romântico da mística do príncipe encantado discutida por Chaumier a identidade feminina estava condicionada ao encontro do príncipe, que fazia da mulher alguém,[46] o discurso hoje não descarta o príncipe, mas sua função é outra: ele não mais concede à mulher sua identidade, mas a premia, confirmando-a e reiterando-a. Enquanto antigamente predominaria, nos termos de Chaumier, o ideal de fusão,[47] hoje, embora tal ideal ainda se faça presente, ele parece perder espaço para a afirmação da própria identidade. De tal forma que só é facultado ao indivíduo usufruir do amor após o encontro de si mesmo. Do contrário, a imagem de si, refletida no outro usado como espelho, é constantemente ameaçada pela

---

45 Cf. LASCH, Christopher *A cultura do Narcisismo, op. cit.*, p. 76.
46 Cf CHAUMIER, Serge. *La déliaison amoureuse, op. cit.*, p. 170.
47 Cf. *ibidem*, p. 118.

possibilidade de não ser reconhecida, por mais que o indivíduo a olhe fixamente e não enxergue nada senão ele mesmo.

Se o discurso de amor depositava no destino uma confiança consideravelmente maior, no que o encontro e a união de duas almas complementares seria uma decorrência natural das dinâmicas de existência do universo, essa perspectiva hoje parece agradar, mas não convencer. De tal forma, a gratificação do relacionamento amoroso, conforme os discursos atuais, só é facultada àquele que, idealmente, tenha pleno conhecimento de si e esteja igualmente satisfeito com o que é. Nessa perspectiva, é entendido que, uma vez atingido esse estado pleno da autoidentidade, o amor seria uma decorrência natural, de forma que não encontrar o amor é algo interpretado como sinal de uma identidade defeituosa, uma falha em "ser" e se "reconhecer". Por isso, é importante encontrar e "ajustar" a si mesmo, sendo a experiência amorosa percebida como a prova definitiva desse encontro. De maneira que a idealização amorosa e a idealização de si tornam-se cada vez mais indissociáveis, para não dizer indistinguíveis. Nessa perspectiva, Amanda só poderá retribuir a declaração de Graham quando encontrar a si mesma, o que não está longe de acontecer.

Em Los Angeles, Iris e Miles jantam juntos e conversam sobre a lista de filmes indicados por Arthur. Iris ressalta características das protagonistas como garra, autoconfiança, obstinação e Miles sugere que Arthur talvez esteja tentando lhe dizer algo, o que já está bem evidente ao longo do filme, mas que terá seu clímax logo adiante. Durante o jantar, Miles recebe um telefonema de sua ex-namorada querendo conversar e vai se encontrar com ela. Iris volta para a casa de Amanda e é surpreendida com uma visita de Jasper. Ao abrir a porta, é visível e audível o vento Santa Ana balançando arbustos atrás de Jasper, o que marca que aquele encontro será diferente dos anteriores. Jasper expressa sentir falta de Iris, diz que não quer perdê-la e sugere que façam uma viagem juntos. Durante esse diálogo, há um corte para a conversa entre Miles e Maggie, que, dramaticamente, pede-lhe desculpas dizendo que deseja voltar com ele. E o enquadramento de Miles frente a uma janela através da qual se vê arbustos sacudidos pelo vento também sugere que, paralelamente, algo diferente acontecerá de seu lado. Miles e Iris são construídos em uma chave de grande semelhança no que diz respeito às suas frustrações amorosas e colocar o confronto final dos dois com as personagens que amavam e que partiram seus corações reforça isso, como a superação final necessária para que cada um possa se libertar e se entregar ao outro.

Iris pergunta a Jasper, após a sugestão da viagem, se ele está livre para fazer aquilo, mas Jasper faz rodeios sem responder. Ela lhe pergunta diretamente se ele não está mais com sua noiva e a resposta, mais uma vez, é prolixa, mas dando a entender que ele continua noivo. Iris pergunta se ele ainda vai se casar e o olhar dele dá a entender que sim, mas procurando alguma desculpa para se justificar. Irritada, ela se levanta e dá uma bronca, abrindo-se com Jasper sobre todo o sofrimento que experimentara em função dele. Antes de começar, Iris diz que precisa fazer aquilo com as luzes acesas, o que tem o sentido de conferir visualidade à sua atuação e às suas expressões naquele momento.

A cena se passa com ela de pé e ele sentado, numa montagem com quadros de Iris em *contra-plonge* que contribui para marcar relações de diferença hierárquica, superioridade, engrandecendo uma personagem na relação com a outra. E precisamente nesse momento, Iris é engrandecida, tanto pela maneira como a cena é construída quanto pelo conteúdo de sua fala e pela atitude de expulsar Jasper de casa. Sem entender, Jasper lhe pergunta o que ela tem e Iris responde: "Eu não sei, mas é algo levemente parecido com garra". A música é empolgante, valorizando a sensação de conquista e, ao fechar a porta, Iris se vira e levanta os braços efusivamente, com os punhos fechados, em uma expressão de vitória, sorrindo largamente, reconhecendo sua grande superação e, finalmente, consagrando-se no posto de "atriz principal", certamente de acordo com o modelo das personagens obstinadas e com "garra" dos filmes que Arthur lhe indicara.

A música empolgante continua e Iris, vestida elegantemente, vai ao encontro de Arthur na casa dele para seguirem para a cerimônia em sua homenagem. Ele lhe entrega uma flor branca dizendo que da última vez que saiu com uma mulher se fazia assim, e que ela não precisaria usar o acessório caso fosse muito "piegas".[48] Mas Iris aceita o presente com muito gosto e o amarra no pulso, dizendo em seguida: "Eu gosto de pieguice, estou procurando isso em minha vida". Arthur elogia a frase como se fosse uma boa

---

48 O termo usado é "corny". Na legenda foi traduzido como romântico e pode ser entendido também como sentimental. Neste contexto, fica clara a ambivalência do termo, a princípio pejorativo, mas que remete ao sentimentalismo. Dessa forma, feitas as devidas reservas e reconhecendo os limites da tradução, interpretou-se aqui que a expressão "piegas" seria a mais próxima do sentido indicado no filme.

fala de roteiro de filme. Isso não só funciona como uma afirmação de personalidade de Iris, mostrando saber o que quer, como valoriza sua construção como mulher romântica, que se assume como tal, mesmo quando isso pode ser considerado exagerado.

Arthur se surpreende ao passar pela porta do grande auditório e vê-lo lotado de pessoas que o ovacionam. Iris o acompanha até a beira do palco, enquanto várias pessoas o cumprimentam no trajeto, incluindo os amigos presentes no jantar de Hanukah. Iris o deixa à beira da escada, aos cuidados de um jovem do cerimonial que se oferece para ajudá-lo a subir. Arthur olha a escada como quem encara um desafio, recusa a ajuda do rapaz e sobe sozinho, com grande agilidade, ao som de sua música tema. Miles chega depois, desculpando-se com Iris pelo atraso, mas contando, também triunfante, que seu relacionamento com Maggie está definitivamente terminado.

O discurso de Arthur fecha a sua visão crítica ao cinema hollywoodiano no presente e merece ser transcrito na íntegra:

> Cheguei a Hollywood há 60 anos e imediatamente me apaixonei pelo cinema. É um caso de amor que durou a vida toda. Quando cheguei a Tinseltown, não havia cineplexes, nem multiplexes, não existia tal coisa como blockbusters ou DVD. Eu estava aqui antes dos conglomerados dominarem os estúdios. Antes dos filmes terem equipes de efeitos especiais. E os resultados de bilheteria não eram anunciados como pontuação de baseball no noticiário.

A crítica de Arthur faz parecer que o cinema de sua época era menos comercial e mais autêntico, mas ao se olhar para a história de Hollywood, isso não se sustenta. Jarvie, ao analisar o cinema hollywoodiano como instituição, do princípio ao fim de seu livro, trata Hollywood como uma indústria, levantando e problematizando aspectos de sua produção como o financiamento, a divisão do trabalho, a publicidade, entre outros.[49] O autor observa também que, uma vez estabelecida como indústria de alcance internacional, em função da grande demanda, Hollywood foi obrigada a produzir um número cada vez maior de filmes e criar um sistema de produção com grande nível de divisão do trabalho, elevando consideravelmente seus gastos. De

---

49 Cf. JARVIE, Ian Charles. *Sociología del cine, op. cit., passim.*

forma que, para manter-se lucrativa e funcionando, em toda sua história, Hollywood precisou investir em diferentes estratégias para atingir um público universalmente indiferenciado[50] e retroalimentar seu interesse de diferentes maneiras. Embora do ponto de vista tecnológico e da distribuição comercial Hollywood talvez possa ter sofrido consideráveis mudanças que dariam algum respaldo ao discurso de Arthur, em linhas gerais, os roteiros e estilos de narrativa, embora tenham se diversificado mais, preservam muitas de suas fórmulas antigas, do que este filme é um caso patente, mantendo a história paradigmática de amor mencionada por Solomon e uma estrutura narrativa que não apresenta nenhuma inovação.

A figura de Arthur serve como uma homenagem ao passado da indústria cinematográfica estadunidense e reafirma sua autoridade ao conferir-lhe um caráter histórico. Trata-se, basicamente, de Hollywood homenageando a si mesma e a seus cânones e, embora com algumas referências vagas a figuras do cinema internacional como Ennio Morricone, o que se exalta é a Hollywood clássica, de sonhos de antanho, ainda não afetada pela concorrência da televisão e, mais tarde, pelas tecnologias de *homevideo*. Tudo isso, uma vez contraposto às observações de Jarvie, que apontam características também comerciais, ressaltando o aspecto de produção industrial de massa para públicos indistintos na produção cinematográfica da época a qual Arthur se refere com saudade, sublinha a relação construída de Arthur com o cinema na chave da nostalgia. Entretanto, pelo conjunto da narrativa, essa nostalgia não aparece apenas como perspectiva particular daquele senhor. Uma vez apresentado como figura simpática, admirada e ovacionada como um dos últimos representantes de uma "época de ouro" do cinema, o filme não constrói Arthur simplesmente como um saudosista, mas como testemunha de um passado reconhecidamente "melhor".

Durante a homenagem a Arthur, Miles pergunta a Iris o que ela fará na noite de Ano Novo e ela responde que já estará na Inglaterra. Ele diz que nunca estivera lá e nem na Europa e então lhe pergunta se, caso estivesse lá, ela passaria a noite de Ano Novo com ele. Ela suspira, dá-lhe um beijinho na boca e responde que adoraria. A música na hora é uma doce melodia de piano. O arco americano da narrativa então se fecha, com as conquistas e superações de suas personagens: a bem-sucedida homenagem a Arthur, o rompimento definitivo de Iris com Jasper, Miles com Maggie e o prelúdio da

---

50 Cf. *ibidem*, p. 155.

história de amor entre Iris e Miles, isenta de quaisquer impedimentos morais ou psicológicos associados aos seus relacionamentos anteriores.

Em Surrey, uma Mercedes preta aguarda Amanda despedir-se de Graham. Ela fala da possibilidade de trocarem e-mails e Graham responde que não há regras, o que remete ao conceito de relacionamento puro no que a relação vale por si mesmo, pela satisfação que proporciona e enquanto a proporciona, sem ser orientada por qualquer tipo de regra ou formalidade, a não ser aquelas negociadas pelo próprio casal.[51] Ela o beija pela última vez e se despede. Ele, visivelmente triste, acompanha sua partida. Há uma música triste de piano ao fundo e os sorrisos que eles trocam na despedida parecem forçados. No carro, o motorista pergunta a Amanda se ela teve um bom feriado e ela responde, com ar de tristeza, que talvez tenha tido o melhor de sua vida. Ela fecha os olhos e suspira tristemente, levando a cabeça para trás. Percebem-se então seus olhos mareados, brilhantes com as lágrimas que se formam. As lágrimas escorrem, ela toca sua face molhada e olha para sua mão, como que com dificuldade em acreditar naquilo que há tanto tempo não experimentava. Ela então ri de suas lágrimas e ouve-se a voz de narrador de *trailer* dizendo: "Amanda Woods, bem-vinda de volta!".

Começa então uma música empolgante e Amanda pede ao *chauffeur* que volte. Ele lhe pergunta se ela esqueceu algo e ela responde euforicamente que sim. A música cresce em intensidade, ela pede que o motorista vá mais rápido, mas ele lhe diz que aquela estrada é muito complicada. Então ela desce do carro e faz, correndo na neve, praticamente o mesmo trajeto que fizera no início do filme. A música tema de superação é a mesma que tocara para Iris no momento em que ela conseguira romper com Jasper e, pelo que se entende, é a música tema do filme. Amanda chega ao chalé e encontra Graham, que, notadamente, esteve chorando e lhe diz: "Sabe, eu estive pensando. Por que ir embora antes do Ano Novo? Não faz o menor sentido. Você não me fez um convite, mas disse que me amava, então estou achando que sairemos juntos, se me aceitar". Ele responde, ainda com lágrimas nos olhos, que passará o Ano novo com suas filhas e ela diz que seria perfeito, abraçando-o calorosamente, enquanto se vê nos dois um choro de felicidade.

É curioso que não haja uma declaração mútua de amor direta. Amanda não diz que ama Graham, assim como nem Iris nem Miles falam de amor para si. E, embora se trate de uma história de amor, o triunfo e a superação

---
51 Cf. GIDDENS, Anthony. *A transformação da intimidade*, op. cit., p. 68-9.

tanto da protagonista inglesa quanto da americana não estão construídos tanto no encontro do amor, mas, principalmente, num despertar individual de cada uma. No caso de Iris, a descoberta de si como "atriz principal", mulher de fibra e obstinada. Tanto que o clímax dessa primeira não é construído no encontro com Miles, mas no momento em que ela consegue libertar-se de seu vínculo com Jasper e expulsá-lo de casa. Já em Amanda, a redescoberta de suas emoções e da possibilidade de amar. E seu novo amor, dentro das construções que se tem visto nesta pesquisa, mostra-se potencialmente mais legítimo em função das dificuldades e obstáculos a superar: a distância, a rotina de trabalho de Amanda e a família de Graham, que, a princípio, dificultariam a continuidade do relacionamento.

O desfecho, com todos comemorando a noite de Ano Novo na casa de Graham juntamente com as crianças, não sugere nenhuma história de amor consolidada, mas antes, a esperança reforçada pela simbologia do rito de passagem de ano, a possibilidade de começar de novo. Nesse sentido, o filme se encerra onde a história de amor está para se iniciar e assim, mantém-se o otimismo característico da maioria das comédias românticas. O título original do filme não faz qualquer menção a amor, sendo, simplesmente, *The Holiday,* e sua história não tem por que extrapolar os limites dos feriados de fim de ano. No entanto, já de início, mesmo que Amanda não declare amor a Graham, no segundo *trailer* de sua vida, o encontro de amor durante a viagem é textualmente apontado. Embora reproduza alguns discursos e posicionamentos morais sobre o amor que não são exatamente uma novidade, o final feliz de suas protagonistas se revela bem mais pelo encontro e superação de si, de limitações individuais que as privavam de viver suas vidas intensamente. Nesse sentido, é importante que as duas personagens sejam mulheres, que o filme não acompanhe exatamente um par central, mas a história de duas mulheres que, paralelamente, sofrem com problemas afetivos, superam suas dificuldades e, finalmente, conseguem seguir em frente com suas vidas.

Entretanto, na construção de ambas, apesar de seus pares serem praticamente secundários, a questão do amor se revela fundamental para sua identidade, o que, de certa forma, ainda sustenta a visão cristalizada de que a identidade feminina necessita – mais que a masculina – de uma história de amor para se afirmar. Isso é ainda mais perceptível em Amanda, que é construída como alguém muito angustiada, questionando sua capacidade de amar. E, quando ela é criticada por seu namorado no início do filme por sua incapacidade de chorar, é perceptível um aspecto de crítica moral, a qual ela porta consigo com certo sentimento de culpa. Em seu primeiro almoço com Graham, ela menciona ter dificuldade para "ser ela mesma", também deixando uma impressão de culpa. E, ao final, quando é finalmente capaz de chorar e essas lágrimas são associadas à despedida de um novo amor em potencial, a voz do *trailer* diz: "Bem-vinda de volta", como se se tratasse de alguém que, durante todo o filme, esteve longe de si mesma, do seu "eu" mais autêntico, ao qual conseguiu ter novamente acesso apenas ao vislumbrar a possibilidade de uma história de amor.

Aparentemente, reitera-se a construção cinematográfica estabelecida em Hollywood de que uma mulher independente não pode ter sua identidade legitimamente reconhecida a não ser através de um relacionamento afetivo e sexual com um homem. E pela velocidade com que as duas histórias se desenrolam, tem-se reforçado o caráter instantâneo do encontro do amor tão reproduzido no cinema estadunidense. Todos os filmes aqui analisados tratam de histórias de amor que se sucedem num espaço de tempo consideravelmente breve. Talvez *Closer* pudesse ser considerado exceção ao focar um intervalo de aproximadamente quatro anos da vida das personagens, suas idas e vindas, mas suas histórias, todas, iniciam-se rapidamente, ficando para esses quatro anos os desencontros, rompimentos, reencontros e confusões.

O que se destaca em *O Amor Não Tira Férias* e reforça as observações desenvolvidas ao longo desta pesquisa é que Hollywood se coloca e se reconhece como "o lugar" onde os sonhos se realizam, sendo que o amor, em seus filmes, tende a ser tratado como possuindo essa aura onírica como componente fundamental e legitimador. E entende-se que Hollywood busca se confirmar, a todo custo, como referência de linguagem, gestos e posturas em relação ao amor, à vida íntima e a valores individuais. Iris só encontra a felicidade quando se assume como a "atriz principal" de sua própria vida. E só assim ela é capaz de romper uma relação não correspondida e engatar uma nova.

Pela construção que se vê das duas protagonistas, seja através dos *trailers* imaginados, seja através das alusões a roteiros e atrizes, sua vida íntima só adquire clareza e potencial de superação quando mediada pela linguagem cinematográfica. Nisso, é trazido à vida cotidiana o que Ismail Xavier apontara como característico do cinema clássico: "viver o tempo como uma sucessão de fragmentos a serviço de uma teleologia que supõe uma verdade escondida e o caminho tortuoso de sua adiada descoberta".[52] E, mais do que uma particularidade dessas personagens, o que parece mais evidente é que se trata de uma percepção culturalmente reconhecida e reproduzida, tematizada também fora do cinema estadunidense.[53] O cinema hollywoodiano, ao problematizar ou, simplesmente, encenar dentro dos próprios filmes o seu sistema de produção de ilusões, não apenas reafirma seu papel social como expressa algo que parece cada vez mais inescapável hoje e já fora apontado por Carrière: "Supúnhamos que o cinema era mera diversão, mas ele é parte do que vestimos, de como nos comportamos, de nossas ideias, nossos desejos, nossos terrores".[54]

---

52 XAVIER, Ismail. *O discurso cinematográfico, op. cit.*, p. 190.
53 Alguns exemplos de filmes que exploram isso seriam o já mencionado *Cinema Paradiso* e o brasileiro *Lisbela e o Prisioneiro* (Guel Arraes, 2003).
54 CARRIÈRE, Jean-Claude. *A linguagem secreta do cinema, op. cit.*, p. 218.

CONCLUSÃO

As análises em série e em profundidade dos filmes permitiram identificar elementos e construções que se mostraram particularmente recorrentes, apesar das diferenças observáveis nos enredos e nas estratégias narrativas empregados em cada filme. Embora possam parecer de menor importância isoladamente dentro de cada enredo, a reincidência de alguns desses elementos num conjunto que abarca quase 20 anos de produções cinematográficas diferentes sugere a persistência de algumas concepções consideradas necessárias, ou, no mínimo, importantes para a construção dos discursos fílmicos referentes ao amor. Para tratar dessas reincidências e discutir seu papel expressivo do ponto de vista sociológico, parte-se aqui do conceito de pontos de fixação de Pierre Sorlin:

> Chamaremos de "pontos de fixação" um problema ou um fenômeno que, sem ser diretamente implicado na ficção, aparece regularmente nas séries fílmicas homogêneas e é sinalizado por alusões, repetições, uma insistência particular da imagem ou de um efeito de construção.[1]

No conjunto da amostra, para a análise aqui proposta das construções cinematográficas do amor, três pontos de fixação merecem destaque. São eles: referências a atos heroicos – salvar, resgatar alguém –, expressões de nostalgia e referências ou citações de outras produções cinematográficas, principalmente hollywoodianas.

Considerando esses três pontos de fixação, existem dois elementos, conforme foi apontado no primeiro capítulo, característicos de correntes românticas anteriores ao cinema: a distinção moralizada da personagem "merecedora" do amor – o que é expresso nesses filmes por seu caráter heroico – e a nostalgia. O heroísmo é parte constitutiva do caráter distintivo da personagem central, como prova de merecimento da graça amorosa, construída não como universal, mas como restrita a poucos. A análise

---
1 SORLIN, Pierre. *Sociologie du cinéma*. Paris: Aubier, 1982, p. 230.

que Rougemont faz de Tristão e Isolda aponta para isso e tal heroísmo é presente em outros romances muito posteriores, imagem da qual inclusive o romantismo brasileiro, em sua fase indianista, incorpora no romance *O Guarani*, de José de Alencar.[2] Já a nostalgia é detalhadamente discutida por Elias em *A sociedade de corte*, aparecendo no contexto por ele analisado como forma de expressão dos conflitos da aristocracia de corte e das constrições enfrentadas por seus membros oriundos do campo em função das mudanças na figuração de poder. Nisso, Elias observa no romantismo de corte a constante nostalgia de um modo de vida situado no passado e irrecuperável, de uma suposta simplicidade atribuída a outra existência, no campo, longe das constrições próprias de um contexto mais urbano.[3]

Nos cinco filmes aqui analisados, o único que não traz referências textuais diretas a atos de heroísmo ou salvação é *Sintonia de Amor*, embora seja possível interpretar que esse tema é aludido no filme quando Sam, sabendo que seu filho fora sozinho para Nova York para encontrar-se com Annie, vai desesperadamente atrás dele, expressando sua preocupação com o garoto de oito anos cruzando o país e indo para o centro de uma das maiores metrópoles do mundo sozinho.

Já em *Uma Linda Mulher* e *Titanic*, a referência é mais direta e específica entre os amantes: Vivian conta para Edward de quando era criança e se imaginava presa em uma torre e sendo resgatada por seu príncipe encantado. Ao final, Edward, em alusão a essa fantasia, "resgata" Vivian e ela, segundo suas próprias palavras, "o salva de volta". Em *Titanic*, além de Jack ser referido a Rose como alguém que a salvou de todas as maneiras imagináveis, o discurso e a construção de sequências de salvamento são recorrentes: ora Rose salva Jack, ora Jack salva Rose e, no fim das contas, como se concluiu neste trabalho, Rose salva a si mesma.

Além dessas referências, a ideia é aludida em *Closer* desde a primeira sequência, onde Alice é atropelada e Dan vai a seu socorro para, em seguida, levá-la ao hospital. Depois, a referência a um caráter heroico aparece em forma de escárnio, quando Larry, depois de reconquistar Anna, debocha de seu rival: "Para um grande herói romântico como você, eu sou bem comum, ainda assim, eu sou quem ela escolheu e devemos respeitar a escolha dela". Mas o mais expressivo a esse respeito em *Closer* é que o nome adotado pela

---

2 ALENCAR, José de. *O Guarani*. São Paulo: Martin Claret, 2001.

3 Cf ELIAS, Norbert. *A sociedade de corte*, op. cit., p. 260.

personagem de Natalie Portman durante praticamente todo o filme foi o que ela vira em um monumento em homenagem a pessoas comuns que teriam falecido em atos heroicos – no caso de Alice Ayres, salvar crianças de uma casa em chamas. Por último, em *O Amor Não Tira Férias*, a referência ao heroísmo não se dá necessariamente entre personagens construídas como amantes ou potenciais amantes, mas ajuda na construção favorável de Iris que, ao ver o idoso Arthur perdido na vizinhança, "salva-o", oferecendo-lhe uma carona até sua casa. Ao final desse primeiro encontro, Arthur agradece Iris especificamente por tê-lo "resgatado".

A construção do heroísmo funciona nos filmes para o estabelecimento de méritos especiais dos protagonistas e de sua capacidade de superação de obstáculos e adversidades. Em relação a esse heroísmo, nota-se que, se nos romances medievais tal propriedade tenderia a ser exclusivamente masculina, enquanto expressão do caráter nobre da índole do cavaleiro, nos filmes aqui analisados, ele é recorrente em personagens femininas, a não ser por Annie, de *Sintonia de Amor*. Com isso, mantém-se a mística do príncipe encantado nos termos de Chaumier,[4] mas sem limitá-la exclusivamente ao feminino, indicando que tanto o homem quanto a mulher carecem de ser "salvos", no sentido de terem suas identidades resgatadas, sendo ambos expostos ao perigo de se perderem, seja em um casamento arranjado, como Rose em *Titanic*, seja numa relação vazia com o dinheiro, como Edward em *Uma Linda Mulher*.

A recorrência de discursos com alusões mais ou menos diretas a salvar ou resgatar alguém, além de contribuir para a construção do mérito das personagens, aponta para a ideia de que todas as personagens, até à conquista do grande amor, encontram-se sob alguma espécie de terrível ameaça. A vida sem a presença da conquista amorosa é então apresentada na chave da insegurança, de algum perigo que, ainda que não percebido imediatamente, é sentido como angústia, inquietação, não necessariamente associada à ausência de um amado, mas à própria existência. Nesse sentido, a tentativa de suicídio de Rose em *Titanic* é bem representativa, não apenas porque é o primeiro momento no filme em que Jack a salva, mas também por toda a questão da moça ver sua liberdade ameaçada por um casamento arranjado, indicando para si uma vida insuportável à frente. Rose descreve que se sentia acorrentada, sufocada, que gritava por dentro. Mais do que

---

4   Cf CHAUMIER, Serge. *La déliaison amoureuse*, op. cit., p. 170.

vivenciar um breve momento de risco de vida, o grande perigo apresentado ali do qual ela tentava fugir era uma forma determinada de existência que a aprisionava, enquanto esposa de alguém por razões exclusivamente materiais. É certo que, no início, nada disso era construído para a personagem como dizendo respeito ao encontro de amor, mas só a partir desse encontro é que ela encontrou forças para viver e afirmar sua individualidade e, dessa forma, salvar a si mesma e tornar-se livre.

Por outro lado, em *Sintonia de Amor*, embora não seja construído o discurso heroico, o receio crescente que Annie experimenta na medida em que vai percebendo a ausência de magia no relacionamento com seu noivo sugere também o terror de condenar-se não tanto a uma vida sem amor, mas a uma vida em que o suposto e pretendido "verdadeiro eu" não seja reconhecido ou não tenha chances de florescer. Embora o discurso do filme não seja construído na chave do salvamento, é plausível a interpretação de que, por um lado, Annie busca salvar-se de um casamento que não corresponderia aos seus ideais, bem como Sam é apresentado carecendo de ser salvo de sua solidão e do sofrimento pela falta da esposa. Dessa forma, se estar só é construído recorrentemente nos filmes como uma condição de perigo, que demanda que alguém seja resgatado, pode-se interpretar que a necessidade de "ser salvo" expressa uma perspectiva em que o amor, enquanto fonte de reconhecimento para a individualidade, mais do que opção ou desejo, é interpretado como uma condição geral para a sobrevivência.

Convém relembrar as palavras de Chaumier em continuidade ao que ele chama de "mística do príncipe encantado" e como essa figura era construída em relação ao feminino: "O jogo amoroso é idealização da fantasia do reconhecimento: "o outro me dará minha identidade... ele faz de mim alguém".[5] Disso, deriva-se que o encontro do amor romântico nos filmes é construído como condição fundamental da própria existência, tendo a sua ausência o potencial de engendrar sentimentos às vezes insuportáveis de ansiedade e insegurança. No entanto, a função de "dar a identidade" e "fazer de si alguém" já não é atribuída da mesma maneira ao parceiro. Sua função primordial se torna a de sinalizar seu reconhecimento, confirmando o encontro exitoso de si, mais como unidade pronta e acabada do que como identidade a ser constituída a partir do ideal de fusão com o amante. O encontro de amor então é idealizado como salvação porque é significado como

---

5   *Ibidem*, p. 170.

expressão máxima de uma individualidade reconhecida, aceita e valorizada. O eu errante, formado com base em anúncios publicitários, imperativos de autoajuda e modelos cinematográficos e televisivos, vislumbra no encontro de amor a confirmação de ser digno do prêmio máximo: "ser ele mesmo". E isso se dá num contexto em que a visibilidade se tornara especialmente relevante nas percepções de mundo e de si: ser visto e saber-se visto é a maior prova de existência para o indivíduo contemporâneo.

Se encontrar o amor é "estar a salvo", não encontrá-lo é entendido correspondentemente como constante ameaça de não ser ninguém. Nesse sentido, concordando com os aspectos de narcisismo que Christopher Lasch aponta no final dos anos 1970 e que parecem se intensificar crescentemente, trata-se do pânico de um Narciso que só é capaz de conceber sua existência enquanto imagem refletida no lago. Uma vez afastado daquele que lhe permite ver sua própria beleza, é como se simplesmente não existisse, deixando de ser o objeto refletido para tornar-se, em sua identidade, a imagem refletida em si.

Em relação à nostalgia, segundo ponto de fixação aqui destacado, é recorrente nos filmes analisados a construção de elementos marcados como do passado de maneira a constituir uma relação de valores na qual eles são favorecidos em relação ao presente. Em *Uma Linda Mulher*, tal construção se manifesta por meio do velho Sr. Morse, empresário simpático, mas enérgico na preservação de seus valores, resistindo até o último momento em vender sua empresa para Edward, que pretende desmantelá-la após a compra e revender suas partes. No final do filme, influenciado por sua experiência com Vivian, Edward muda de ideia e ajuda o Sr. Morse a reerguer sua empresa, mantendo a correspondência aos valores do Sr. Morse que o filme apresenta como antigos e mais nobres. Em *Sintonia de Amor,* essa ideia é explícita nas referências a *Tarde Demais para Esquecer*, sendo ainda mais patente quando Annie, assistindo ao filme, comenta: "Aquela era a época em que as pessoas sabiam amar". Em *Titanic,* essa relação com o passado é ainda mais crucial, considerando que o filme trata, basicamente, das memórias de uma senhora idosa sobre seu encontro de amor durante a viagem e a experiência dramática do naufrágio.

Em *Closer*, a relação com o passado aparece mais destacada na composição de Dan, seja nas memórias que ele nutre de sua falecida mãe, seja em seu último momento com Alice, em que eles relembram seu primeiro encontro e Dan insiste em conjugar no passado frases como: "Você era perfeita" e "Aquele foi o momento da minha vida". A relação com o passado também aparece na fala de Larry, quando vai ao clube de *striptease* onde encontra Alice e se lembra de que lá era um bar de música punk na época de sua juventude. Já em *O Amor Não Tira Férias*, a nostalgia recebe grande destaque através do roteirista aposentado Arthur, de sua crítica à produção atual da indústria cinematográfica estadunidense e da maneira saudosa com que ele fala da Hollywood de sua juventude.

Elias relaciona diretamente a nostalgia romântica a uma condição na qual indivíduos encontram-se sob algum tipo de coerção do qual se percebem incapazes de se livrar, sem "destruir a si próprios",[6] uma vez que tais coerções, em certa medida internalizadas, tornam-se percebidas como condições inexoráveis da própria existência naquele contexto, o que sugere a ideia de que uma outra existência só seria possível em outro mundo ou outro tempo distante e inalcançável. De forma que, nessa perspectiva, a angústia característica do nostálgico, a princípio compreendida e aludida como experiência íntima e subjetiva, reflete, em muitos aspectos, uma visão do mundo social no qual se está inserido, dos limites das próprias condições de existência e de sua posição nesse mundo.

Por outro lado, segundo Jankélévitch,

> A nostalgia é uma melancolia humana tornada possível pela consciência, que é a consciência de alguma outra coisa, consciência de um outro lugar, consciência de um contraste entre presente e futuro. [...] A nostalgia é ao mesmo tempo aqui e lá, nem aqui nem lá, presente e ausente...[7]

A construção da nostalgia nos filmes aqui analisados expressa fortemente a consciência desse contraste e esse deslocamento em relação ao presente. Contudo, interpreta-se aqui que o foco desses filmes onde a questão da nostalgia pode ser suscitada tende a sugerir não tanto a construção do passado idealizado, mas a valorização do próprio ato de idealizar esse

---

6   ELIAS, Norbert. A *sociedade de corte*, op. cit., p. 227.
7   JANKÉLÉVITCH, Vladimir *apud* MENEZES, Paulo. *À meia-luz*, op. cit., p. 90.

passado, enquanto indicador de "mérito especial".[8] A tendência à nostalgia na construção das personagens é utilizada como sinal de distinção moral das demais, seja do Sr. Morse, em *Uma Linda Mulher*, enquanto empresário que valoriza construir, em oposição ao mundo agressivo dos negócios representado por Edward, seja de Annie, em *Sintonia de Amor*, que é construída como romântica e sonhadora, enquanto sua amiga Becky, mais ancorada no presente, denota amargura e conformismo.

Essa nostalgia dos filmes, mais do que sugerir o passado como um tempo melhor, torna as personagens apresentadas como nostálgicas melhores e as recompensa ao final, de uma maneira ou de outra. A não ser em *Titanic*, nenhum dos filmes aqui analisados constrói o passado como espaço no qual se desenrola parte visível da narrativa: ele é sempre aludido no discurso das personagens, externalizando pensamentos, crenças e valores em relação a esse passado, algumas vezes até mais do que lembranças. Nesse sentido, não é o tempo passado que é construído, mas a relação das personagens com esse tempo como idealização e, às vezes, memória, marcando mais enfaticamente sua percepção e interpretação distanciada do passado do que sua experiência dele.

Dentro dessa construção, é importante reiterar um aspecto da nostalgia apontado por Jankélévitch e que a diferencia da melancolia. As personagens favoravelmente construídas como nostálgicas nos filmes aqui analisados, por mais deslocadas que pareçam em seu tempo, tendem a manifestar alguma esperança em relação ao objeto de sua nostalgia.

> O nostálgico se instala em uma invencível esperança, pois ele se reconhece cidadão de uma outra cidade e de um outro mundo [...]. Mas, como a esperança é aquela de um Paraíso Perdido, e irremediavelmente perdido, é necessário admitir que a esperança futurista constitui a própria essência da nostalgia passeísta.[9]

Em *Uma Linda Mulher*, o Sr. Morse luta até o último momento para preservar sua empresa e seu ideal de "construir navios", enquanto em *Sintonia de Amor*, por mais que Annie tente abrir mão daquilo a que em algum

---

8   LUHMANN, Niklas. *O amor como paixão, op. cit.*, p. 49.
9   JANKÉLÉVITCH, Vladimir *apud* MENEZES, Paulo. *À meia-luz, op. cit.*, p. 96.

momento se refere como "fantasias de adolescência", ela acaba não resistindo a procurar Sam, indo por fim a seu encontro no topo do edifício Empire State. Em *Titanic,* embora tal esperança não seja construída filmicamente, o final sugere, de certa maneira, a conquista da esperança impossível do nostálgico: no que se entende ser a entrada de Rose no paraíso, ela retorna ao navio como antes do naufrágio, encontrando-se com Jack, estando ambos jovens, como no momento em que se conheceram, além de serem ovacionados por todas as personagens que estavam presentes no naufrágio. De forma que inclusive a fantasia do retorno impossível, para Rose, se realiza. Já em *O Amor Não Tira Férias,* embora talvez não se perceba em Arthur a esperança de retorno à Hollywood "dourada" de sua juventude, percebe-se a preocupação em transmitir algum aprendizado de valores construídos como próprios de sua época, especialmente pela lista de filmes que ele recomenda a Iris. A nostalgia então aparece nessas personagens combinada a um caráter obstinado que contribui para sua diferenciação das demais.

Se o nostálgico é construído como portador de alguma esperança, ainda que sabendo do caráter inalcançável do objeto de sua esperança, o melancólico, por outro lado, "parece abandonar-se na impossibilidade de toda esperança",[10] o que contribui para seu sentimento de indefinição. É importante diferenciar esses dois estados, pois embora a melancolia também seja considerada uma característica "romântica", falta-lhe um caráter de ação que é fundamental na difusão do ideal de amor romântico como modelo de vida: embora valorize a imaginação, conforme já apontara Genard, trata-se de uma "idealização concreta",[11] a qual deve necessariamente engendrar projetos de vida. Tanto que, em *Closer,* a personagem Dan, que apresenta essa indeterminação característica do melancólico, age constantemente de maneira contraditória e denota uma falta de referência definida para seu comportamento e seus desejos, embora incorpore alguns discursos românticos e seja até referido por seu rival como "grande herói romântico". No entanto, ele não é premiado com a conquista amorosa, o que se dá não por falta de pretendentes interessadas em constituir um projeto amoroso com ele, mas em função de sua própria indeterminação.

---

10 MENEZES, Paulo. *À meia-luz, op. cit.,* p. 96.
11 GENARD, Jean Louis. "Reciprocité, sexe, passion: les trois modalités de l'amour". In: ERALY, Alain & MOULIN, Madeleine (org.). *Sociologie de L'amour, op. cit.,* p. 60.

Tem-se, então, em relevo na construção desses filmes que aqueles que nutrem certos valores construídos como do passado é que são melhores, que podem tornar o presente melhor. Assim, eles reafirmam que seus valores, embora pareçam ultrapassados, não apenas resistem às mudanças mais amplas do mundo social, preservando as qualidades de sua individualidade a princípio anacrônica, como justificam seus "méritos especiais". Isso é bastante evidente em *Sintonia de Amor,* em todo o desconforto que Sam experimenta ao longo da trama quando se vê pressionado a buscar novos relacionamentos e não sabe como agir. Toda a pressão para Sam relacionar-se com alguém é construída na chave de uma demanda do presente no qual ele se vê defasado em relação às dinâmicas da sedução entre homens e mulheres. Apenas em seu encontro final com Annie, a partir de um simples toque de mãos aludido como mágico, de forma semelhante ao que experimentara ao conhecer sua esposa, e que Sam encontra a condição de um desfecho feliz, mantendo válido seu referencial ideal do passado.

A construção dos valores individuais tidos como necessários para a conquista do "verdadeiro" amor, mais do que estabelecer méritos especiais para os portadores de tais valores, analisada em conjunto, parece realçar um desajuste, um descompasso do ideal amoroso com o presente. Embora mostrem esse amor "desajustado" encontrando seus caminhos e triunfando, eles mais parecem ressaltar o caráter impossível dessas relações enquanto elemento que as identifica e qualifica. De maneira geral, as personagens dos filmes aqui estudados expressam a necessidade de se distinguir do "comum" (os outros) ou pelo menos do que é comum (cotidiano, rotineiro, usual) em sua vida para poderem usufruir do amor, sendo que isso é tratado como requisito para experiência amorosa "verdadeira".

Embora haja o discurso "democrático" do amor como experiência universal, o direito a essa experiência é construído na chave da distinção, do merecimento conquistado por atos de heroísmo ou da promoção de outros valores construídos como ultrapassados. E no caso dos filmes estadunidenses, essa distinção encontra proximidade com ideais de obstinação, persistência e, principalmente, um ar "sonhador", a capacidade de imaginar, de se projetar fora da própria vida cotidiana, de não aceitá-la em suas condições imediatas. Mas o caráter sonhador, por si, não basta, requerendo, para o estabelecimento dos méritos especiais, a crença naquilo que é filmicamente construído como "irrealizável", constituindo uma relação maniqueísta entre sonho e "realidade", conferindo ao primeiro a função moral de transformar o segundo.

Se em quase todos os filmes isso parece funcionar muito bem, apenas em *Closer*, que se contrapõe aos demais, essa perspectiva se revela como problemática, embora não menos presente. Em *Closer* há a busca por essa diferenciação em relação aos demais e por seu reconhecimento, mas ela não leva ao êxito, o que se percebe principalmente em Dan e nos fracassos tanto de seu livro quanto de sua vida amorosa. No filme ele critica a simplicidade de seu rival e fala com desprezo de sua profissão – médico dermatologista –, ao mesmo tempo em que se mostra frustrado enquanto redator de obituários, tentando afirmar-se como escritor.

No entanto, como foi apontado, embora incorpore discursos românticos, o problema maior de Dan, que impede seu sucesso, é sua indefinição. Para ser um herói romântico nostálgico, falta-lhe definir um referencial – seja de tempo, seja de valores ou de projeto de futuro – a partir do qual deveria orientar seu comportamento. Uma das contradições mais expressivas da personagem no filme é quando ele diz para Anna que preferia que ela mentisse para ele sobre ter feito sexo com Larry e, poucas cenas mais adiante, com Alice, ele insiste para que ela lhe diga a verdade por ser "viciado em verdade". De forma que, se por um lado Dan tenta diferenciar-se do comum e orientar-se por sua imaginação romântica, por outro, em sua indefinição – que pode ser entendida também como identitária –, ele não tem clareza de que imagem sustentar, sabendo apenas que essa imagem deve distanciar-se do que ele tem para si como sendo "comum".

Percebe-se em *Closer* que, embora as personagens tendam a ser orientadas pelos mesmos discursos e valores de amor dos outros filmes, também valorizando o heroísmo e olhares e posturas idealizantes em relação ao passado, o seu recorte abrangendo aproximadamente quatro anos de relações estabelecidas coloca em relevo uma construção dos ideais orientadores do amor como impraticáveis nas relações, mas, nem por isso, menos desejados e buscados. Há, então, tanto em *Closer* quanto nos demais filmes, uma construção de percepções que restringem o amor ao universo do imaginário. Nos demais filmes, o "real" é construído como o lugar de todos os obstáculos para os amantes, mas podendo ser superado por sua perseverança em buscar e sustentar seus ideais, enquanto que, por outro lado, *Closer* constrói a mesma distinção valorativa na vida das personagens, mas sem promover o triunfo do imaginário. A partir dessa perspectiva, a importância do terceiro ponto de fixação aqui sublinhado, referente às citações cinematográficas, torna-se mais clara.

Em *Closer*, embora a relação com o cinema não seja diretamente construída, toda ênfase na questão dos olhares, jogos de imagens e inclusive da fotografia através da personagem de Julia Roberts permitiu, em seu emprego como contraponto, problematizar relações entre imagem e imaginação para a experiência amorosa. Se em *Closer* parecem evidentes e insolúveis os conflitos entre experiência prática e idealização na vida amorosa das personagens, sendo tal problemática construída com ênfase nos olhares, mesmo que não trate de referências cinematográficas, ele expressa a questão da visualidade e seus jogos de mostrar e ocultar, tão característicos do cinema e, em grande parte, incorporados à vida íntima e afetiva, apesar da idealização do âmbito das relações amorosas como livre de encenação, de construção e seleção de imagens e comportamentos de fachada.[12]

Além de serem recorrentes nos filmes dessa amostra, as referências mais ou menos diretas ao meio cinematográfico – principalmente hollywoodiano – são bastante comuns no cinema, variando de alusões a citações de diálogos e inclusive cenas de outras produções reproduzidas dentro dos filmes. Em *Uma Linda Mulher*, além das boas-vindas à Hollywood, há as referências a Audrey Hepburn discutidas no segundo capítulo. Em *Sintonia de Amor*, mais do que referências a *Tarde Demais para Esquecer*, a relação das personagens com este filme é fundamental tanto para a caracterização do feminino quanto para o desenvolvimento da narrativa e o encontro final do par central. Além disso, o filme faz menções a várias outras produções durante os diálogos, construindo a relação das personagens com referências culturais a partir de filmes como *Os Doze Condenados* e *Atração Fatal*. Em *Titanic*, quando Jack se encontra com Rose na primeira classe para jantar e beija-lhe a mão, ele logo em seguida diz ter visto aquele gesto no cinema e sempre desejara imitá-lo um dia. Finalmente, em *O Amor Não Tira Férias*, as referências a filmes e ao meio cinematográfico são constantes na construção do enredo e das personagens, com os *trailers* imaginados por Amanda, as trilhas sonoras referidas por Miles, as sugestões de filmes de Arthur e a lição de que Iris deve agir como a "atriz principal" de sua vida.

---

12   No sentido do termo utilizado por Goffman em *A representação do Eu na vida cotidiana.*, *op. cit.*, p. 31.

Mais do que construir discursiva e imageticamente a conquista de ideais que se encontrariam restritos ao universo da imaginação, ao tomar Hollywood o próprio cinema hollywoodiano como referência, esses filmes constroem visual e discursivamente os próprios ideais, abertamente declarados como distintivos do que eles próprios constroem como "realidade", com as referências constantes a sonhos, mas apresentados como melhores. Esse cinema que clama para si abertamente, em suas histórias e em sua indústria, o papel de terra dos sonhos, onde tudo pode acontecer e onde os desejos se realizam, é a oferta pronta, técnica e ricamente construída das idealizações. E assim, eles sinalizam ideais construídos como moralmente preferíveis em relação a outros.

Construir a experiência amorosa nos filmes na chave das distinções morais e valorativas do que esses mesmos filmes constroem como "realidade", a qual deve ser sempre superada em nome dos ideais e da crença na força transformadora do amor, sugere a existência de formas socialmente reconhecidas e compartilhadas de se conceber o amor que necessariamente passam pela valorização do imaginário. E ao se colocar como terra de sonhos e se afirmar como tal, Hollywood se torna uma referência importante, não tanto porque sugere a possibilidade da fantasia amorosa, mas precisamente porque reforça a significância de seu aspecto imaginário. Mais importante do que necessariamente "realizar" o sonho, usando as palavras finais de *Uma Linda Mulher*, é "continuar sonhando", porque é precisamente o "continuar sonhando" que dá reconhecimento e legitimidade à experiência do amor romântico.

O amor romântico deixou de ter um caráter rebelde[13] que encontrava em relações consideradas interditas entre diferentes classes e/ou extraconjugais o seu aspecto de sonho e fuga para ser a regra, considerado como requisito para uniões estáveis. Uma vez tomado como regra para uniões consideradas legítimas, esse modelo de amor, de ideal imaginário, converteu-se em meta determinante para a vida afetiva e sexual contemporânea, estabelecendo prerrogativas e normas de condutas moralmente aprovadas. No entanto, se antes as normas que regulamentavam o matrimônio eram consideradas indistintas da regulamentação da vida sexual e afetiva de maneira geral, percebeu-se nas últimas décadas uma flexibilização tanto do lado sexual quanto

---

13 Sobre o aspecto de rebelião como característica romântica, ver: CAMPBELL, Collin. *A ética romântica e o espírito do consumismo moderno*, op. cit., p. 252.

do afetivo, sendo o amor cada vez menos percebido como algo que deva necessariamente conduzir ao matrimônio ou se legitimar a partir dele. Se por um lado isso significa uma importante conquista de liberdade nas relações afetivas, por outro, esbarra na dificuldade de indivíduos estabelecerem referências que considerem consistentes para suas relações amorosas.

Como Beck argumenta, "o amor tornara-se um projeto de esperanças e ações desemaranhado dos antigos laços e restrições antigamente infligidos pelo Estado, pela lei e pela igreja, desenvolvendo sua própria lógica interna, seus conflitos e paradoxos".[14] E essa lógica interna é variável e transitória, profundamente afetada pelo humor do momento, o que pode facilmente conduzir alguém à impressão de que, se não está experimentando as delícias do estado nascente de sua relação, é porque o amor ali já se extinguira. Por outro lado, pode-se igualmente esperar que as relações devam se iniciar a partir de uma afinidade instantânea e praticamente mágica – como aquela aludida no toque de mãos em *Sintonia de Amor* –, de maneira a desacreditar, de saída, toda experiência em que não se perceba tal afinidade e demande investimento, envolvimento e, sobretudo, tempo.

Muitas vezes, essa percepção encantada do primeiro encontro é profundamente afetada por condições subjetivas e momentâneas que podem predispor a essa interpretação, conferindo significações diferenciadas para o encontro. Isso é perceptível em *Sintonia de Amor*: antes de ouvir sua mãe e, em seguida, Sam falarem da magia do amor sentida no toque de mãos, Annie parecia tranquila e satisfeita na relação com seu noivo. Apenas a partir do momento que ela se permite acreditar naquele caráter mágico do amor é que ele se torna imprescindível para sua vida, sendo algo que a personagem jamais experimentara antes e que, subitamente, em função de coincidências interpretadas como "sinais", passa a ocupar insistentemente seus pensamentos e instigar sua imaginação em relação a um completo desconhecido.

O emprego da imaginação, o deslocamento e definição do amor como pertencente a um mundo essencialmente ideal e mental é um elemento básico da constituição das noções de amor contemporâneas e dos sentidos que orientam sua busca e a construção de sua experiência. E, embora tal aspecto seja reconhecido e valorizado em seu caráter de projeção, tende-se a rechaçar seu componente racional e interpretativo, normalmente envolvido

---

14   BECK, U. *The normal chaos of love*, op. cit., p. 171.

no senso de planejamento e estruturação das próprias idealizações e desejos dentro de uma narrativa individual. Segundo Chaumier:

> Não se deve subestimar o papel do imaginário na invenção de novas relações que, por intermédio de representações sociais, fornece quadros e padrões amorosos. O amor moderno é um vaivémconstante entre o real e o imaginário. Bem descrito por Stendhal, a cristalização – isto é, o fato de idealizar outro para vir a amá-lo, forma de excrescência do sentimento espontâneo – se tornou o sinônimo do amor no ocidente.[15]

A isso, combina-se a presença já consolidada de mídias de comunicação audiovisuais que, entre outras coisas, oferecem modelos narrativos e de construções simbólicas, visuais e causais que já se tornaram naturalizadas nas sociedades contemporâneas, operando, não raramente, uma relação cada vez mais indiferenciada com as imagens construídas, como se essas correspondessem ou mesmo superassem as experiências da vida prática. Tendo a indústria cinematográfica consolidado alguns padrões narrativos mais ou menos recorrentes em suas histórias de amor ao longo das últimas décadas, esses acabam oferecendo imagens de "padrões amorosos" que, embora próprios da narrativa cinematográfica para fins de sua legibilidade enquanto linguagem, são muitas vezes percebidas indistintamente como "padrões amorosos" gerais.

Concordando com Mills que "não experimentamos fatos sólidos e imediatos, mas estereótipos de significados",[16] entende-se aqui que as mídias audiovisuais oferecem "estereótipos de significados" em relação ao amor que, apesar de suas imagens convincentes, não apontam qualquer experiência que, por si só, seja distintamente amorosa a não ser que esse significado seja construído no filme como tal. Tais estereótipos são particularmente relevantes na socialização das gerações mais jovens, que mais do que as anteriores, conforme Lahire já observara, experimentam um contato maior e mais constante com mídias de comunicação de massa.[17] Ainda crianças, bem antes da puberdade, as gerações

---

15 CHAUMIER, Serge. *La déliaison amoureuse, op. cit.*, p. 27.
16 MILLS, Charles Wright. O homem no centro: o designer. In. *Sobre o artesanato intelectual e outros ensaios, op. cit.*, p. 66.
17 Cf. LAHIRE, Bernard. *A cultura dos indivíduos, op. cit.*, p. 516.

mais novas estão em contato com canções de amor, desenhos animados e toda variedade de filmes onde heróis salvam mocinhas e as beijam no final. Tudo isso compõe grande parte da construção de seus aprendizados e valores em relação ao amor bem antes que lhes seja socialmente facultado buscá-lo e experimentá-lo. Da mesma maneira, sua imaginação em relação ao amor e ao sexo é estimulada consideravelmente antes da experiência. Isso é expresso na cena de *Sintonia de Amor* em que Jonah pergunta para seu pai se, quando ele for fazer sexo com uma mulher, ela lhe arranhará as costas, referindo-se a algo que vira na televisão a cabo na casa de um amigo.

O exercício da imaginação, enquanto componente de algo incentivado como meta culturalmente estabelecida a ser atingida por todo indivíduo, ao deparar-se com uma indústria especializada em converter fantasias e idealizações em imagens verossímeis, encontra um poderoso referencial com potencial para influenciar comportamentos na construção e na busca dessa experiência idealizada. Em decorrência disso, produtos de mídias audiovisuais acabam sendo um veículo pelo qual estereótipos de significados são difundidos e compartilhados, sendo referências que frequentemente precedem as experiências. Contudo, ao afirmar que o cinema serve como veículo para difundir esses estereótipos em relação ao amor e, às vezes, até modelos de posturas, não se promove aqui a hipótese de que os espectadores simplesmente imitam aquilo que veem nos filmes. "Podemos ser influenciados pelo cinema para bem e para mal, mas se o somos, é muito mais complicado do que à primeira vista parece e, possivelmente, é até contraintuitivo."[18]

Seria demasiadamente ingênuo supor que a relação do cinema com as perspectivas contemporâneas de amor se limitasse à ideia de que os espectadores simplesmente tentam reproduzir em sua vida tudo aquilo que veem no cinema e se frustram sucessivamente com a falta de correspondência entre sua experiência e aquela vista no filme, embora, ocasionalmente, isso possa acontecer, especialmente entre adolescentes. O cinema influencia porque oferece códigos e símbolos, encadeia imagens, mensagens e significações. Conforme Menezes, ele nos coloca, através da *representificação*, diante de relações entre imagens, sons e diálogos, entre o que é mostrado e o que é escondido,[19] "algo que provoca reação e exige nossa tomada de

---

18 JARVIE, Ian Charles. *Sociología del cine, op. cit.*, p. 34.
19 Cf. MENEZES, Paulo. O cinema documental como representificação. In: NOVAES, Sylvia Caiuby (org.). *Escrituras da imagem, op. cit.*, p. 45

posição valorativa, relacionando-se com o trabalho de nossas memórias voluntária e involuntária que o filme estimula".[20] E todo o conjunto de crenças e referências que define o que alguém interpretará como amor e as ações que ele empreenderá em sua decorrência é orientado por posições valorativas que, por sua vez, definirão para o indivíduo em questão se ele deverá, por exemplo, expressar seu amor na forma de um relacionamento monogâmico ou de um relacionamento aberto.

Conforme se observou nessa pesquisa, o cinema estadunidense de grande público tende a construções recorrentes do "amor ideal" sobrevalorizando não apenas seu aspecto imaginário, mas, frequentemente, seu aspecto imaginário conforme as construções hollywoodianas. Em momento algum os filmes dessa amostra sugerem qualquer imitação das posturas de suas personagens, mas estabelecem valores específicos e diretamente relacionados à sua indústria. Isso se expressa quando em *Uma Linda Mulher* a mesma voz que dá as boas-vindas à Hollywood enquanto "terra dos sonhos" incentiva ao final que se continue sonhando. De maneira semelhante, isso é construído em *O Amor Não Tira Férias,* quando Iris se dá conta de que deve se tornar a protagonista de sua vida. Existem formatos mais ou menos pasteurizados de construir o sonho e a experiência do "amor ideal" característicos do cinema hollywoodiano, embora incorporem vários aspectos literários já apontados que podem remeter até à Idade Média. Alguns chegam inclusive a mitigar seus elementos sexuais e eróticos, como em *Sintonia de Amor*, onde o par central sequer se beija, ou ainda, em *O Amor Não Tira Férias*, em que o par formado por Miles e Iris é construído principalmente na chave da amizade, sendo que o máximo que se vê desses dois no final é um toque muito comportado e delicado de seus lábios, de maneira semelhante àquela que muitas mães às vezes beijam seus filhos pequenos.

Jarvie argumenta que

> o "realismo" cinematográfico é uma causa perdida. A realidade não é uma entidade que possa ser apreendida como se apreende a verdade graças a uma afirmação verdadeira. Um sentido da realidade, em relação ao cinema, é um intento de indicar que os personagens

---

[20] MENEZES, Paulo. O cinema documental como representificação. In: NOVAES, Sylvia Caiuby (org.). *Escrituras da imagem, op. cit.*, p. 46.

e situações estão claramente expostos, e que a lógica de sua interação é coesiva, consistente e convincente. Aquiesce-se ao que mostram e dizem (vagamente) que é "real" ou "verdadeiro". A dificuldade aqui está em que qualquer situação dramática que sabemos que vai se produzir, ao ser-nos mostrada com todo detalhe e pela primeira vez, produz um impacto tão grande que a faz desproporcionalmente convincente.[21]

No caso do amor, que desde suas raízes românticas na literatura estabelecera-se como ideal conscientemente distinto da "realidade", uma vez construído na narrativa de forma convincente, principalmente em seus aspectos que ressaltam seu valor distintivo pelo emprego do imaginário, sua versão cinematográfica se coloca declaradamente como modelo para os sonhos, e não para a vida cotidiana. No entanto, esse modelo aparece num discurso que incentiva constantemente a busca pelos sonhos, no sentido de empregar ações e esforços específicos para convertê-los em um modo de vida. De tal forma que, mesmo sendo apresentado nos filmes sob o signo dessa distinção valorativa entre "realidade" e "sonho", o amor é incentivado como meta praticamente obrigatória, e que deve seguir certos parâmetros que são, sobretudo, culturais, embora sejam frequentemente construídos cinematograficamente como naturais e universais.

O amor se manifesta, sobretudo, na crença e nas interpretações morais que orientam as experiências, as relações afetivas e sexuais, constituídas a partir de sua elaboração pelo imaginário. Obviamente, estas não estão restritas ao plano das ideias ou do imaginário, com seus sinais manifestando-se claramente no corpo dos amantes, sendo tais manifestações interpretadas dentro de contextos variáveis. Concorda-se então com Eraly quando este afirma que o amor é "uma constelação de percepções, posturas, tendências, sentimentos suscitados por uma pessoa em diferentes situações".[22] E, mesmo imaginário, ele orienta ações concretas, racionais e planejadas: da compra de roupas e acessórios para seduzir o parceiro ao projeto de um casamento, de adquirir um imóvel e de ter filhos ou não. Ações que tem seu

---

21 JARVIE, Ian Charles, *Sociología del cine, op. cit.*, p. 200.
22 ERALY, Alain. L'amour éprouvé, l'amour ennoncé. In ERALY, Alain & MOULIN, Madeleine (org). *Sociologie de L'amour*. Université de Bruxelles, 1995, p. 42.

impacto na vida econômica e social, ainda que orientadas por algo enfatizado como imaginário e particular.

A dicotomia que comumente se estabelece entre "real" e imaginário dificilmente se sustenta ao tratar do amor e dos valores que orientam relações afetivas, uma vez que, mesmo em seus aspectos mais práticos e objetivos, a vida recorre à imaginação e a signos para funcionar. Isso é particularmente relevante em tudo que concerne à comunicação, processo que não se dá tanto com objetos concretos, mas com sistemas de interpretação e significação que, embora em alguma medida compartilhados, não são absolutos. Aliás, em seus aspectos mais simbólicos e alusivos, a comunicação, enquanto conjunto de códigos reconhecidos, de significados mais ou menos compartilhados, é bem mais abstrata e variante do que objetiva e monocórdica. Se a compreensão, tanto da vida social mais ampla como da vida particular, seus sentidos e potenciais objetivos, depende de interpretações que são em alguma medida social e culturalmente balizadas, contextualmente localizadas e, sobretudo, *aprendidas*, não se pode separar a experiência vivida das formas com que se aprendeu a imaginá-la e, a partir disso, avaliá-la, reconhecê-la, valorizá-la e, assim, orientar-se perante ela.

Entendendo que os comportamentos e ações na vida em sociedade são orientados por valores e que estes não são intrínsecos aos objetos e às coisas, mas culturalmente construídos, significados e transformados, concorda-se com Weber quando este aponta:

> a significação que para nós tem um fragmento da realidade não se encontra evidentemente nas relações que compartilha, tanto quanto possível, com a maior parte dos outros elementos. A relação da realidade com as ideias de valor que lhe conferem uma significação, assim como o sublinhar e ordenar os elementos do real matizados por esta relação sob o ponto de vista da sua significação cultural constituem perspectivas completamente diferentes e distintas da análise da realidade levada a cabo para conhecer as suas leis e a ordenar segundo conceitos gerais.[23]

---

23 WEBER, Max. A "objetividade" do conhecimento nas ciências sociais, in *Ensaios sobre a teoria das Ciências Sociais* São Paulo: Centauro, 2008, p. 35.

Portanto, no presente contexto, os discursos e imagens sobre o amor construídos em filmes constituem parte de uma significação cultural, que é, em grande medida, compartilhada também através de mídias audiovisuais cujas bases técnicas e narrativas desenvolveram-se e reproduziram-se a partir do cinema. Considerando essas mídias importantes veículos de difusão de conteúdos e significações, a análise de um de seus produtos mais reconhecidos é particularmente relevante para a compreensão do amor enquanto objeto que é fundamentado em discursos que o colocam ao mesmo tempo em oposição ao "real", mas também como determinante do mesmo, sobrevalorizando seus aspectos de construção moral mais do que de experiência. De tal forma que discutir a "realidade" do amor, especialmente em contraposição à sua construção nos filmes, dentro da perspectiva desse trabalho, é completamente inócuo. Afinal, conforme Mills:

> Entre essas artes [de massa, públicas e de design] e a vida cotidiana, entre seus símbolos e o nível de sensibilidade humana, há agora uma contínua e persistente ação recíproca. Eles se refletem tão precisamente que com frequência é impossível distinguir a imagem de sua fonte. Visões sussurradas muito antes da maturidade sexual, imagens recebidas no descanso da escuridão, slogans reiterados em casa e na sala de aula determinam a perspectiva em que vemos e deixamos de ver os mundos em que vivemos; significados sobre os quais nunca pensamos explicitamente determinam nossos julgamentos sobre quão bem ou quão mal estamos vivendo nesses mundos. Os resultados dessas comunicações são tão decisivos para a própria experiência que muitas vezes os homens não acreditam realmente no que "veem diante de seus próprios olhos" até que tenham sido "informados" acerca disso pelo anúncio oficial, o rádio, a câmera, a nota distribuída à imprensa.[24]

Do ponto de vista de uma "contínua e persistente ação recíproca", a separação entre as noções de amor construídas no cinema e sua experiência na vida cotidiana fora das telas é sem sentido. Principalmente porque a

---

24 MILLS, Charles Wright. O homem no centro: o designer. In. *Sobre o artesanato intelectual e outros ensaios, op. cit.*, p. 67.

experiência amorosa é vivida, sobretudo, enquanto significação. Relações sexuais satisfatórias, coincidências e afinidades de gostos, gestos altruístas, pensamentos recorrentes sobre uma mesma pessoa, entre outros inumeráveis fenômenos, por si só não constituem amor, a não ser que sejam significados como tal. E parte considerável de como se aprende a significá-los não depende tanto da vivência prática particular, mas, principalmente, de conhecer em alguma medida os códigos, seu vocabulário e sua gramática, os quais são paulatinamente difundidos, de forma muitas vezes didática, pelos meios de comunicação de massa. E, com toda a importância atribuída ao amor para o estabelecimento e reconhecimento máximo da autoidentidade, não é absurdo decorrer que a identidade pessoal das gerações contemporâneas nascidas e crescidas sob a luz intermitente de telas de televisores, computadores e salas de cinema seja profundamente afetada por essas mídias:

> No presente, o comércio das imagens e sensações é a âncora identificatória dos indivíduos. Saber quem ou o que se é significa tomar: a) o que se "experimenta" como sensações e b) o que é oferecido nos modelos publicitários como critério para saber o que se deve ser. As drogas legais ou ilegais, os cuidados corporais, as imagens televisivas deixaram de ser meios marginais na construção das identidades subjetivas; tornaram-se os instrumentos por excelência de acesso "às verdades de nossa natureza".[25]

Embora Giddens proponha que "na época atual os ideais de amor romântico tendem a fragmentar-se",[26] o que se entende a partir das análises e discussões engendradas nesta pesquisa é que, apesar de uma dispersão desses discursos, com concepções às vezes contraditórias do que seria "amor romântico", não há enfraquecimento desse tipo de amor ao se considerar seus dois principais elementos constitutivos: o caráter narrativo e o caráter imaginativo. Ao contrário, pela difusão e pluralização desse ideal, que hoje não se limita, para ser reconhecido, a planos de matrimônio e estruturação de uma família nuclear

---

25 COSTA, Jurandir Freire. *Sem fraude nem Favor*. Rio de Janeiro: Rocco, 1998, p. 215.
26 GIDDENS, Anthony. *A transformação da intimidade,* op. cit, p. 72.

burguesa, o referencial romântico se reforça tanto a ponto de ser quase impossível conceber outra forma de amor para se referir a relações afetivo-sexuais.[27]

Se por um lado o amor romântico parece perder sua força no que diz respeito aos aspectos "rebeldes" do romantismo, uma vez que há cada vez menos contra o que se rebelar quando o amor romântico torna-se a regra, sem grandes riscos de se "morrer por amor", por outro lado, a idealização romântica é mantida na busca e estimulada, uma vez que se entende que a experiência de momentos ideais não só é possível como obrigatória. E, como se tem observado neste trabalho, a capacidade de imaginar, "sinal de um romântico de sucesso",[28] muitas vezes é mais relevante do que a capacidade de concretizar o que foi imaginado. Na concepção que se tornou predominante, a existência do amor só é reconhecida pela capacidade individual de imaginá-lo e se projetar fora do presente, para além da experiência. Esse trabalho imaginário, mental e individualizado é a única possibilidade de diferenciação de expressão amorosa na relação quando as condições contemporâneas para se escapar das constrições associadas à exclusividade sexual e durabilidade tornam-se mais acessíveis e correntes. A experiência sexual em si, mesmo intensa e imensamente prazerosa, não tende a ser qualificada como amorosa. Uma vez encerrada, assume-se como passageira, portanto, fugaz, contrapondo-se ao ideal sublime, o qual deve persistir na mente do indivíduo, ao menos pelo estímulo da memória. Não é a experiência que significa e confirma o amor, mas o amor que significa a experiência.

As referências socialmente valorizadas de amor, enquanto construções simbólicas de interpretação de códigos e de situações, não estão em nada que possa ser concebido como "realidade" em oposição à ficção cinematográfica, televisiva ou literária. Todas essas se tornam componentes da própria vida e das formas como as relações interpessoais são significadas e orientadas, especialmente quando ela é pensada em termos narrativos. Uma vez que se aprende a ver e interpretar a vida íntima como um romance, com uma estrutura mais ou menos definida enquanto projeto mental que valoriza a possibilidade de visualizar a si e ao outro fora do presente e além da experiência, o amor só é vivido e reconhecido possuindo esse aspecto imaginativo. Como Beck aponta, o amor enquanto ideal tem seu valor elevado de tal maneira que a persistência em um relacionamento no qual ele pareça ter se esvanecido torna-se intolerável e sem

---

27 Cf. CHAUMIER, Serge. *La déliaison amoreuse*, op. cit., p. 121.
28 Cf. WILDING, Raelene. *Romantic love and 'Geting married'*, op. cit., p. 378.

sentido dentro das perspectivas atuais.[29] De forma que, embora a experiência do ideal amoroso só tenha possibilidade de existir em um relacionamento, a manutenção do ideal – e de sua legitimidade enquanto tal – tornara-se preponderante sobre a manutenção do relacionamento.

Dentro da concepção de vida amorosa como narrativa, muitas vezes parece haver a dificuldade em dissociá-la da imagem de um longo romance, no qual todos os eventos devem se conectar logicamente em continuidade até uma conclusão definitiva, uma vez que as condições da vida contemporânea parecem conduzir a algo mais próximo de uma coletânea de histórias menores, sucessivas, não necessariamente conectadas entre si, com seus próprios desenlaces. Mas ainda se mantém culturalmente firme a valorização da relação única, que, uma vez considerada legítima, torna todas as outras anteriores ressignificadas como erros, acidentes de percurso, pequenos desvios, percebidos como necessários para algum aprendizado e provação até o encontro do verdadeiro amor. E às vezes tal ressignificação nem depende do estabelecimento de uma nova relação, como acontece em *Sintonia de Amor*: Annie não precisou estabelecer um relacionamento com Sam para repensar seu relacionamento com Walter.

O que se interpreta dos filmes dessa amostra e pode ser observado em muitos outros não trabalhados aqui é que a heroína se distingue pela capacidade de fantasiar, de projetar-se fora do que é construído filmicamente como sendo a sua realidade: em *Uma Linda Mulher*, Vivian diferencia-se de sua amiga Kitty por não aceitar a sua condição de prostituta, e, pouco antes do fim de seu contrato com Edward, ela afirma: "Eu quero o conto de fadas". De maneira semelhante em *Sintonia de Amor*, Annie distingue-se de sua amiga Becky por, nas palavras desta última, "não querer estar apaixonada, mas querer estar apaixonada em um filme". Essa valorização da imaginação não é nenhuma invenção da indústria cinematográfica, mas, conforme Campbell, expressa um hedonismo caracteristicamente moderno que sobrevaloriza o estímulo do prazer pela imaginação, mais do que pelas sensações físicas.[30] Com a diferença que, no contexto contemporâneo, busca-se mais intensamente a conjunção dos dois, sendo que o amor romântico já se tornara percebido como acontecimento natural, mais do que como uma complexa construção cultural. Nesse sentido, concorda-se com Chaumier quando este afirma:

---

29 Cf. BECK, Ulrich & Elisabeth. *The normal chaos of love*, Cambridge: Polity, 2002, p. 173.

30 Cf. CAMPBELL, Collin. *A ética romântica e o espírito do consumismo moderno, op. cit.*, p. 103.

> O amor dito romântico não é então um afeto eterno e universal. Trata-se mais de um sentimento situado socialmente e historicamente [...]. Não que suas ligações não existissem nas ditas sociedades tradicionais, mas simplesmente elas são controladas de maneira diferente. Elas não são nem o fundamento da identidade, nem a finalidade da vida conjugal. *Trata-se de situar a problemática do amor em relação a um reconhecimento social, uma legitimidade* e não a uma gênese do amor em si.[31]

No atual contexto, a experiência amorosa culturalmente constituída encontra nos filmes um excelente meio de difusão de sua expressividade em dimensões diversas: desde o aprendizado do que seria uma trilha sonora adequada para um jantar, para uma noite íntima ou para um pedido de casamento, passando pelo gestual – formas de beijar, abraçar, olhar – e pelos discursos para compor referências claras e visíveis do que buscar e do que esperar. E tais modos de agir são reconhecidos e reproduzidos como expressões legítimas e quase naturais do amor.

As imagens e discursos de amor do cinema hollywoodiano se sustentam na contemporaneidade e tomam parte nos projetos de vida e nas formas de interpretação das experiências individuais não porque constituem uma relação de fidedignidade, mas porque estimulam a imaginação e o domínio de códigos e simbologias próprias que são significantemente ligadas a uma conquista transcendental. E o amor cinematográfico "convence" porque, na síntese do roteiro, ele é estabelecido dentro de uma estrutura lógica, com sentido, causas e consequências bem definidos.

> A impressão de realidade baseia-se também na coerência do universo diegético construído pela ficção. Fortemente embasado pelo sistema do verossímil, organizado de forma que cada elemento da ficção pareça corresponder a uma necessidade orgânica e apareça obrigatório com relação a uma suposta realidade, o universo diegético adquire a consistência de um mundo possível, em que a construção, o artifício e o

---

31 CHAUMIER, Serge. *La déliaison amoureuse, op. cit.*, p. 127 (grifo nosso).

arbitrário são apagados em benefício de uma naturalidade aparente.[32]

O cinema contribui com maneiras de olhar e construir os próprios sonhos e ideais e, assim, ajuda a compor "cinematograficamente" a narrativa individual de incontáveis espectadores e o planejamento de sua vida íntima e afetiva. E se o amor, tanto nos filmes como na literatura, é o que confere ao indivíduo comum a possibilidade de reconhecer-se como especial e distinguir-se valorativamente do mundo, superando a condição de figurante anônimo para protagonista, a experiência amorosa – com toda sua idealização e seu trabalho mental e imaginativo – é o que mais se aproximaria dessa satisfação narcisista culturalmente incentivada.

Ao construir histórias com mensagens de conteúdo moral e didático mais ou menos explícito, as produções fílmicas não apenas estabelecem conexões com seu público, como também expressam seu caráter de construção social, cujos sentidos são constituídos não apenas internamente, mas na relação com o público e com o próprio cinema. E essas relações, na amostra aqui analisada, mostram-se consistentes pelas constantes referências a outros filmes na construção não apenas de seus enredos, mas das personagens, de seus gostos, gestos e aspectos de sua personalidade que indicam seu lugar no tempo, na história e na cultura de um contexto em que as mídias audiovisuais fazem parte do dia a dia e de como as pessoas percebem o mundo e a própria vida. Nesse sentido, ao se tratar dos valores e ideologias expressos nos filmes enquanto "conjunto das possibilidades de simbolização concebíveis em um momento dado",[33] os limites entre o conteúdo dentro e fora das telas se dissipam por meio do imaginário.

O papel do cinema, nesse aspecto, é particularmente relevante hoje porque o que o espectador enxerga, a princípio, não é o código, mas a aparente manifestação espontânea do amor em si, embora haja um trabalho de interpretação das imagens – que, não raramente, passa despercebido – e da leitura de códigos diversos, presentes desde declamações à simples imagem de um beijo de olhos fechados. E a ampliação que o cinema

---

[32] AUMONT, Jacques *et al.* *A Estética do Filme*. São Paulo: Papirus, Coleção Ofício de Arte e Forma, 1995, p. 50.

[33] SORLIN, Pierre. *Sociologie du cinéma, op. cit.*, p. 201.

promove da expressividade – seja através do *close-up*[34] ou do emprego da trilha sonora, entre outros recursos – se estende para a vida cotidiana dos espectadores, afetando as formas como eles se comunicam e se compreendem. Conforme Sennett:

> A lógica toda da tecnologia das comunicações do século XX foi determinada por essa abertura da expressão. E ainda assim, apesar de termos venerado a ideia de facilidade da comunicação, ficamos surpresos com o fato de que a "mídia" resulte numa passividade ainda maior da parte daqueles que são os espectadores.[35]

O cinema hollywoodiano, ao longo de sua história, ao estabelecer fórmulas expressivas diversas, seja em função da censura, seja em função de necessidades e limitações técnicas, contribuiu para enriquecer a linguagem do amor de tal maneira que hoje, estando tão impregnada na cultura contemporânea, é impossível diferenciar precisamente formas de expressar, reconhecer e projetar o amor que não sejam, em alguma medida, influenciadas por suas várias construções cinematográficas.

E embora os discursos de amor reproduzidos nos filmes tendam a colocar o amor como completamente avesso à racionalidade, o que se observou é que tal separação, embora discursivamente sustentada, é tão problemática e improcedente quanto a separação entre "realidade" e imaginação na experiência amorosa:

> Amamos com sentimentos, mas também com razões e julgamentos. A racionalidade está tão presente no ato de amar quanto as mais impetuosas paixões. Amar é deixar-se levar pelo impulso passional incoercível, mas sabendo "quem" ou "o que" pode e deve ser eleito como objeto do amor. A imagem do amor transgressor e livre de amarras é mais uma peça do ideário romântico destinada a ocultar a evidência de que os amantes,

---

34 A esse respeito, ver os textos de Béla Baláz em XAVIER, Ismail. *A experiência do cinema*, Rio de Janeiro: Graal, 1983, p. 75-96.

35 SENNETT, Richard. *O declínio do homem público*. São Paulo: Companhia das Letras, 2001, p. 320.

socialmente falando, são na maioria sensatos, obedientes, conformistas e conservadores.[36]

A racionalidade está presente tanto no ato de significar gestos, sensações e códigos para o reconhecimento do amor quanto em seu caráter narrativo, ao tentar dar coesão à interpretação dos fenômenos, estabelecendo relações de causa e consequência com finalidades conscientemente definidas. De maneira semelhante à articulação dos eventos em um filme através da montagem, o indivíduo, em sua narrativa amorosa, articula acontecimentos, encontra "sinais" e estabelece cortes, ligações e sobreposições, selecionando aspectos do que vê e experimenta em sua vida, valorizando uns em relação aos outros e estabelecendo para si, por fim, um projeto ou história de amor que se sustenta porque, dentro das relações de valor que ele estabelece, faz completo sentido.

O estabelecimento de um casamento duradouro, com muitos filhos e uma bela casa, poderia – e para muitos, ainda pode – constituir a prova definitiva de sucesso na vida amorosa, assim como poderia, igualmente, significar menos do que versinhos singelos escritos por um adolescente para sua primeira namorada. Tanto um quanto o outro só constituem elementos significantes de amor a partir de relações com valores e interpretações que são socialmente construídas, negociadas e reconhecidas, uma vez que necessitam ser comunicadas e, em alguma medida, *entendidas* e compartilhadas para se legitimarem. Não é o amor, portanto, uma entidade enigmática que orienta a vida afetiva, mas o próprio ato consciente de orientar a vida afetiva e sexual de uma maneira específica, culturalmente ancorada na imaginação. O amor não está nem nos gestos, nem nas imagens, palavras ou sensações, mas no ato de significá-lo de forma diferenciada, ao mesmo tempo individualizada, a partir de códigos, símbolos e prescrições que são culturalmente reproduzidos, reconhecidos e valorizados.

---

36 COSTA, Jurandir Freire. *Sem fraude nem favor*, op. cit., p. 17.

BIBLIOGRAFIA

ADORNO, Theodor. W; HORKHEIMER, Max. "A indústria cultural". In ADORNO, Theodor & HORKHEIMER, Max. *Dialética do esclarecimento*. Rio de Janeiro: Zahar, 1985.

ALBERONI, Francesco. *I love you*. Milan: Coopli, 1996.

ALENCAR, José de. *O Guarani*. São Paulo: Martin Claret, 2001.

ARIÈS, Philippe. *História social da criança e da família*. Rio de Janeiro: LTC Editora, 1981.

AUMONT, Jacques *et al. A estética do filme*. Campinas: Papirus, Coleção Ofício de Arte e Forma, 1995.

AUMONT, Jacques; MARIE, Michel. *Dicionário teórico e crítico de cinema*. Campinas: Papirus, 2009.

BALÁZS, Bela. "A face das coisas". In: XAVIER, Ismail (org.). *A experiência do cinema*. Rio de Janeiro: Graal, 1983.

_____. "A face do homem". In: XAVIER, Ismail (org.). *A experiência do cinema*. Rio de Janeiro: Graal, 1983.

_____. "Subjetividade do objeto". In: XAVIER, Ismail (org.). *A experiência do cinema*. Rio de Janeiro: Graal, 1983.

BARBOSA, Lívia; CAMPBELL, Colin (orgs.). *Cultura, consumo e identidade*. Rio de Janeiro: Editora FGV, 2006.

BAUMAN, Zygmunt. *Amor líquido: sobre a fragilidade dos laços humanos*. Rio de Janeiro: Zahar, 2004.

_____. *Modernidade líquida*. Rio de Janeiro: Zahar, 2001.

BECK, Ulrich & Elisabeth. *The normal chaos of love.* Cambridge: Polity, 2002.

BIDAUD, Anne-Marie. *Hollywood et le rêve américain.* Paris: Masson, 1994.

BOZON, Michel. *Sociologia da sexualidade.* Rio de Janeiro: Editora FGV, 2004.

BRUNI, José Carlos. "A Água e a vida". *Tempo Social* – Rev. Sociol. USP, São Paulo, vol. 5, nº 1, 1993, p. 53-65.

CAMPBELL, Collin. *A ética romântica e o espírito do consumismo moderno.* Rio de Janeiro: Rocco, 2001.

CANCIAN, Francesca M. & GORDON, Steven L. "Changing emotion norms in marriage". *Gender & Society,* vol. 2, nº 3, set. 1988, p. 308-342.

CAPUZZO, Heitor. *Lágrimas de luz: o drama romântico no cinema.* Belo Horizonte: Editora UFMG, 1999.

CARRIÈRE, Jean-Claude. *A linguagem secreta do cinema.* Rio de Janeiro: Nova Fronteira, 1995.

CHAUMIER, Serge. *La déliaison amoureuse.* Paris: Armand Colin, 1999.

CONNELL, R. W. *Masculinities.* Berkeley: University of California Press, 1995.

COSTA, Jurandir Freire. *Sem fraude nem favor: estudos sobre o amor romântico.* Rio de Janeiro: Rocco, 1998.

DA MATTA, Roberto. *O que faz o Brasil, Brasil?.* 3ª ed. Rio de Janeiro: Rocco, 1989.

DAHAN, Yannick. "Le cinéma americain sous Reagan". *Cahiers d'histoire immédiate,* nº 10, set./nov. 1996 p. 25-52.

EISENSTEIN, Sergei. *O sentido do filme.* Rio de Janeiro: Zahar, 2002.

ELIAS, Norbert. *O processo civilizador.* vol. II. Rio de Janeiro: Zahar, 1994.

_____. *A sociedade de corte.* Rio de Janeiro: Zahar, 2001.

_____. *A sociedade dos indivíduos.* Rio de Janeiro: Jorge Zahar, 1994.

ERALY, Alain. "L'amour éprouvé, l'amour ennoncé". In: ERALY, Alain & MOULIN, Madeleine (orgs.). *Sociologie de L'amour*. Université de Bruxelles, 1995.

FOUCAULT, Michel. *História da sexualidade 1: A vontade de saber*. Rio de Janeiro: Graal, 1988.

_____. *História da sexualidade 2: O uso dos prazeres*. Rio de Janeiro: Graal, 1984.

_____. *História da sexualidade 3: O cuidado de si*. Rio de Janeiro: Graal, 1985.

_____. "O que é um autor?" In: MOTTA, M. Barros (org.). *Estética: Literatura e Pintura, Música e Cinema*. Rio de Janeiro: Forense, 2006.

GENARD, Jean Louis. "Reciprocité, sexe, passion: les trois modalités de l'amour". In: ERALY, Alain & MOULIN, Madeleine (orgs.). *Sociologie de L'amour*. Université de Bruxelles, 1995.

GIDDENS, Anthony. *A transformação da intimidade*. São Paulo: Editora Unesp, 1992.

_____. *Modernidade e identidade*. Rio de Janeiro: Zahar, 2002.

GOFFMAN, Erving. *A representação do Eu na vida cotidiana*. Petrópolis: Vozes, 2005.

GORBMAN, Claudia. *Unheard melodies*. Londres: BFI Publishing, 1987.

HOLMES, Bjärne & JOHNSON, Kimberly. "Contradictory messages: a contentaAnalysis of Hollywood-produced romantic comedy feature films". *Communication Quarterly*, 57, nº 3, 2009, p. 352-373.

JARVIE, Ian Charles. *Sociología del cine*. Madri: Guadarrama, 1974.

KRÄMER, P. "Women first: Titanic (1997), action-adventure films and Hollywood's female audience". *Historical Journal of Film, Radio and Television*, vol. 18, nº 4, 1998.

LAHIRE, Bernard. *A cultura dos indivíduos*. São Paulo: Artmed, 2006

LASCH, Christopher. *A cultura do narcisismo.* Rio de Janeiro: Imago, 1983.

_____. *Women and the common life.* Nova York: W. W. Norton & Co., 1997.

LOPES, Concimar da Silva; RABELO, Ionara Vieira; PIMENTA, Rosely. "A Bela Adormecida: estudo com profissionais do sexo que atendem à classe média alta e alta na cidade de Goiânia". *Psicologia & Sociedade,* Porto Alegre, vol. 19, nº 1, jan/abr. 2007, p. 69-76.

LUHMANN, Niklas. *O amor como paixão para a codificação da intimidade.* Rio de Janeiro: Bertrand Brasil, 1991.

MARCUSE, Herbert. *Um ensaio para a libertação.* Lisboa: Bertrand, 1977.

MARTIN, Marcel. *A linguagem cinematográfica.* São Paulo: Brasiliense, 2003.

MENEZES, Paulo. *À meia-luz: cinema e sexualidade nos anos 70.* São Paulo: Editora 34, 2001.

_____. "O cinema documental como representificação". In: NOVAES, Sylvia Caiuby (org.). *Escrituras da Imagem.* São Paulo: Edusp, 2004.

MERLEAU-PONTY, Maurice. "O cinema e a nova psicologia". In: XAVIER, Ismail (org.). *A experiência do cinema.* Rio de Janeiro: Graal, 1983.

MILLS, Charles Wright. "O homem no centro: o designer". In: *Sobre o artesanato intelectual e outros ensaios.* Rio de Janeiro: Zahar, 2009.

MORIN, Edgar. *As estrelas: mito e sedução no cinema.* Rio de Janeiro: José Olympio, 1972.

_____. *Cultura de massas no século XX.* Rio de Janeiro: Forense Universitária, 1975.

_____. *Le cinema ou L'homme imaginaire.* Paris: Éditions Gonthier, 1958.

MORROW, L, Changing the signs of passion. *Times Magazine,* 2005. Disponível em: <http://www.time.com/time/magazine/article/0,9171,1074957,00.html>. Acesso em: 15 abr. 2011.

NICHOLS, Bill. *Representing Reality.* Bloomington/Indianapolis: Indiana University Press, 1992.

NIETZSCHE, Friedrich. *Assim falou Zaratustra.* In: *Nietzsche.* Vol. I. Coleção Os pensadores. São Paulo: Nova Cultural,1987.

PLATÃO. *O Banquete.* Coleção Os Pensadores. São Paulo: Abril Cultural, 1972.

PINO, Michaël. *Porquoi on est déçu par un film au cinéma?* Paris: Connaissances et Savoirs, 2006.

RAGO, Margareth. *Os prazeres da noite.* São Paulo: Paz e Terra, 1991.

ROUGEMONT, Denis de. *O amor e o Ocidente.* Rio de Janeiro: Guanabara, 1988.

SENNETT, Richard. *O declínio do homem público.* São Paulo: Companhia das Letras, 2001.

SHIELDS, Stephanie A. *Speaking from the heart: gender and the social meaning of emotion.* Cambridge: Cambridge University Press, 2002.

SIMMEL, Georg. *Filosofia do Amor.* São Paulo: Martins Fontes, 2006.

_____. "Sociability". In: WOLFF, Kurt H. (org.). *The sociology of Georg Simmel.* Glencoe: Free Press, 1964.

_____. "Types of social relationships by degrees of reciprocal knowledge of their participants. In: WOLFF, Kurt H. (org.). *The sociology of Georg Simmel.* Glencoe: Free Press, 1964.

SOLOMON, Robert. *About love: reinventing romance for our times.* Lanham: Rowman & Littlefield, 1994.

SORLIN, Pierre. *Sociologie du cinéma.* Paris: Aubier Montaigne, 1982.

STENDHAL. *Do amor.* São Paulo: Martins Fontes, 1999.

STRAUSS, Anselm. *Espelhos e máscaras.* São Paulo: Edusp, 1999.

WELSCH, Janice. "Actress Archetypes in the 1950's". In: KAY, Karyn & PEARY, Gerald (orgs.). *Women and the cinema: a critical anthology.* Nova York: Dutton, 1977.

WEBER, Max. *A ética protestante e o espírito do capitalismo.* São Paulo: Pioneira, 1987.

____. "Sobre a 'objetividade' do conhecimento nas ciências sociais". In: *Ensaios sobre a teoria das ciências sociais.* São Paulo: Centauro, 2008.

____. *Ensaios de Sociologia.* Rio de Janeiro: LTC, 1982.

WILDING, Raelene. "Romantic love and 'Geting married'": narratives of the wedding in and out of cinema texts". *Journal of Sociology,* The Australian Sociological Association, vol. 39, 2003, p. 373-389.

XAVIER, Ismail. *O discurso cinematográfico.* São Paulo: Paz e Terra, 2008.

____. *O olhar e a cena.* São Paulo: Cosac Naify, 2003.

FILMOGRAFIA PRINCIPAL

Closer – Perto Demais (*Closer*). Estados Unidos/Inglaterra, 2004, 104 min. Dirigido por Mike Nichols.

O Amor Não Tira Férias (*The Holiday*). Estados Unidos, 2006, 138 min. Dirigido por Nancy Meyers.

Sintonia de Amor (*Sleepless in Seattle*). Estados Unidos, 1993, 105 min. Dirigido por Nora Ephron.

Titanic (*idem*). Estados Unidos, 1997, 194 min. Dirigido por James Cameron.

Uma Linda Mulher (*Pretty Woman*). Estados Unidos, 1990, 119 min. Dirigido por Gary Marshall.

FILMOGRAFIA DE APOIO

Avatar (idem). Estados Unidos, 2009, 162 min. Dirigido por James Cameron.

Bonequinha de Luxo (Breakfast at Tiffany's). Estados Unidos, 1961, 115 min. Dirigido por Blake Edwards.

Blow-up – Depois daquele Beijo (Blow-up). Itália/Reino Unido, 1966, 111 min. Dirigido por Michelangelo Antonioni.

Casablanca (idem). Estados Unidos, 1942, 102 min. Dirigido por Michael Curtiz.

Cinema Paradiso (Nuovo Cinema Paradiso). Itália, 1988, 155 min. Dirigido por Giuseppe Tornatore.

Do que as Mulheres Gostam (What Women Want). Estados Unidos, 2000, 127 min. Dirigido por Nancy Meyers.

... E o Vento Levou (Gone with the Wind). Estados Unidos, 1939, 238 min. Dirigido por Victor Fleming.

Em Algum Lugar do Passado (Somewhere in Time). Estados Unidos, 1980, 103 min. Dirigido por Jeannot Szwarc.

Escrito nas Estrelas (Serendipity). Estados Unidos, 2001, 90 min. Dirigido por Peter Chelsom.

Minha Bela Dama (My Fair Lady). Estados Unidos, 1964, 170 min. Dirigido por George Cukor.

O Amor é Cego (Shallow Hal). Estados Unidos, 2001, 114 min. Dirigido por Bob e Peter Farrelly.

O Casamento do meu Melhor Amigo (My Best Friend's Wedding). Estados Unidos, 1997, 105 min. Dirigido por PJ Hogan.

O Curioso Caso de Benjamin Button (The Curious Case of Benjamin Button). Estados Unidos, 2008, 166 min. Dirigido por David Fincher.

O Mágico de Oz (*The Wizard of Oz*). Estados Unidos, 1939, 101 min. Dirigido por Victor Flemming.

O Último Tango em Paris (*Ultimo Tango a Parigi*). França/Itália, 1972, 136 min. Dirigido por Bernardo Bertolucci.

Roger e Eu (Roger and Me). Estados Unidos, 1989, 91 min. Dirigido por Michael Moore.

Tarde Demais para Esquecer (An Affair to Remember). Estados Unidos, 1957, 119 min. Dirigido por Leo McCarey.

WEBSITES CONSULTADOS

Billboard: <http://www.billboard.com>. Acesso em: 1º set. 2011.

Box Office Mojo: <www.boxofficemojo.com>. Acesso em: 23 nov. 2011.

Chambel.net – As histórias da história do cinema: <http://www.chambel.net/?p=109>. Acesso em: 15 jan. 2012.

Dicionário etimológico: <http://www.dicionarioetimologico.com.br/>. Acesso em: 12 dez. 2012.

Encyclopedia Britannica: <www.britannica.com>. Acesso em: 15 set. 2010.

Encyclopedia Titanica: http://www.encyclopedia-titanica.org, acessado em 03/01/2012.

National Archives and Records Administration: <http://www.archives.gov>. Acesso em: 21 dez. 2012.

Population Reference Bureau: <http://www.prb.org/Articles/2010/usmarriagedecline.aspx>. Acesso em: 13 nov. 2012.

The Internet Movie Database – IMDB: <http://www.imdb.com>. Acesso em: 21 dez. 2011.

The New Yorker: <http://www.newyorker.com>. Acesso em: 13 nov. 2012.

AGRADECIMENTOS

Agradeço a todos que contribuíram de forma mais ou menos direta para que a pesquisa que originou esse livro se realizasse. Temo não fazer justiça a todos nesta lista, mas ainda assim, registro minha gratidão àqueles que participaram, além dos que seguem:

Fundação de Amparo à Pesquisa do Estado de São Paulo (Fapesp) por possibilitar não somente essa publicação, mas também toda a pesquisa que a originou.

Professores membros da banca examinadora da defesa da tese de doutorado *Projetando a subjetividade: a construção social do amor a partir do cinema*: Paulo Menezes (Presidente – USP), Heloísa Buarque de Almeida (USP), Rogério Ferraraz (UAM), Mauro Luiz Rovai (Unifesp), Angelo Soares (UQÀM).

Alameda Casa Editorial, que abraçou esse projeto aceitando publicá-lo.

Professores: Paulo Menezes, pela orientação dedicada e parcimoniosa durante todo o processo de pesquisa e produção deste trabalho; Ângelo Soares, por orientar-me em questões específicas de Sociologia das Emoções e possibilitar que parte fundamental desta pesquisa fosse realizada sob sua supervisão no Canadá; e Paulo Henrique Ozório Coelho, por sua orientação nos tempos de graduação e no mestrado, despertando e estimulando minha curiosidade e imaginação sociológica.

Amigos do grupo de pesquisa da USP: Anderson Trevisan, Carla Bernava, Flávia Brites, Jefferson Guedes, Lilian Victorino, Michel Mustafá, Michelle Peruso, Natália Bonaldi e Paulo Scarpa.

Outros amigos que conheci em São Paulo: André Camarinha, Júlio Bazanini, Adriano Athayde, Alexandre de Almeida, Maria Regina Cariello, Thiago Silveira, Layara Abiko, Gisele Souza e em especial à *Adriana Spinola Franco*, verdadeira companheira nos momentos mais alegres e mais tensos dos últimos meses de pesquisa e mesmo depois, sempre presente apesar da distância, provando constantemente uma amizade incondicional.

Amigos de longa data: Alexandre Costa, Augusto Quadros, Fernanda Carolina Drumond, Josué Junior, Marcelo Murta, Manoella Oliveira, Natália

Bueno, Rafael Grossi e também a parceira intelectual Paloma Coelho, com quem tive oportunidade de escrever e discutir várias ideias.

À minha família: meus pais, Francisco de Assis Rossi e Eni Cunha Rossi e irmãos, Márcio, Soraia, Euler e Fabíola Rossi, responsáveis pela minha formação mais básica como ser humano.

Esta obra foi impressa em São Paulo pela P3 Gráfica no outono de 2015. No texto foi utilizada a fonte Cambria em corpo 10,5 e entrelinha de 14,5 pontos.